La France

3. Les montagnes françaises et l'axe Rhône-Rhin

Chez le même éditeur

Dans la même collection

La Suisse, par R. Lebeau. 1975, 164 pages, 30 cartes et documents en couleurs.

L'Espagne, par A. Huetz de Lemps. 1976, 296 pages, 33 cartes.

Le Canada, par J. Pelletier. 1977, 232 pages, 38 cartes.

La France, par P. Estienne :
    Tome 1 : Généralités sur la France. Région du Nord *(à paraître)*.
    Tome 2 : De l'Atlantique aux Vosges. 1978, 216 pages, 22 cartes et graphiques.
    Tome 3 : Les montagnes françaises et le sillon Rhône-Rhin, 1978, 208 pages, 27 cartes.
    Tome 4 : Les Midis français *(à paraître)*.

Les Iles britanniques, par A. Reffay *(à paraître)*.

Collection Géographie des États

sous la direction de Max Derruau

La France

3. Les montagnes françaises et l'axe Rhône-Rhin

par
Pierre Estienne
Professeur
à l'Université de Clermont-Ferrand II

MASSON
Paris New York Barcelone Milan

1978

MASSON S.A. 120, Bd Saint-Germain, 75280 Paris Cedex 06
MASSON PUBLISHING USA Inc. 14 East 60th Street, New York N.Y. 10022
TORAY-MASSON Balmes 151, Barcelona 8
MASSON ITALIA EDITORI S.p.A. Via Giovanni Pascoli 55, 20133 Milano

Tous droits de traduction, d'adaptation et de reproduction par tous procédés réservés pour tous pays
La loi du 11 mars 1957 n'autorisant, aux termes des alinéas 2 et 3 de l'article 41, d'une part, que les « copies ou reproductions strictement réservées à l'usage privé du copiste et non destinées à une utilisation collective » et, d'autre part, que les analyses et les courtes citations dans un but d'exemple et d'illustration, toute représentation ou reproduction intégrale, ou partielle, faite sans le consentement de l'auteur ou de ses ayants droit ou ayants cause, est illicite » (alinéa 1er de l'article 40).
Cette représentation ou reproduction, par quelque procédé que ce soit, constituerait donc une contrefaçon sanctionnée par les articles 425 et suivants du Code pénal.

© *Masson, Paris, 1978*
ISBN : 2-225-49676-5
ISSN : 0337-811X

Imprimé en France

Plan général de l'ouvrage

Tome 1 : Généralités sur la France. Région du Nord.

Tome 2 : De l'Atlantique aux Vosges *(Bassin Parisien. France de l'Ouest).*

Tome 3 : Les Montagnes françaises et l'axe Rhône-Rhin *(Généralités sur les montagnes françaises. Massif Central. Vosges. Jura. Alpes du Nord et du Centre. Axe Rhin-Méditerranée).*

Tome 4 : Les Midis français *(Bassin d'Aquitaine. Pyrénées. Midi méditerranéen et Corse. Alpes du Sud).*

On a groupé la France des grandes plaines de la moitié septentrionale dans le tome 2.

Le tome 3 décrit une « France des montagnes » qui comprend évidemment les plaines intra-montagneuses dont la France est riche, l'axe Rhin-Méditerranée étant le plus important de ces couloirs.

Le tome 4 considère les Midis comme un tout. C'est la raison pour laquelle il reprend l'étude des Pyrénées et des Alpes du Sud en les juxtaposant aux régions basses qui leur sont voisines.

Les généralités sont développées dans chacun des tomes quand elles sont spécifiques d'un milieu original (comme les montagnes) ; celles qui ont trait à l'ensemble du pays font l'objet du tome 1, qui se termine par la région du Nord pour entrer dans le vif de l'étude régionale.

La parution du tome 1 a été prévue après les autres pour mieux saisir les synthèses indispensables.

Max Derruau.

Table des illustrations

1.	Les Vosges	18
2.	Le Jura, structure générale	26
3.	Le Jura, croquis de localisation	30
4.	Le Jura méridional	32
5.	Les industries du Haut-Jura, secteur de Morez - Saint-Claude	35
6.	Le Massif Central, géographie physique	40
7.	Le Massif Central, croquis de nomenclature et voies ferrées	54
8.	Le Massif Central, industrie et tourisme	56
9.	L'agglomération de Saint-Etienne	57
10.	Les Alpes, les unités morpho-structurales	84-85
11.	Formation du Sillon Alpin	90
12.	Les Alpes; énergie et industries de base	100
13.	Les Alpes; villes et voies de communication	102
14.	Les Alpes; fonctions touristiques	104
15.	Grenoble	120
16.	L'Alsace	128
17.	Les plateaux de la Haute-Saône et la Porte de Bourgogne	130
18.	Les plaines de Saône, aspects physiques	132
19.	Les pays du Rhône moyen, aspects physiques	134
20.	Le réseau de transports de l'axe Rhône-Rhin	149
21.	L'aménagement du Rhône	152
22.	L'Alsace, localisations urbaines	155
23.	La zone industrielle de Montbéliard	158
24.	La zone urbaine de Mulhouse-Bâle	166
25.	Strasbourg	168
26.	Les pays de la Saône, carte de localisation	171
27.	Les industries du Bas-Dauphiné	187
28.	Lyon	191

Table des matières

Avant-propos 9

1. *Les montagnes françaises non méditerranéennes*

Chapitre 1. **Des pays en crise** 12

    1. Le passé : une montagne vivante 12
    2. La crise 13

Chapitre 2. **La moyenne montagne : les Vosges** 17

    1. Les aspects physiques 17
    2. La crise vosgienne 19

Chapitre 3. **La moyenne montagne : le Jura** 25

    1. Les aspects physiques 25
    2. Population et vie économique 29

Chapitre 4. **La moyenne montagne : le Massif Central** 38

    1. Les contraintes physiques 38
    2. Un passé souvent prestigieux 43
    3. Le délabrement actuel de l'économie 46
    4. Les grands ensembles régionaux 59

Chapitre 5. **La grande montagne alpine et pyrénéenne : ressemblances et contrastes** 70

    1. Les aspects physiques 70
    2. Les aspects humains 72
    3. Le déséquilibre économique 74

Chapitre 6. **Les Alpes** 83

    1. La formation de la chaîne et la mise en place des unités naturelles 83
    2. Les grandes Alpes 95
    3. Les Préalpes du Nord et l'avant-pays savoyard 109
    4. Cluses préalpines et Sillon Alpin 113

2. L'axe Rhône-Rhin

Chapitre 1. Les traits généraux 126
    1. La formation du couloir et les grands paysages physiques . 126
    2. Une certaine originalité climatique 135
    3. La vie rurale 136
    4. Frontière ou axe de passage 145
    5. Les mythes de l'organisation linéaire 146
    6. La voie de passage et ses équipements 148

Chapitre 2. Le contrôle des espaces régionaux : l'Alsace et la Porte de Bourgogne 154
    1. Une industrie inégalement répartie 156
    2. L'organisation urbaine alsacienne 162

Chapitre 3. Le contrôle des espaces régionaux : les incertitudes franc-comtoises et bourguignonnes 170
    1. La léthargie des plaines 170
    2. Les bordures 172
    3. Le commandement régional 174

Chapitre 4. Le contrôle des espaces régionaux : la puissance lyonnaise ... 177
    1. Les éléments de la puissance 177
    2. Le morcellement de l'espace lyonnais 185
    3. Le développement de l'agglomération lyonnaise 190

Bibliographie et état des questions 197

Index 203

Avant-propos

Le Centre et le Centre-Est de la France représentent de puissants ensembles montagneux entre lesquels s'insère le long corridor méridien de plaines allant de l'Alsace à la Méditerranée.

Cet ensemble régional connaît de très forts contrastes. Contrastes entre le passé et le présent : la montagne a été pour la France ancienne un réservoir prodigieux de main-d'œuvre; par elle ont été repeuplées les plaines ravagées par la guerre, les épidémies, les fièvres ou les famines; par elle ont été alimentés en main-d'œuvre tous les grands chantiers urbains, puis ceux des voies ferrées; par elle enfin ont été fournies toutes les mains-d'œuvre d'appoint, paysannes ou artisanales, dont les plaines avaient besoin. La montagne, ainsi saignée au profit des autres, a perdu son ancienne vitalité, son esprit d'initiative et ses facultés d'adaptation, peuplée qu'elle était devenue de gens âgés ou peu entreprenants, les audacieux, les instruits étant partis. Alors que le reste de la France progressait grâce au travail des enfants qu'elle avait formés, la montagne s'est appauvrie sans recevoir, même au temps du tourisme, beaucoup de compensations.

Contrastes aussi entre les régions; entre un Massif Central appauvri, dépeuplé, au sort incertain, des Alpes privées de toute vie rurale, et des plaines prospères, industrialisées et urbanisées. Contrastes entre les régions de programme les plus appauvries, Auvergne et Limousin, et celles qui ont le plus bénéficié de la transformation économique contemporaine, progressant et en richesse, et en effectifs humains : Alsace et surtout région Rhône-Alpes.

Contrastes enfin à l'échelle régionale. Aux grands ensembles relativement homogènes de l'Ouest et du Bassin Parisien, s'opposent des régions très morcelées, très fragmentées où la notion de « pays » devient souvent essentielle.

Les montagnes françaises non méditerranéennes

1

1. Des pays en crise

Le domaine montagneux français s'inscrit presque tout entier dans la moitié sud-est de la France. Une part relève du domaine méditerranéen (vol. 4) et on y trouve aussi bien des grandes chaînes tertiaires (Alpes, Pyrénées, Jura) que des massifs hercyniens rajeunis (Vosges et Massif Central). Souvent, nos montagnes correspondent aux régions frontières, constituant autant de barrières naturelles et n'entravant guère la circulation intérieure ; même le Massif Central, environné entièrement de plaines ou de seuils assez bas, reste facile à contourner. Ces montagnes isolent fortement le territoire national, séparant aussi le nord du Midi Méditerranéen, contribuant pour une part au moindre développement des pays de langue d'oc.

Jamais nos massifs montagneux n'ont constitué de fortes entités régionales. Le morcellement du relief y a certes favorisé la constitution de « pays » enclins à une certaine autarcie. Leur position à la frontière a incité l'État à leur conférer des avantages juridiques ou économiques propres à se les concilier, mais l'a toujours poussé à les empêcher de former des blocs autonomes et pour cela à les réunir administrativement aux plaines voisines avec lesquelles ils avaient d'ailleurs une certaine complémentarité économique. Alpes et Pyrénées sont bien des régions naturelles, des régions géographiques, mais n'ont jamais constitué des entités politiques ou administratives ; elles n'offrent par suite pas de cadre permettant de traiter logiquement leurs problèmes spécifiques. De même, les Vosges, pour un peu plus de 6 000 km², sont écartelées entre trois régions de programme et six départements ; le Massif Central dépend de six régions de programme différentes, le Jura et les Pyrénées de trois, les Alpes, plus favorisées, de deux seulement. Alors que la montagne occupe plus du quart du territoire, elle n'offre aucune base administrative au développement d'une politique montagnarde.

En outre, son poids démographique ne cesse de décliner : 18,5 % de la population française en 1876, moins de 17 % en 1906, environ 12,5 % en 1975. Cette infériorité croissante de la montagne est aggravée par la faible productivité de l'économie, les revenus agricoles les plus bas pour le travail le plus rude, la rareté des revenus industriels, l'insuffisance des revenus touristiques. Souvent, la montagne française paraît retourner à son ancienne vocation forestière, après un bon millénaire de relative santé.

1. Le passé : une montagne vivante

Presque toutes nos montagnes ont été fortement peuplées, du moins par rapport à leurs ressources. La démographie y a été florissante ; malgré des mariages généralement tardifs, un célibat anormalement fréquent, des espaces matrimoniaux très exigus faisant redouter les conséquences des trop fréquentes unions consanguines, la montagne a été riche d'hommes. Les taux de natalité y sont rarement très élevés, mais la mortalité est beaucoup plus faible qu'en plaine : isolée, loin des voies de passage, elle connaît moins les ravages des gens de guerre, et, plus capricieusement que la plaine, les grandes épidémies ; son système agricole associant culture et élevage fournit une alimentation mieux équilibrée (plus de laitages pour les jeunes enfants), tandis que, du fait de l'altitude, grands froids d'hiver ou grandes sécheresses n'ont que peu de prise sur les récoltes, de sorte que les disettes graves sont beaucoup plus rares qu'en plaine.

Cet avantage démographique a fait de la montagne un réservoir d'hommes ; la croissance a vite conduit à une certaine surpopulation qui a contraint aux migrations, soit temporaires à la recherche d'un complément, soit définitives. Ce n'est que rarement que la montagne a recherché, comme dans une partie du Jura, des activités artisanales ou industrielles propres à retenir les populations excédentaires : l'isolement, l'éloignement des marchés en sont sans doute responsables. Les échanges avec la plaine étaient des plus limités ; du moins ont-ils contribué à créer, au contact de la montagne, ces files de bourgs ou de petites villes de foires et de marchés. Réduite à une autarcie plus ou moins rigoureuse, la montagne s'ingéniait à produire tout ce qui lui était nécessaire, montant désespérément haut la culture des céréales indispensables pour le pain quotidien. La grande affaire restait cependant l'élevage, gros et petit bétail le plus souvent associés ; toute la montagne peinait l'été pour récolter les foins nécessaires à la longue stabulation hivernale, y ajoutant souvent maints expédients : fagots de feuillages de frêne, fougère ou bruyère pour la litière.

Montagne sèche et montagne humide s'opposaient fortement. La seconde ne manquait pas de fourrages, encore que le mauvais temps pût en compromettre la rentrée ; mais les céréales, orge ou méteil le plus souvent, mûrissaient difficilement ; le système agricole résidait toujours dans un assolement champ-prairie, où l'herbe tenait le sol plus longtemps que la culture. Dans la montagne sèche, la culture céréalière grimpait beaucoup plus haut, consacrée surtout au seigle, céréale panifiable par excellence.

Lorsque l'altitude était suffisante, la vie d'alpages était générale. Partout, la part des communaux ou des sectionaux était très importante, aussi bien pour les pacages que pour la forêt. Usages collectifs (garde du troupeau notamment), institutions communautaires, comme les « fruits communs » fromagers, étaient fréquents.

2. La crise

L'origine n'est pas discutable : c'est une crise démographique liée au surpeuplement. Non que le régime démographique se modifie, mais la rupture d'un précaire équilibre entre ressources et population contraint brutalement à l'émigration. Il suffit d'ailleurs de peu de chose pour l'enrayer, par exemple l'introduction d'une culture nouvelle comme la pomme de terre. Mais on n'arrêtera plus l'émigration lorsque les montagnards commenceront à prendre conscience, et de l'infériorité de leurs revenus, et du labeur nécessaire à leur obtention. La montagne y sera d'autant plus sensible, au moins dans la moitié sud de la France, que la scolarisation y a été précoce et que l'émigration temporaire aura permis de prendre contact avec d'autres modes de vie.

Si la rupture démographique constitue le premier temps de la crise, c'est essentiellement par l'exode, car la fécondité des familles reste d'abord élevée. Mais la migration prive la montagne d'une part croissante de ses jeunes et l'exode plus précoce des jeunes femmes compromet vite la constitution des familles. Enfin, depuis les années 1960, on assiste à une chute de fécondité dans les familles qui subsistent, d'autant plus marquée que la montagne était plus traditionaliste. Cet exode aboutit inévitablement :
— à la chute des effectifs humains, très forte dans les Alpes du sud, les Pyrénées, la Cévenne, les plateaux limousins ;
— au vieillissement de la population résiduelle, avec la chute inévitable de la natalité, et, par suite, la raréfaction des équipements (écoles, commerces, services artisanaux), la sclérose intellectuelle, la rareté des initiatives, le repli sur soi, le refus de la transformation ;

— à l'écrémage de la population : les partants sont les plus instruits, les plus aptes à prendre une décision ; ainsi, dans la montagne cévenole, la migration des protestants est plus précoce, plus massive que celle de leurs ennemis papistes, moins instruits et moins capables de trouver, dans l'exode, l'amélioration de leur condition.

La montagne devient ainsi exsangue, peu prolifique. Les taux de *nuptialité* ne restent supérieurs à la moyenne française que dans les Vosges, le Jura, le Cantal, voisins dans l'Aveyron, le Doubs, la Savoie. Partout ailleurs, les taux sont faibles ; encore faut-il noter que bien des mariages célébrés en montagne concernent des campagnards qui ont déjà émigré ou vont le faire au lendemain de leurs noces... Les taux de *natalité* sont inférieurs à la moyenne nationale sauf dans le Doubs, les Vosges, les deux Savoies ; encore l'avantage est-il faible, sauf dans le Doubs ; les taux départementaux tombent en-dessous de 10 ‰ dans l'Ain, les Alpes de Haute-Provence, l'Ariège, la Creuse, la Haute-Loire, l'Ardèche. Au contraire, les taux de *mortalité* sont élevés, n'étant inférieurs à la moyenne que dans une partie des Alpes du Nord et du Jura. Par suite, le déficit des naissances est souvent important ; il affecte la majeure partie du Massif Central, des Pyrénées, des Alpes du Sud, de la montagne iséroise et savoyarde, du Jura méridional.

La rupture économique n'est pas moins nette. Bien des alpages pyrénéens ou alpins sont vides de bovins ou livrés à la transhumance ; la production laitière régresse ou disparaît, comme dans les Alpes niçoises ; il n'y a pratiquement plus d'économie rurale dans une bonne partie de la Cévenne ou des Pyrénées orientales, dans les Préalpes de Digne ou les Baronnies. L'ouverture des routes, si elle n'a pas, comme on le prétend parfois, précipité l'exode, n'a pas apporté non plus les facilités qui auraient permis de tenir. Un désenclavement généralisé et coûteux a certes permis la collecte du lait ou la vidange des bois, mais il a favorisé aussi le ramassage scolaire, partant, la fermeture des écoles. C'est comme si, par la route, la vie s'était enfuie.

Le monde rural a été acculé, en montagne, à un triple constat. D'abord qu'il fallait beaucoup plus de peine et de temps pour produire la même quantité de produits, du lait par exemple, qu'en plaine, et que dans la course aux revenus, le paysan montagnard partait toujours perdant. Qu'ensuite il est plus difficile qu'en plaine de réduire la peine des hommes, la mécanisation étant plus malaisée, parfois dangereuse, et cela jusque dans les travaux les plus pénibles comme ceux de la fenaison ; l'impossibilité de supporter des charges de main-d'œuvre salariée conduit inévitablement à une simplification incessante des systèmes de culture et d'élevage. Qu'enfin, pour le paysan de montagne, tout revient plus cher qu'en plaine ; le fuel, les engrais, les produits industriels coûtent davantage, alors que tout ce que l'on vend doit supporter des frais de transport supplémentaires. De plus, si le téléphone, la radio, la télévision ont amélioré le contact avec le monde extérieur, le montagnard reste isolé, d'autant plus que la tragique diminution de la dimension familiale en fait trop souvent un homme seul.

Or l'Etat a jusqu'ici refusé de prendre en considération les coûts réels de l'agriculture de montagne. Plutôt que de pratiquer une politique de prix de collecte différentiels, en faisant jouer une sorte de solidarité entre plaine et montagne, on se borne à subventionner l'exploitation montagnarde, par des primes à l'unité de bétail entretenue, au boisement, etc. Le montagnard, entre tous les paysans, devient le plus « assisté », ce qui favorise le développement de mentalités assez peu favorables au bon état de l'agriculture.

L'évolution va ainsi vers une simplification des rythmes de vie et des pratiques de travail ; on renonce à l'entretien des canaux d'arrosage ou de drainage, à l'épierrage ; champs et prés trop éloignés ou trop déclives sont délaissés. L'alpage est livré aux bêtes sans lait, au petit bétail, puis, souvent abandonné. L'agriculture, peu rentable, cède la place à l'herbage ou aux seules cultures fourragères. Même en montagne sèche, la production céréalière est un luxe dont on peut se passer. Le cheptel est de plus en plus élevé pour la production de viande, avec une fréquente évolution vers un élevage ovin moins exigeant en main-d'œuvre. Les revenus forestiers individuels diminuent par recul de la coupe affouagère et affermage des coupes à des entreprises extérieures.

Bref, l'état d'abandon s'installe : on s'est beaucoup gaussé de la disparition de l'agriculture corse ; mais on en est à un point voisin dans une bonne partie des Pyrénées, dans le sud des Alpes et du Massif Central. Partout ce ne sont que prairies ou alpages non utilisés, bois envahis par la broussaille, chemins d'exploitation devenus impraticables. Quoiqu'à des degrés très différents, la dégradation n'épargne aucune montagne ; à chaque sécheresse, la chronique des incendies gagne de nouvelles régions : le feu dévore, nettoie et on met au compte du touriste imprudent ce qui n'est que la traduction de l'état d'abandon du domaine montagnard.

Cette dégradation s'accompagne d'une destruction des anciennes structures socio-économiques : que signifient une communauté privée des 3/4 de ses membres, réduite à quelques vieillards, sans école, ou une paroisse sans desservant ? Le village tombe aux dimensions d'un hameau, le hameau se réduit à une seule exploitation ; on ne retrouve une vie illusoire qu'au passage des vacanciers, en deux brefs mois d'été. Cet abandon est sans doute irréversible ; il est plus ou moins poussé, mais frappe aussi bien une vallée industrielle des Vosges qu'un haut-pays des Grandes Alpes.

Cela ne signifie pas nécessairement que ceux qui restent éprouvent des difficultés économiques ; ainsi, sur le Causse, dans la montagne volcanique du Massif Central, dans la montagne jurassienne, les bonnes exploitations d'élevage affichent des résultats financiers très honorables. D'autre part, bien des massifs voient surgir les constructions neuves, parfois de vraies agglomérations nées du tourisme hivernal. Les séjours d'été et d'hiver se multiplient ; des théories de jeunes suivent les sentiers de grande randonnée et les refuges de montagne connaissent une surpopulation ubuesque. Bref, la montagne n'a jamais été aussi fréquentée et il arrive même que le développement touristique inverse la tendance démographique : des maires célèbrent à nouveau des mariages, transcrivent parfois des naissances.

Toutefois, cet apparent renouveau n'intéresse guère que la montagne enneigée, celle des skieurs et des alpinistes ; les alpages restent déserts, les vieux sentiers paysans délaissés. A côté du grouillement de telle station touristique, de l'animation de quelques sites célèbres, la solitude pèse sur le reste de la montagne ; ainsi, en Chablais, le croît touristique de Morzine n'a pas empêché l'abandon des alpages, l'écroulement des chalets non desservis par la route, la fermeture de ceux des sentiers qui ne sont pas entretenus par les services forestiers. De plus, les revenus touristiques vont rarement aux paysans ; les communautés exsangues n'avaient ni l'imagination, ni les moyens financiers nécessaires. Même lorsque les montagnards ont su s'improviser hôteliers, transformer des chalets pour les louer, il est très rare de voir apparaître une symbiose entre tourisme et agriculture ; au contraire, les revenus touristiques vont permettre de vendre les bêtes, de fermer l'étable, de renoncer par suite au bagne de la fenaison : les grandes stations alpines de ski louent les services de faucheurs étrangers pour nettoyer l'été le domaine skiable, faute de paysans pour le faire. La politique officielle, qui favorise les grosses stations, accentue encore ces déséquilibres en grimant les paysans en moniteurs de ski ou en employés de remonte-pentes.

La montagne n'a pourtant jamais autant recensé de défenseurs ; il est vrai que certains, comme les alpinistes du CAF, cherchent surtout à se la réserver, que d'autres veulent protéger la nature. On aboutit ainsi à une nouvelle contradiction, qui illustre bien l'ambiguïté des rapports entre tourisme et agriculture, celle qui entoure la création des parcs nationaux ou régionaux dont la plupart des montagnes sont aujourd'hui pourvues. C'est que le parc est d'abord une réaction contre l'état de dégradation de la montagne, un sursaut moral, une B.A. ; il ne saurait exister dans une région encore vivante car il introduit trop de servitudes de construction et d'aménagement. En se voulant protecteur, il n'est en fait même pas un musée, car il arrive le plus souvent trop tard ; il est moins encore un instrument de progrès agricole, seulement un mode de conservation du paysage naturel, la mise à l'abri de la spéculation touristique d'un coin de montagne désormais retranché de l'intervention humaine et de la vie.

Or, on peut craindre qu'une bonne part de la montagne française n'ait, à terme, une vocation de parc naturel. Cependant, la diversité des situations incite à la prudence, tout comme elle empêche de concevoir des situations globales et explique les échecs d'une politique de « Rénovation rurale en montagne » insuffisamment diversifiée. Les problèmes ne sont pas les mêmes en moyenne et en haute montagne, en zone skiable ou en pays de tourisme estival. Même une région d'apparence homogène, comme le Massif Central, se prête mal à l'application d'un plan de relance uniforme. Comment d'ailleurs définir des politiques de la montagne devant la variété des types, la diversité des évolutions, le morcellement politique et administratif qui est le sien ?

2 La moyenne montagne : les Vosges

Les Vosges n'ont jamais constitué une entité historique ; elles sont d'obédience alsacienne au nord et à l'est, lorraine à l'ouest, comtoise au sud. La frontière de 1871 a concrétisé cette division qui coïncide en gros avec la disposition du relief, celle d'un toit aux flancs dissymétriques, tombant raide sur la plaine d'Alsace, s'abaissant plus doucement à l'ouest pour venir s'enfouir sous les terrains sédimentaires du bassin de Paris. En fait, la montagne vosgienne, avec ses vallées industrielles, la faiblesse de ses aptitudes agricoles, tranche nettement aussi bien sur l'Alsace que sur la Lorraine.

1. Les aspects physiques

La montagne vosgienne est constituée pour l'essentiel par une amande de terrains cristallins ou métamorphiques, qui s'élargit et se relève vers le sud, atteignant 1 424 m au Grand Ballon, 1 250 m au Ballon d'Alsace. Ces Vosges cristallines retombent brutalement sur la plaine d'Alsace et la porte de Belfort ; au sud-ouest et à l'ouest, elles s'enfouissent lentement sous les couches gréseuses de la Vôge et du plateau lorrain ; au nord, l'altitude reste élevée jusqu'au col de la Schlucht (Hohneck, encore à 1 362 m), puis s'abaisse vers le sillon Saint-Dié - Val de Villé. Plus au nord, les terrains du socle, encore présents au Champ du Feu, s'enfouissent sous les couches gréseuses culminant autour de 1 000 m dans le massif du Donon. Au-delà, les Vosges gréseuses s'effilent rapidement ; les vallées des deux Sarre, des deux Zorn, avec leur magnifique encadrement de forêts, sont encore très montagnardes ; mais au nord de Saverne, la table gréseuse est beaucoup plus basse et ne constitue plus une limite historique, la civilisation alsacienne étant présente de part et d'autre de la ligne de faîte.

Il y a donc deux paysages vosgiens : celui des Vosges cristallines au sud, celui des tables gréseuses au nord. Dans les *Hautes-Vosges* du sud, la vieille pénéplaine post-hercynienne est réduite à une mince échine faîtière, avec les reliefs arrondis des ballons : ce sont les Hautes Chaumes ; leur surface est profondément alvéolée par les vallées alsaciennes et lorraines dont les têtes se rejoignent presque de part et d'autre de la ligne de crête, réduite alors à une mince cloison comme à la Schlucht ; les Hautes Chaumes ne se développent un peu que lorsque le réseau hydrographique n'est pas trop dense. Elles ne tiennent donc que peu de place, ce qui explique l'aspect étriqué de l'ancienne vie pastorale.

Proches les unes des autres, les vallées isolent de simples lanières de plateaux aux flancs raides ; plus distantes, elles laissent subsister quelques lambeaux de plate-formes, parfois dénivelés par des failles, comme le plateau de Labaroche, au nord de la Fecht.

Les glaciers quaternaires ont occupé la plupart des hautes vallées. Côté lorrain, les glaciers, bien alimentés, ont cheminé assez loin, souvent à plus de 50 km de la ligne de faîte. Dans les Vosges comtoises, ils ont débordé des vallées, constituant de petits glaciers de piedmont, peu épais, qui ont laissé, dans la région de Faucogney, un relief de

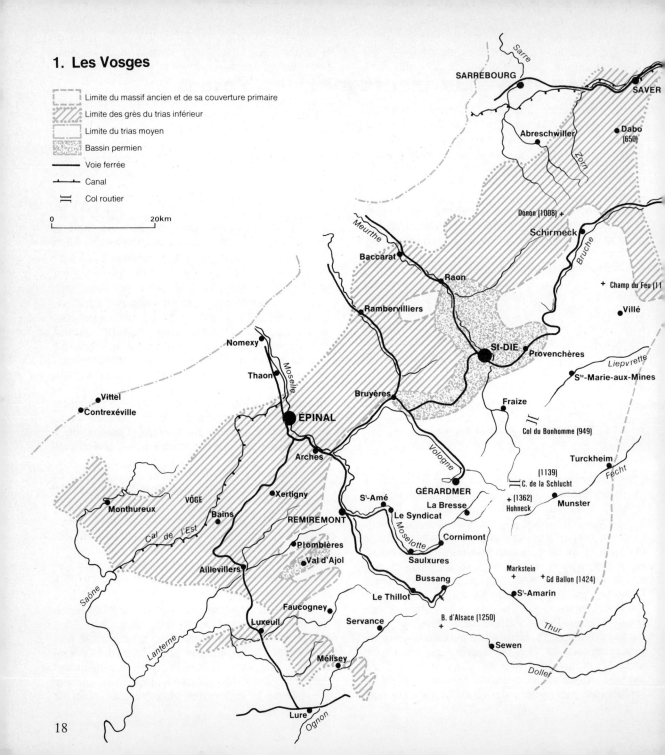

fjell, tout encombré de moraines, de drumlins, de blocs erratiques, de tourbières, de lacs de culot de glace. Dans les vallées, leur action a été modeste, et les versants d'auge se sont émoussés depuis le retrait des glaces. Mais dans l'ensemble, l'évolution post-glaciaire est médiocre, compte tenu de la dense couverture forestière ou herbacée, ce qui explique le maintien de quelques lacs, comme celui de Gérardmer, derrière un arc morainique. Côté alsacien, les vallées se terminent souvent par des cirques aux pentes raides, localisés uniquement en bordure de la crête faîtière où le vent d'ouest accumulait de puissantes corniches neigeuses. Mal alimentés sur un versant plus sec, les glaciers n'ont pas cascadé bien loin et n'ont jamais atteint la plaine.

Les *plateaux gréseux* sont très monotones. Entre le socle et la couverture gréseuse, il n'y a de dépression périphérique que lorsqu'un coussin tendre de permien s'interpose à la base des grès, comme dans le bassin de Saint-Dié. Le plus souvent les grès reposent directement sur le socle dont ils répercutent les accidents par d'innombrables cassures. L'épaisseur de la série gréseuse est très variable, puissante dans de petits bassins comme celui du Val-d'Ajol, souvent faible sur les seuils. Il arrive même que le substratum cristallin pointe de dessous la couverture gréseuse, notamment dans la Vôge.

La série gréseuse, surtout triasique, est de plus en plus puissante vers le nord. L'assise majeure, celle du grès vosgien, parfois absente dans le sud, est épaisse d'une soixantaine de mètres vers Epinal, mais atteint plus de 200 m au Mont-Sainte-Odile, 300 m au Donon ou autour du bassin de Saint-Dié, plus de 400 m au nord de Saverne. La lithologie des grès n'est pas très régulière et les changements latéraux de faciès sont très fréquents, surtout au nord, ce qui explique assez largement le morcellement du relief et la fréquence des buttes au profil trapézoïdal, comme dans la région de Dabo. Très gélifs, ils alimentent, même encore aujourd'hui, le remblaiement des vallées, aux fonds toujours plats, larges, contrastant avec l'insignifiante apparence des ruisseaux. Ils portent presque toujours des sols à forte évolution podzolique, actuellement en équilibre avec la végétation forestière de résineux.

Le climat vosgien est rigoureux ; les températures de janvier sont pratiquement partout négatives ; celles de juillet n'excèdent pas 13 ou 14 °C sur les Hautes Chaumes. La dissymétrie pluviale est très accusée, le versant alsacien étant plus sec et plus ensoleillé, mais peut encore recevoir de belles lames annuelles de précipitations : plus de 1,50 m sur le plateau de Labaroche, 1 250 mm à Sainte-Marie-aux-Mines. Le versant sud-ouest en reçoit bien davantage : plus de 1,50 m à Faucogney ou Servance, 2 m à Plancher-les-Mines, 2,20 à 2,50 m au moins au pied du Ballon d'Alsace ; à l'ouest on dépasse fréquemment 1 800 mm, comme à Gérardmer ou La Bresse. Au nord, Dabo ou Abreschwiller recueillent encore plus de 1,50 m. Dans les vallées et l'avant-pays, les quantités diminuent un peu : 1 100 à 1 200 mm à St-Dié, Senones ou Epinal, 900 mm à Vittel. En montagne, les régimes saisonniers sont très compensés, le maximum pluviométrique apparaissant en hiver, expliquant l'importance des chutes de neige ; mais, compte tenu de la modeste altitude, le manteau neigeux tient rarement tout l'hiver ; sa fonte brutale, accompagnée de fortes pluies, est à l'origine des crues les plus redoutables des rivières vosgiennes.

2. La crise vosgienne

Déclin de la vie rurale

L'humidité, la pauvreté des sols, la densité de la couverture forestière, le caractère de marche-frontière ont longtemps retardé une mise en valeur qui ne s'est souvent faite qu'au bas Moyen-Age, sous forme d'essarts forestiers, parfois à l'instigation des abbayes (versant alsacien), surtout sur initiative individuelle, ce qui a conduit à la multiplication des petits hameaux : les « bans ». La ferme, grosse maison-bloc en pierre, dont seules les superstructures sont en bois, n'a pas l'allure de la demeure paysanne de la Forêt-Noire.

L'agriculture traditionnelle associait un peu de culture à une prairie largement dominante, avec un élevage bovin à double finalité : lait et travail. Les vallées, pourtant très humides, n'en irriguaient pas moins les prés de fauche, jamais pâturés. La dépaissance du bétail était assurée dans les bois, source perpétuelle de conflits avec l'administration forestière, dans des pacages de versant et un peu, l'été, sur les Hautes Chaumes ; l'alpage était le plus souvent atteint chaque jour à partir de l'habitat permanent. Les unités d'estive, les marcaireries, où l'on fabriquait alors les meilleurs des fromages régionaux (Munster, Jérôme), étaient peu nombreuses ; le plus souvent, alpages et cabanes étaient loués à des spécialistes, généralement alsaciens (dits marcaires ou chaumistes) qui regroupaient les bêtes de plusieurs exploitants. Quelques terroirs plus vastes, comme le Ban de la Roche, au-dessus de Schirmeck, ou le plateau de Labaroche, ont été plus largement défrichés. La plupart des exploitations, minuscules, pouvaient être qualifiées de fermes à « vache unique » ; c'est un cas limite dans l'économie rurale française d'autrefois ; aussi recherchait-on des gains complémentaires dans l'exploitation forestière ou le travail industriel. Seule, la Vôge avait des structures plus favorables.

Une telle pratique agricole conduisait inévitablement, non à l'abandon de la montagne, mais à celui des terroirs agricoles, les paysans à temps partiel devenant des ouvriers exclusifs dans les usines ou les chantiers forestiers. La mutation n'est pas uniforme ; l'introduction récente du travail posté dans l'industrie textile a parfois favorisé le maintien de la double activité professionnelle. Les fermes qui restent produisent avant tout du lait, mais dans des conditions difficiles : collecte coûteuse du fait de la dispersion de l'habitat, émiettement des laiteries, rarement coopératives, étables mal équipées. Il a fallu remplacer la race bovine vosgienne, mauvaise laitière, par des bêtes capables de s'adapter à la rudesse du climat ; moyennant quoi, les rendements laitiers sont honorables.

Le déclin se traduit par la chute rapide du nombre d'exploitations ; de 1955 à 1970, sauf dans la Vôge, les pertes ne sont jamais inférieures à 50 %, parfois égales aux deux tiers. Or, beaucoup des exploitations actuelles sont sans succession, ou tenues par des ouvriers-paysans dont le sort est problématique. Si le tracteur a permis de stopper la régression du champ, en revanche, beaucoup de clairières herbagères se referment sur la forêt, les alpages sont abandonnés. Cela ne signifie pas l'abandon de l'habitat, les fermes restant occupées dans le cadre des genres de vie industriels ou forestiers.

Le recul de l'espace cultivé est surtout fort sur le versant alsacien, où une vallée comme celle de la Bruche a vu disparaître champs, prairies et même vergers. Les exploitations qui subsistent sont minuscules, leur surface oscillant souvent entre 3 et 5 ha, sauf dans les Vosges comtoises ; aussi n'a-t-on que de 2 à 4 vaches par exploitation, les fermes de plus de 10 vaches restant rares. Il ne faut pas s'étonner que 40 % des exploitations soient à temps partiel (plus de 20 % encore dans la Vôge où le travail industriel a presque disparu)... Le délabrement est tel que plusieurs communes ne comptent plus aucune exploitation agricole à temps plein.

Les nuances locales sont peu nombreuses. Sur les Hautes Chaumes, la plupart des marcaireries sont abandonnées ; les rares « chaumistes » qui tiennent doivent lutter contre la rapide dégradation du pacage et ajoutent à la ferme une activité touristique ; les marcaireries deviennent des fermes-buvettes où le troupeau n'est plus qu'un alibi vis-à-vis des clients... L'abandon est plus grand encore dans les Vosges gréseuses ; les fonds de vallée y avaient été minutieusement cultivés, avec des cultures en à-dos pour lutter contre l'humidité. En 1970, à Dabo, sur 82 exploitations, 5 sont assurées de succession ; il est vrai qu'il n'y a pas 150 ha de cultures et de prés, et guère plus de 100 bovins.

La Vôge a des exploitations un peu plus vastes, avec des labours mieux conservés ; quelques communes, autour de Fougerolles, y ont gardé une tradition fruitière pour la distillation et la fabrication d'eaux-de-vie fines. Mais le piedmont glaciaire du ballon d'Alsace conserve sans doute l'une des civilisations rurales les plus attardées de France...

La rétraction de l'espace rural accroît l'emprise de la forêt ; or, celle-ci, domaniale ou communale, bien entretenue, occupe déjà la majeure partie du sol. Sa qualité est inégale ; la part des résineux est souvent prépondérante, sauf dans la Vôge ; la persistance de la coupe affouagère, si elle procure quelques ressources aux paysans, constitue une entrave à la bonne organisation des coupes. Mais partout la forêt procure des revenus importants, dont une partie non négligeable va aux communes, capables de financer ainsi de nombreux équipements. La mécanisation des chantiers d'abattage et la multiplication des chemins de vidange ont fait disparaître les schlitteurs, réduit fortement les besoins en main-d'œuvre. Les forestiers, bûcherons ou débardeurs, sont, signe des temps, les premiers abonnés au téléphone de leur village.

L'exploitation forestière a rarement débouché sur l'industrie : on ne va guère au-delà du sciage, du parquetage, de la fabrication des palettes ou des emballages. L'industrie du meuble n'est florissante qu'à la périphérie : Liffol-le-Grand, près de Neufchâteau, possède l'unique CET apprenant à ses élèves la fabrication des sièges et la sculpture sur bois, pratiquées sur place par une vingtaine de firmes, mais n'utilisant guère les bois locaux. Les rondins, les rebuts du sciage ne trouvent plus preneur : le déclin de la papeterie vosgienne, d'ailleurs à l'origine à base de chiffons, réduit encore les débouchés.

Les vicissitudes de l'industrie

Le travail industriel fut précoce dans les Vosges. De la Vôge à la frontière allemande, les maîtres-verriers ont tôt disputé la forêt aux paysans ; mais les sables issus des grès ne donnaient que des produits médiocres ; on utilise maintenant des sables de Fontainebleau, et, pour faire face à une localisation défavorable, on s'est orienté vers la cristallerie (Trois-Fontaines et Vallerysthal en Moselle, Baccarat en Meurthe-et-Moselle) ; l'embouteillage des eaux de Vittel et de Contrexéville justifie seulement le maintien d'une grosse bouteillerie BSN. La papeterie travaillant les chiffons, avait acquis, grâce à la qualité des eaux, une réputation prestigieuse (papier d'Arches) ; consommant aujourd'hui plus de bois scandinaves que de sapins vosgiens, les usines, restées orientées vers les fabrications de qualité et peu intégrées aux grands groupes papetiers, tiennent difficilement ; les plus nombreuses se trouvent autour de Saint-Dié.

La grande industrie reste le textile. Jadis, chanvre et lin avaient donné naissance aux toiles de Gérardmer, encore fabriquées ; la laine s'était implantée dans la vallée alsacienne de Sainte-Marie-aux-Mines. Mais le coton est roi, ayant envahi les deux versants des Vosges, à partir de Mulhouse, dès le XVIIIe siècle : filature et tissage sur le versant lorrain, opérations plus nobles, imprimerie sur étoffes, apprêts, plutôt sur le versant alsacien. La guerre de 1870, en isolant les deux industries, a entraîné :

— un certain blocage de l'industrie alsacienne, privée de son alimentation en fil, de sa clientèle, grevée de frais de fabrication plus élevés (législation du travail plus stricte, progression plus rapide des charges sociales) ;

— une expansion rapide du versant lorrain, grâce à une main-d'œuvre moins chère et plus efficace, grâce surtout à la protection douanière et les marchés coloniaux que sut lui faire accorder le ministre vosgien Méline ; l'industrie s'est complétée (teintures et apprêts, notamment à Thaon-les-Vosges) et partiellement intégrée, associant fréquemment filature et tissage.

Le retour à l'unité en 1918 et la grande crise mondiale ont affaibli l'industrie vosgienne : régression rapide des effectifs ouvriers, fermeture de nombreux ateliers, prise de contrôle par des groupes extérieurs (notamment le groupe lyonnais Gillet, reprenant Thaon, le groupe Boussac-Comptoir de l'industrie cotonnière). Le groupe DMC, notamment à travers sa filiale Texunion, est surtout présent dans les Vosges comtoises et alsaciennes. Depuis 1950, plus de la moitié des emplois ont disparu (il en reste 26 000, côté lorrain), la crise étant plus forte du côté alsacien. Une telle récession n'affecte guère la production et est surtout le reflet de la productivité croissante des usines.

Or, malgré une aide publique probablement plus importante que partout ailleurs, il ne s'est créé que peu d'entreprises capables d'utiliser la main-d'œuvre libérée par le textile ; la bonneterie s'est peu développée et certaines affaires (bas Colroy), après des débuts brillants, ont piétiné ; la confection, plus dynamique, n'offre guère que des salaires d'attente. Le meilleur est venu de la petite mécanique (sous-traitance automobile dans le sud, matériel électrique, etc.). Rares sont les créations importantes ; la plus considérable, une usine Michelin de toiles métalliques à Epinal, n'a pas créé un millier d'emplois.

Aussi les vosgiens se plaignent-ils de leur éloignement, de leur enclavement, de l'insuffisance des aides ; leur amertume est peu convaincante quand on compare l'inertie des vallées vosgiennes au grouillement d'initiatives de la Forêt-Noire, guère mieux partagée quant à l'isolement.

Les vallées vosgiennes n'ont pas toutes connu la crise avec la même ampleur ; le versant alsacien a été le plus touché et plusieurs vallées sont en passe de devenir de vrais déserts industriels, leurs plaintes ne rencontrant guère d'échos ; la dégradation est forte également dans les vallées comtoises ou de petits centres comme le Val-d'Ajol. La haute vallée de la Meurthe (Fraize, Plainfaing) a nettement plus souffert que les vallées de la Moselle ou de la Moselotte.

Il reste que les vallées vosgiennes doivent à l'industrie leurs densités de population ; chaque vallée égrène des files de hameaux avec leurs ateliers, des bourgs, voire de petites villes. Ainsi, au nord de Saint-Dié, la vallée de Senones, encore toute fourmillante d'ateliers textiles, longtemps dominée par la « Société industrielle de Senones » qui y possède bien des immeubles, entretient encore des crèches pour son personnel féminin, patronne une maison de retraite ; mais le textile est très durement frappé et le travail des plastiques, bien qu'en extension, ne peut combler tous les vides. La vallée de la Moselotte est au contraire un exemple de vallée maintenant mieux ses activités, avec ses petites villes : La Bresse, qui compte encore une dizaine de tissages et des fabriques de matériel électrique ; Cornimont où se développe la confection, Saulxures, Vagney, et, à l'aval, le groupe Saint-Amé – Le Syndicat, où la métallurgie l'emporte ; La Bresse et Saint-Amé dénombrent encore de nombreux granitiers, débitant et taillant la pierre de la vallée ; le travail du bois est partout actif ; de la sorte, le canton de Saulxures gagne encore des habitants, de même que la haute vallée de la Moselle (Bussang, Le Thillot, Saint-Maurice, Rupt).

Quelques foyers industriels se sont implantés à la sortie de la montagne, aussi bien sur la Meurthe (Etival, Raon, Baccarat) que sur la Moselle : Gillet-Thaon, Boussac, Texunion règnent sur Thaon et Nomexy, alors que, tout à l'aval, le groupe de Charmes tient mieux, grâce à des industries plus variées. L'avant-pays compte enfin quelques centres isolés, tous décadents, comme Rambervillers, Xertigny ou le Val-d'Ajol.

La population et les activités urbaines

Le recul industriel n'a pas provoqué un déclin général des effectifs humains, les pertes étant souvent compensées par le développement d'un secteur tertiaire longtemps très réduit. Le déclin démographique a frappé d'abord les vallées alsaciennes, entraînant un vieillissement tel que les décès l'emportent aujourd'hui sur les naissances ; la situation est la même dans les Vosges comtoises (le canton de Faucogney a perdu plus de la moitié de sa population depuis 1900) et dans la plus grande partie de la Vôge. Dans les Vosges septentrionales, la vallée de Senones, les communes rurales du bassin de Saint-Dié, la haute vallée de la

Meurthe connaissent un déclin accentué, avec un fort déficit démographique qui devrait s'aggraver : de 1968 à 1975, le solde migratoire de l'arrondissement de Saint-Dié, négatif, excède 2 000 personnes.

La situation est plus favorable dans les pays de la Moselle où la population est en gros stationnaire. Partout, les taux de natalité restent supérieurs à la moyenne nationale et la montagne vosgienne garde une forte vitalité. Population difficile à caractériser, avec des aspects originaux : c'est une société ouvrière, mais politiquement conservatrice, volontiers cléricale, avec, encore aujourd'hui, nombre de congrégations de sœurs infirmières, d'écoles catholiques ; les vallées constituent autant de mondes clos, jaloux de leur autonomie (par exemple, La Bresse a gardé le contrôle de la production et de la distribution de l'électricité). Des différences locales apparaissent : pays de la haute Meurthe plus ouverts que ceux de la Moselle, rude peuplement de forestiers des vallées de la Zorn ou de la Sarre, etc. La crise des années récentes a brusquement sensibilisé les vallées aux coups venus du dehors; s'y manifestent des tensions sociales jusqu'ici atténuées, un refus du dépérissement, tout cela traduisant le profond attachement des vosgiens à leurs vallées. Le pays prend aussi davantage conscience de sa pauvreté, de la pénurie des emplois féminins, par suite du salaire familial unique expliquant le persistant attachement aux revenus d'origine terrienne. Un bon indicateur de la médiocrité des revenus réside dans la très faible densité téléphonique de la plupart des vallées.

Au total, les Vosges et leurs enveloppes gréseuses comptent encore plus de 450 000 habitants, soit une densité moyenne supérieure à 70 habitants au km^2. Nulle montagne française n'est aussi peuplée.

Les Vosges restent relativement isolées; les nombreuses vallées, à fond souvent plat, constituent pourtant de bons accès, mais seulement pourvus de routes sinueuses et de voies ferrées à faible capacité de trafic. Les voies ferrées se terminent presque toutes en cul de sac, au pied des cirques terminaux ; beaucoup de lignes ont été fermées ; celles qui subsistent sont mal desservies et les convois rapides ne dépassent pas Epinal ou Saint-Dié. Si le massif est aisé à contourner, par Saverne au nord ou Belfort au sud, on ne le franchit guère ; lors de l'établissement des voies ferrées, la frontière coupe les Vosges ; de plus, la ligne faîtière, peu échancrée, ne se franchit qu'à des altitudes souvent élevées (950 m au Bonhomme, plus de 1 100 m à la Schlucht) ; avant la guerre de 1914, la montagne ne fut guère franchie que par des tramways touristiques. Après la guerre, le passage de la montagne par le chemin de fer fut réalisé seulement à partir de Saint-Dié ; d'abord la ligne d'Epinal à Strasbourg par le col de Saales et la vallée de la Bruche (1928), ensuite celle de Saint-Dié à Sélestat, pour relier plus commodément Colmar à Paris, au prix d'un très long tunnel entre Saint-Dié et Sainte-Marie, ouvert en 1937. Ces deux lignes ne connurent qu'un trafic très modeste ; le tunnel ferroviaire a été reconverti en 1975 en un tunnel routier dont le trafic reste faible.

Comme dans toute la France, le réseau routier est dense, mais sans itinéraire rapide, et soumis aux aléas de la neige et du verglas. Beaucoup de routes sont d'ailleurs d'un intérêt surtout touristique, notamment la route des crêtes, offrant une magnifique traversée des Hautes Chaumes.

C'est que le tourisme est volontiers considéré comme une ressource importante. La périphérie vosgienne a connu de nombreuses stations thermales, jadis fort en vogue. Mais toutes sont difficiles d'accès, de climat peu agréable. Bourbonne-les-Bains est de beaucoup la plus fréquentée, mais n'atteint pas les 10 000 curistes annuels, suivie par Plombières et Bains-les-Bains ; Luxeuil et Contrexéville n'ont pratiquement plus de curistes ; Vittel est devenue une très petite station, à la recherche de nouvelles formules pour retrouver l'abondante clientèle aisée d'autrefois. A Vittel comme à Contrexéville, l'embouteillage et la vente des eaux constituent une ressource plus sûre et plus durable que la courte saison d'été.

Les autres formes de tourisme sont plus diffuses

et les Vosges ne comptent guère qu'un seul pôle de développement touristique avec Gérardmer, pourtant desservie par un climat hyperhumide. Ailleurs, il est surtout question de vacances paisibles, de séjour de week-end, de résidence secondaire française ou allemande ; peu de régions ont proportionnellement autant de colonies de vacances, de maisons familiales. La médiocre qualité du manteau nival, les pentes trop courtes, le temps souvent maussade ne favorisent guère les tentatives de développer les sports d'hiver, bien que la montagne bénéficie fréquemment d'inversions de température qui la favorisent par rapport à la plaine.

Les Vosges ne comptent guère de vraies villes ; au contact de la plaine lorraine ou alsacienne se sont multipliés les bourgs, rarement des villes de quelque importance ; beaucoup sont des cités déchues, du fait du déclin de la fonction militaire ; ainsi en est-il de Phalsbourg, sentinelle lorraine face au passage de Saverne, ignorée par le canal et la voie ferrée. A l'intérieur des Vosges, la plupart des agglomérations sont à dominante industrielle, souvent inorganiques comme le groupe de Schirmeck ; quelques-unes essaient de se doter d'un rôle touristique d'appoint, comme La Bresse. Mais Gérardmer et Remiremont sont les deux seules villes véritables de l'intérieur ; la première, sur le chemin de la Schlucht, bien reconstruite après 1945, est surtout connue comme cité touristique, alors que l'industrie reste la grande dispensatrice des salaires ; la seconde, qui atteint 20 000 habitants, au confluent de la Moselle et de la Moselotte, est le recours de toutes les vallées industrielles des Vosges centrales.

A vrai dire, la disposition en éventail des vallées vosgiennes, de part et d'autre de la montagne, en conduisant à l'émiettement des activités urbaines, condamne les villes à rester minuscules, faute de pouvoir desservir autre chose qu'une vallée en cul de sac. Saint-Dié et Epinal échappent seules à la règle.

Saint-Dié est de beaucoup la mieux située des villes vosgiennes, au cœur du seul bassin un peu vaste, au contact de la montagne, à un carrefour de routes faciles vers le versant alsacien. Pourtant sa population stagne à moins de 30 000 habitants depuis près d'un siècle ; sans doute a-t-elle subi, jusqu'en 1918, les effets d'une frontière trop proche ; et actuellement, elle connaît les conséquences de la crise des pays de la Meurthe, malgré l'excellence de ses équipements, notamment commerciaux (elle est même le siège d'une petite société succursaliste, d'origine coopérative, l'« Abeille déodatienne »).

Epinal, égale à Saint-Dié lors du traité de Francfort, s'est bien davantage développée ; l'imagerie l'a fait connaître au loin et bien des français y furent contraints à la vie de garnison. Car Epinal fut d'abord une grande base militaire, en même temps que la Préfecture d'un département vivant. Pour compenser le reflux de la fonction militaire, Epinal a cherché à se doter d'un rôle régional, malgré la proximité de Nancy ; la ville a partiellement réussi, gardant un petit journal quotidien, jouant un important rôle hospitalier et scolaire (avec même un IUT), et restant le siège social de plusieurs groupes industriels vosgiens (Tinthorey, Cotonnière de l'Est). Elle est aussi, par ses faubourgs de Golbey et de Chantraine, une vraie ville industrielle. De l'ancienne fonction militaire, elle a hérité d'une concentration des voies ferrées, avec une gare bien desservie. Tout cela lui vaut de dépasser largement les 50 000 habitants.

Saint-Dié et surtout Epinal échappaient dans une certaine mesure à la tutelle nancéienne et se sentaient plus vosgiennes — ou plus françaises — que lorraines. La centralisation contemporaine, le déclin de la fonction militaire, accentuent aujourd'hui l'emprise de la métropole lorraine, bien que celle-ci n'ait aucun pouvoir sur les industries vosgiennes ; l'extension à Saint-Dié et Epinal du réseau « Metrolor » symbolise cette évolution ; mais les liens créés restent modestes et les Vosges lorraines demeurent très indépendantes de la métropole régionale.

3 La moyenne montagne : le Jura

Etiré sur environ 250 km du nord au sud, large au maximum d'une soixantaine de kilomètres, ne dépassant pratiquement pas 1 700 m d'altitude, le massif jurassien tranche nettement sur les plaines voisines : à l'ouest, la montagne tombe sur les plaines de Saône ou l'Ile-Crémieu par les pentes fort raides du Revermont ou du Vignoble ; à l'est, la retombée sur la plaine suisse ou la vallée du Rhône, avec des dénivelées pouvant excéder 1 000 m est un obstacle fort sérieux. Ce n'est pourtant jamais cet escarpement qui a servi de frontière entre la France et la Suisse, le territoire français débordant parfois sur la plaine (pays de Gex) et le Haut-Jura se partageant très irrégulièrement entre les deux pays.

Le Jura français n'a jamais constitué une véritable unité ; ses limites nord et sud sont souvent contestées. Au sud, on l'arrête généralement à la cluse du Rhône, bien que les plis jurassiens, souvent ennoyés sous les molasses tertiaires, se prolongent en un mince faisceau en bordure de la Chartreuse. Au nord-ouest, les avant-monts, entre Saône et Ognon constituent une zone de transition, alors qu'au nord, le Lomont est le premier chaînon typiquement jurassien, isolant de la montagne le pays de Montbéliard [1].

1. Les aspects physiques

La formation du Jura

Longtemps considéré comme une chaîne simple, aux plis réguliers, le Jura est en fait un domaine complexe, notamment dans sa partie centrale où un Jura interne, fortement montagneux, s'oppose à un Jura externe, où alternent des plateaux peu accidentés et des faisceaux de plis et de dislocations.

Le Jura est fait exclusivement de matériel sédimentaire, avec une dominante très nette des calcaires ; la série sédimentaire d'âge jurassique est essentielle, avec ses alternances de bancs calcaires et d'assises marneuses ; la sédimentation crétacée est limitée aux bordures orientales et méridionales. Exondée partiellement dès cette période, la chaîne jurassienne a été soumise à de longues phases d'érosion au cours desquelles s'élaborèrent, en fonction du niveau de base de la plaine suisse, plusieurs surfaces d'aplanissement. Considéré d'abord comme un arc plissé de type alpin, contraint à ses deux extrémités par les môles des Vosges et de l'Ile-Crémieu, le Jura dut au géologue suisse Lugeon de devenir le modèle des chaînes plissées par gravité, les plis jurassiens, déversés vers l'ouest, venant chevaucher la plaine bressane. On a su depuis que le socle sous-jacent est en fait incliné vers la plaine suisse, ce qui a conduit à des conceptions plus nuancées, faisant notamment une place capitale aux déformations du socle et à leur influence sur la couverture sédimentaire.

---
1. Pour ce dernier, voir 2ᵉ partie, chapitres 1 et 2.

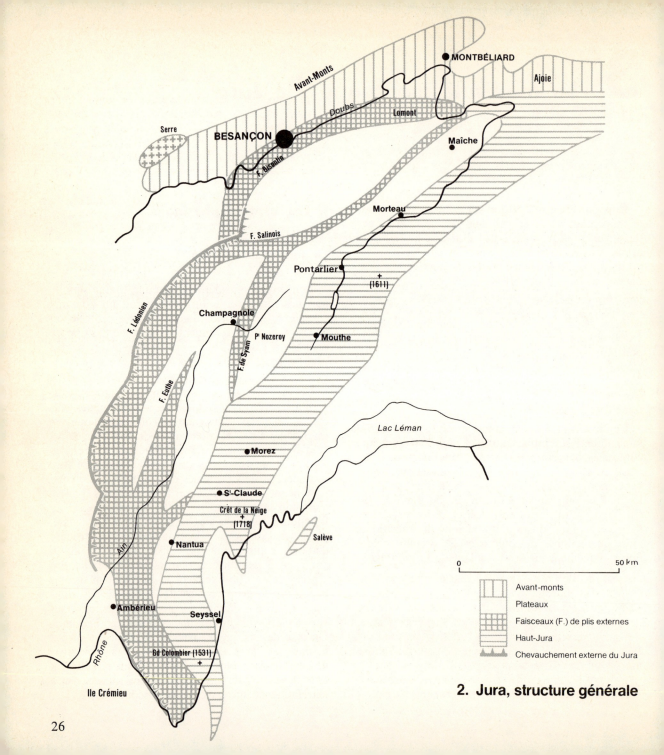

2. Jura, structure générale

Ces déformations amorcées dès le Jurassique moyen, restent de faible ampleur jusqu'à la fin du Crétacé. Coïncidant avec la formation du fossé bressan, un premier paroxysme tectonique se produit à l'Oligocène moyen ou supérieur ; les reliefs qui en résultent vont être démantelés au Miocène, avec élaboration d'une surface inclinée vers l'est ; le rôle de cette surface, dite d'Ornans, qui tranche des couches de dureté très inégale, est sans doute fondamental, les mouvements ultérieurs allant tirer parti de ces variations de résistance qui vont favoriser déversements et diapirisme.

Un nouvel épisode orogénique majeur se situe au Pontien. L'ensemble de la couverture sédimentaire est alors déplacé vers l'ouest, avec chevauchement de la plaine bressane ; ce glissement fait qu'il n'y a pas concordance exacte entre les accidents du socle et les plis oligocènes arasés, décalés vers l'ouest. Les plis résultant de l'orogénèse pontienne vont dominer les débris de la surface d'Ornans, parfois les chevaucher, de sorte que les surfaces d'érosion post-pontiennes seront plus élevées que la surface miocène. Les aplanissements post-pontiens, encore inclinés vers l'est, vont être à leur tour déformés par des mouvements pliocènes. Cette dernière phase orogénique est surtout marquée à l'est ; c'est à cette période que le Jura bascule vers l'ouest et que le réseau hydrographique se réoriente vers le fossé bressan.

Cette mise en place est responsable d'au moins deux styles de relief ; d'une part, à l'ouest, des plateaux étagés, régions de calme tectonique relatif, généralement restes de surfaces d'érosion, plus rarement ébauches de surfaces structurales. D'autre part des faisceaux de plis de texture assez différente ; à l'est, dans le Haut-Jura, c'est une succession de plis amples, assez réguliers ; à l'ouest les plateaux sont découpés en compartiments par des faisceaux de plis serrés ou par de simples dislocations ou plis-failles. Ces dispositions de la couverture sédimentaire reflètent les mouvements du socle sous-jacent, lequel a subi probablement un fort raccourcissement d'est en ouest, entraînant déformations et plissements de l'ensemble sédimentaire.

Le relief

Les travaux d'E. de Margerie ont accrédité l'idée d'un relief jurassien typique et simple, avec son alternance de synclinaux – vals – et d'anticlinaux – monts – ; l'érosion, travaillant le plus souvent au départ des cluses qui recoupent les « monts » a ouvert dans ces derniers des vallées anticlinales (les combes) dominées par les falaises blanches de leurs « crêts » ; ici et là, le flanc des anticlinaux peut être rongé par des « ruz ». En fait, un tel relief est des plus rares ; les plateaux sont plus fréquents que les axes plissés et ceux-ci sont souvent très complexes.

● *Les surfaces d'aplanissement* qui tronquent fréquemment les plis les plus anciens donnent des plateaux généralement en contre-bas des zones plissées, parfois isolés en cuvettes presque fermées, souvent dénivelés en plusieurs niveaux. On y reconnaît assez communément un haut gradin (plateaux de Maîche, de Levier) et un bas gradin (plateaux de Champagnole, de Lons-le-Saunier), ce qui n'implique pas des surfaces emboîtées d'âge différent, mais témoigne plutôt d'une surface polygénique unique déformée après son élaboration par les mouvements d'ensemble de la chaîne.

Ces surfaces ont été souvent portées à plus de 1 000 m ; aussi y a-t-il eu fréquemment reprise d'érosion, avec mise en saillie des lits calcaires et creusement de gouttières dans les bandes de roches tendres, de sorte que bien des alignements jurassiens peuvent être considérés comme « appalachiens ». Le réseau hydrographique n'a guère conservé les traces de l'ancien drainage vers la plaine suisse ; mais il est fréquemment inadapté aux structures actuelles, du moins dans l'allure générale, comme c'est le cas pour le Doubs ou l'Ain ; dans le détail l'adaptation à la structure est la règle : c'est ainsi que les cluses correspondent pour la plupart à des ensellements d'axes des plis, accompagnés de décrochements.

● *Les plis jurassiens* n'ont pas la simplicité qu'on leur prête encore parfois ; les plus réguliers, ceux du Haut-Jura, sont fréquemment des plis coffrés, du fait du bourrage du noyau anticlinal par des couches plastiques ; leurs flancs sont raides, le sommet plat, même en l'absence de toute ébauche d'aplanissement ; les synclinaux sont fréquemment en auge ; la pente des versants est si forte que des plis miniatures s'y déploient par glissement d'une partie des couches superficielles. Sous l'effet du bourrage, les anticlinaux chevauchent parfois les synclinaux voisins ; les déversements sont fréquents, ainsi l'anticlinal du Reculet, couché sur le synclinal de la Valserine. La dissymétrie des anticlinaux est telle que les combes qui les entaillent prennent souvent l'allure de dépressions monoclinales. Les plis les plus classiques sont plus complexes qu'on ne l'imaginait ; ainsi, des failles ou des flexures délimitent le fond du grand synclinal du Valromey, tandis que des accidents transverses le découpent en une série de bassins.

Les accidents cassants sont ainsi innombrables, reflétant les déformations du socle sous-jacent. De grands accidents de direction méridienne, accompagnés de décrochements, sont probablement liés aux affaissements oligocènes de la Bresse ou de la plaine suisse ; de nombreuses failles de direction varisque, surtout abondantes sur le Jura des plateaux, constituent de lointains échos des accidents hercyniens du socle ; et il faut citer également les accidents transverses du Haut-Jura.

● *Les formes de détail* sont d'abord liées à la prédominance des calcaires ; les seuls aspects monumentaux sont ceux des « culées » ou reculées (type : Baume-les-Messieurs) au fond desquelles jaillit une souce vauclusienne. La circulation souterraine des eaux est la règle, au point que dans ce pays humide, la citerne était souvent indispensable à la ferme. Rares sont les rivières, même importantes, sans pertes ou tarissements au moins saisonniers, du fait de la fissuration des fonds calcaires ; cette perméabilité des lits ou des parois explique la difficulté de constituer de grands aménagements hydro-électriques avec barrages-réservoirs (une seule exception, celle de Vouglans sur l'Ain). Les formes superficielles, dolines, emposieux, sont irrégulièrement réparties ; en altitude, sous couvert forestier, des lapiés de grandes di-mensions se généralisent. C'est sans doute le karst, en bloquant ou en freinant le ruissellement, qui a protégé de la destruction tant de lambeaux perchés des anciennes surfaces d'érosion.

L'action des glaces quaternaires a été inégale. Le Jura a été partiellement envahi par les glaciers du système rhodanien ou de la plaine suisse, notamment au sud où des langues glaciaires ont façonné les cluses comme celle de Nantua ; mais le niveau des glaces d'invasion n'a probablement jamais dépassé 1 000 m, moins sans doute au Würm, de sorte que la montagne a échappé à l'invasion des grands glaciers alpins. Malgré le fort enneigement, les glaciations locales, limitées au Haut-Jura, n'ont eu que des effets secondaires. Ce sont donc surtout les vallées et les plateaux qui ont subi l'empreinte des glaces (vallées en auge, lacs résiduels, petits complexes fluvio-glaciaires), tandis que bien des synclinaux sont partiellement colmatés de moraines. Mais le reste de la montagne a surtout connu le froid et la neige.

Le climat

L'étirement de la chaîne du nord au sud, son étagement d'ouest en est, introduisent des nuances climatiques appréciables. Mais le Jura est d'abord une montagne très humide, avec des précipitations annuelles excédant toujours le mètre, le plus souvent 1,50 m ; le Jura central, le plus arrosé, enregistre fréquemment plus de 2 m annuels au niveau de l'habitat permanent, plus que dans les Préalpes, au moins autant que les Vosges méridionales. La neige est abondante, surtout en fin d'hiver et au début du printemps ; mais le manteau est irrégulier et de plus en plus instable vers le sud. Les précipitations sont copieuses en toute saison, même en été, ce qui ne favorise guère la fréquentation touristique.

Les grands accidents méridiens du relief introduisent, surtout en hiver, des phénomènes d'abri, insuffisants pour aboutir à une forte réduction de la pluviosité, mais favorisant au fond des berceaux synclinaux, des inversions de température aussi fréquentes que durables. C'est cet « abri », beaucoup plus que l'altitude, qui vaut aux hautes vallées jurassiennes un climat anormalement rude ; sans atteindre les excès de la Sibérie neuchâteloise (La Brévine), les hautes vallées enregistrent les températures hivernales les plus basses de France pour cette altitude. La montagne s'oppose ainsi aux plateaux, plus ventés, mais plus sensibles aux redoux.

D'autre part, le nord jurassien, un peu moins arrosé en hiver, est sensiblement plus froid ; le Centre connaît la pluviosité la plus égale, la plus abondante, le plus fort enneigement. Le sud est plus original ; bien que le volume des pluies y soit encore très important, leur répartition annuelle est moins régulière, avec un minimum d'été bien marqué, et, à l'occasion, de véritables sécheresses. Plus sensible aux flux méridionaux, ce Jura du sud est également plus chaud, plus ensoleillé ; la couverture forestière y fait davantage de place aux feuillus et des colonies de plantes aux affinités méridionales s'accrochent, en exposition sud, aux parois calcaires.

L'humidité a favorisé la forêt, à laquelle retournent rapidement labours ou prairies délaissés. Les alpages de montagne doivent plus à l'intervention de l'homme ou aux héritages des périodes froides qu'à une véritable pelouse alpine, même si les limites de végétation sont particulièrement basses. Le Jura se présente comme une zone de transition entre la « pessière » alpine post-glaciaire, encore triomphante dans une partie de la montagne, et la sapinière vosgienne. A l'état naturel, l'hégémonie des résineux n'est pas totale et le hêtre est fréquent ; sur les bas plateaux et dans le sud, chênes et charmes jouent un rôle non négligeable, tandis que les buis habillent volontiers barres calcaires et vallées du sud jurassien, parfois même du centre.

2. Population et vie économique

On a longtemps présenté le Jura comme un modèle de symbiose harmonieuse entre la vie agro-pastorale et des activités artisanales ou industrielles. En fait, cette double activité est loin d'avoir été générale et elle n'a jamais assuré au Jura des densités de population très élevées : les cantons industriels de la montagne n'ont jamais dépassé 50 ou 60 habitants au km² ; situation qu'on retrouve identique dans le Jura suisse au début du XIXe siècle. Depuis, l'évolution a été radicalement différente de part et d'autre de la frontière ; côté suisse, la population a plus que doublé, avec une urbanisation intense, même au cœur de la montagne ; côté français, après une baisse lente et modérée de la population jusque vers le milieu du XXe siècle, on assiste maintenant à une modeste croissance qui nous ramène à la situation du début du XIXe siècle, avec environ 300 000 habitants pour l'ensemble des plateaux et de la montagne. Cette stagnation globale cache des évolutions divergentes ; alors que la population du Jura septentrional ou central reste stable ou s'accroît, le Jura des plateaux a souvent perdu plus de 50 % de sa population, de même que la montagne méridionale, notamment en Bugey.

Apparaît ainsi toute une série de contrastes, entre nord et sud, entre secteurs industriels et ruraux, entre un Jura français catholique, pauvrement encadré par des villes modestes et un Jura suisse en majorité calviniste, plus industrialisé et plus riche en villes prospères et bien équipées, avec leurs banques et leur presse. Cette dernière dissemblance explique les fortes pressions qui s'exercent sur les ouvriers jurassiens français, enclins à passer chaque jour la frontière pour trouver de meilleurs salaires et de meilleures conditions de travail (3 500 environ pour le seul Doubs, entièrement montagneux).

Bien qu'aujourd'hui moins marquée que celle existant de part et d'autre de la frontière, l'opposition entre le nord et le sud est celle qui a le plus frappé les géographes ; sans relation avec les faits physiques, elle correspond avant tout à des faits de civilisation, à deux tempéraments bien différents. Au nord, surtout en Haut-Jura, l'abandon rural a été lent ; dans des cantons non industriels, comme ceux de Mouthe ou de Nozeroy, il aboutit à des densités de l'ordre de 15 habitants

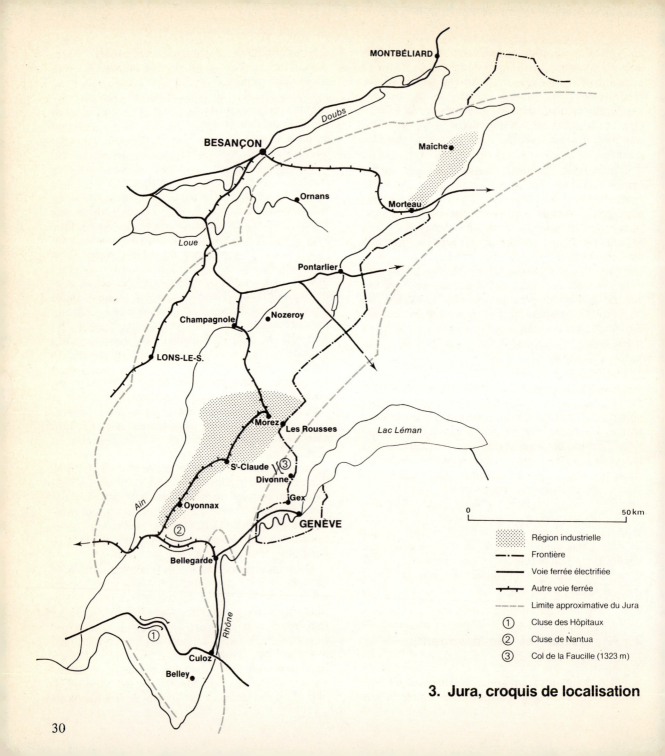

3. Jura, croquis de localisation

au km². Le Sud, qui connaissait, au début du XIXe siècle, les densités les plus élevées du Jura, a connu un exode rural plus fort avec des pertes supérieures à 50 % par rapport au maximum, maximales en Haut-Bugey, plus faibles en pays de Gex et dans la région industrielle d'Oyonnax. Le sud connaît ainsi des structures d'âges assez défavorables, des taux de natalité bas (moyenne pour l'Ain, en 1975 : 10 ‰) avec un important déficit des naissances. Au contraire, au nord-est d'une ligne Besançon-Champagnole-Morez, la fécondité reste forte, même si les taux de natalité se sont maintenant partout abaissés au-dessous de 20 ‰ ; les cantons septentrionaux de la montagne (Maîche, Le Russey, Morteau) enregistrent encore deux fois plus de naissances que de décès et tout le nord du Jura connaît de forts excédents migratoires. Le Jura central, autour de Champagnole, Morez et Saint-Claude, se trouve dans une situation intermédiaire.

De même, le jurassien du nord est plus posé, plus lent dans ses réactions, de tempérament conservateur, même dans les régions d'industries dispersées, alors que le jurassien du sud est plus individualiste, plus ouvert aux nouveautés, mais aussi plus instable, moins attaché à sa montagne. Différences qui se retrouvent le dimanche ou les jours d'élections : le jurassien du nord est pratiquant, vote à droite ; le sud est plus déchristianisé, vote à gauche, voire à l'extrême-gauche.

Contrastes encore dans la maison ; la ferme du nord, vaste, trapue, est coiffée d'un immense toit couvert jadis de tavaillons, aujourd'hui de tôle, abritant une volumineuse réserve de fourrage. La maison du sud, plus petite, allongée, se couvre d'un toit de tuiles. Les maisons du sud se dispersent, au mieux se regroupent en hameaux, alors qu'au nord bien des communes ne comptent aucun écart. Des différences apparaissent également dans les formes d'occupation du sol. Le paysage montagnard du sud, de colonisation souvent très ancienne, est presque bocager. Le nord, plus tardivement défriché, parfois dans le cadre d'une colonisation monastique, développe des terroirs d'openfield, avec des villages allongés d'essartage et des servitudes collectives plus ou moins fortes.

On perçoit également d'autres contrastes, avec la multiplication de petites unités géographiques, indice d'un certain cloisonnement. Pourquoi encore le Haut-Jura comporte-t-il deux bastions industriels distincts séparés par une zone purement rurale ? Faut-il y voir, avec R. Lebeau, un effet de la frontière, le Jura rural correspondant au traditionaliste canton de Vaud, par opposition aux cantons industriels de Genève et de Neuchâtel ? Peut-être le cloisonnement est-il à mettre en rapport avec les difficultés de circulation, encore qu'elles n'aient empêché ni la vidange des bois, ni le foisonnement industriel. Bien que les axes de relief soient méridiens, les liaisons nord-sud se réduisent à la médiocre voie ferrée qui dessert Morez, Saint-Claude et Oyonnax. Les routes transversales sont rares : les grandes cluses méridionales de Nantua et des Hôpitaux, déblayées par les glaciers, constituent les meilleures voies de passage. Le reste du Jura n'est vraiment traversé que par la voie ferrée de Dole à Vallorbe et la RN 5 de Poligny vers Genève. La circulation est rendue partout lente par le relief, entravée l'hiver par l'enneigement ou le verglas.

Des pays d'élevage

La production laitière, surtout dans le nord et le centre, reste l'affaire essentielle des jurassiens, avec des charges bovines assez élevées, voisines de 1 bête par hectare de surface agricole utile. Cette orientation laitière est très ancienne, précocement tournée vers la fabrication du gruyère, donc d'un produit destiné à la vente hors de la montagne, et qu'on ne fabriquait qu'en été (« tomme » l'hiver). La production d'une meule de gruyère de Comté, à plus forte raison d'emmental, requiert plusieurs centaines de litres de lait (400 à 500 l) ; elle ne peut être le fait d'un paysan isolé, bien qu'elle associe le lait de la traite du soir, reposé et partiellement écrémé, à celui du matin. Elle a exigé le regroupement dans les « fruits communs », mentionnés dans les textes dès le XIIIe siècle, bientôt confiés aux soins de

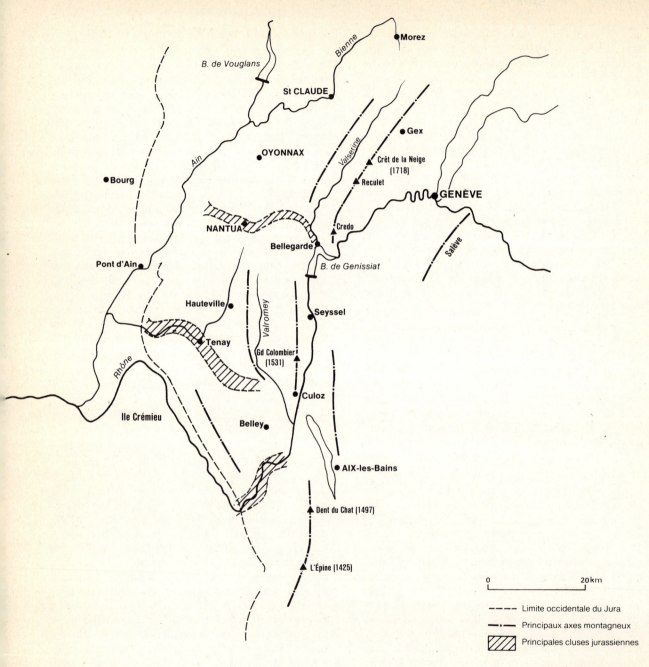

4. Jura méridional

fromagers professionnels. Née dans le Jura central (Levier), la fruitière s'est imposée dans une bonne partie de la chaîne, du Russey à Morez ; son expansion dans le sud a été plus tardive et n'a guère atteint le Bas-Bugey. C'est aussi la fruitière qui affine, travail délicat d'au moins quatre mois, impliquant une immobilisation financière importante pour les sociétaires. La fruitière est la base de la vie jurassienne ; deux fois par jour les paysans s'y rencontrent en venant livrer leur lait. Etablie sur la base de chaque village, elle est devenue souvent trop petite et on assiste à une concentration des fromageries, parfois à leur abandon entre les mains d'un industriel laitier. Pour éviter l'immobilisation consécutive au stockage et toucher immédiatement le prix du lait, on abandonne parfois la fabrication fromagère en livrant le lait à de grosses industries (région de Pontarlier, sud du Jura). Pourtant, la fabrication du Comté valorise mieux le lait, grâce à la qualité garantie par un label strict, lié à la valeur du lait et à l'efficacité de fromagers bien formés aux écoles de Mamirolle et de Poligny.

L'éleveur jurassien obtient ainsi des résultats financiers plus qu'honorables. C'est que le troupeau, de race montbéliarde pure, assuré des rendements laitiers élevés : la production moyenne par bête et par lactation dépassait déjà 3 000 l entre les deux guerres ; en 1953, le syndicat de Villers-le-lac offrait une moyenne de 4 700 kg de lait par bête, résultat qui n'est plus du tout exceptionnel ; le contrôle laitier est fréquent. Malgré l'aggravation des charges (aliments, frais de vétérinaire) et grâce à la vente des veaux ou des bêtes de réforme, on arrive à un revenu brut par bête qui n'est certainement pas inférieur à 3 000/3 500 F par an en 1975.

Or, les troupeaux sont étoffés ; la moyenne (20 à 30 bovins dont 10 à 15 vaches laitières) est largement dépassée dans les bonnes exploitations. Cela explique la relative stabilité du nombre des exploitations et le fait, en apparence extravagant, que le Jura industriel est le secteur qui compte le moins d'exploitations à temps partiel (moins de 10 %, une sorte de record en France). Les revenus sont complétés dans le nord par un élevage porcin, et, souvent, par des gains forestiers.

Car, sauf dans le Bugey méridional et les bas plateaux, la forêt, sapinière ou pessière, occupe souvent plus de 50 % du sol et fournit d'importants revenus. La forêt privée couvre de vastes espaces (la moitié de la surface boisée), mais elle est surtout faite de feuillus, ou est constituée par des plantations jeunes, non encore exploitables. La bonne forêt est domaniale (10 %), n'offrant alors que les salaires de l'abattage ou du débardage, et surtout communale. Les coupes annuelles apportent à chacun sa part d'affouage ; mais les gros revenus sont pour les communes, capables non seulement de payer les impôts de leurs administrés, mais surtout de financer des investissements collectifs importants (adductions d'eau, bâtiments communaux) et d'intensifs services de déneigement. Pourtant, comme dans les Vosges, le bois n'est guère que débité et scié sur place, vendu ensuite comme bois de charpente ou de parquets, sans donner naissance à une véritable industrie.

Des nuances dans ce système agro-sylvo-postoral interviennent fréquemment. Le Haut-Jura ne fait pratiquement plus de culture ; il a abandonné les alpages et la vie pastorale, les parcours étant parfois repris par des éleveurs suisses pour y faire de la viande, plus souvent reboisés. Dans le Jura central, la montagne a des exploitations plus petites, avec des troupeaux moins étoffés, ce qui explique pour une part l'orientation vers des fabrications fromagères moins lourdes : Morbier, bleu de Septmoncel. Les plateaux consacrent encore de 25 à 40 % de la SAU aux champs, les céréales tenant autant de place que les cultures fourragères : l'image du Jura purement fourrager ne vaut que pour la montagne.

Le Jura méridional tranche nettement. D'abord parce que, hormis en pays de Gex, l'élevage bovin est plus secondaire : dans ces pays jadis surpeuplés, très céréaliers, on demandait aux bovins travail et fumure ; les troupeaux étaient plus petits, les bêtes de race incertaine. A la fabrication du gruyère, on préférait souvent la fabrication du bleu de Gex, dont on affirme que la qualité est liée aux ferments venant des herbes de la prairie jurasienne : il suffisait de 25 à 80 l de lait pour un fromage de 7 à 8 kg. Dans ce pays de hameaux, la fruitière a toujours vivoté. Les exploitations, plus petites, ne connaissent que des charges bovines médiocres, donc des revenus trop faibles. Aussi leur nombre s'effondre-t-il : 50 % ont disparu entre 1955 et 1970. L'étroitesse de la chaîne permet ici plus facilement d'aller chercher du travail au dehors : au moins un cultivateur sur quatre a son gagne-pain principal en dehors de sa ferme.

Les revenus complémentaires

En dehors de l'industrie, les jurassiens ne peuvent guère attendre d'autres sources de revenus. Le tourisme joue un rôle d'autant plus secondaire que le Jura est loin des grandes villes et difficile d'accès. La pratique des sports d'hiver souffre d'une altitude insuffisante et des pentes trop courtes ; de petites stations se sont cependant créées autour de Pontarlier, de Morez ou de Saint-Claude ; quelques-unes accèdent à la notoriété : Les Hôpitaux-Neufs, Jougne, Les Rousses surtout ; mais le grand essor est exclu tant les stations alpestres sont proches. Peut-être le ski de fond donnera-t-il de meilleurs résultats... Le tourisme reste essentiellement estival, assez comparable à celui des Vosges, très familial, très éparpillé, avec de rares points forts comme autour du lac de Saint-Point (Malbuisson) et un fort développement de la résidence secondaire dans le sud, aisément accessible de Lyon. Quant à la cité sanatoriale d'Hauteville, en Bugey, malencontreusement installée en zone hyper-humide, elle se reconvertit mal et décline rapidement.

L'artisanat et l'industrie constituent donc l'essentiel, mais dans deux secteurs distincts : au nord, la région dite du Haut-Doubs, de Morteau à Maîche, terre de l'horlogerie ; au sud, un secteur plus vaste et plus varié allant de Morez à la cluse de Nantua. Dans les deux cas, il s'agit de bonnes régions d'élevage, à fort potentiel démographique,

à hiver long, toutes à proximité de la frontière suisse par où ont transité techniques, capitaux et surtout marchandises.

C'est dans *le Haut-Doubs,* si proche du Locle et de la Chaux-de-Fonds que l'influence helvétique a été et reste la plus sensible. La région de Morteau a été vouée à la grosse horlogerie aux XVIIe et XVIIIe siècles, puis au travail de la montre au XIXe. Aujourd'hui elle fabrique surtout des ébauches, des boîtiers, des pièces de montre, aussi bien pour l'industrie suisse que pour les assembliers de Besançon. Le travail de l'horlogerie a débouché également sur la fabrication des instruments de précision, parfois sur la sous-traitance pour l'industrie automobile. Ce secteur haut-jurassien est prospère, avec une population en rapide croissance, et des bourgs actifs comme Damprichard, Charquemont, Maîche, Le Russey ; c'est le groupe Morteau - Villers-le-Lac, fort de plus de 11 000 habitants, qui offre les industries les plus variées, notamment l'assemblage.

Le groupe du Jura central et méridional est plus composite, chaque région, parfois chaque bourg, ayant sa spécialité. Seule l'industrie du bois est présente partout : tournerie, liée sans doute à l'abondance du buis, tabletterie comme à Clairvaux ; ce travail du bois est parfois exclusif, comme à Bois-d'Amont qui possède une trentaine d'entreprise de boissellerie. Le pays de Morez fut d'abord tourné vers l'horlogerie, travail qui subsiste à Morbier ; mais dès le XVIIIe siècle, il s'oriente vers la fabrication des montures de lunette et le Jura assure aujourd'hui les 4/5 de la production française, dont une bonne moitié à Morez, avec une forte capacité d'exportation (plus de 50 % des montures) ; le travail est à la fois morcelé — il y a par exemple des spécialistes des charnières pour montures, ce qui a conduit au décolletage de précision — et bien organisé, puisqu'on y fabrique même les machines nécessaires à la lunetterie.

Le secteur de Saint-Claude et de la vallée de la Bienne a d'abord travaillé le diamant (5 000 personnes employées en 1930) mais l'industrie du lapidaire, très sensible aux crises a beaucoup décliné et ne compte que de petites affaires ; celle

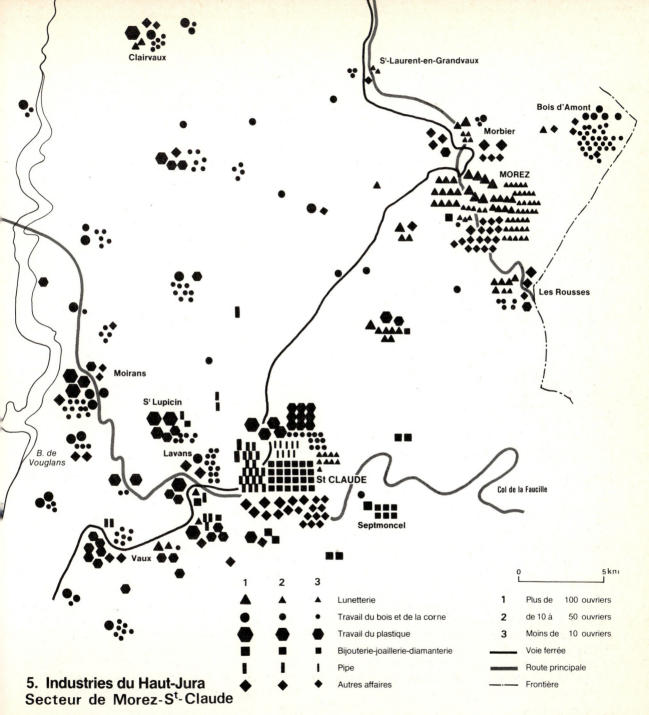

de la pipe a connu une évolution semblable ; mais on travaille aussi la corne et le bois, on fabrique des bijoux et des articles pour fumeurs, et de plus en plus se multiplient les ateliers de plastiques. La figure 5 montre que la plupart des communes ont une panoplie très complète d'industries, le village de Septmoncel étant resté seul exclusivement fidèle au lapidaire.

Le groupe méridional d'Oyonnax est plus spécifiquement urbain. L'ancienne industrie du peigne, en bois, puis en corne, a conduit au travail du celluloïd et des premières matières synthétiques : galalithe, bakélite ; aujourd'hui les « plastiques » dominent et Oyonnax fabrique surtout des articles à bon marché, ce qui paraît en contradiction avec la tradition industrielle jurassienne. Par ses bonnes relations avec les producteurs de matières plastiques, par la réussite de sa foire internationale des plastiques, Oyonnax a réussi à concilier son site montagnard et des fabrications populaires (par exemple, les lunettes de soleil bon marché). Plus de vingt affaires emploient chacune plus de 100 ouvriers, mais aucune ne dépasse 500 ; et à côté, il y a un fourmillement de petits ateliers industriels, voire artisanaux. Ainsi, dans les plastiques, à côté de quelques grosses entreprises (Grosfillex, Gilac), il y a plus de 150 industriels à Oyonnax et plusieurs dizaines d'autres dans les communes voisines ; on compte une centaine d'artisans ou d'industriels de la lunette solaire, une douzaine de fabricants de jouets, une quinzaine encore adonnés à la production du peigne. Il faut leur fournir les moules à injecter, qu'ils ne peuvent ni concevoir, ni fabriquer ; aussi y a-t-il des dépositaires d'acier pour moules, alimentant une quinzaine de fabricants ; mais on trouve aussi des dessinateurs, des maquettistes ou des graveurs de moules indépendants, tandis qu'à l'autre bout, Creusot-Loire s'est assuré le contrôle d'une assez grosse affaire de presses à injecter. Ces façonniers en matières plastiques ne peuvent modifier ou agencer leurs moules, ce qui explique la prolifération des mécaniciens moulistes. Ils ne peuvent non plus stocker la matière première et s'approvisionnent au jour le jour chez les dépositaires des grands groupes chimiques.

La fabrication de l'article simple domine ; mais il y a quelques industriels capables de monter du mobilier de cuisine ou de salle-de-bains. Les façonniers l'emportent, travaillant au gré des commandes ; quelques affaires sont un peu plus spécialisées (fabricants d'articles de pêche, de fleurs artificielles) ; et tout à fait à l'aval apparaît le récupérateur de matières plastiques...

La main-d'œuvre s'est largement féminisée. Mais la prédominance de l'emploi non spécialisé, la faiblesse des salaires justifient un recours massif aux étrangers, surtout nord-africains. Quant aux spécialistes, aux chefs d'entreprise, le lycée technique, devenu Ecole Nationale des Plastiques, assure leur formation et leur recyclage en fonction des nouveaux besoins. C'est là une structure typique des industries dispersées.

Enfin, les vallées du sud du Jura, notamment les cluses, ont suscité quelques implantations de grosses usines à capitaux lyonnais ; la plupart sont en crise, de même que les bourgs qui les ont hébergées comme Tenay ou Saint-Rambert.

Toutes ces industries connaissent une évolution analogue : disparition du travail à domicile au profit de l'atelier, concentration des fabrications dans des entreprises un peu plus importantes, abandon des villages pour les petits centres, alors que la main-d'œuvre a conservé sa résidence rurale ce qui provoque une multiplication des déplacements quotidiens de travailleurs. La rareté des genres de vie mixtes rend plus aigu le bas niveau des salaires, provoquant un exode massif des jeunes, un vieillissement du personnel industriel, de difficiles problèmes de renouvellement. Ce sont les petites villes qui ont en partie profité de cette évolution.

Mais les villes sont minuscules, mal reliées au monde extérieur, médiocrement équipées ou bâties ; aucun de ces grands lieux de foire comme on en trouve dans le Jura suisse ; rien qui rappelle, par exemple, le grand marché-concours de Saignelégier ou la magnificence des grandes artères du Locle et de La Chaux-de-Fonds. Localisées dans des vallées étroites pour bénéficier de la force motrice des torrents, les villes du Jura français ont le plus souvent élu des sites difficiles, condamnant à une structure linéaire.

Au sud, Belley, modeste capitale du Bugey, voit la crise menacer ses industries (articles de cuir « Le Tanneur », une fabrique de grues). La crise est déjà ancienne à Bellegarde, où, du moins, il est facile d'aller travailler en terre suisse. Le seul centre vivant du Jura méridional reste Oyonnax (25 000 habitants) dont la population a doublé depuis 1954 ; mais c'est une ville industrielle, car Nantua, simple bourgade, a gardé la fonction administrative.

Au pied sud-est du Jura, l'enclave du pays de Gex est une annexe genevoise, ce qui assure sa richesse : beaucoup de gens vont travailler à Genève, mais l'industrie genevoise est venue au-devant de la main-d'œuvre, et le jeu, interdit en pays calviniste, fait la fortune du casino de Divonne. Les villes, Divonne, Gex, Ferney-Voltaire, sont de plus en plus des banlieues genevoises.

Le centre du Jura compte trois petites villes industrielles : la très traditionaliste Saint-Claude, ville de l'évêque, stagnant à 13 000 habitants du fait des difficultés de ses industries ; Morez, plus petite et plus industrielle encore ; Champagnole enfin, la ville des plateaux, la plus dynamique par son marché et ses industries modernes (aciérie électrique, cimenterie, fabriques de meubles), mais ne dépassant guère 10 000 habitants.

Le nord n'est pas mieux pourvu ; la capitale des plateaux, Ornans, centre d'industries métallurgiques, est restée une simple bourgade. La seule ville est Pontarlier, qui n'atteint pas les 20 000 habitants et dont l'immense gare déserte symbolise assez bien les espoirs déçus, malgré quelques industries modernes (matériel téléphonique, chocolaterie du groupe Nestlé, etc.).

En fait, les grandes villes du Jura français sont hors de la montagne. Non en Suisse, avec laquelle les relations, par delà la fissure de la vallée du Doubs, sont difficiles, mais au pied occidental du Jura. Besançon (cf. 2ᵉ partie, p. 174) est la vraie capitale du Jura ; du moins de sa partie septentrionale, car le sud est et a toujours été d'obédience lyonnaise, alors que les pays de Gex et de Bellegarde sont de plus en plus tournés vers Genève. Le Jura central est plus indécis ; nominalement il dépend de Besançon ; mais les relations ferroviaires sont souvent plus commodes avec Dijon ou avec Lyon...

4 La moyenne montagne : le Massif Central

Au cœur de la France, les hautes terres du Massif Central représentent environ 14 % de la surface nationale. Connu comme château d'eau de la France, comme réservoir d'hommes, le Massif est devenu aussi le prototype du « désert » français, la région enclavée par excellence, celle à laquelle il faut appliquer des plans de sauvetage. En effet, de 13 % de la population française au début du XIXe siècle, il passe à un peu plus de 7 % en 1975 et le déclin devrait logiquement continuer.

Le Massif Central tranche partout assez nettement sur les régions qui l'entourent, par le relief, par la nature du substratum, le plus souvent aussi par l'économie. Ses contours les plus flous sont au nord ; le contact géologique avec le Bassin Parisien est pourtant net, mais la grande zone d'élevage bovin est installée à cheval sur cette limite naturelle. La netteté des frontières n'a pourtant pas permis au Massif Central de constituer une entité humaine et politique ; le nom lui-même (Plateau Central, Massif Central) est d'origine savante et non point populaire ; il n'est que lentement passé dans le langage courant. Les dialectes d'oc ont certes été parlés dans la plus grande partie du Massif ; mais ils appartiennent à des familles différentes. De fait, le Massif n'a cessé d'être tiraillé entre des influences multiples, parfois intérieures comme en Auvergne ou en Limousin, plus souvent encore extérieures.

1. Les contraintes physiques

La mise en place et l'évolution morphologique

Le Massif Central se présente comme un ensemble tabulaire, assez fortement relevé, partiellement basculé du sud-est vers le nord-ouest (encore que la Montagne Limousine atteigne 1 000 m), ce qui explique le drainage océanique de la quasi-totalité de la masse montagneuse. Il s'agit, pour l'essentiel, d'un vieux socle où dominent granites et roches métamorphiques, et qui a été presque entièrement inclus dans l'orogénèse hercynienne. Cette dernière détermine une première série d'accidents en creux où vont se déposer et se conserver des sédiments houillers, accidents situés pour la plupart à la périphérie du massif, notamment à l'est ; seul le grand sillon houiller prend en écharpe tout le nord-ouest du Massif Central, mais il est réduit aujourd'hui à une simple cicatrice.

Au Permien, seuls subsistent quelques golfes sédimentaires bordiers, comme le bassin de Brive ; l'érosion nivelle les reliefs hercyniens, élaborant une pénéplaine que les mers secondaires ne viendront battre que sur ses bords et qui restera ainsi émergée, soumise à la succession des climats secondaires et tertiaires et aux processus d'altération qui en résultent. Les mers secondaires ne pénètrent largement à l'intérieur du Massif Central que dans la région charolaise et surtout dans le grand golfe caussenard où une subsidence prolongée va permettre l'accumulation de puissantes séries calcaires.

À partir de l'Éocène, la plate-forme sera soumise à des déformations importantes, répliques de l'orogénèse pyrénéenne, puis alpine ; ce sont elles qui sont responsables du mouvement de bascule et du relèvement maximum vers le sud-est, ainsi que de tout le système de cassures qui aboutit à la mise en place de blocs relevés et de fossés ; la fissuration du socle favorise d'autre part la montée des magmas volcaniques.

Graben

- *Les fossés tertiaires* correspondent souvent à des rejeux d'accidents hercyniens, mais sont aussi autant d'échos lointains de déformations probablement plus anciennes (accidents méridiens). Beaucoup sont des accidents mineurs ; mais de très vastes dépressions méridiennes, dont le prototype est la Grande Limagne, se creusent à l'emplacement des cours actuels de la Loire et de l'Allier. Ces fossés sont souvent très profonds (2 500 m pour la Grande Limagne), fréquemment discontinus. Seuls le bassin de Roanne et la Grande Limagne s'ouvrent largement vers le nord ; plus au sud, le cloisonnement est la règle : des horsts plus ou moins saillants barrent les fossés de l'Allier tandis que sur la Loire des seuils séparent la plaine forézienne de celle de Roanne comme de l'Emblavès, lui-même isolé du bassin du Puy. Nombreux sont les petits fossés isolés, comme ceux du Livradois, le bassin d'Ambert, ou celui du Malzieu sur la Truyère, ou encore la tranchée montluçonnaise du Cher.

Tous ces bassins voient s'accumuler une sédimentation tertiaire, surtout oligocène, dont les matériaux seront largement déblayés par l'érosion plio-quaternaire. Ces dépôts sont surtout faits d'éléments arrachés aux reliefs bordiers, mais aussi de sédiments lacustres ou lagunaires, la plupart des bassins, plus ou moins fermés, ayant été envahis par les eaux continentales. Les fossés ont connu leurs propres éruptions volcaniques, mais ils ont surtout été envahis par les coulées descendues des massifs voisins. Les faciès sédimentaires varient à l'extrême d'un bassin à un autre, de même que la part des matériels volcaniques, et les corrélations sont souvent difficiles à établir.

- *Les horsts,* ou blocs relevés, caractérisent surtout l'est et le sud-est du Massif Central ; les plus saillants séparent les bassins limagnais : Monts du Forez entre Loire et Allier/Dore, Livradois entre Dore et Allier, Devès entre Haute-Loire et Haut-Allier, Margeride entre Haut-Allier et Truyère. La bordure sud-orientale est découpée en une série de blocs est-ouest (Goulet, Lozère, Bougès, Aigoual), que limite à l'est le grand accident méridien de la faille de Villefort. Ce régime de grands escarpements tectoniques accompagne tout le Sillon Rhodanien, sur lequel le Massif Central tombe brutalement ; il affecte également la Montagne Noire.

- *Les massifs volcaniques* sont d'âges et de types très différents, mais tous sont alignés sur de grandes fractures méridiennes qui se prolongent jusqu'au Languedoc. Le volcanisme débute en Limagne dès l'Oligocène ; les coulées miocènes y sont déjà nombreuses (par exemple en Comté). C'est également au début du Miocène que commence à se mettre en place l'édifice cantalien. Tous les massifs ont connu des phases explosives plus ou moins fortes, mais les manifestations volcaniques s'y achèvent généralement par des épanchements de coulées plus ou moins fluides.

— L'axe occidental comporte les volcans les plus anciens : *Cantal* (du Miocène au Pliocène) et *Mont-Dore* (de la fin du Miocène au Quaternaire); le rôle essentiel y est tenu par des empilements de projections ; les coulées terminales, beaucoup plus abondantes dans le Cantal, déchaussées par l'érosion quaternaire, forment aujourd'hui des « planèzes » plus ou moins étendues. Ces coulées ont recouvert l'essentiel des produits d'explosion dans le *Cézallier,* sensiblement plus récent (Pliocène) et surtout l'*Aubrac* (fin du Pliocène) ; plus au sud, les coulées de l'*Escandorgue* sont encore plus récentes.

— Le volcanisme le plus oriental est représenté par le massif pliocène du *Mézenc-Meygal,* plus hétérogène avec ses nombreux pitons phonolitiques, et par les coulées des *Coirons*.

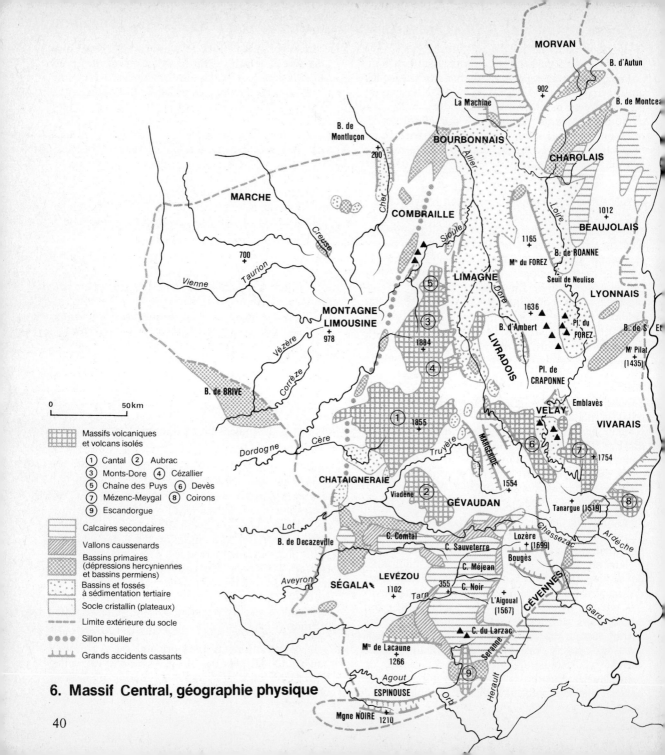

6. Massif Central, géographie physique

— Tous les autres édifices volcaniques sont plus récents, s'échelonnant du Villafranchien à un Quaternaire presque actuel. C'est le cas des petits volcans isolés du *Bas-Vivarais,* du massif villafranchien du *Devès,* entre les hautes vallées de l'Allier et de la Loire, avec ses cônes bien conservés, ses « maars » très fréquents, et son immense manteau de coulées, cascadant brutalement à l'ouest vers les gorges de l'Allier et s'épandant longuement à l'est en direction du cours de la Loire. C'est enfin le volcanisme récent de la *Chaîne des Puys* (ou Monts Dôme), au nord des Monts-Dore, dont les édifices, cônes stromboliens ou dômes acides, et les coulées s'échelonnent surtout entre — 12 500 et — 7 500 ans.

Pour comprendre l'*évolution morphologique* on a longtemps analysé les divers niveaux qui se hiérarchisent sur les plateaux, ou les ruptures de pente des cours d'eau, à la recherche de cycles d'érosion ; Baulig a porté cette méthode à sa perfection. Les idées actuelles sont plus nuancées ; le fait essentiel reste l'existence de vastes plateaux, creusés de vallées profondes qui les découpent en tables ou en lobes. A leur surface, les accidents du relief paraissent surtout dus aux déformations successives de la pénéplaine initiale ou à la plus ou moins grande résistance des roches à l'altération, notamment lors des phases climatiques chaudes ; c'est ainsi que les granites porphyroïdes résistent moins bien à l'altération que les coulées basaltiques ou les roches métamorphiques et sont fréquemment excavés en alvéoles, situation qui n'est pas particulière au Massif Central, mais permet parfois d'y mesurer l'érosion depuis la mise en place des coulées.

Les grands accidents du relief, en dehors des gorges, sont donc surtout fournis par des escarpements d'origine tectonique, souvent de direction méridienne ; ce sont eux qui limitent et isolent la plupart des blocs montagneux taillés dans le socle. Les reliefs volcaniques sont de très inégale ampleur ; les coulées basaltiques anciennes, résistantes, ont été fréquemment inversées par l'érosion, donnant des plateaux fortement saillants ; des cônes de scories, seuls les plus récents se sont bien conservés. Le reste de la montagne porte l'empreinte des glaciers ou des actions érosives froides du Quaternaire.

Cet héritage des périodes froides a été longtemps sous-estimé. Les glaciers ont été actifs, dans le Cantal, l'Aubrac, les Monts-Dore, ainsi que dans le massif forézien ; l'action du froid est très sensible dans les hautes terres du pourtour sud-est du Massif Central ou en Montagne Limousine (formes de nivation, glaciers rocheux, etc...). Partout le relief de détail a été largement retouché sous l'influence du gel ; même en Limagne, les marno-calcaires, très sensibles au gel, ont été largement modelés par la solifluxion.

Le milieu bio-climatique

Isolé au milieu des plaines françaises, le Massif Central participe à la fois de la zone océanique et des bordures méditerranéennes. Par ses dimensions (plus de 300 km du Limousin au Beaujolais, plus de 400 km du nord au sud), il justifie de fortes variations dans le volume des pluies ou les régimes thermiques. C'est ainsi qu'il y a plus de 2°C d'écart sur les températures moyennes entre la Marche et le Ségala ; que d'ouest en est, les amplitudes thermiques saisonnières s'accroissent fortement, alors que le volume des précipitations s'amenuise, la part de l'hiver diminuant, celle de l'été augmentant, au moins en valeur relative. D'autre part, la direction généralement méridienne des grandes lignes du relief introduit une distinction fondamentale entre les reliefs exposés aux flux d'ouest, humides, et les fossés médians bénéficiaires d'une situation d'abri. Mais la contrainte la plus tyrannique est sans doute celle de l'altitude, d'autant qu'elle s'accompagne d'un relief de plateau, favorable au déchaînement des vents ; une bonne partie du Massif Central se trouve soumise aux rigueurs du gel, non de façon permanente, mais par accès successifs au cours de l'hiver et du printemps, avec un accompagnement de tempêtes de neige redoutables que ne connaît guère la montagne alpestre. Le milieu est ainsi empreint de rudesse, même à la belle saison où les fraîcheurs sont fréquentes et où le gel peut intervenir, dans les fonds abrités, à n'importe quelle période de l'été, au-dessus de 700 m ; seul, le sud connaît des conditions plus clémentes et des gelées moins fréquentes.

Les pénétrations méditerranéennes sont médiocres ; le climat méditerranéen et son cortège floristique ne franchissent guère un rebord sud-oriental déjà trop haut et trop froid ; la seule invasion importante affecte le Camarès, le bassin le plus chaud de tout le Massif Central. La sécheresse relative de l'été, caractéristique du sud et notamment des confins aquitains est plus reflet de la latitude que de la proximité de la Méditerranée. Les grandes averses cévenoles, si elles remontent la bordure orientale jusqu'au nord du Vivarais, n'intéressent qu'une très modeste frange des hauts bassins de la Loire, de l'Allier, du Lot, du Tarn et de l'Agout. Si le sud-est du Massif paraît assez largement pénétré par des flux d'est, encore mal caractérisés, le climat de type cévenol reste un phénomène de bordure, affectant surtout le rebord sud-oriental qui connaît de fortes précipitations de saison froide (maximum annuel : 2 200 mm environ au Tanargue et à l'Aigoual).

L'essentiel du Massif Central est donc soumis à un régime océanique, qui va se dégradant vers l'est. Les différenciations essentielles y sont d'abord le fait de l'altitude, avec la part croissante prise par la neige ; mais même à haute altitude, dans le Forez ou la montagne volcanique, le manteau nival persiste très rarement tout l'hiver. L'Ouest et les faces ouest des grands reliefs reçoivent les précipitations les plus abondantes : 1 400 à 1 600 mm dans la Montagne Limousine, plus de 2 m sur les flancs ouest du Cantal, au moins 1 500 mm sur l'Aubrac ou les Monts-Dore. Le Morvan au nord, les franges aquitaines de la Montagne noire ou de l'Espinouse au sud, sont aussi très arrosés. Par contre, le volume des pluies est plus médiocre sur les plateaux, souvent inférieur à 1 m, et il en est de même sur les montagnes du centre et de l'est, déjà éloignées de l'océan.

Dans l'ensemble, le Massif Central est nettement moins arrosé que les autres montagnes françaises non méditerranéennes, ce qui ne justifie guère sa réputation, en fait très usurpée, de « château d'eau » de la France. Château d'eau très dissymétrique, puisque du fait de la pente générale du Massif vers l'ouest, la plupart des rivières se dirigent vers l'ouest ou le nord ; leurs débits sont médiocres, irréguliers ; l'abondance spécifique est toujours faible, la part de la neige insignifiante (hormis quelques crues brutales de fonte dans les montagnes méridionales). Le visiteur est frappé, dès le début de la saison chaude, par la mauvaise tenue des torrents et des rivières, ce qui fait multiplier les réserves artificielles, aussi bien pour la production d'énergie que pour l'irrigation ou le tourisme. Les modules spécifiques moyens ne sont supérieurs à 20 l/s/km^2 que sur la Dordogne et ses affluents, parfois sur le Tarn et le haut-Agout ; ils sont faibles, souvent inférieurs à 10 l/s/km^2 sur des rivières de plateau comme le Viaur ou la Creuse, et dans toute la moitié orientale du Massif. Les courtes et rares périodes de hautes eaux font cependant illusion ; les crues sont souvent fortes, doivent à la pente un écoulement très rapide ; survenant surtout en saison froide, elles peuvent se manifester avec violence à la fin et surtout au début de l'été ; à l'échelle des petits bassins-versants, les gros orages d'été peuvent même provoquer des crues spectaculaires, mais vite amorties vers l'aval.

La médiocrité des débits est aggravée par la sécheresse qui affecte les bassins intérieurs où les précipitations excèdent rarement 700 à 800 mm par an et peuvent tomber en-dessous de 650 mm. L'avantage pluviométrique de l'été, période de forte évaporation, justifie les très faibles coefficients d'écoulement. Ces climats d'abri sont également caractérisés par la fréquence, surtout en hiver, des inversions de température, ce qui leur vaut des hivers non seulement secs et sans neige, mais également froids avec un nombre de jours de gel important (70 à Clermont pour 350 m d'altitude, 90 au Puy à 700 m) et une forte fréquence des gelées tardives.

La faible altitude du Massif Central n'y permet pas l'existence d'une véritable zone bio-climatique de haute montagne. Les alpages correspondent moins à une prairie subalpine qu'aux emprises humaines sur la forêt ; leur flore est souvent celle d'un sous-bois et, abandonnés, ils sont vite colonisés par la lande à bruyère ou la forêt. L'arbre monte partout presque au haut des versants, vaincu seulement au sommet par le vent et la neige. Dans les massifs humides, la forêt est souvent une hêtraie, plus ou moins enrésinée de sapins ; sur les plateaux occidentaux domine la chênaie, alors que le centre et l'est sont le domaine d'élection du pin sylvestre. Dans le sud, sur les Causses, l'accentuation de la sécheresse estivale et la perméabilité des sols conduisent à des faciès appauvris, où abondent les espèces steppiques.

Le paysage forestier du Massif Central a été profondément modifié par l'homme. Dans le passé s'affirme la protection accordée au châtaignier, arbre nourricier, mais aussi source de nombreux artisanats; dans le nord-ouest du massif, c'est l'arbre de toutes les pentes raides jusque vers 500-600 m d'altitude ; dans le sud, il s'élève jusque vers 700-800 m ; il a été propagé aussi bien en Ségala qu'en Limousin, souvent au détriment de la chênaie, sur les rebords de Limagne comme au flanc des serres cévenoles. L'abandon de la châtaigneraie, favorisé par l'attaque de divers parasites, le développement des friches et le reboisement conduisent à de nouveaux paysages végétaux ; spontanément, l'arbre colonisateur est presque partout le bouleau ; mais les forestiers ont surtout enrésiné : épicéa en zone humide d'altitude, sapin ou espèces exotiques comme le Douglas, et, sur les sols pauvres, le pin noir. Ces reboisements souvent excessifs, multiplient aujourd'hui les risques d'incendie, même en milieu humide ; malheureusement, les systèmes de lutte contre le feu n'ont été mis en place que par endroits, notamment des Monts de Lacaune à la Montagne Noire.

2. Un passé souvent prestigieux

Il n'est de richesse que d'hommes...

A ce compte, le Massif Central devrait être l'une de nos régions les plus prospères ; le passé l'a vu fournir d'innombrables migrants aux régions voisines et à Paris, alors qu'il conservait de très fortes densités. C'est le reflet d'une démographie rurale prospère, malgré la conclusion tardive des mariages, et, sans doute comme dans les autres pays de montagne, d'une plus faible mortalité.

On y atteint, dans la première moitié du XIXe siècle, des densités étonnantes pour une montagne privée d'industries. Seuls les Causses ont eu des densités toujours inférieures à 20 habitants au km². Même la Montagne Limousine, le Gévaudan ou de froides montagnes volcaniques comme l'Aubrac dépassaient 30 habitants au km² ; on montait souvent autour de 40 à 50 dans la montagne cantalienne. Les médiocres plateaux de La Chaise-Dieu ont atteint des densités de 50, autant que le fertile Devès basaltique. Presque toute la Marche, tout le Limousin ont dépassé les 50, de même que le Bas-Ségala. Les grandes plaines de Limagne se tenaient alors entre 60 et 100, ces chiffres étant dépassés sur les coteaux viticoles. Certaines densités étaient même surprenantes ; c'est le cas du Livradois où le montagneux canton de Saint-Amant-Roche-Savine dépassait 90, celui de Saint-Dier 120.

De telles densités se justifient dans des régions d'artisanat textile comme le Haut-Beaujolais. Ailleurs, sauf en plaine, elles ne peuvent s'expliquer que par la pratique de l'émigration temporaire et les revenus qu'elle procurait. Les premières migrations, sans doute très anciennes, furent sans doute d'allègement, définitives, dirigées vers les plaines exposées aux crises démographiques. C'est surtout du XVIIe au XIXe siècle que le lent recul de la jachère dans les plaines françaises, le développement des vignobles, la croissance urbaine provoquent des besoins de main-d'œuvre saisonnière auxquels le Massif Central va répondre.

Il y a d'abord des migrations agricoles de courte durée : moissons en Limagne, dans la vallée du Rhône ou le Midi aquitain, vendanges en Languedoc ; c'est surtout le sud du Massif Central (Rouergue, Gévaudan, extrême-sud du Velay) qui les a pratiquées. Ailleurs, la migration est plutôt urbaine, ses grands moteurs résidant dans l'expansion parisienne, plus tard dans les chantiers de travaux publics, notamment ferroviaires ; il s'agit donc surtout d'ouvriers du bâtiment, venant de la Creuse, de la Haute-Vienne, de la Combraille auvergnate, des plateaux de La Chaise-Dieu ; la dernière vague coïncidera avec les premiers travaux du Métropolitain. D'autres régions, comme le Livradois, ont fourni des scieurs de long, des colporteurs, des chiffonniers ; le Cézallier multiplie les ferrailleurs, les étameurs, etc... ; le pays d'Ussel recrute des paveurs, des cochers, des marchands de vins. Le nord cantalien a rapidement constitué le corps déjà aristocratique des marchands de toile, alors que le sud cantalien et l'Aveyron donnent dans les métiers de la « limonade ». Le partage est souvent difficile à faire entre ce qui est simple migration saisonnière, ou départs pour plusieurs années, ou même départs définitifs, car la migration permanente n'a pas été supprimée par le développement des mouvements temporaires. Pour l'essentiel, cette migration se fait vers la moitié nord de la France, avec abandon de la patrie de langue d'oc.

La vie rurale

Dans ce Massif Central de la tradition, les villes comptent encore moins qu'ailleurs, réduites à de petits organismes d'échanges au contact de régions différentes, de villes-évêchés, de rares bourgades artisanales ou industrielles. Le Massif Central est avant tout rural, s'appuyant sur une occupation humaine presque intégrale de la montagne. Sauf les raides versants des vallées ou des escarpements tectoniques, presque tout a été défriché ; la forêt, lorsqu'elle subsiste, est profondément modifiée par l'homme pour satisfaire ses besoins : le hêtre recule devant le chêne, le châtaignier élimine souvent les autres espèces. Les grands espaces forestiers ne se maintiennent guère que dans des pays faiblement peuplés comme le Bourbonnais. Les régions les moins intensément occupées sont déjà les hautes montagnes du sud : Margeride, Causses, Goulet, Lozère, moins sans doute à cause de leur rudesse que du fait qu'elles sont largement possédées et exploitées par de grands propriétaires languedociens qui y dirigent l'été d'importants troupeaux ovins transhumants.

La vie rurale ancienne est fondée presque partout sur une polyculture associée à un polyélevage. Le paysage rural est composite ; dans l'ouest et le nord, du Ségala au Morvan, domine un paysage bocager, avec un habitat dispersé en hameaux, parfois en fermes isolées ; mais ces bocages, relativement récents, sont rarement systématiques, sauf dans le nord ; ils laissent souvent des vides dans la trame des haies. La moitié sud-est, plus élevée, offre, à partir aussi de hameaux modestes, des paysages plus nus, où la haie, déjà rare, n'est plus guère que de frênes, où le défrichement est moins parfait, avec une persistance des bois. Dans le Devès, la Margeride, le plateau des Monts-Dôme, le hameau devient plus gros et les servitudes collectives plus fortes (troupeau ovin à garde commune, assolements obligatoires souvent liés au parcage nocturne des ovins sur les jachères, ainsi fumées à tour de rôle). Grande Limagne et Limagnes du sud ont connu au contraire un habitat groupé, avec un paysage d'openfield et des usages collectifs stricts ; mais, un peu plus au nord, la plaine bourbonnaise appartient déjà aux paysages bocagers et les plaines de la Loire connaissent des paysages assez variés.

La maison rurale est relativement homogène, sauf sur les bordures et dans les plaines ; c'est le plus souvent un bâtiment en longueur, ouvert sur le midi, avec parfois des alignements de maisons en barrière ; un même toit abrite bâtiments d'exploitation et logement, même dans la très grande ferme cantalienne, toute étirée en longueur. Le toit est souvent de pierre : ardoises assez grossières (sauf en Limousin), lourdes lauzes de phonolite, grandes plaques de schistes. La maison s'adosse volontiers au versant, de sorte que, par derrière, on accède facilement à la grange par un court ponceau. C'est seulement dans les vignobles de plaine, dans les vallons des Causses que la maison vigneronne en hauteur domine ; dans les plaines, la maison-cour devient plus fréquente, sans toutefois éliminer complètement la maison en longueur; elle y est souvent construite en pisé ou en galets de rivière. Dans la montagne, la maison est toute en pierre et le bois ne sert guère qu'aux charpentes ; même le buron d'alpages cantalien ne donne pratiquement pas de place au bois dans sa construction.

Mise à part la montagne volcanique, tous ces pays ont été céréaliers ; avant le chaulage, il y avait plus de « ségala » que de « fromental », et seule la Limagne est vraiment une terre à blé traditionnelle. On a partout beaucoup labouré, mais la part de l'élevage croît avec l'altitude. Les vieilles races ovines (comme celle de Lacaune) et bovines (ferrandaise dans le nord auvergnat, Salers, Aubrac et Mézenc dans les montagnes volcaniques) étaient bien fixées ; pour les bovins, leur rusticité, leur aptitude à donner à la fois du travail, du lait et de la viande en avait fait des bêtes recherchées même dans les plaines d'alentour : les bœufs de Salers ont dominé une large frange des pays d'Aquitaine. Le Massif Central a été ainsi un pays naisseur, fournissant bêtes de trait, veaux ou agneaux aux marchés alimentant les plaines voisines. Les élevages ne sont vraiment laitiers que dans la montagne volcanique occidentale et la montagne forézienne, orientés vers la fabrication de fromages dont la consommation restera longtemps locale.

Une telle agriculture apporte rarement la prospérité ; les régions de grande propriété sont rares : Basse-Marche, Bourbonnais, plaine forézienne, montagne volcanique, Levézou ; les biens y sont d'ailleurs souvent morcelés en métairies, surtout en Bourbonnais. Partout ailleurs domine la petite exploitation en faire-valoir direct, au parcellaire très éclaté.

Des industries en développement

Malgré son isolement, le Massif Central n'est pas resté à l'écart du mouvement industriel ancien. Le textile est présent partout ; le sud a participé activement au travail de la laine suscité par le négoce languedocien : draps et cadis sont fabriqués dans tout le Gévaudan et jusqu'en Velay ; mais le déclin est profond, dès avant la fin de l'ancien régime. En Velay, à partir du milieu du XVIIe siècle, se généralise le travail à domicile de la dentelle, tandis qu'un siècle plus tard, la soierie de Saint-Chamond et surtout de Saint-Etienne envahit le massif du Pilat et l'Yssingelais. Le négoce lyonnais est à l'origine de l'essor industriel des Monts du Lyonnais et du Haut-Beaujolais, d'abord pays de toiles, puis se tournant vers les cotonnades sur le versant roannais (Ampleplus, Cours, Thizy) et la soierie sur le versant lyonnais (Tarare). Il existe d'autres industries anciennes, parfois actives dès le XVe ou le XVIe siècles ; papeterie des régions d'Ambert et d'Annonay, plus tard du Limousin, coutellerie thiernoise, tapisserie d'Aubusson, forge du Limousin, travail de la laine dans le haut-pays castrais.

C'est surtout au XIXe siècle que le Massif Central va atteindre le stade de la puissance industrielle, devenant le premier producteur de charbon en France, et, jusque vers la fin du second empire, le plus gros fournisseur de produits métallurgiques. Mais ce développement est exclusivement périphérique, limité aux synclinaux houillers de la bordure, exécuté avec des capitaux et des chefs d'industrie venus de l'extérieur. L'extraction du charbon passe au stade industriel entre 1780 et 1840 ; le bassin de Saint-Etienne produira 3 millions de tonnes de charbon en 1864 et sera alors le premier de France. Quelques bassins ne connaîtront guère l'industrie (Brassac dont le charbon est expédié à Paris par l'Allier, Carmaux qui ne suscitera guère que la verrerie). Mais sidérurgie ou métallurgie vont animer les autres bassins ; celui de Saint-Etienne, le plus puissant, avait connu dès le XVIe siècle l'industrie de l'armement et la « clinquaillerie » ; l'extraction du charbon, facilitée par l'ouverture du canal de Givors à Rive-de-Gier en 1780, ne débouchera pourtant sur la sidérurgie que vers 1820; encore les groupes les plus puissants seront-ils de création tardive (Firminy en 1854). A Decazeville, hauts-fourneaux et grande exploitation charbonnière démarrent en 1828 ; quelques années plus tard, c'est le tour du bassin d'Alès-Bessèges, puis en 1840 et 1843 de Montluçon et de Commentry. Mais la forge la plus ancienne, la plus puissante et la plus intégrée reste celle que de Wendel ouvrit au Creusot en 1785, pour fournir en métal la forge d'Indret ; à proximité du bassin houiller de Blanzy (Montceau-les-Mines), l'usine du Creusot restera longtemps le symbole de la puissance industrielle moderne des maîtres de forges.

A cela s'ajoutent quelques centres industriels isolés : Millau et Saint-Junien pour la mégisserie, puis, au XIXe siècle, pour la ganterie ; Limoges, qui, du textile, se reconvertit à la fin du XVIIIe siècle à la faïence, ensuite à la porcelaine. Roanne a connu une fortune plus tardive, sa « fabrique » cotonnière ayant surtout bénéficié, après 1871, de la disparition de la concurrence mulhousienne.

Les activités secondaires

Notons d'abord que le Massif Central a été traversé par les anciennes routes du pèlerinage de Compostelle et qu'il leur doit nombre de ses sanctuaires ; mais les activités de pèlerinage modernes sont faibles (pèlerinages du Sacré-Cœur à Paray-le-Monial, pèlerinages mariaux au Puy). Le thermalisme, précocement à l'honneur, ne s'est vraiment développé qu'avec le chemin de fer, opposant des stations à fort équipement touristique (Vichy, Châtel-Guyon) à des stations plus spécialisées, par exemple pour enfants comme à la Bourboule et Saint-Honoré-les-Bains. Il s'agit là d'activités purement saisonnières, et, jusqu'à la Seconde Guerre mondiale, le tourisme restera peu développé ; ainsi, des sites célèbres comme ceux des gorges du Tarn auront longtemps un équipement hôtelier dérisoire. Le nord du Massif Central a connu une autre activité, celle de l'élevage des enfants ; si le Morvan exportait beaucoup de nourrices, il accueillait également de nombreux enfants parisiens ou des pupilles de l'Assistance publique de la Seine ; il en allait de même dans une partie du Bourbonnais et de la Combraille.

3. Le délabrement actuel de l'économie

Exode humain et vieillissement

La population du Massif Central a cessé de s'accroître dès le milieu du XIXe siècle ; mais son « poids » national est en régression depuis le début du siècle : 13 % de la population française vers 1800, 12 % en 1876, 11 % en 1911, à peine plus de 7 % actuellement. L'excessive richesse en hommes du passé a été le grand moteur de la crise. Avec la crise de l'émigration temporaire (mécanisation des récoltes, du sciage ; permanence progressive des emplois industriels ou urbains), plus tard avec celle de beaucoup d'industries surannées, la population se trouve confrontée à l'inélasticité des ressources du sol ; si le chaulage et la conquête de la lande ont permis une intensification partielle, rares sont les régions qui, comme la Marche ou la Margeride, ont noté des accroissements de population jusqu'à la fin du XIXe siècle.

Le plus souvent, la décroissance démographique, liée à un exode rural massif, débute de bien meilleure heure ; dès le début du XIXe siècle dans la montagne cantalienne, à peine plus tard dans les Causse ou l'Aubrac ; la crise du milieu du XIXe siècle, accompagnée d'une brusque fièvre de départs, est suivie d'une rémission plus ou moins longue. Mais le dépeuplement est général à la fin du XIXe siècle ; la guerre de 1914-1918, qui fait des hécatombes chez des ruraux presque toujours affectés à l'infanterie, accélère un mouvement qui ne connaîtra désormais aucun ralentissement sensible jusqu'à nos jours.

En milieu rural, les pertes inférieures à 50 % par rapport au maximum de population, n'intéressent que bien peu de régions : Ségala aveyronnais, Châtaigneraie cantalienne, une partie de la Marche et du Limousin, les grandes plaines de Loire et d'Allier. Les pertes sont les plus élevées dans les régions qui avaient longtemps tablé sur des ressources auxiliaires dont la disparition a été dramatiquement ressentie (Livradois, Forez, plateaux de la Chaise-Dieu, Combraille) ; il en est de même dans les régions d'aptitudes naturelles médiocres comme la Montagne Limousine, les hauts-plateaux ardéchois, la Cévenne, les pays caussenards, le Camarès, les pays de l'Agout. Partout ailleurs, les taux de dépeuplement, remarquablement uniformes, oscillent entre 50 et 65 %.

Numériquement, le mouvement migratoire s'est cependant ralenti au fur et à mesure de l'affaiblissement quantitatif de la population ; le bilan migratoire des régions rurales, qui atteignait encore 140 000 personnes entre 1954 et 1962, est revenu à 100 000 entre 1962 et 1968, à 63 000 de 1968 à 1975. De plus, Clermont, Limoges, Lyon, Saint-Etienne ou Toulouse attirent de plus en plus de migrants au détriment de l'ancienne migration du sud vers les campagnes languedociennes, de celle du centre et du nord vers Paris.

L'exode n'a pas encore abouti à une désertification de l'espace rural ; les densités inférieures à 10 ne se rencontrent encore que sur l'escarpe cévenole et les Causses, mais elles gagnent la Margeride et l'Aubrac, donc tout le sud. Entre 10 et 20, on trouve les hauts-plateaux ardéchois, le Levézou et les monts de Lacaune, le Haut-Forez, la Haute-Combraille, les plateaux creusois et corréziens les plus élevés, le Morvan. Des densités rurales élevées, supérieures à 30, se rencontrent encore dans une partie du Ségala, l'Yssingelais, le Meygal, une partie des bas-plateaux limousins et marchois, et, bien sûr, dans les grandes dépressions médianes : ce sont là des densités bien supérieures à celles de plaines riches comme le Bassin Parisien.

Le dépeuplement a conduit à un vieillissement rapide de la population ; plus intense pour l'élément féminin, il condamne trop de jeunes agriculteurs au célibat. La balance démographique est déficitaire dans tous les cantons ruraux du Limousin, dans toute la montagne cévenole, etc. Seules, la Loire et la Saône-et-Loire conservent une balance équilibrée dans une partie de leurs campagnes. Le déficit est parfois récent et brutal : c'est le cas du Ségala, de la montagne cantalienne qui ont littéralement basculé dans les dix dernières années. Globalement, l'excédent des décès est de l'ordre de 7 000 par an pour la période 1968-1975. Dans plus de cent cantons ruraux, les taux de natalité tombent en dessous de 10 ‰, notamment dans le sud et l'ouest du Massif ; nulle part, en milieu rural, les taux de natalité ne sont même voisins de la moyenne nationale.

Ce déficit démographique des régions rurales est heureusement compensé par les excédents de naissances urbains (12 000 par an entre 1968 et 1975). Ces excédents se sont nettement accrus par rapport aux périodes précédentes, ce qui ne traduit pas seulement la croissance des villes, mais aussi une hausse des taux de natalité liée à l'afflux des jeunes et à une fécondité qui se rapproche de la moyenne française ; seule l'agglomération stéphanoise, longtemps très vivante, évolue de façon défavorable. Pourtant, le Massif Central reste assez médiocrement urbanisé ; si les villes abritent environ 80 % de la population dans la Loire, plus de 65 % dans le Puy-de-Dôme, 60 % dans l'Allier, 56 % en Haute-Vienne, partout ailleurs la population urbaine représente moins de la moitié des effectifs recensés, tombant à un tiers dans le Cantal et la Lozère, moins d'un quart dans la Creuse. En gros, la croissance des villes a exigé à peu près autant d'immigrants que ce que les campagnes ont libéré depuis 1960, soit plus de 100 000 personnes entre 1962 et 1968, 50 000 entre 1968 et 1975. Dans cette dernière période, Clermont-Ferrand et Limoges ont monopolisé plus de la moitié de l'immigration, alors que les villes de la Loire, en stagnation, ont vu leur balance migratoire devenir déficitaire.

L'inégale résistance de l'agriculture

Avec encore près de 190 000 exploitations agricoles en 1970, le Massif Central regroupe 12 % des cultivateurs français, pour un pourcentage équivalent de la surface utilisée. Mais la production globale ne conduit qu'à environ 6 % des revenus agricoles, soit une productivité de moitié inférieure à la moyenne. Les 4/5 de ces ressources proviennent de l'élevage, le Massif élevant environ 14 % des bovins français et près du quart des ovins.

L'analyse de cette agriculture incline souvent au pessimisme : fermes abandonnées, espaces ruraux mal entretenus, progression de la friche ou de la forêt, recul fréquent des labours : dans la Lozère, près des 4/5 des exploitations ont disparu depuis 1800 ; pour 147 000 ha de labours, dont 85 000 de céréales en 1832, on n'en dénombrait plus que 38 000 et 17 000 en 1970. C'est certes un cas extrême ; mais l'abandon est net dans tous les pays coupés, les vignobles et même une partie de la montagne (Forez, Livradois et plateaux voisins, Haute-Combraille, Morvan) ; partout, des chemins ruraux mal entretenus, des haies envahissantes témoignent d'un certain délabrement. De 1955 à 1970, environ 40 % des exploitations ont disparu, rythme rapide qui ne se tempère que faiblement en plaine (30 à 35 %), en Rouergue (20 à 25 %) et dans la montagne volcanique (25 %) pour s'exaspérer dans les Causses, les monts de Lacaune, le Haut-Forez, les plateaux creusois (plus de 50 %).

Les économies des plateaux

Sur les hauts plateaux, qui n'ont pas su apparemment évoluer vers des formes modernes d'exploitation, le déclin est rapide ; la part des labours y reste cependant importante (25 à 35 % de la SAU), bien que les principaux revenus y viennent de l'élevage, essentiellement par la production de lait et la vente de veaux de boucherie (on y trouve encore les grands marchés aux veaux de l'intérieur). Deux exploitations sur trois y sont condamnées à assez court terme ; les autres, malgré un environnement assez hostile, se sont modernisées, renouvelant notamment leur cheptel. C'est en Margeride que l'agriculture est restée la plus traditionnelle et la plus précaire ; mais la situation n'est guère meilleure sur les plateaux de La Chaise-Dieu et de Craponne, le Forez méridional et occidental, le Livradois, le massif du Pilat, les hauts plateaux corréziens et la Montagne Limousine ; cette dernière, plutôt vouée à l'élevage ovin, est la plus délaissée de ces régions pauvres et les landes péniblement défrichées au XIXe siècle y sont presque entièrement retournées à la forêt.

Quelques polycultures de plateau ont mieux résisté ; mais il y faut un dynamisme des chefs d'exploitation qu'on rencontre rarement. Ainsi, persiste dans le Ségala une très bonne polyculture (60 % de labours) à base céréalière, mais où tout est subordonné à la production animale ; lait, vente de veaux ou de gros bovins, porcins, volailles ; les paysans rouergats ont poussé très loin la transformation technique, passant par exemple à l'irrigation, sélectionnant leur bétail, implantant un très bon système de collecte laitière où tout est utilisé, même le sérum du petit lait transformé industriellement. Les résultats sont déjà moins bons dans la Châtaigneraie cantalienne où le recul des céréales est fort. On retrouve de très bonnes conditions dans la Loire, avec une agriculture très encadrée, une démographie encore favorable ; ainsi, les monts du Lyonnais offraient hier encore un assez bon exemple de ces économies éprises de techniques et de progrès. Bonnes perspectives aussi en Devès entre Loire et Allier, malgré le délabrement inquiétant de l'habitat rural et une médiocre ouverture des paysans : la moitié du sol y est toujours en labours et il arrive encore de mordre sur les lambeaux boisés qui tapissent les cônes volcaniques ; à plus de 1 000 m, la culture céréalière est restée ici fondamentale avec une part prépondérante de l'orge (pour la brasserie et les semences notamment) ; mais elle est toujours associée à un excellent élevage laitier, avec un troupeau récemment reconstitué en race montbéliarde.

Le cas de la Planèze de Saint-Flour, jadis aussi céréalière que le Devès, est moins favorable ; la plupart des communes se sont retournées vers l'herbe et une production laitière orientée vers les fabrications fromagères ; il y a là une imitation de la montagne cantalienne où hier encore on inalpait une partie des troupeaux, mais ici sur des exploitations trop petites dont les résultats financiers sont médiocres.

Les polycultures de plaine

Les plaines connaissent, elles aussi, des économies très dégradées ; c'est le cas des pays de sables, par exemple des varennes limagnaises, ou de petits bassins isolés comme ceux d'Ambert ou de l'Emblavès : sur des sols pauvres ne subsiste guère qu'un élevage médiocre, naisseur de tradition. Sur ses terres lourdes, le bassin de Roanne est très orienté vers l'herbe et appartient déjà à la grande zone d'élevage charolais du nord, de même que la Sologne Bourbonnaise et la vallée inférieure de l'Allier. Les grands domaines de la plaine forézienne, sur des sols sableux, se sont également orientés vers l'élevage, et seul le sud, entre Montbrison et la région stéphanoise, connaît une polyculture prospère, en micro-exploitations. La céréaliculture règne encore partout dans les Limagnes de l'Allier ; sur les terres noires de Grande Limagne, il n'y a que des labours, presque exclusivement voués au céréales, moitié au blé, moitié au maïs, avec abandon de l'élevage traditionnel et juste quelques champs de colza, de tournesol ou de betterave à sucre pour rompre la monotonie des assolements céréaliers. Par contre, les économies viticoles et fruitières des bordures des plaines (Limagne des buttes par exemple) sont en pleine déroute, parfois conquises par la céréaliculture, plus souvent par la friche ; seuls subsistent de minuscules vignobles comme celui de Saint-Pourçain ou ceux de la côte roannaise ; encore beaucoup de petits viticulteurs tirent-ils plus de revenus de leur production laitière que de vins souvent trop légers et trop acides.

Les régions d'élevage

Quelque 3 500 000 bovins, 2 500 000 ovins, produisent environ 12 % des grosses bêtes de boucheries françaises, 22 % de la viande de veau, 10 % du lait de vache, mais au moins les deux tiers du lait de brebis collecté en France. Avec le Jura, le Massif Central est notre seule montagne à avoir gardé de forts effectifs de bétail ; le paiement de la prime à la « vache tondeuse », a montré, depuis 1972, que les deux tiers des bêtes élevées en zone de montagne le sont dans le Massif Central ; seul le Doubs se classe dans les départements à forts effectifs bovins, mais bien loin derrière les départements montagneux de l'Auvergne et l'Aveyron, à peine mieux que la Lozère. En 1975, cette prime a rapporté au Massif Central une subvention de plus de 200 000 000 F à son élevage de montagne...

La *montagne volcanique* n'a dans cet élevage qu'une part relativement modeste. Mais elle élève encore quelque 330 000 bovins, dont plus de 170 000 vaches laitières, dans des régions à économie purement herbagère. Les charges bovines y sont les plus élevées du Massif Central, souvent supérieures à une bête par hectare disponible, ce qu'on ne trouve jamais dans les régions de polyculture. Cet élevage était toujours associé à des migrations pastorales d'été et il en était de même dans le Haut-Forez ; on y envoyait aussi bien les laitières que les bêtes sèches, autour des burons où se fabriquait le fromage ; si le Haut-Forez a connu une évolution analogue à celle des Vosges, par contre, la montagne volcanique reste la seule région française dont les alpages soient fortement utilisés ; il y a même une reprise de l'inalpage après un demi-siècle de déclin pendant lequel on a pu passablement reboiser ; mais le système s'est profondément modifié, les montagnes à lait étant devenues rares et l'alpage étant surtout utilisé pour la production de viande ; une notable partie des bêtes « monte » des régions voisines, notamment des plateaux comme le Ségala, mais il en vient aussi de fort loin de sorte que la charge pastorale est élevée ; la clôture de barbelés a pratiquement supprimé la garde et le seul souci est de fournir de quoi boire au troupeau. Cette persistance de l'occupation des hautes prairies explique le maintien de quelques foires au moment de l'inalpage ou de la « dévalade ». La production laitière se poursuivant au niveau de l'habitat permanent, les races traditionnelles (Salers, Aubrac) sont en recul, parfois sur le point de disparaître (Mézenc), au profit de bêtes jugées meilleures laitières (FFPN dans les Monts-Dore, brune des Alpes dans le Mézenc, montbéliarde ici et là), avec systématisation du croisement industriel, souvent en charolais, pour la production de veau de boucherie amélioré.

C'est en Aubrac que l'orientation vers la viande est la plus nette, bien qu'il subsiste une production laitière pour la fabrication de la fourme de Laguiole. Le Cantal a produit traditionnellement de la fourme, en pièces de grandes dimensions ce qui convient mieux aux grandes fermes qu'aux petites ; l'affinage est généralement réalisé par des négociants ; mais le « cantal », vendu traditionnellement à Paris et dans le Bassin Aquitain, est produit en quantités excessives, de sorte qu'il faut se reconvertir à d'autres fabrications (cheddar) ; quant aux petits exploitants, ils s'orientaient plutôt vers la fabrication de « bleu d'Auvergne », affiné à Riom-ès-Montagnes. Cézallier et Monts-Dore ont également fabriqué du bleu ou de la fourme ; mais la production essentielle est celle du saint-nectaire, fromage à pâte molle, de fabrication surtout fermière autrefois, laitière aujourd'hui. Partout on assiste à une concentration de l'industrie laitière ; regroupement des coopératives à Besse (Monts-Dore), Aurillac et Saint-Flour, des affineurs industriels à Riom-ès-Montagnes.

Une *économie laitière ovine* couvre le sud du Massif Central, d'une part sur les Causses où elle est associée, souvent sur de grandes exploitations, à une culture surtout de céréales et de fourrages artificiels, d'autre part dans les Monts de Lacaune et le Levézou, devenus la région la plus importante, et où les labours occupent encore plus de la moitié des terres exploitées. Tout cet élevage est dominé par les Sociétés de Roquefort qui collectent le lait, font marcher les fromageries, raffinent ensuite dans les « caves » naturelles du Causse ; ce sont les sociétés qui ont mis au point les manèges de traite mécanique, encouragé la sélection ; le prix élevé du lait — jusqu'à 4 F le litre — et la vente des agneaux expliquent la grande prospérité d'un élevage pourtant contraignant, dans un milieu naturel souvent grandiose, mais singulièrement rude.

Les *grands élevages à viande* du nord-ouest et du nord du Massif Central sont tous orientés vers la production de bœuf de boucherie, associée parfois à celle de viande ovine. Cette zone, relativement homogène, présente néanmoins plus que des nuances :
— dans la race bovine élevée, limousine en Corrèze et Haute-Vienne, la Creuse étant de plus en plus gagnée à la charolaise qui domine partout ailleurs ; le recul de la limousine, plus petite, plus vive, mais souvent de qualité supérieure, s'explique probablement par des modes commerciales et une publicité mieux organisée par les éleveurs charolais ;
— dans la part plus ou moins grande de l'élevage ovin, très développé et parfois exclusif en Basse-Marche et en Bourbonnais, plus irrégulier ailleurs ;
— dans le système de culture associé : le Brionnais, le Charolais, l'Autunois, les bordures morvandelles, font relativement peu de labours (Brionnais : moins de 10 % du sol) ; au contraire, le Bourbonnais, la Combraille, la Marche consacrent de 40 à 60 % de la SAU aux labours ; il est vrai que cette agriculture a surtout pour but de nourrir le bétail et donne la préférence aux plantes fourragères ;
— dans les structures d'exploitation, le fermage ou le métayage étant fréquents dans la Basse-Marche, le Bourbonnais, le Charolais, plus rares ailleurs ;
— dans la finalité même de l'élevage ; le Brionnais, le Charolais, grâce à la qualité floristique de leurs herbages, se sont consacrés à l'embouche, achetant des bêtes de plus de deux ans pour les pousser une saison de plus avant de les

revendre ; le bénéfice n'est pas toujours considérable ; mais le travail se borne à une simple surveillance. Beaucoup d'emboucheurs ne sont d'ailleurs pas des paysans, car l'embouche requiert de fortes disponibilités en capitaux ou le recours à des prêts bancaires spécialisés.

Cependant, les difficultés croissantes pour trouver des bêtes à engraisser conduisent peu à peu les emboucheurs traditionnels à revenir à l'élevage, avec les besoins correspondants ; nécessité d'une organisation évitant les dépenses de main-d'œuvre (stabulation libre, etc.), d'une production céréalière complémentaire : on retourne parfois les prairies pour introduire des champs de maïs.

Cette technique charolaise est de plus en plus discutée ; on s'oriente plutôt vers la vente de bêtes plus jeunes, à partir de 2 ans. Partout, les charges en bétail sont médiocres ou faibles ; la production de viande à l'ha est insuffisante et une bonne rentabilité implique des troupeaux importants et une bonne centaine d'ha de terres au minimum. Les revenus sont médiocres par rapport à la valeur excessive de la terre ; de sorte que les acheteurs actuels de domaines, venant pour la plupart du Bassin Parisien, abandonnent l'élevage, retournent les prés et adoptent une polyculture céréalière où le maïs domine.

Ce système de production est d'autre part confronté aux difficultés du marché ; le maquignon a été longtemps le personnage-clé d'un système de commercialisation où les foires, comme celles de Saint-Christophe-en-Brionnais, tenaient une place essentielle. Le rôle du maquignon décline, au profit de circuits d'achat plus simples ; cependant les grosses foires subsistent, comme l'important marché du mercredi de Sancoins, à la limite du Berry, l'un des plus gros marchés français du bétail. Issu de la vente des ovins du Bourbonnais septentrional, ce marché s'est étendu aux autres bétails : 445 000 têtes de bétail y ont été vendues en 1976 et les négociants y viennent pratiquement de toute la France. La coopération se développe peu, dans un milieu méfiant où, de surcroît, les relations de fermage ou de métayage introduisent d'autres blocages. Le marché reste mal organisé, avec une grande irrégularité des cours ; la forte demande en bêtes de concours pour la reproduction et la vente de géniteurs à l'étranger ont encouragé des pratiques de sélection hâtives. Rares sont les expériences de circuits intégrés comme ceux des « Eleveurs du Bourbonnais » dont les abattoirs de Villefranche-d'Allier peuvent utiliser industriellement tous les quartiers des animaux ; l'implantation de nouveaux centres d'abattage intégrés pose d'ailleurs de délicats problèmes de localisation ; ainsi, celle d'Egletons est très excentrique par rapport aux élevages actuels, mais peut permettre l'extension du système d'élevage à la montagne corrézienne.

Le bilan global, très satisfaisant par rapport à celui des autres montagnes françaises, est mince si on le compare à ceux de l'Ouest ou du Nord : parmi les vingt premiers départements producteurs de lait, on ne trouve que le Cantal, et à la dernière place ; pour la production de viande de bœuf, seuls l'Allier et la Saône-et-Loire figurent parmi les vingt plus gros producteurs ; pour la viande de veau, en revanche, l'Aveyron, la Corrèze, la Loire et le Puy-de-Dôme sont parmi les dix premiers ; enfin, pour la viande ovine, Haute-Vienne et Aveyron sont les deux plus gros producteurs français ; par contre, les productions de porcs et de volailles sont négligeables.

Des problèmes ardus

L'économie du Massif Central s'apparente à celle de toutes les régions pauvres. Le fort vieillissement des exploitants a donné au jeu de l'IVD un rôle important : plus du quart des terres libérées en France par des exploitants âgés l'ont été dans le Massif, expliquant l'activité relativement importante des SAFER. Néanmoins, beaucoup d'émigrants ont conservé leurs terres et préfèrent les louer, de sorte que le fermage se développe partout et que les structures foncières se trouvent bloquées. Le remembrement a largement modifié le parcellaire des plaines du Val d'Allier ; il s'est bien répandu sur les plateaux, où il aboutit à une disparition partielle des haies, mais il ne s'y est pas généralisé. Les cultivateurs qui subsistent sont souvent plus préoccupés d'obtenir le cantonnement de boisements anarchiques qui encerclent prés et champs. L'habitat rural s'est peu modifié, les reconstructions les plus fréquentes étant celles des étables sur un modèle d'ailleurs mal adapté à la montagne, avec une isolation thermique très insuffisante.

La motorisation est générale, même en montagne (motofaucheuse généralisée) ; mais la mécanisation est souvent élémentaire et la novation technique souvent embryonnaire, notamment dans l'essentiel domaine des fourrages : la prairie semée est rare ; dans des pays où la fenaison est souvent compromise par les pluies, le recours à la déshydratation est inexistant, l'ensilage encore peu développé ; en économie laitière, le contrôle laitier reste exceptionnel. Dans des exploitations trop souvent tenues par des vieux, le temps de « Farrebique », tracteur mis à part, n'est pas toujours révolu.

Quelques régions font exception, les unes grâce à leur richesse comme la Limagne, les autres du fait de leur dynamisme ; le cas est particulièrement net dans les Monts du Lyonnais et dans le Ségala : l'ouverture au progrès technique, une intensification très poussée ont permis la mise en place de très bonnes économies de demi-montagne. Malheureusement, le pronostic est très réservé : la modernisation s'est faite dès après la seconde guerre mondiale, dans des structures d'exploitation très morcelées ; les bons résultats obtenus ont maintenu les jeunes sur place, de sorte qu'aujourd'hui, ces pays souvent cités en exemple, se retrouvent avec des exploitations beaucoup trop petites et des possibilités d'évolution nulles contrastant avec la qualité de la gestion. On peut craindre un blocage, et, à terme, on peut se demander si les régions les plus dépeuplées, les plus appauvries, mais aussi les moins endettées ne sont pas celles de l'avenir et si une sorte d'inversion ne se manifestera pas. La dégradation est déjà sensible dans les Monts du Lyonnais...

Il se trouve aussi que le Massif Central offre peu de possibilités de double activité pour les paysans ; les genres de vie mixte ne sont fréquents qu'autour de quelques foyers industriels (région de Digoin - Bourbon-Lancy par exemple), des grandes villes et surtout dans la Loire (plaine forézienne, Roannais) ; ils sont au contraire très rares dans la montagne, en Limousin, et, paradoxe, dans une région d'industries diffuses comme l'Yssingelais.

Le Massif Central n'a pas non plus connu cette explosion corporative qui a caractérisé l'Ouest français ; même le Rouergue n'a pas mis sur pied des coopératives polyvalentes à la mode bretonne. A côté de réussites techniques remarquables (semences de maïs Limagrain, près de Clermont, qui ont repris aujourd'hui l'appareil de production Vilmorin), le mouvement coopératif est tout tiraillé de rivalités personnelles, cloisonné en fiefs électoraux, ce qui ne suscite guère l'enthousiasme des adhérents.

Surtout, au moins en ce qui concerne la montagne, l'agriculture du Massif est une agriculture «assistée». Or l'Etat a jusqu'ici superposé des systèmes d'aides à finalités différentes, sans politique d'ensemble. Longtemps l'appui de l'Etat s'est fait à travers les interventions d'une société d'aménagement, la SOMIVAL, laquelle était limitée à l'Auvergne et au Limousin ; puis, il y a eu la Rénovation rurale en montagne, enfin un plan d'aide au Massif Central tout entier qui marque la prise de conscience de l'universalité des problèmes d'aménagement de la moyenne montagne. Mais l'intervention a surtout consisté en saupoudrages, en actions localisées, sans plan d'ensemble : on «efface» les problèmes immédiats, on compense l'insuffisance des revenus, sans mettre en place les conditions d'une économie future viable ; il s'agit pourtant de sommes considérables. Seuls, certains secteurs ont jeté les bases d'une économie nouvelle, parfois trop tôt comme nous l'avons dit pour le Ségala ou le Lyonnais. Ailleurs, les conditions dans lesquelles est distribuée l'aide de l'Etat, d'ailleurs sans contrôle suffisant, restent incohérentes, et, de ce fait, inefficaces à terme.

Les avatars industriels et l'isolement

Le Massif Central déjà peu industrialisé, a été très durement touché par le reflux industriel depuis la première guerre mondiale. Rares sont les régions manufacturières qui se maintiennent à peu près comme le bassin de Saint-Etienne. Quelques-unes ont survécu en se transformant : *la région de Thiers*, a ajouté à la coutellerie et la cisellerie, la platerie inox, le décolletage, le matriçage, l'horlogerie industrielle et la petite mécanique, le travail des plastiques ; toutes ces industries restent très émiettées, dispersées en de très nombreux ateliers spécialisés dans tel ou tel « rang » de la fabrication. Les structures y sont de même type que dans l'industrie jurassienne. Cette région de Thiers emploie encore 7 000 ouvriers, et il faudrait y ajouter les nombreuses industries qui s'égrènent le long de la vallée de la Dore, entre Thiers et Ambert (platerie, métallurgie, papeterie, produits pharmaceutiques Roussel, construction automobile pour Renault). De même, *l'Yssingelais*, après la terrible crise de la soierie, a su, sous direction stéphanoise, se reconvertir vers la mécanique et le travail des plastiques, avec de petits centres vivants comme Sainte-Sigolène. Quelques villes ont pu conserver leur industrie traditionnelle ou la remplacer par des activités nouvelles ; ainsi d'autres industries ont épaulé le renouveau de la tapisserie à Aubusson ; à Montluçon, le travail du caoutchouc (Dunlop), la mécanique de précision (SAGEM, Landis et Gyr) ont pris le relais de la sidérurgie. A Limoges, la crise dramatique de la chaussure et de la porcelaine a débouché sur une réorientation partielle de l'industrie de la porcelaine (isolants et porcelaine industrielle Legrand) et des implantations nouvelles comme SAVIEM. Mais le malaise souvent persistant de bien des industries de remplacement, comme à Montluçon, souligne la fragilité de bien des reconversions.

On n'en finirait pas, par contre, de citer toutes les catastrophes industrielles. Finie ou presque l'industrie textile, tant la soierie stéphanoise que l'industrie lainière haut-tarnaise ; fini le travail de la dentelle ; durement touchée l'industrie du cuir ; atteinte aussi celle de la papeterie ; les villes qui vivaient de la tradition industrielle, comme le Puy, les petites villes du Haut-Beaujolais, Millau, Saint-Junien ou Saint-Léonard-de-Noblat, sont durement frappées. Egalement moribondes la plupart des extractions de minerais ou l'industrie de la lave de Volvic. La crise la plus grave est celle des houillères ; nombre de bassins sont fermés ou sur le point de l'être, et non des moindres : bassin d'Alès, de Saint-Etienne, de Decazeville, petits gisements auvergnats ; peut-être les bassins de Carmaux et de Blanzy survivront-ils quelque temps ; mais on a renoncé à équiper le nouveau bassin de l'Aumance, entre Montluçon et Moulins. La déroute du charbon provoque la crise des industries liées, notamment la sidérurgie et la verrerie : il n'y a pratiquement plus de sidérurgie sur le bassin d'Alès ; de celle de Montluçon-Commentry, ne subsiste qu'une petite usine d'aciers spéciaux ; dans la zone stéphanoise, les fermetures se succèdent ; au Creusot, Schneider a parfois préféré la localisation chalonnaise, en bordure de Saône, pour ses activités nouvelles.

Les espoirs de renouveau

En face de cette débandade, le Massif Central a cru pouvoir compter sur de nouvelles ressources, et d'abord sur la production d'énergie hydro-électrique. Certes, les débits médiocres des rivières constituent un handicap, mais il est aisé de barrer des vallées étroites et de constituer des réserves d'eau importantes ; sur les hauts plateaux, les systèmes de vallées mûres constituent autant de domaines faciles à noyer (Vassivière, La Vaud-Gelade ou Chammet en Limousin, Pareloup en Levézou, etc...). Les équipements sont rares dans le centre : débits médiocres et vallées trop humanisées ; ils sont au contraire nombreux dans l'Ouest et le sud-ouest : Sioule, Vienne, Dordogne et ses affluents, Truyère, affluents du Tarn, Agout. On a même profité de la forte dénivellation du versant cévenol pour soutirer des eaux au drainage atlantique et les précipiter côté méditerranéen (Montpezat). La production globale est importan-

7. Massif Central, croquis de nomenclature — Voies ferrées

te, mais les usines du Massif Central sont typiquement destinées à un fonctionnement discontinu, stockant leurs eaux pour en turbiner le maximum lors des pointes de consommation.

On le peut d'autant mieux que le Massif n'utilise qu'un peu plus de la moitié du courant produit. C'est que les créations industrielles furent rares, se limitant à quelques usines isolées, installées à une époque où le courant était difficile à transporter (Saint-Chély-d'Apcher, près d'un affluent de la Truyère, Les Ancizes, sur la Sioule, Le Palais, en Haute-Vienne), ou à quelques implantations stratégiques (laminage de l'aluminium à Issoire). Les usines grosses consommatrices, comme la puissante aciérie électrique de Gueugnon, ou Michelin, ne doivent rien à la production électrique locale. Pourquoi d'ailleurs venir consommer dans le Massif Central une énergie électrique qui y est facturée aussi chère qu'à Paris ?

Déçus également les espoirs mis dans l'exploitation des minerais d'uranium, dans le nord forézien (Bois Noirs), en Limousin (région de Bessines au nord de Limoges) ou dans l'Autunois ; cela n'a donné lieu qu'à des installations de concentration et de traitement du minerai, avec un potentiel d'emploi faible ; quelques gisements secondaires représentent uniquement de l'extraction. De nombreux gisements minéraux (plomb argentifère notamment) ont été exploités, de temps à autre, mais dans des conditions très marginales qui limitent les temps d'exploitation aux périodes de prix favorables ; la plupart sont fermés ; on relèvera seulement l'existence de deux mines périphériques, celle de Largentière (plomb-zinc) produisant 30 000 t de concentrés de plomb par an, et la mine tarnaise de Noailhac - Saint-Salvy, dont le minerai est expédié dans le nord de la France.

On a espéré davantage de la *décentralisation industrielle* de l'après-guerre ; en fait, seule la bordure septentrionale du Massif Central et l'axe de l'Allier ont été intéressés par de telles opérations ; encore beaucoup d'ateliers doivent-ils leur origine à des décentralisations stratégiques d'avant 1940 ou à des replis liés à la guerre (comme Manurhin à Vichy) ; on a vu aussi apparaître quelques unités isolées, dues à des initiatives locales : les parapluies Sauvagnat à Aurillac, Bosch à Rodez, les fonderies d'aluminium d'Ussel en sont des exemples. Ces rares créations ne doivent pas masquer le vide industriel du Massif Central : la Creuse, la Corrèze, le Cantal, la Lozère, la majeure partie de l'Aveyron n'ont jamais eu d'industries ou les ont perdues. Il n'y a guère que la région stéphanoise et les axes des plaines de Loire et d'Allier à constituer de véritables régions industrielles.

La *région stéphanoise* est la plus puissante ; du Gier à la vallée de l'Ondaine, elle représente un couloir industriel très classique, aux usines souvent vieillies insérées dans un tissu urbain de médiocre qualité ; vers le nord, par la vallée du Furens, elle gagne la plaine forézienne ; vers le sud, elle débouche sur l'Yssingelais. La main-d'œuvre, de recrutement presque exclusivement local, catholique, disciplinée, un peu rude, a été façonnée par des siècles de tradition industrielle. Saint-Etienne et ses satellites, notamment Saint-Chamond, débutèrent dans la soierie ; grâce au choix de la rubannerie, elles échappèrent à la tutelle lyonnaise ; ce fut ensuite la transformation des métaux, particulièrement la fabrication des armes ; enfin vint la sidérurgie, aujourd'hui représentée, après un demi-siècle de fusions, par le groupe Creusot-Loire.

Capitale des armes, jadis de la bicyclette, Saint-Etienne connaît surtout la sous-traitance métallurgique, activité où prédominent petits et moyens ateliers ; on dénombre plus de 400 industriels de la métallurgie à Saint-Etienne même, une centaine dans la vallée du Gier, etc. Cette industrie, qui a gagné la plaine forézienne jusqu'à Feurs et Boën, recense à peu près toutes les spécialités de la métallurgie : on y trouve près de 200 entreprises de mécanique générale, une cinquantaine de fabriques d'outillage, autant de chaudronnerie, autant dans l'emboutissage et le décolletage, une trentaine encore dans les pièces pour cycles, autant dans les traitements de surface des métaux, une quinzaine dans la quincaillerie, etc. A côté subsistent encore près de 150 ateliers de rubannerie ou de passe-

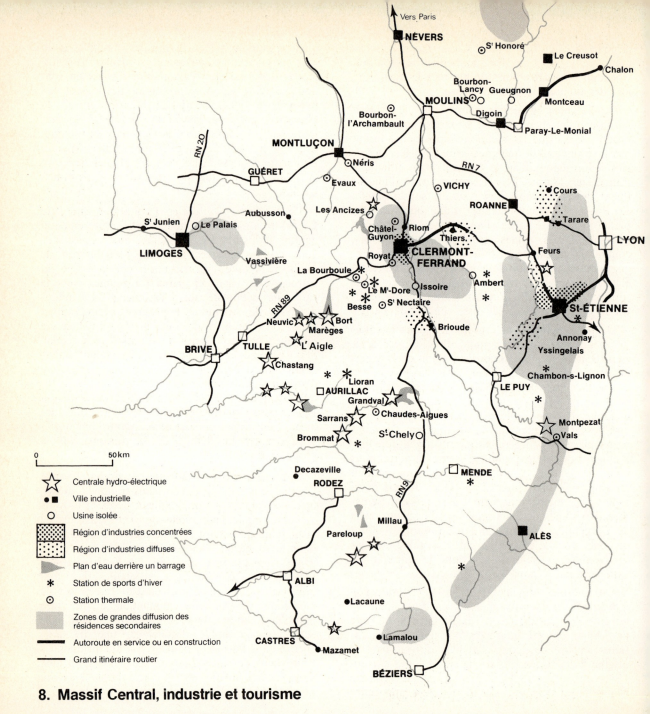

8. Massif Central, industrie et tourisme

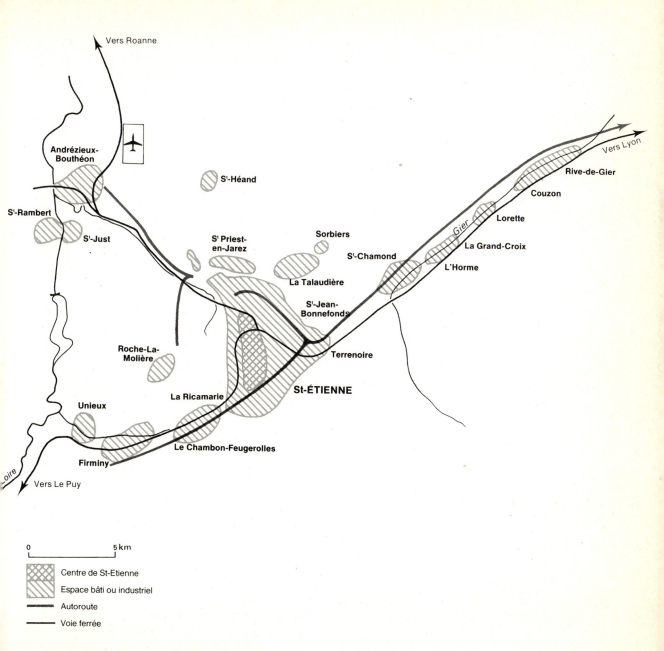

9. Agglomération de Saint-Etienne

menterie, qui ont à peu près cessé de distribuer du travail à domicile.

L'effectif industriel est stable depuis le milieu du XXe siècle, tournant autour de 130 000 emplois. Cette stabilité n'implique pas celle des spécialités : l'emploi ne s'est maintenu au contraire que grâce à une adaptation constante des techniques et des fabrications, de nouvelles orientations se substituant, au moins en période d'expansion, aux branches décadentes.

Des foyers industriels actifs s'échelonnent dans les plaines de la Loire, non seulement en Forez, mais plus au nord, avec le groupe roannais, puis la région de Digoin où existent de gros établissement (à Gueugnon, Bourbon-Lancy, Paray-le-Monial) restés indépendants de la zone charbonnière de Montceau.

L'autre grande région industrielle est constituée par ce qu'on appelle assez improprement le Val d'Allier, entre Moulins et Langeac. Il s'agit cette fois d'un chapelet de centres isolés mais avec un fort brassage de la main-d'œuvre: Moulins, Varennes-sur-Allier, Vichy-Cusset au nord, Issoire, Brassac et Brioude au sud. L'essentiel est représenté par l'agglomération clermontoise avec une cinquantaine de milliers d'ouvriers (dont la moitié dans le travail du caoutchouc); le panorama industriel du Val d'Allier est tout de même assez varié : câblerie et signaux électriques, produits pharmaceutiques et cigarettes à Riom, métallurgie différenciée à Clermont-Ferrand, etc. Michelin domine nettement l'ensemble par la puissance de ses fabrications, le maintien de son siège social, de ses laboratoires de recherche et d'essai ; de plus, après avoir essaimé surtout dans l'Ouest, la firme a créé des unités de fabrication dans le Massif Central à Montceau-les-Mines, puis Roanne, enfin, en 1977, au Puy. Si on songe que la seconde firme du Val d'Allier est le groupe Ducellier, avec plusieurs usines d'appareillage électrique automobile, on ne peut s'empêcher de constater la prédominance trop marquée des activités liées à l'industrie automobile.

La carence industrielle du reste du Massif est souvent mise au compte de l'enclavement ; la seule région d'accès facile, le Val d'Allier, n'est-elle pas aussi la seule région industrielle nouvelle ? Pourtant, la désindustrialisation a surtout frappé les régions périphériques, le plus souvent aisément accessibles, avec des coûts de transport raisonnables. Il est vrai qu'ailleurs la circulation reste lente et, de ce fait, coûteuse ; les vallées, vides d'hommes, sont difficilement équipables ; les plateaux connaissent au contraire une circulation facile, mais constamment brisée par les gorges que la voie ferrée franchit parfois par de grands viaducs (Les Fades, Garabit, Tanus, mais on en compte beaucoup, même sur de très petites lignes), la route beaucoup plus rarement. Or, la faiblesse des trafics n'a jamais justifié de très gros efforts d'équipement : redoutable cercle vicieux !

Le réseau ferroviaire, très incomplet, est remarquable par sa lenteur et la médiocrité du service offert, sauf pour la ligne axiale de Paris à Clermont et quelques dessertes périphériques (Limoges, Saint-Etienne, transversale Lyon-Nantes) ; les tarifs marchandises y sont toujours au niveau maximum et peu compétitifs. La route a bénéficié de très gros efforts d'aménagement : l'autoroute de Paris à Saint-Etienne, par Clermont, est en cours de réalisation, les axes nord-sud (RN 9 et 20) et est-ouest (RN 89) ont été améliorés, de même que les liaisons régionales (par exemple, celles du Puy). Mais rares sont les itinéraires fortement fréquentés, ce qui incite à ne pas multiplier les travaux. Aussi les villes les plus éloignées (Mende, Aurillac, Rodez) essaient-elles d'avoir leurs relations aériennes, au moins avec Paris, Clermont-Ferrand restant le seul aéroport ayant quelques liaisons régionales. On remarquera cependant qu'il ne faut pas plus de temps par fer de Paris à Aurillac que de Paris à Grenoble, de Paris à Rodez que de Paris à Annecy, et ces villes alpines ne parlent guère d'enclavement...

Les possibilités touristiques

L'amélioration des moyens de transport profite également au tourisme, devenu ressource importante. Pourtant l'ancien support thermal s'est bien transformé ; la clientèle est maintenant faite de malades, exigeants quant aux soins, peu soucieux de l'accompagnement touristique ; cette évolution explique le grand déclin de Vichy, avec moins de 25 000 curistes en 1975, à peine plus qu'à La Bourboule ou Royat ; Châtel-Guyon s'est mieux maintenue comme station aisée et le Mont-Dore profite de son équipement montagnard. De petites stations végètent (Néris) ou déclinent (Saint-Nectaire, Saint-Honoré) ; de minuscules ont fait un gros effort de modernisation : Chaudesaigues et Bourbon-l'Archambault. L'ensemble du thermalisme représente moins de 150 000 curistes et comme les familles accompagnent de moins en moins les malades, les profits s'amenuisent, sauf au niveau de l'environnement médical.

Le tourisme d'hiver a débuté au Mont-Dore avant 1939 ; malgré la médiocre qualité du manteau nival, on compte trois grandes stations (Le Mont-Dore et Super-Besse dans les Dore, Le Lioran dans le Cantal), dont la clientèle, surtout régionale, se recrute assez largement sur l'ouest français ; les petites stations, assez nombreuses mais peu équipées sont surtout des stations de week-end ou de résidence secondaire, comme Chalmazel ou Saint-Anthème en Haut-Forez.

Le tourisme d'été est avant tout familial, en petite hôtellerie, en camping, et, de plus en plus, en meublés ou résidences secondaires ; beaucoup de touristes sont des habitués, originaires du Massif Central ou habitant des grandes villes proches (résidence secondaire lyonnaise, stéphanoise ou clermontoise) ; le sud doit plus à l'influence de Marseille ou des villes languedociennes ; le tourisme y est davantage fondé sur des qualités climatiques, comme dans le pays de Lacaune. A cette résidence populaire s'ajoute un tourisme de passage, en partie lié au thermalisme, assez cosmopolite, à la visite des sites célèbres (gorges des Causses, églises romanes d'Auvergne, etc.). La création des parcs régionaux (Cévennes, Volcans d'Auvergne) peut susciter une nouvelle clientèle plus éprise de nature et de promenade.

L'essentiel reste cependant le développement de la résidence secondaire ou des formes parallèles — gîtes ruraux, séjours à la ferme, villages de vacances, notamment ceux de la Somival, etc. — L'essor est très inégal suivant les régions, plus massif dans les secteurs proches des villes (Yssingelais, Pilat et Meygal pour Saint-Etienne, régions de Clermont et de Limoges, Monts du Lyonnais, Morvan), les zones réputées comme refuge (montagne cévenole) ou autour des plans d'eau. On dénombrait en 1975 près de 200 000 résidences secondaires ; en Haute-Loire, elles représentaient, avec l'appoint des logements vacants, la moitié du parc habitable, autant dans les arrondissements de Clamecy ou de Château-Chinon, davantage encore dans la Lozère.

4. Les grands ensembles régionaux

Morcellement et « pays »

Deux régions de programme occupent le centre et le nord-ouest du Massif : Auvergne et Limousin. Et toute une demi-ceinture allant du Morvan au Rouergue est de commandement périphérique : Dijon domine du Morvan au Charolais, Lyon les départements du Rhône, de la Loire et de l'Ardèche, tandis que les montagnes du Gard, de l'Hérault et de la Lozère relèvent de Montpellier, et le Rouergue de Toulouse. Le Massif Central est ainsi écartelé.

Cette absence d'unité tient pour une part à des faits de civilisation. Si le Massif Central appartient largement aux parlers d'oc, les dialectes purs se limitent au sud du Cantal, à la Lozère, à l'Aveyron et à la bordure languedocienne. Le Centre-nord est le domaine des parlers auvergnats et limousins et des zones intermédiaires apparaissent en Gévaudan et en Vivarais. A l'est, par la transition forézienne, on gagne la zone des dialectes franco-provençaux, fortement entamée par l'influence lyonnaise. Au nord, la francisation a pénétré du Berry vers le Bourbonnais, formant un golfe dans les plaines d'Allier jusqu'à Saint-Pourçain, tandis que les influences bourguignonnes rayonnent sur le nord-est, venant jusqu'en Roannais. Les divisions historiques n'ont pas toujours sanctionné les limites linguistiques, mais l'Auvergne s'arrêtait bien aux confins du Bourbonnais francisé et ne comprenait pas un Velay qui fut toujours d'allégeance languedocienne ; elle n'en annexait pas moins la région aurillacoise de pure langue d'oc ; aujourd'hui, la région de programme englobe les trois éléments...

L'existence de grandes régions linguistiques ou historiques relativement homogènes ne doit pas faire oublier le cloisonnement physique du Massif Central. L'isolement entre les gorges a ainsi individualisé beaucoup de petits « pays », parfois commandés par une ville ou une bourgade, et souvent hiérarchisés entre eux. Certains sont très petits, bien délimités : plateaux de Viadène, coincés entre Aubrac et Truyère, Planèze de Saint-Flour, etc. ; d'autres, plus vastes, ont encore une base physique, tels le Devès, la montagne cantalienne, l'Aubrac, le Causse Méjean ou les Monts de Lacaune. Parfois le pays est mal défini, centré sur le rayonnement d'un bourg : ainsi, dans le nord de la Margeride, le pays de Saugues. Au-dessus existent des unités plus vastes, souvent à cheval sur plusieurs ensembles physiques, comme le Gévaudan qui englobe aussi bien des Causses que le massif ancien de Margeride. Cette hiérarchie n'est jamais complète et le réseau urbain n'est pas toujours constitué ; Saint-Flour, petite capitale de la Planèze, n'a pas de bourgs à son service ; inversement, le Devès ne compte aucune ville, juste quelques petits bourgs pour les marchés aux veaux. Le cas le plus remarquable est peut-être celui du Limousin, pays homogène, qui fut jusqu'à une époque très récente, sans réseau urbain organisé.

Cependant, l'essentiel du partage régional est conditionné par la géographie physique, au moins au niveau des petites unités.

Le domaine volcanique

Il comporte deux groupes de massifs : chaîne des Puys, Monts-Dore, Cézallier, Cantal et Aubrac à l'ouest, Velay et Haut-Vivarais à l'est. L'altitude y dépasse le plus souvent 1 000 m (seule fait exception la coulée des Coirons, en bas-Vivarais), avec des reliefs souvent vigoureux, notamment dans les Monts-Dore et le Cantal où l'érosion glaciaire a été active ; pourtant, les formes raides ne se conservent guère dans ces empilements de dépôts cendreux, très sensibles à la gélivation et fournissant beaucoup de matériaux de fluage.

Dans l'*Aubrac,* perché entre Truyère et Lot, les vallées (les « boraldes ») dégringolent vers le Lot en gorges étroites qui rendent l'accès de la montagne difficile quand on vient du sud. Le *Cantal* et les *Dore* possèdent un réseau de grandes vallées, rayonnant à partir du centre et délimitant des ensembles de coulées que l'érosion a déchaussées et mises en relief : les planèzes, qui connaissent leur maximum de développement dans l'est cantalien. Dans le *Cézallier,* le relief plus surbaissé a été moins attaqué. Cantal, Cézallier et Dore présentent une dissymétrie climatique très marquée ; l'ouest est toujours très humide, uniquement voué aux herbages, alors que l'est est sensiblement plus sec et a toujours pu faire davantage de céréales. La *Chaîne des Puys* constitue l'ensemble le plus récent ; les cônes de scories ou les dômes péléens, comme le Puy-de-Dôme, dominent un ensemble de coulées très récentes, à la surface tourmentée, les « cheires ». La perméabilité de l'ensemble y exclut toute source pérenne ; aussi toute vie rurale y est-elle impossible, et les troupeaux, surtout ovins, qui pacageaient dans les Dômes devaient chaque soir être ramenés vers la périphérie, dans les hameaux où ressortaient en sources sous-laviques les eaux infiltrées dans la montagne. La forêt a conquis aujourd'hui presque toute la chaîne.

Entre Loire et Allier, les plateaux basaltiques du *Devès* constituent une cellule originale ; la surface des coulées y a été presque entièrement défrichée, l'agriculture y est prospère, et cependant, aucune vie autonome ne s'y manifeste, l'emprise urbaine y étant celle des villes de la périphérie ; Le Puy, Brioude ou Langeac en Velay, Langogne au sud. A l'est de la Loire, l'ensemble du *Mézenc* et du *Meygal* offre à nouveau un paysage de montagne ; les reliefs saillants y sont presque toujours des pitons phonolitiques, comme le Gerbier-de-Jonc, aux sources de la Loire. Ce massif culmine au Mézenc, et cette partie la plus élevée domine directement la Sillon Rhodanien vers lequel court tout un monde de vallées profondes et étroites, débouchant difficilement sur la montagne : les « boutières ».

Sauf le Devès, toute cette montagne a été animée par la vie pastorale, qui y fait vivre de très gros marchés du bétail ; ceux-ci se déroulent parfois au milieu des alpages (foires de Brion au sud de Besse) et les bourgs, comme Besse pour la zone de production du saint-nectaire, ou Nasbinals pour l'Aubrac, sont rares. Les petites villes, marchés et centres d'affinage des fromages, s'installent à la périphérie : Mauriac, Riom-ès-Montagnes, Murat, Saint-Flour. Le thermalisme et le tourisme sont actifs ; c'est la seule région du Massif Central où la neige soit assez abondante, c'est la plus pittoresque, avec ses lacs de montagne et ses larges possibilités de promenade ; des stations thermales ou de petits bourgs s'y sont développés : La Bourboule ou le Mont-Dore dans les Dore, Vic-sur-Cère dans le Cantal, Le Chambon-sur-Lignon au nord du Meygal.

Mais l'emprise urbaine véritable y est le fait de villes non montagnardes, de villes de bassin : *Aurillac*, qui a moins de 40 000 habitants, *Le Puy* qui les dépasse à peine. Toutes deux sont très actives, en pleine mutation. Ce sont pourtant des préfectures qui contrôlent imparfaitement leur département (Brioude échappe à la tutelle du Puy pour regarder vers Clermont, Saint-Flour, la ville-évêché, n'aime guère dépendre d'Aurillac). Aurillac est plus tournée vers la campagne ; elle est davantage la résidence de grands éleveurs et se veut la capitale des activités et de la coopération agricole ; elle est peu industrialisée. Le Puy doit bien davantage à ses ateliers ; mais les industries traditionnelles, la tannerie, la dentelle, la tresse, etc. sont durement touchées par la récession ; plus ouvrière, elle est néanmoins plus conservatrice. Toutes deux sont dans la mouvance administrative de Clermont, mais la dépendance d'Aurillac s'accroît alors que le Puy s'y résigne plus mal, ses relations commerciales et industrielles, son recours pour les services se trouvant plutôt à Lyon ou à Saint-Etienne.

Les plateaux

Constituant l'essentiel du Masssif Central, ils se différencient par leur altitude, leurs dimensions. S'y opposent de hautes terres, aux reliefs peu entamés par les vallées et des moyens ou bas-plateaux, plus morcelés par les gorges, mais plus secs et moins rudes.

La bordure orientale entre les fossés de la Loire et le sillon Saône-Rhône, constitue une étroite voûte de plateaux dont l'altitude s'accroît progressivement vers le sud. Comme ces pays retombent brutalement sur les plaines voisines et qu'ils sont entaillés de vallées étroites et sinueuses, leur franchissement poserait des problèmes s'ils étaient coupés par d'anciennes dépressions hercyniennes, bien déblayées : bassin d'Autun, d'ailleurs fermé vers le nord-est, dépression de Montceau-les-Mines, étroit sillon de la Brévenne, bassin de Saint-Etienne. Leur orientation du sud-ouest au nord-est est malheureusement perpendiculaire au principal courant de trafic de la région parisienne vers Lyon, de sorte que routes et voies ferrées empruntent souvent des vallées secondaires et, pour ces dernières, franchissent les lignes de faîte par de longs tunnels, comme sur la difficile ligne de la vallée de l'Azergues (Paray-le-Monial à Lyon) ou celle de Roanne à Lyon par le Haut-Beaujolais.

Le nord est de civilisation bourguignonne et dépend d'ailleurs de Dijon. En fait, le Morvan est entièrement sous la coupe parisienne, tout comme l'Autunois, et depuis longtemps (bois du Morvan pour le chauffage des parisiens, placement des nourrissons parisiens, aujourd'hui multiplication des résidences secondaires parisiennes, aisément accessibles par route ou par fer). Les enveloppes liasiques du Morvan, comme le Charolais plus au sud constituent peut-être le meilleur de la grande zone d'élevage et d'embouche du nord du Massif Central ; leur dépendance économique est souvent à définir : capitaux et marchés sont parisiens ou lyonnais et le rattachement des petites villes, comme Avallon, est incertain. Il y a du reste peu de ressemblance entre un Morvan très boisé, élevé, humide et froid, fort dépeuplé, et les riches prairies du Bazois, de l'Auxois ou du Charolais.

Le Bassin d'Autun est peu important ; on y a exploité jadis, au nord, le petit bassin houiller d'Epinac; mais Autun, malgré une industrialisation moderne assez réussie, dépasse peu les 20 000 habitants et ne retrouve pas le prestige passé. La dépression de Montceau-les-Mines, de Paray-le-Monial à Chagny, est remarquablement équipée : canal du Centre, voie ferrée, route express ; le bassin de Blanzy, aux charbons de qualité, reste encore vivant et Le Creusot y fut, à la fin du XVIIIe siècle, la plus grosse usine sidérurgique française. Malgré la crise houillère, l'agglomération Montceau-les-Mines - Montchanin y dépasse encore 60 000 habitants, et celle du Creusot 45 000 âmes ; l'influence chalonnaise, renforcée par la route express, y est prédominante, ne laissant à Dijon que les services supérieurs.

Avec le Mâconnais et le Beaujolais commence la sphère d'influence lyonnaise ; dans ce domaine de la « fabrique » soyeuse, filatures, moulinages et tissages ont envahi les vallées assez riches en eaux (leur absence explique la carence textile des monts du Lyonnais) ; vallées de l'Azergues et de la Turdine à l'est, région de Cours à Thizy et Amplepuis à l'ouest. La même localisation industrielle intéresse les pentes du Pilat, le bassin de Bourg-Argental, les vallées vivaroises. Si en Beaujolais on commence à parler de « montagne », le terme convient mieux au massif du Pilat dont les lourdes croupes dépassent 1 400 m. Le textile est partout en crise, provoquant le déclin de maintes petites villes, comme Tarare, garnissant d'usines abandonnées les fonds de vallée, alors que les coteaux se couvrent des résidences secondaires lyonnaises ou stéphanoises.

L'essentiel reste la grande dépression qui court de la Loire au Rhône par les vallées du Furens et de l'Ondaine, puis du Gier. On y circula longtemps bien mal, dans d'interminables rues d'usines et de maisons crasseuses ; l'autoroute et l'électrification de la voie ferrée en ont fait une grande voie de passage conduisant des pays de la Loire vers Lyon et surtout vers la moyenne et basse vallée du Rhône. L'eau descendue du massif du Pilat y fit mouvoir les machines des soyeux et y localisa les usines métallurgiques, avant que le charbon ne prenne le relais. L'exploitation houillère, débutant par l'est à Rive-de-Gier, s'est déplacée vers l'ouest et a gagné le bassin de l'Ondaine ; elle a totalement disparu, sans provoquer pour autant de crise économique forte, grâce à la vitalité et à la variété des industries stéphanoises. Le recul de la sidérurgie, l'insuffisante diversification des activités créent maintenant un malaise expliquant la stagnation démographique.

La dépression abrite l'une des plus grosses agglomérations françaises ; on a coutume d'y distinguer une agglomération du Gier, centrée sur Saint-Chamond, forte de 80 000 habitants, et celle de Saint-Etienne, étendue jusqu'à Firminy, et regroupant 335 000 habitants ; il faudrait y joindre les 20 000 habitants des nouvelles villes au débouché nord sur les plaines de Loire (Saint-Rambert, Andrézieux, Bouthéon) ; on arrive ainsi à près de 450 000 habitants.

Cette ville de *Saint-Etienne* n'est pas ancienne : elle comptait 20 000 habitants au début du XIXe siècle et on lui avait préféré alors Montbrison comme chef-lieu de la Loire. Son développement s'est fait suivant un axe nord-sud, au pied nord du Pilat, dans un étroit carrefour de vallées : un site peu favorable, condamné à une pollution atmosphérique généralisée, menacé ici et là par les affaissements miniers, envahi par les terrils, les voies ferrées et les parcs industriels vétustes. La municipalité a entrepris de rajeunir cet ensemble vieillot, de recréer un centre-ville actif et bien équipé, ce qui a conduit à une forte diminution des densités urbaines et au relogement des stéphanois sur les plateaux ou les collines ; la ville est ainsi entourée d'une ceinture de grands ensembles modernes, souvent monotones et contrastant avec le médiocre tissu urbain ancien. La croissance spatiale a multiplié les problèmes de circulation et d'accès, relativement bien résolus par un dense réseau d'autoroutes ou de voies rapides urbaines et par un bon réseau de transports en commun. Une volonté de modernisme et d'équipement, tenacement maintenue, ainsi qu'un sens des réalisations collectives ont profondément modifié la physionomie de l'agglomération, même dans ses banlieues les plus industrielles comme Firminy.

Saint-Etienne n'est pas seulement une cité industrielle ; la ville est au cœur d'une petite région longtemps fidèle à son dialecte, qui s'est peu à peu élargie aux plateaux yssingelais au sud, à ceux de Craponne à l'ouest, à la plaine forézienne au nord. C'est un « pays » homogène, avec des campagnes encore fortement tenues, longtemps capables de fournir à la ville ses ouvriers, offrant ainsi le rare exemple d'une grande ville dont la population se recrute presque exclusivement dans un très petit espace sur lequel la cité exerce une hégémonie totale. Saint-Etienne a des rêves régionaux ; le rayonnement des magasins du « Casino » est de dimension quasi-nationale et non régionale ; les nombreux services aux entreprises, la création de l'Université et du centre hospitalier, mal dégagés d'une tutelle lyonnaise tâtillonne, ne lui permettent pas de contrôler autre chose que sa petite région (le nord de la Loire même lui échappe). Les espoirs de secouer le joug lyonnais sont contredits par l'incessante amélioration des relations avec la métropole de Rhône-Alpes.

● *Les plateaux calcaires du sud du Massif Central* introduisent un vaste golfe de terrains sédimentaires secondaires au cœur du Massif ; les calcaires reposent souvent sur des terrains marneux, principalement liasiques, qui expliquent l'existence, au contact du socle, de petites dépressions périphériques, dominées par les puissantes corniches des Causses : les « vallons ». Ceux-ci constituent une série de petits bassins discontinus, parfois confondus avec des dépressions primaires (rougier de Camarès). L'unité des plateaux est elle-même rompue par les gorges du Lot, du Tarn et de ses affluents, qui isolent de vastes tables au relief peu mouvementé : Causse Comtal à l'ouest, Sauveterre entre Lot et Tarn, Méjean entre Tarn et Jonte, Noir entre Jonte et Dourbie, Larzac ensuite, jusqu'au rebord de la Seranne. Dans ces pays très dépeuplés, les rares bourgs sont au contact des vallons et des massifs anciens, tels Florac ou Séverac-le-Château ; pour atteindre le niveau urbain, il faut des activités extérieures : préfecture qui permet à Mende de dépasser 10 000 habitants, vieille industrie de la ganterie qui vaut à Millau de 20 000 à 25 000 habitants ; la prospérité actuelle de Marvejols est liée à la prolifération des maisons pour handicapés lourds, celle de Saint-Affrique, au contrôle de l'élevage ovin laitier et à la proximité de Roquefort.

Bien que les Causses lozériens soient seuls rattachés à Montpellier, en fait, plateaux et vallons, à l'exception du Comtal, ont toujours regardé vers le midi d'où montaient chaque été les troupeaux transhumants.

● *Des massifs cristallins du Centre,* également très cloisonnés, deux, Margeride et Haut-Forez, s'élèvent nettement au-dessus de 1 400 - 1 500 m. La *Margeride* est faite d'un horst élevé (jusqu'à 1 550 m), la Montagne, dominant à l'ouest, entre Truyère et Lot, des plateaux dont l'altitude moyenne est de l'ordre de 1 000 m. La montagne jouxte au sud, au-delà des sources de l'Allier, les hauts blocs basculés du Mont-Lozère (1 700 m), du Bougès et de l'Aigoual. Malgré leur forte altitude, ces montagnes n'ont guère connu la vie pastorale locale : les zones les plus hautes ont été soit colonisées tardivement par de grandes fermes isolées, soit livrées aux troupeaux ovins transhumants qui gagnaient la Lozère, le sud et le centre de la montagne de Margeride. Cela explique que la montagne soit tournée vers le midi, y envoyant ses émigrants, alors que les plateaux ont toujours regardé vers Paris, but de la plupart des migrants. Deux petites villes périphériques, insuffisamment équipées, sans lycée ni hôpital, contrôlent les échanges : Langogne au sud, très décadente et n'ayant pas su profiter du tourisme ; Saint-Chély-d'Apcher au nord-ouest, dont le sort dépend de celui de sa seule entreprise importante, une usine d'électro-métallurgie.

Allongé des Monts de la Madeleine au nord jusqu'au bassin de l'Ance, en Velay, le *Forez* manque d'unité. Sa partie septentrionale, Monts de la Madeleine et Bois-Noirs, est très boisée et fort dépeuplée. La dépression de la Durolle et du Lignon la séparent de sa partie centrale, peu développée, mais de beaucoup la plus haute et dépassant 1 600 m ; cette altitude lui a valu de connaître une vie pastorale active, sur des « chaumes » qu'un abandon précoce a transformé peu à peu en landes à bruyères. Le flanc ouest du Forez central, très arrosé, porte lui aussi de magnifiques sapinières, tandis que le versant oriental, plus sec, conserve une relative prospérité agricole.

● *Le massif du Livradois,* isolé entre Dore et Allier, est beaucoup moins élevé ; ses limites méridionales sont confuses, car on passe insensiblement, autour de 1 000 m d'altitude, à un vaste ensemble de plateaux au relief monotone : les plateaux de La Chaise-Dieu et de Craponne. Les reboisements consécutifs au recul de la population isolent rapidement les unes des autres les anciennes clairières de culture, tandis que la résidence secondaire clermontoise ou stéphanoise prend possession des anciennes fermes des hameaux. Si le Livradois, encore humide, porte de belles sapinières, pour une part anciennes, les plateaux de la Chaise-Dieu n'ont plus guère que des bois de pins alimentant de vastes chantiers de fabrication de poteaux pour les PTT et l'EDF. L'extrême dépeuplement y a multiplié une propriété foraine généralement très émiettée. Dans le Livradois comme le Forez, la vie urbaine est absente et seuls quelques bourgs de foires, comme Craponne, disposent d'équipements élémentaires.

C'est à l'ouest des grands massifs volcaniques que les plateaux connaissent leur plus grande extension : ce sont de vastes espaces monotones où les gorges profondes des grandes vallées aident parfois, surtout dans les parties hautes, à délimiter quelques « pays » : entre Cher et Sioule, d'obédience montluçonnaise ou clermontoise, ce sont les *plateaux de Combraille* ; les affluents cantaliens de la Dordogne isolent la très originale *Xaintrie* ; entre Cère et Lot, c'est le domaine tourmenté de la *Châtaigneraie cantalienne,* venant mourir à l'ouest sur la dépression de Saint-Céré ou au contact des Causses du Quercy. Tout à fait au sud, les affluents du Tarn et de l'Agout isolent une série de blocs en partie d'origine tectonique : *monts de Lacaune,* que la haute vallée de l'Agout sépare de l'*Espinouse* ; ce dernier massif retombe par un brutal escarpement tectonique sur le sillon du Thoré et du Jaur, dominé lui-même au sud par la paroi nord de la Montagne Noire.

Mais l'essentiel des plateaux s'organise autour de deux grands ensembles : l'un, au nord-ouest, coïncide pratiquement avec la région de programme du Limousin, l'autre, entre Lot et Tarn, représente l'essentiel du Rouergue.

● *Le Limousin* est fort monotone dans ses aspects ; vers l'est, la Montagne Limousine constitue un pâté de hautes terres qui vient dominer assez brutalement les pays du haut Cher et la région d'Ussel. Les landes de cette demi-montagne (entre 700 et 980 m) ont été tardivement défrichées dans le cadre d'une économie où l'élevage ovin était essentiel ; un dépeuplement inexorable les a vouées à des reboisements généralisés ; avec ses lacs artificiels, ses tourbières, ses bois de bouleaux mêlés aux pinèdes de reboisement, la Montagne est un pays mélancolique qui ne s'anime plus que l'été. Il en est de même des hauts plateaux corréziens.

Cet ensemble s'abaisse ensuite par paliers vers le nord-ouest. Les différenciations y sont le fait du relief, opposant régions hautes et bas-plateaux plus céréaliers, parfois celui du comportement humain : îlots de démographie un peu moins catastrophique comme la Xaintrie, régions restées à l'écart du grand flot des migrations temporaires comme les plateaux de la région d'Uzerche. Une entité plus marquée apparaît avec la Basse-Marche, plus basse, moins dépeuplée, où prédomine nettement le fermage sur d'assez grands domaines, et où l'élevage-viande a toujours eu la vedette, non seulement bovin, mais aussi porcin, et, surtout aujourd'hui, ovin.

Le Limousin a nourri jadis les migrations les plus massives et les plus monolithiques du Massif Central ; sauf la Corrèze, toute la province a fourni des travailleurs du bâtiment, surtout à l'agglomération parisienne ; la démographie y était alors prospère et l'excédent des naissances considérable. Le passage à la migration définitive a privé le Limousin de ses enfants ; c'est la région du Massif Central qui connaît aujourd'hui la démographie la plus délabrée : dénatalité généralisée, abandon rural prononcé, à peine freiné au nord par quelques implantations de paysans venus de l'ouest. Le même inexorable déclin a frappé les mines, les petits charbonnages, les vieilles industries des vallées où seules les papeteries restent relativement actives. La plupart des bourgs et des petites villes, comme Uzerche, Bellac ou La Souterraine, sont sans industrie ; quelques-unes sont gonflées par la fonction scolaire (Egletons, Felletin), d'autres par le rôle administratif : Guéret, également ville de commerce et d'entrepôts, Tulle étranglée dans un difficile site de fond de vallée, avec une importante manufacture d'armes et trop proche de Brive [1]. Rares sont les villes plus industrielles comme Bort, où décline le travail du cuir, Ussel, Eymoutiers, Saint-Junien surtout où le travail ancien du cuir n'est que partiellement relayé par des industries modernes.

Limoges règne aujourd'hui sans conteste, et sans intermédiaire véritable, sur tout le Limousin. Elle dut aux intendants du XVIIIe siècle d'être une ville bien construite, dans un site facile contrôlant la vallée de la Vienne ; à l'industrie du XIXe siècle, puis au carrefour ferroviaire, elle est redevable d'être devenue précocement une grande ville, et l'un des bastions des premières armes du mouvement ouvrier. Mais, au XXe siècle, la crise de la porcelaine, plus encore celle de la chaussure, le déclin du rail ont presque stoppé la croissance. La reprise est récente, liée tant au développement de la fonction régionale qu'à la reconversion réussie d'une partie de l'industrie. La création de l'université, le maintien d'une presse régionale — il est vrai contrôlée par des groupes extérieures —, lui garantissent une audience sur la plus grande partie du Limousin : seule la partie orientale, d'Ussel à Boussac, lui échappe en partie au profit de Montluçon ou de Clermont : c'est là d'ailleurs une situation ancienne, si on en juge par l'ancien partage linguistique. L'agglomération est passée à 170 000 habitants ; elle reste très industrielle et elle contrôle également l'activité manufacturière des proches vallées ; sa gare reste la plus importante, avec le seul grand dépôt SNCF polyvalent du Massif Central. Mais l'essor actuel est surtout lié aux progrès de l'emploi tertiaire, bien que la nouvelle distribution régionale lui ait retiré son ancienne influence sur le centre-ouest. Longtemps confinée aux versants de la vallée de la Vienne, la ville a dû s'agrandir sur les plateaux, notamment à l'ouest où se sont implantées de grandes unités résidentielles (ZUP de l'Aurence) et le nord (zones industrielles).

Au sud de la Châtaigneraie cantalienne, les *pays du Lot* font la transition avec le Rouergue. Il existe ici une longue bande est-ouest de terrains houillers et permo-triasiques, dans lesquels le Lot est parfois installé, comme dans le Pays d'Olt dont les « rougiers » argileux sont dominés par les corniches calcaires des premiers Causses. A l'aval d'Espalion, le Lot s'enfonce dans les terrains cristallins, délaissant le bassin de Decazeville et ses paysages de « brasiers » aménagés dans les grès. La crise charbonnière a été très durement ressentie : il ne reste plus, à Decazeville, qu'une maigre extraction à ciel ouvert. La sidérurgie n'est plus représentée que par une usine de tubes et une aciérie (AUMD) — qui dispose encore d'un petit haut fourneau — menacée de fermeture ; le plus

---

[1]. Voir, pour le bassin de Brive, le volume 4 (Bassin Aquitain).

gros établissement est l'usine de zinc de la société de la « Vieille Montagne », à Viviez. L'agglomération de Decazeville, étirée de façon inorganique dans les vallées, a perdu cinq de ses trente mille habitants de 1962 à 1975.

● *Le Rouergue* comporte deux niveaux de plateaux, coupés par des gorges comme celle du Viaur ; de 500 à 800 m, c'est le Ségala, l'une des régions agricoles françaises les plus dynamiques. Au-dessus, à l'est, c'est le Levézou, culminant vers 1 100 m, moins peuplé, plus orienté vers l'élevage ovin, avec quelques importants bastions forestiers, mais également prospère. Fort peuplement et intense activité agricole justifiant un dense réseau de bourgs, comme Naucelle ; il en est de même de récents, issus d'une gare ou du passage routier, comme Baraqueville. Les villes du pourtour, Villefranche-de-Rouergue, Carmaux, Albi, contrôlent les franges occidentales. Mais le Rouergue possède, avec *Rodez,* une véritable petite capitale qui approche les 40 000 habitants et connaît un taux de croissance exceptionnel. Centre religieux et scolaire d'une région politiquement conservatrice, mais très ouverte, Rodez est le lieu de concentration des innombrables organismes agricoles du Ségala et un centre de services indiscuté. Rodez a même cultivé quelques velléités d'indépendance vis-à-vis de la métropole toulousaine ; elle a gardé ses propres éditions de « Centre Presse », mais a échoué dans sa tentative de se doter d'institutions universitaires. Elle attire aujourd'hui les migrants de tout le Ségala, mais souffre encore de sa médiocre accessibilité, sauf de Toulouse.

Les bassins de la zone médiane

Tous ces bassins sont d'origine tectonique. Certains sont de petits fossés intra-montagnards, élevés, relativement rudes : fossé d'Ambert, sur la Dore, où l'industrie reste assez active et contribue au maintien du petit centre d'Ambert ; bassin de Paulhaguet, au sud de Brioude ; petit bassin du Malzieu sur la Haute-Truyère ; d'autres sont encombrés de coulées et de necks volcaniques, comme les bassins du Puy et de l'Emblavès, sur la Loire.

● *Le fossé du Cher* est au contraire très bas, largement ouvert au nord sur la plaine du Berry. La ville de *Montluçon* en occupe aujourd'hui une bonne part ; à partir d'une butte isolée au fond du bassin, elle s'est développée de part et d'autre du pont sur la rivière, a ensuite colonisé la plaine pour monter maintenant à l'assaut des rebords du fossé, au moins à l'ouest où les pentes sont plus douces. La stagnation de la population autour de 75 000 habitants reflète le recul de l'emploi industriel avec la fermeture de la sidérurgie, de la verrerie. Montluçon reste pourtant une ville industrielle active (SAGEM, Landis et Gyr, Dunlop, plastiques Rhône-Poulenc, etc...), mais son originalité actuelle lui vient de son rôle régional : bien qu'ayant perdu sa presse, elle domine la moitié ouest de l'Allier, une partie de la Creuse, mord sur le Cher et l'Indre, ainsi que sur le nord du Puy-de-Dôme, grâce à ses équipements commerciaux et bancaires. Son satellite de Commentry, à l'écart du fossé et sur l'ancien bassin houiller connaît une certaine renaissance après des décennies de crise, avec la croissance de la grosse usine de l'AEC (Rhône-Poulenc), fabriquant notamment des vitamines.

● *Les bassins de la Loire,* ceux de Roanne et de la plaine forézienne, sont séparés par le seuil de Neulize que la Loire franchit par des gorges qui vont être équipées d'un barrage destiné à régulariser un peu les débits du fleuve en été. La *plaine du Forez,* dominée par Saint-Étienne, a connu d'importantes et déjà anciennes bonifications agricoles ; avec des sols souvent médiocres, ses exploitations en fermage, elle constitue un îlot de faible prospérité. On y trouve un semis de petites villes industrielles, comme Boën ou Feurs, l'ancienne capitale, ou plus administratives comme Montbrison ; l'industrie, assez dispersée en milieu rural, anime encore des bourgs comme Sury-le-Comtal (travail du cycle) qui est également restée le gros marché aux veaux de la plaine. Ouvert sur le nord, *le bassin de Roanne* n'a jamais bien accepté la création du département de la Loire et la tutelle stéphanoise, alors que ses relations de capitaux et d'affaires étaient avec Lyon ; aussi a-t-il cherché à conserver son autonomie dans bien des domaines (chambre de commerce, sécurité sociale, etc.), ce qui se justifie d'ailleurs par une fonction industrielle de « fabrique », Roanne commandant une partie des industries textiles du Haut-Beaujolais et de la région de Charlieu. Roanne a ainsi un véritable rôle régional, épaulé par une petite fonction bancaire, de bons équipements et surtout une puissante industrie ; Roanne est d'abord une des capitales de la bonneterie française, avec encore 24 affaires employant plus de 100 salariés, 65 en employant de 20 à 100 ; le tissage du coton (toile Vichy) y est par contre en régression et l'industrie des machines textiles (ARCT) plus ou moins en crise, de même que l'arsenal, producteur de blindés. Roanne compte heureusement d'autres ateliers (papeterie, outillage, usine Michelin), de sorte que l'agglomération, en lente croissance, dépasse 85 000 habitants ; mais l'absence de presse et d'institutions universitaires limite le rôle régional à l'arrondissement et Roanne s'adresse au-dessus à Lyon, non à Saint-Etienne.

Plus au nord, *la grande zone de confluence Arroux-Bourbince-Loire* et les prairies du Charolais constituent une zone mal polarisée ; l'influence roannaise est modeste, les relations les plus faciles sont avec Chalon, mais les industries dépendent de la Chambre de Commerce de Mâcon, alors que la presse lyonnaise et clermontoise est apparemment la plus lue et que le capital lyonnais épaule les traditionnels marchés de bestiaux : c'est finalement la capitale régionale officielle, Dijon, qui a le plus de peine à s'imposer. De là sans doute la multiplicité des petits centres, tous, à l'exception de Charolles, prospérant grâce à l'industrie : Paray-le-Monial (Cerabati, Eternit), Digoin (céramique, faïencerie), Bourbon-Lancy (Fiat-Someca), Gueugnon (aciérie Uginox) ; on peut y joindre, bien qu'un peu à l'écart, la petite ville de La Clayette, autre gros marché de bétail, berceau de la fabrique de grues Potain qui a depuis essaimé à Moulins et Montceau-les-Mines. Ce réseau urbain serré n'est pas hiérarchisé et Digoin, la ville la mieux équipée, n'est pas parvenue jusqu'ici à s'imposer.

Un nouveau type de région, le Val d'Allier

Les pays de l'Allier sont assez cloisonnés du fait du relief ou de l'évolution économique. Au sud, s'isolent les Limagnes de Brioude et d'Issoire ; au nord, si les aspects de la Grande Limagne se poursuivent jusque vers Saint-Pourçain - Varennes-sur-Allier, au-delà, la partie du Bourbonnais dominée par Moulins se confine dans une léthargique autonomie. La Grande Limagne elle-même oppose sa grande plaine céréalière des terres noires aux pays de coteaux de ses bordures (notamment, au sud et au sud-ouest, la Limagne des buttes volcaniques), ainsi qu'aux « varennes » sableuses des pays de la Dore (Varenne de Lezoux, petit bassin de Courpière). Néanmoins, la Limagne était l'une des régions les mieux caractérisées du Massif Central.

L'organisation urbaine y varie avec la dimension des bassins. Au sud, les Limagnes d'Issoire ou de Brioude, le petit bassin de Langeac ont chacun leur ville-centre, modeste, concentrant les échanges, encore que, dans le bassin d'Issoire, des bourgs commencent à apparaître au contact des massifs volcaniques ou du Livradois ; on ne peut guère parler de réseau. Dans la Grande Limagne et ses prolongements, dont la largeur atteint une trentaine de kilomètres, l'organisation urbaine se modifie. D'une part, des files de bourgs et de villes s'installent au contact des bordures montagneuses ; d'autre part, quelques bourgs contrôlent le passage de l'Allier ou profitent des complémentarités économiques existant entre varennes et plaines marneuses. Le schéma urbain est donc déjà complexe, mais les principales villes, comme Riom ou Clermont contrôlent des carrefours entre la route méridienne des pays de la Loire vers le midi, et des routes menant à la montagne.

En Bourbonnais, la vallée de l'Allier est assez étroite, bordée à l'ouest par des pays de bas plateaux, comme le bocage bourbonnais, à l'est par les pays de varennes de la Sologne Bourbonnaise. On y trouve par suite, d'une part des bourgs de marchés, peu importants, comme Bourbon-l'Archambault ou Cérilly, d'autre part des villes contrôlant le passage de l'Allier ou de ses affluents : Moulins ou Saint-Pourçain-sur-Sioule.

Depuis les années soixante, les aménageurs ont imposé pour ces pays disparates, le vocable unique de *Val d'Allier,* terme qui est en train de passer dans la langue quotidienne et désigne ainsi une région linéaire plus ou moins continue, à cheval sur trois départements et étroitement contrôlée par *Clermont-Ferrand.*

Le rôle ancien de cette ville a certainement été important comme le souligne l'extension du dialecte auvergnat, non seulement dans les Limagnes, mais de part et d'autre sur les plateaux, comme l'indique aussi l'unité de l'ancien art roman. Mais Clermont a perdu peu à peu cette ancienne emprise pour revenir, dans la première moitié du XXe siècle, à un rôle assez faible. Or, depuis 1950, la fonction régionale de Clermont s'est à nouveau affirmée :

— Son poids démographique dans la région « Auvergne » est devenu considérable ; plus de 300 000 dans le cadre du SDAU (265 000 dans l'agglomération), soit près du quart de la population auvergnate, avec des excédents de naissances surprenants dans une région à faible natalité et un taux de croissance qui reste élevé, voisin de 2 % par an.

— Le rôle des équipements publics et privés, de l'université, du journal *La Montagne* — probablement le mieux « fait » des régionaux français — lequel couvre presque toute la région de programme et l'est du Limousin, prolongeant son influence par l'absorption de la presse de Nevers et d'une partie de celle de Limoges.

Clermont est d'autre part une ville très industrielle. Elle est d'abord le siège des Etablissements Michelin, avec, outre une partie des fabrications, tous les services et laboratoires de la firme ; Michelin tend à limiter ses fabrications clermontoises au profit des autres usines ; mais, avec sa filiale Bergougnan, spécialisée dans le caoutchouc industriel, il emploie encore près de 28 000 salariés ; c'est le plus gros ensemble industriel de la France méridionale. Les autres industries sont aujourd'hui très nombreuses, à l'intérieur d'un vaste fuseau industriel de plus de 25 km de longueur, qui englobe au nord les industries de Riom (tabac, signaux et câbles électriques, produits pharmaceutiques Merck et Mauvernay) et compte à Clermont nombre de firmes moyennes, les plus puissantes installations étant d'origine publique (Ateliers industriels de l'air, Imprimerie de la Banque de France).

Clermont a un rôle commercial plus modeste ; mais elle est le siège d'une grosse firme de magasins à succursales multiples (les « Economats du Centre ») rayonnant jusqu'en Berry et en Périgord, et dominant par ses filiales le Midi languedocien.

La ville s'est développée dans un cadre peu favorable de coulées volcaniques inversées, formant des plateaux et des buttes, en bordure de la plaine marneuse. L'agglomération est très inorganique, phagocytant progressivement les vieux villages du vignoble ; très vaste, elle rejoint au nord la petite agglomération de Riom.

La réussite de Clermont est attestée par la forte attraction migratoire sur l'Auvergne, le Bourbonnais et une partie du Limousin, mais aussi par l'abondante immigration de provenance parisienne ou provinciale et les arrivées massives d'étrangers, notamment de Portugais. Le phénomène le plus remarquable est l'extension de l'influence clermontoise vers le nord, dans le Val de Loire nivernais, jusqu'à Cosne.

La région linéaire imaginée par les planificateurs a débordé le cadre prévu, grâce notamment à un bon équipement ferroviaire et routier, et au carrefour bourbonnais. La prééminence clermontoise y est absolue. Tout ce Val d'Allier est animé d'intenses migrations de travail d'une ville à une autre, reflétant l'abondance des créations industrielles depuis quarante ans, souvent en chapelets dans le cadre d'une même firme (DBA pour l'équipement automobile, le groupe Péchiney). Les usines isolées, comme la cimenterie Vicat au nord de Vichy, sont rares ; les ateliers animent plutôt une série de villes petites ou moyennes.

Le travail industriel reste secondaire à *Moulins* (grues Potain, DBA, Thomson, Ernault-Somua, chaussures Bally), mais pousse tout de même la ville à 45 000 habitants, malgré ses réticences vis-à-vis des usines et la pénurie de main-d'œuvre urbaine. Le rôle industriel s'accroît à Varennes-sur-Allier (qui neutralise ainsi, sur l'autre rive de l'Allier, la vieille ville de Saint-Pourçain) avec l'industrie du meuble. Il est paradoxalement important dans l'agglomération *Vichy-Cusset* où les usines (Manurhin, de la métallurgie, de la verrerie industrielle, etc...) fournissent plus d'emplois que le thermalisme et l'exploitation des eaux de Vichy et de Saint-Yorre. Le thermalisme a justifié un très important équipement en commerces de luxe ; si on ajoute la qualité des établissements scolaires et hospitaliers, on comprend que cette ville de résidence, peuplée de retraités, à la population stationnaire (70 000 habitants), n'en ait pas moins enlevé à Moulins une partie de la fonction régionale. Moulins est ainsi aujourd'hui la dernière des trois grandes villes rivales du département de l'Allier, toutes préférant s'en remettre à la tutelle clermontoise plutôt que d'accepter la prééminence de l'une d'entre elles.

Or, l'attraction clermontoise est déjà forte à Vichy, résidence de cadres travaillant dans la métropole régionale ; elle est exclusive à Gannat, à Riom, et au sud, sur Issoire et le bassin de Brassac (industrie de l'aluminium, avec la plus grosse forge européenne, plusieurs ateliers de matériel électrique automobile du groupe DBA), forte encore sur le bassin de Brioude, aux industries plus modestes, et même sur Langeac, tout au sud.

En dehors du Val d'Allier, l'influence clermontoise s'exerce sur des plateaux et des montagnes dont la population diminue. La ville ne saurait prétendre à une position dominante sur le Massif Central tout entier ; la lenteur des communications vers le sud, les rôles régionaux de Limoges et de Saint-Etienne s'y opposent. De plus, la carence des relations interrégionales — il est très difficile d'aller de Clermont à Limoges à des heures et dans des délais acceptables, impossible d'aller de Clermont à Rodez — est totale. Enfin aucune des villes du Massif Central n'a le poids des métropoles régionales extérieures au Massif, Lyon notamment, dont l'influence tend à surpasser celle de Paris dans l'est du Massif, malgré la mauvaise qualité des relations routières ou ferroviaires.

5. La grande montagne alpine et pyrénéenne ressemblances et contrastes

De nos deux grandes chaînes tertiaires, le vocabulaire courant a surtout retenu des termes alpins ; on parle d'alpages ou d'alpinisme, même dans les Pyrénées et le Club Alpin a équipé de refuges nos deux montagnes. Importance plus grande des Alpes, éloignement des Pyrénées, découverte plus précoce de la montagne alpine, tout a dû y concourir. Mais aussi une recherche géologique et géographique très en avance par rapport aux Pyrénées.

1. Les aspects physiques

C'est d'abord affaire de dimension : les Alpes françaises ne constituent qu'un morceau de l'arc alpin, et ce segment a déjà 400 km de corde, autant que la chaîne pyrénéenne toute entière d'est en ouest. C'est ensuite l'altitude beaucoup plus forte de la montagne alpine. Le développement en largeur est moins inégal, mais la dissymétrie inverse des deux chaînes explique une superficie montagneuse bien différente. Dans les Alpes, le versant long du talus, plus de 100 km, est tout entier en France alors que, de la zone frontière, la montagne s'affaisse sur la plaine du Pô, souvent en moins de 30 km. Dans les Pyrénées, c'est au contraire le versant nord qui est très court et descend rapidement vers l'Aquitaine, rarement développé sur plus de 30 ou 40 km.

L'origine des deux chaînes est différente. Les Pyrénées constituent avant tout une chaîne intra-continentale, où le socle hercynien prédomine largement et influence fondamentalement le jeu de la couverture sédimentaire. Dans les Alpes, l'étroite ossature hercynienne, recouverte ou non de sédiments, borde une fosse géosynclinale impliquant un mode de constitution très différent. L'histoire orogénique n'est pas non plus identique ; dans les Pyrénées, les mouvements éocènes tiennent une place fondamentale, l'orogénèse mio-pliocène s'étant surtout traduite par un soulèvement d'ensemble et des réajustements plus ou moins importants. Si les Alpes ont connu, au moins dans le sud, des mouvements crétacés et éocènes, la phase paroxysmale est oligocène dans les Alpes internes, mio-pliocène pour les reliefs externes, parfois même plus tardive.

La disposition du relief n'est pas moins différente. Les Pyrénées sont morcelées par de grandes et basses vallées perpendiculaires à l'axe de la chaîne, venant se terminer en cirque au pied d'une zone sommitale qui n'est que faiblement échancrée par des cols élevés. Les vallées longitudinales sont rares, limitées aux pays ariégeois ou aux bassins effondrés des Pyrénées orientales. Dans les Alpes, au moins au nord, la grande déchirure du Sillon Alpin unit entre elles les vallées transversales ; ces dernières pénètrent plus profondément dans l'intérieur, conduisant à des cols beaucoup plus bas que les arêtes faîtières, et la circulation se trouve ainsi facilitée.

L'évolution morphologique est sensiblement différente. Dans les Pyrénées, les surfaces d'érosion aménagées dans le bâti hercynien ou sa couverture sédimentaire n'ont été que relevées et déformées par l'orogénèse mio-pliocène ; leurs « plas » forment un élément important du paysage de haute montagne et n'ont été que modestement remaniés par les glaces quaternaires. Au contraire la violence de l'orogénèse alpine, dans une phase de compression, n'a laissé subsister que de rares lambeaux des anciennes surfaces d'érosion ; la forte aération de la montagne y a donné la prépondérance aux puissants outils d'érosion qu'étaient les glaciers de vallée.

L'orientation, la latitude et l'altitude des deux chaînes introduisent d'autres variations :
— La direction orthogonale des deux ensembles montagneux conduit à des différenciations climatiques non négligeables. Frappée directement par les flux pluvieux de nord-ouest, la haute montagne pyrénéenne est fort humide. Bien que les Alpes soient à peu près perpendiculaires aux flux d'ouest, la largeur de la chaîne fait que les Grandes Alpes internes constituent une zone relativement sèche, avec une grande abondance des formations de pierraille, des coulées de blocs, des glaciers rocheux.
— Plus méridionales et plus basses, les Pyrénées ont connu une glaciation moins puissante ; les glaciers de vallée ne sont pratiquement pas sortis de la montagne ; par contre, les glaciers de fjell ont dû largement recouvrir les « plas », ne laissant libres de glace que les régions de faible altitude.
— Dans les Alpes, les glaciers de vallée, plus puissants, ont largement débordé sur le piedmont, au moins dans les Alpes du Nord ; la plupart des constructions morainiques sont ainsi extérieures à la montagne. La rareté des surfaces planes a limité l'existence des glaciers de plateau ; de la sorte, au-dessus des vallées, les hautes parois de la montagne n'ont guère dû être englacées ; ici apparaît tout un domaine de haute montagne à parois rocheuses, mal représenté dans les Pyrénées.
— Les glaciers actuels sont tous résiduels ; mais le stockage glaciaire est insignifiant dans les Pyrénées, sans influence sur les régimes fluviaux, alors que dans les Alpes, surtout dans le Pelvoux, la Vanoise et le massif du Mont-Blanc, les surfaces englacées ne sont pas négligeables et le régime des torrents de haute montagne s'en ressent fortement.
— Partout, la vigueur des pentes entraîne l'instabilité du manteau nival et la généralisation des avalanches ; le rôle morphologique de ces dernières est important, sculptant les flancs d'auge ou les parois rocheuses de couloirs périodiquement ramonés et accumulant au fond des vallées des cônes de débris qui ont tôt fait d'altérer la forme classique de l'auge glaciaire ; ce sont elles qui ont fourni aux derniers glaciers l'essentiel de leur alimentation et la quasi-totalité de leur charge solide.
— Les deux chaînes participent toutes deux au monde méditerranéen. Mais les Pyrénées n'ont qu'une faible portion de basse ou moyenne montagne méditerranéenne, et la haute montagne catalane a un modelé conditionné par la brutalité des pentes, avec une évolution post-glaciaire importante qui a oblitéré fréquemment la morphologie glaciaire, comme dans le Canigou. Le grand développement des Préalpes du sud donne au contraire la priorité à une moyenne montagne méditerranéenne faiblement enneigée et qui n'a jamais été englacée ; seule, la haute montagne niçoise, plus élevée que les Pyrénées orientales, a été fortement englacée, conservant presque intactes ses formes de montagne froide.

Le milieu climatique de la haute montagne est par contre assez homogène. La neige y joue un rôle majeur, exerçant une influence tyrannique sur les rythmes de la vie agro-pastorale, mais fournissant aussi cet « or blanc », grand pourvoyeur du tourisme contemporain. Par les alternances de stockage et de déstockage des précipitations qu'elle provoque, elle régit le régime de la quasi-totalité des rivières, différence essentielle avec la moyenne montagne.

Plus aussi qu'en moyenne montagne, l'étagement de la végétation est la règle ; non seulement intervient l'altitude, mais le rôle des conditions climatiques générales devient majeur, les limites altitudinales de chaque strate végétale étant d'autant plus élevées que le climat est plus sec et plus ensoleillé. Ces limites se relèvent donc d'ouest en est dans les Pyrénées, du nord au sud dans les Alpes, mais plus encore, dans cette dernière chaîne, de l'extérieur vers l'intérieur : ainsi la limite supérieure de la forêt passe de 1 900 m dans les Préalpes du nord à 2 000 m dans le massif du Mont-Blanc, 2 400 m dans le Pelvoux méridional, 2 400 à 2 500 m dans la zone intraalpine. De même s'accentuent les contrastes entre versant au soleil (adret, soulane) et à l'ombre (ombrée, ubac).

Pour toute la haute montagne non méditerranéenne, il existe une végétation en partie spécifique, caractérisée par une grande richesse en espèces boréales, reliques des périodes froides, plus marquée dans les Alpes que dans les Pyrénées ; leur système radiculaire est très développé, leur appareil végétatif frappé de nanisme à haute altitude ; la luminosité de la montagne favorise une surproduction de sucres, responsables de la générosité de la floraison, de la richesse des coloris, de la bonne résistance au gel. Mais il existe aussi des plantes alpines endémiques, de même que des espèces plus primitives, héritages de l'époque tertiaire comme la grande gentiane jaune.

A la limite supérieure, on trouve des associations pionnières d'éboulis, des groupements rupicoles ne couvrant le sol que de façon discontinue. La formation la plus représentative de la haute montagne est la pelouse alpine, formation herbacée à dominante de graminée, variant avec la nature des sols, évoluant parfois vers la nardaie dans les zones trop pâturées ; à sa base, elle passe progressivement à une lande à airelles ou à rhododendrons où ne vont pas tarder à apparaître les premiers arbres. La forêt montagnarde est le plus souvent un mélange de hêtres et de résineux, la hêtraie dominant plus nettement dans les Pyrénées ; vers la base, la forêt s'enrichit en feuillus ; vers le haut ne subsistent plus guère que des arbres particulièrement résistants comme les pins à crochets (*P. montana*). Dans les Alpes sèches, les pins dominent à basse et moyenne altitude, alors qu'à haute altitude le mélèze et le pin cembrot (*arole*) se substituent à la fagabiétaie. Dans une partie des Alpes du Nord, la pessière remplace le mélange de sapins et de hêtres ; l'épicéa est par excellence l'arbre des montagnes les plus enneigées et sa présence est relativement récente, post-glaciaire.

L'homme a fortement marqué les paysages forestiers ; ainsi, le mélézin constitue un équilibre entre la forêt et le pâturage ; partout l'homme a ouvert des clairières ; pour agrandir les alpages, il a souvent défriché la lande à rhododendrons, abaissé la limite supérieure de la forêt ; aujourd'hui, on voit les alpages abandonnés envahis par la rhodoraie ou les bruyères, puis colonisés par l'arbre. Cette intervention de l'homme peut être dangereuse pour les sols le plus souvent peu évolués : rankers à haute altitude, sols podzoliques sous forêt en climat humide, rendzines sur calcaires, tous fragiles. Les déboisements conduisent souvent à l'entraînement des sols par le ruissellement, souvent aussi favorisent le déclenchement des avalanches. De même, la surpécoration, notamment ovine, aboutit souvent à une profonde dégradation de la pelouse alpine. Inversement l'abandon de la fauche ou du pacage installe les premières neiges d'automne sur une végétation trop longue qui se ploie vers le bas sous la charge et constitue un excellent plan de départ pour les avalanches de planches de neige...

2. Les aspects humains

Alpes et Pyrénées constituent deux chaînes frontières. Mais alors que les Pyrénées forment une barrière relativement étanche sauf à leurs extrémités, les civilisations alpines se sont presque toujours épanouies des deux côtés de la zone faîtière, les patois franco-provençaux ayant par exemple largement diffusé dans les vallées piémontaises et le pays d'Aoste. Les Alpes n'ont cependant jamais constitué une entité politique : de part et d'autre de la frontière briançonnaise, la République des Cinq Escartons n'a eu qu'une existence éphémère ; elles se sont trouvées partagées entre

France et monarchie de Savoie, chaque région conservant cependant une plus ou moins large autonomie. C'est le cas du Dauphiné (Départements : Isère, Drôme, Hautes-Alpes), vendu à la France en 1348, et dont les frontières, dans les Grandes Alpes, ont été longtemps mouvantes. La ligne de faîte ne sera qu'une frontière tardive, rectifiée encore en 1945, notamment dans l'ancien Comté de Nice. Dauphiné et Savoie constituent d'ailleurs des entités théoriques : Savoie et Haute-Savoie sont des départements rivaux, et l'expérience révolutionnaire d'un département unique (Mont-Blanc) ne fut pas retenue en 1860. En Dauphiné, les Hautes-Alpes ont été séparées du reste de la province et rattachées à la région de programme marseillaise. De plus petites régions gardent au contraire une forte personnalité, comme la Maurienne ou la Tarentaise, au moins jusqu'à la récente disparition de leur évêché, comme le Queyras ou l'Ubaye ; ce dernier, le « Val des Monts », fut successivement provençal, puis savoyard et définitivement rattaché à la Provence en 1713, au prix de larges exemptions fiscales et l'assurance d'échapper à la gabelle.

Dans les Pyrénées, l'individualisation est renforcée par l'isolement de chaque vallée et la faible épaisseur de la chaîne a rarement permis, sauf dans les pays de l'Ariège, la constitution de cellules autonomes. Généralement, chaque vallée est contrôlée par la ville qui en commande l'entrée. Cependant, le rattachement à la France est assez récent; l'appartenance à la couronne ne date que de 1607 pour le Comté de Foix, de 1620 pour le Béarn et la Basse-Navarre. Aux deux extrémités des Pyrénées, la frontière partage au contraire des civilisations à cheval sur les deux versants espagnol et français : pays basque à l'ouest, pays catalan à l'est.

Les Alpes françaises couvrent environ 33 000 km^2, contre un peu plus de 15 000 pour les Pyrénées. En 1876, les Pyrénées comptaient plus de 600 000 habitants, les Alpes un peu moins de 1 100 000 ; en 1975, les chiffres respectifs sont de 384 000 et 1 463 000... On assiste donc à un dépeuplement massif de la montagne pyrénéenne, alors que, globalement, la population alpestre s'accroît. Il faut cependant nuancer, car les Alpes du sud ont connu une évolution analogue à celle des Pyrénées: 350 000 habitants en 1876, 208 000 en 1954 ; mais, contrairement aux Pyrénées, la forte reprise des pays duranciens provoque un nouvel accroissement de la population, passée à 228 000 en 1975. Dans les Alpes du Nord, si on élimine les trois principales agglomérations, la population tombe de 655 000 habitants en 1876 à 601 000 en 1968, mais remonte à 656 000 en 1975. Ces chiffres masquent cependant le recul à peu près général des effectifs humains dans toute la montagne restée peu touchée par le tourisme ou l'industrie.

Plus encore que la moyenne montagne, Alpes et Pyrénées ont connu un ruissellement humain qui les laisse si démunies que, très souvent, la vie touristique ou le fonctionnement de l'industrie ne peuvent être assurés que par recours à l'immigration. On ne compte plus, dans les Alpes du Sud, les communes disparues : 46 ont cessé d'exister dans les Alpes-de-Haute-Provence depuis 1943, 28 en Savoie. La montagne ayant longtemps connu une démographie très favorable, le recul est lié essentiellement à la migration. Les premiers départs ont été surtout agricoles, vers les plaines rhodaniennes, le Midi ou le Bassin Aquitain. Mais l'ancienne migration temporaire avant tout hivernale, a toujours été complexe, avec ses spécialisations communales, ses destinations souvent lointaines, encore que les départs vers l'étranger, comme chez les « américains » de l'Ubaye ou du Champsaur, voire du pays basque, soient l'exception, parfois motivée, comme en pays basque, par le souci d'échapper au service militaire.

Les conséquences démographiques sont désastreuses, avec des populations vieillies où les constitutions de familles et les naissances deviennent exceptionnelles ; ainsi, on note dans les Pyrénées des taux cantonaux de natalité de 6 ‰ à Prats-de-Mollo (Vallespir), de 6,3 ‰ pour Oust et de 4,7 ‰ pour Massat (Pyrénées ariégeoises). Seules les Pyrénées basques proches de la mer et une partie de la Haute-Savoie ont conservé une population plus abondante et enregistrent encore parfois des excédents de naissances.

3. Le déséquilibre économique

La vie rurale

Ce n'est pourtant pas l'exode rural qui est à l'origine du délabrement de la vie rurale montagnarde, mais bien la faiblesse des revenus qui détermine un abandon que les parents organisent souvent eux-mêmes pour leurs enfants. Le système rural traditionnel partageait nettement la montagne en deux domaines, l'un qui est celui des champs, des prés de fauche et de l'habitat permanent, l'autre, généralement plus élevé, qui est celui des alpages. Le premier correspond à une appropriation individuelle avec des exploitations le plus souvent minuscules et une étonnante pulvérisation parcellaire. Ainsi, vers 1960, en Haute-Maurienne, Bessans comptait 13 000 parcelles pour 1 500 ha de SAU, Albiez-le-Vieux autant pour 600 ha seulement... Chaque exploitant se trouve à la tête d'un nombre de parcelles invraisemblable : souvent plus de 200 parcelles pour une dizaine d'ha.

Le domaine des alpages, de même que celui des forêts, est plutôt d'appropriation collective (propriété communale ou sectionale, consortages, etc.) ; dans les Alpes, ces terres qui appartenaient aux seigneurs laïques ou ecclésiastiques, ont fait l'objet d'albergements en faveur des communautés paysannes, moyennant accensement. Les surfaces couvertes par ces biens collectifs sont considérables : 76 % du sol en Queyras, 80 % en Ubaye, etc. En Chablais, pour les 18 700 ha d'alpages d'autrefois, les 3/4 étaient communaux et 10 % appartenaient à des consortages de type valaisan. Dans le passé, ces communaux ont été assez largement grignotés pour fournir quelques champs ou prés supplémentaires, soit à leur limite inférieure, soit auprès des habitats d'alpage.

Terres et prés constituent le domaine proprement agricole ; le reste permet le développement de la vie pastorale. Les systèmes agricoles appartiennent à deux grands types :

— L'un, celui de la *montagne humide* est fondé sur une rotation champ-prairie analogue à celle de la moyenne montagne, dans laquelle on ouvrait les champs de céréales dans la prairie de fauche, et qui ne comprend guère actuellement que quelques « champs » de pommes de terre.

— L'autre, celui de la *haute montagne sèche* isole plus nettement des terroirs de prés permanents de fauche et des ensembles de champs, sans herbe, où la culture alterne, à un rythme variable, avec la jachère (jachère d'altitude : la céréale d'hiver devant être semée dès août, avant toute récolte ; jachère de sécheresse, travaillée, peut-être pour mieux retenir l'humidité, parfois partiellement occupée par une culture de plantes sarclées, les « fruits » de jachère). Les assolements incorporant la jachère étaient à base biennale ou triennale ; fréquemment on y avait introduit le « doublement » de la culture la plus rémunératrice, céréales ou pommes de terre.

Dans l'un comme dans l'autre des deux systèmes, le paysan se heurte toujours à la pente ; on y obvie, non par un terrassement systématique qui demeure rare, mais souvent par l'établissement de parcelles-banquettes étroites, où le labour est difficile et où le travail se fait souvent à la pioche. Il a fallu épierrer, comme en témoignent fréquemment les pierriers en bordure des parcelles ou les murettes de clôture. Les terres proches du village sont réservées à la production des aliments et du foin ; elles ne servent de pacage que quelques jours au printemps, à la première herbe, ou après les regains d'automne ; le reste de la belle saison, le troupeau doit se nourrir sur les alpages.

L'alpage ne se définit ni par son altitude, ni par son régime juridique, ni même par son appartenance à la zone d'habitat non permanent, mais avant tout par sa destination : celle d'un pacage, éventuellement fauchable, mais en principe non cultivé. Lorsque l'alpage est fauché, la nécessité de loger le foin amène la multiplication des granges ; non fauché, il porte seulement les cabanes des bergers. Il peut y avoir plusieurs étages d'inalpage, hiérarchisés en altitude et utilisés au fur et à mesure de la pousse de l'herbe. L'occupation est tantôt collective (on parle alors de « grande montagne ») avec un troupeau regroupant les bêtes de tous les alpagistes, tantôt individuelle, chacun assurant sinon la garde, du moins la traite de ses bêtes (« petite montagne ») ; cela nécessite alors des chalets pour chaque alpagiste. Les deux pratiques peuvent d'ailleurs se succéder dans le temps : petite montagne aux alpages de versant, grande montagne à l'alpage le plus élevé, de mi-été.

Le système de « petite montagne » entraînait la migration de la famille avec le troupeau, imposant la multiplication des habitats temporaires, mais facilitant la fauche d'une partie de l'alpage ; c'est donc un système plus intensif. La « grande montagne » n'imposait que la migration du cheptel, laissant généralement à la collectivité le soin de l'entretien de l'alpage et des bâtiments.

Les rythmes de la vie pastorale variaient à l'extrême d'une région à une autre. L'inalpage pouvait ne porter que sur les ovins, comme en Ubaye, ou sur les bêtes sèches, sommairement gardées ; parfois l'alpage jouxte le terroir cultivé et peut être gagné chaque jour par le bétail, comme à Saint-Véran. Il peut n'y avoir qu'un seul déplacement annuel, de la fin de juin à la fin de septembre, la Saint-Michel (29/9) marquant presque partout la pratique de la désalpe. Les rythmes sont souvent plus complexes :

— il y a souvent des alpages intermédiaires, avec un ou deux paliers, tant à l'inalpe qu'à la désalpe ;

— souvent apparaît une spécialisation de l'alpage (à lait, à graisse, ou pour telle ou telle catégorie de bêtes) ;

— la nécessité de consommer sur place le foin récolté l'été entraîne des migrations d'hiver, généralement au début de la période de stabulation définitive ;

— en même temps que l'inalpage, les paysans doivent assurer la fauchaison, la rentrée du foin, la moisson, puis labours et semailles, récolte des pommes de terre et regains, ce qui implique de continuelles allées-et-venues de main-d'œuvre entre l'alpage et le domaine des champs permanents ;

— le désir d'une auto-suffisance totale amène parfois les montagnards à s'imposer une culture dissociée dans la vallée la plus proche, celle de la vigne, avec les déplacements de travail et de récolte qu'on imagine ;

— dans les Pyrénées et les Alpes du Sud, lorsque les récoltes fourragères ne peuvent assurer la nourriture du troupeau pendant toute la saison froide, on ajoute une migration d'hiver vers les plaines non enneigées, au moins pour les ovins et les bêtes sèches : c'est la « transhumance inverse ».

De la sorte, toute la montagne se trouve temporairement humanisée et exploitée. Les habitats temporaires, groupés ou non en villages, souvent en bois dans les Alpes du Nord, toujours en pierre dans les Alpes du Sud et les Pyrénées, se multiplient ; ils peuvent aujourd'hui constituer des points d'appui du tourisme. De là aussi, la multiplication des chemins et des sentiers.

A la vie pastorale locale s'ajoutent souvent des mouvements de transhumance. Les immenses versants des Grandes Alpes, les plas pyrénéens offrent souvent des surfaces trop vastes pour les besoins des communautés locales, qui les louent alors à des transhumants venus des plaines. Ces mouvements portent surtout sur des ovins, venus de la plaine (Provence, Bas-Rhône, Languedoc, Italie ou Espagne) et y retournant pour l'hiver ; il est rare que les montagnards aient constitué des troupeaux qui auraient migré vers les plaines pendant l'hiver. Ces troupeaux transhumants peuvent être très étoffés ; vers 1960, en Ubaye, La Condamine, pour 30 vaches et 150 moutons indigènes, accueillait 7 000 ovins transhumants, cas extrême. Mais la location des alpages aux transhumants a constitué fréquemment l'une des rares ressources en argent des communautés villageoises.

Tout ce système est en voie d'écroulement. L'abandon de la culture est à peu près général, même pour la pomme de terre, et le terroir cultivé se resserre par délaissement des parcelles les plus éloignées ou les plus déclives. La collectivité paysanne, qui ne comprend plus guère que des vieux, s'oppose à toute transformation du terroir (remembrement). La vie pastorale va vers une simplification radicale. On a abandonné successivement la fauche sur les alpages, donc les migrations d'hiver, puis les alpages trop exigus, trop éloignés ou enclavés, l'ouverture de nombreuses routes pastorales n'ayant jamais ralenti cette dégradation de la vie pastorale et ne constituant qu'un alibi. Le régime de petite montagne a totalement disparu. Surtout, l'alpage cesse d'être utilisé pour la production de lait et n'accueille plus que des bêtes sèches, souvent sans surveillance. Aussi les charges bovines s'effondrent-elles : la montagne niçoise qui ravitaillait la côte en lait n'assure plus sa propre consommation ; il en est de même du Conflent ou du Vallespir, du Chablais ou du Vercors ; Nestlé a dû fermer sa grosse laiterie de Gap, faute d'approvisionnements suffisants.

La situation est très inégale d'une région à une autre, voire d'une commune à une autre. Mais il est rare de trouver des charges bovines voisines d'une bête pour 2 ha de SAU, comme en Beaufortin ; encore n'y a-t-il qu'une vache laitière pour deux ou trois bovins recensés. On va ainsi vers une désertification progressive de la haute montagne, l'alpage ne restant utilisé que par des bêtes sèches ou par des ovins transhumants, dont le mouvement reprend de l'ampleur, et qui arrivent parfois à récupérer la majeure partie des anciens alpages fauchés, comme dans la vallée des Villards en Maurienne. Les Associations foncières pastorales, légalisées et subventionnées depuis 1972, ont bien vocation pour équiper les alpages ; mais on y voit plus le moyen de financer de nouvelles routes, ouvrant l'accès à de nouveaux champs de ski, que celui d'assurer la maintenance de l'ancienne vie d'alpage.

Cette situation paraît irréversible. L'abandon a été favorisé par l'incohérence de la politique officielle : à quelques mois d'intervalle, on a subventionné l'abattage des vaches laitières pour réduire la production laitière nationale et institué une prime à la « vache tondeuse » afin de maintenir un minimum de bétail... Il arrive que l'élevage ovin procure des gains substantiels, ce qui explique sa fréquente reprise ; mais c'est là un cas exceptionnel et on s'explique dès lors la disparition rapide des exploitations ; de 1955 à 1970, leur nombre diminue de 50 à 60 % dans toute la montagne haut-savoyarde, de plus de 50 % en Maurienne, de 30 à 40 % dans des Pyrénées déjà exsangues.

La recherche d'une double activité a permis parfois le maintien d'une partie de la population rurale ; un quart des paysans du Chablais exercent un autre métier à titre principal, près de 30 % en Maurienne ou en Tarentaise, 20 à 25 % dans la montagne dauphinoise ; ailleurs, les possibilités sont souvent des plus réduites : bûcheronnage, emplois de la fonction publique, artisanat.

Les activités non agricoles

On aurait attendu de la *frontière* quelques activité. En fait le trafic à travers les Pyrénées a été longtemps faible, monopolisé comme aujourd'hui par les voies côtières. Dans les Alpes, seule la Maurienne menant au Cenis constitue une grande voie de passage depuis toujours. Il s'y est ajouté, depuis, la voie du tunnel sous le Mont-Blanc. Mais les autres routes restent secondaires, fermées à la mauvaise saison. Quant à la contrebande, elle n'a guère résisté à la libéralisation progressive des échanges internationaux : ce n'est plus même un passe-temps.

L'*emploi industriel* n'est guère plus favorisé. Les vieilles industries, comme les forges catalanes des Pyrénées ariégeoises et orientales ou la clouterie des Bauges, ont disparu. On mit de l'espoir dans les aménagements hydro-électriques ; dès 1866, les papetiers remplacent la roue à aubes par la turbine pour actionner, sous haute chute, leurs défibreurs. Mais la production d'électricité ne démarre qu'à la fin du XIXe siècle ; on commença en dérivant les émissaires des vallées glaciaires suspendues, on poursuivit par des installations au fil de l'eau, en turbinant des débits déjà considérables, on installa enfin entre les deux guerres les premiers barrages-réservoirs.

Ces *aménagements hydro-électriques* sont de plusieurs types.

— L'équipement des gradins de confluence, entre vallée suspendue et auge glaciaire principale, ne requiert qu'une prise d'eau et une conduite forcée de grande hauteur, permettant de turbiner de faibles débits en haute chute, et d'assurer une production importante avec les équipements les moins coûteux. Ce type est universellement répandu.

— Une variante consiste à utiliser un lac de haute montagne, éventuellement en accroissant sa capacité par un petit barrage, afin de régulariser les débits turbinés et d'accroître la production hivernale ; ce type, dit pyrénéen, est effectivement favorisé par les lacs qui parsèment les « plas » pyrénéens.

— Les aménagements au fil de l'eau, sur les rivières importantes, ont généralement profité des dénivellations offertes par les verrous glaciaires ; là aussi, les investissements (dérivation des eaux, canal latéral d'amenée parallèlement à la rivière, moyenne chute) sont relativement limités. Ce type, peu représenté dans les Pyrénées, est très fréquent dans les Alpes du Nord ; il est soumis aux caprices de débits de la rivière, et, du fait du régime nival, donne beaucoup d'énergie en été et peu en hiver, donc à contre-sens de la consommation moyenne d'électricité au cours de l'année.

— Aussi a-t-on cherché à régulariser les débits par la constitution de réserves d'eau le plus possible à l'amont, afin d'assurer une bonne marche des usines au fil de l'eau à l'aval. Ces barrages sont rares dans les Pyrénées ; dans les Alpes, on essaie de les limiter à un ou deux par grande vallée. Les plus grosses réserves sont maintenant dans les Alpes du Sud, où l'accumulation des eaux est également destinée à l'irrigation et à l'alimentation en eau potable de la bordure méditerranéenne. Les principales installations sont celles de : Castillon et Sainte-Croix (sur le Verdon), Serre-Ponçon (sur la Durance), Le Sautet et Monteynard (sur le Drac), Le Chambon (sur la Romanche) ; pour l'Isère, Tignes et le barrage-lac de Roselend en Beaufortin ; pour l'Arc, Bissorte, Aussois et le lac du Mont-Cenis.

— Ces équipements élémentaires réalisés, on a cherché à les renforcer par un remaniement des équipements anciens, ou en utilisant les différences de niveau entre vallées grâce à de très longs tunnels : Isère supérieure dans Arc à Randens, Arc dans Isère moyenne au Cheylas. On spécialise souvent les réserves d'eau dans la production à toute puissance aux seules heures de pointe, quitte à réalimenter les barrages en y pompant de l'eau aux heures creuses de la consommation, comme on le fait à Emosson, à la frontière suisse.

Presque tous les bassins, sauf ceux de l'Ubaye et de la Haute-Tinée, sont maintenant équipés. Les grosses usines sont cependant rares et aucune n'égale les centrales hydrauliques de la vallée du Rhône. Parmi les plus importantes, citons l'ensemble La Bathie-Roselend (1 milliard kWh), Oraison et Serre-Ponçon sur la Durance (700 millions environ) ; mais les plus grosses unités pyrénéennes, comme Pragnères ou l'Aston ont des productions moyennes de 300 à 400 millions de kWh/an. On a donc surtout une prolifération de petites et moyennes usines.

La plupart des grandes installations ont été réalisées après 1945, donc sous le monopole EDF. Les installations anciennes furent faites au contraire sous le signe du pluralisme : d'abord assurées par des sociétés locales, elles durent recourir rapidement à des capitaux extérieurs et furent forcées à la concentration ; ainsi la grenobloise « Force et Lumière » regroupa nombre de petites sociétés dauphinoises sous la houlette de capitaux mi-suisses, mi-parisiens ; dans les Pyrénées, l'un des maîtres d'œuvre les plus ambitieux fut la Compagnie du Midi, fusionnée ensuite avec celle du Chemin de fer de Paris à Orléans (ex PO) pour assurer l'électrification de ses lignes. Très vite, la production va être entièrement contrôlée par des capitaux étrangers à la montagne, souvent lyonnais ou suisses pour les Alpes, ou intégrés aux grands établissements électro-métallurgiques ou électro-chimiques.

C'est qu'à partir des premières centrales, ces industriels eurent de grandes ambitions. Jusque vers les années trente, le transport à longue distance de l'électricité se révéla onéreux de même que la production d'électricité d'origine thermique. Les usines consommatrices furent donc installées sur les centrales, dans les grandes vallées intraalpines (Tarentaise, Maurienne, Oisans), dans le Grésivaudan, ainsi qu'au débouché de quelques vallées pyrénéennes et dans les pays de l'Ariège. Avec une production électrique surtout estivale, force était de moduler les fabrications ; or l'été était la saison de la fauchaison et de l'inalpage, de sorte que rares furent les usines qui utilisèrent surtout de la main-d'œuvre locale, d'origine paysanne, comme celles de la Tarentaise ou du Vicdessos ; les autres eurent recours à l'immigration étrangère, italienne, puis nord-africaine.

Les choses ont bien changé. L'uniformisation des tarifs EDF ampute largement les avantages financiers de l'installation sur les centrales hydrauliques ; les usines alpines ou pyrénéennes ont vieilli et certaines fabrications ont été éliminées par la pétrochimie. L'utilisation des kWh bon marché de l'été pose de difficiles problèmes d'échelonnement des fabrications et la main-d'œuvre est de plus en plus difficile à recruter. La situation excentrée par rapport aux zones de consommation accroît les coûts dans des usines qui manipulent de forts tonnages de matières premières et d'électrodes. Enfin, la localisation dans des vallées étroites provoque une pollution, notamment fluorée à partir des usines d'aluminium, dont on commence à mesurer les effets, et impose par suite de coûteux dispositifs de protection.

On sent que beaucoup d'usines montagnardes sont des survivances, liées au poids des investissements réalisés ; les grandes firmes hésitent à investir, par exemple à doter des usines dont l'avenir est incertain de coûteuses installations de filtrage des vapeurs nocives. Les usines les plus isolées, notamment celles de la vallée de la Romanche, non reliées au rail, ont déjà été transférées en tout ou en partie vers la vallée du Rhône. Les fabrications les plus pondéreuses, comme celle du carbure de calcium, sont stoppées et les investissements neufs se limitent à quelques fabrications et à de rares usines. Cependant, le gros de l'équipement reste en place : en 1970 encore, sur 11 milliards de kWh consommés par l'électro-métallurgie et l'électro-chimie, 9 l'étaient dans les départements alpins ou pyrénéens.

Les autres industries se cantonnent au Sillon Alpin, aux cluses préalpines, à l'avant-pays ; elles se localisent surtout dans les villes et n'intéressent pas la population montagnarde. De plus, en dehors peut-être de la papeterie, la plupart des industries de quelque envergure tirent leurs capitaux de groupes industriels ou financiers extérieurs à la montagne. Beaucoup d'implantations furent, dès l'origine, le fait de capitaux lyonnais (industrie du chlore), parisiens (acétylène), parisiens et suisses (Ugine). Les affaires issues de capitaux locaux passèrent dès avant la première guerre mondiale entre les mains de sociétés nationales ou multinationales qui n'avaient aucun intérêt, même sentimental, à l'aménagement de la montagne. La plupart des groupes d'origine (Papeteries de France, Société d'Ugine, Keller et Leleu, etc.) se sont intégrés à des affaires plus puissantes, PUK ayant pratiquement maintenant le contrôle de toute la fabrication de l'aluminium, de la plus grande partie des ferro-alliages, d'une part appréciable de l'électro-chimie ; seule la papeterie a gardé une certaine autonomie, notamment dans les Pyrénées.

Les revenus du tourisme

Notons d'abord qu'Alpes et Pyrénées sont loin d'aligner la moitié des nuitées enregistrées dans les hôtels du littoral français, le camping et la location réalisant des scores bien plus faibles encore. A l'origine, ce tourisme montagnard fut estival :

ce fut la découverte de l'alpinisme et du Mont-Blanc par d'innombrables M. Perrichon, la fréquentation de quelques sites célèbres, comme Chamonix, La Grande-Chartreuse ou Gavarnie, l'exploitation des eaux thermales. Aujourd'hui, les plus gros revenus et le plus grand nombre d'emplois proviennent de la pratique des sports d'hiver.

● *Le thermalisme alpin et pyrénéen* représente environ la moitié de la fréquentation thermale française. Plus dispersé que celui du Massif Central, il est souvent plus dynamique et compte quelques grandes stations :

— Dans les Alpes du Nord, Aix-les-Bains est de beaucoup la plus importante station française, avec plus de 40 000 curistes et beaucoup de projets. Il n'y a en dehors que deux stations moyennes (Allevard et le groupe Brides-les-Bains - La Léchère) et quelques stations décadentes comme Evian, Challes-les-Eaux ou Uriage.

— Dans les Alpes du Sud, Gréoux-les-Bains connaît un rythme de croissance étonnant.

— Les Pyrénées, sans avoir de très grande station, en possèdent plusieurs moyennes, souvent en essor rapide ; en tête Luchon, avec plus de 25 000 curistes, puis Amélie-les-Bains (17 000), Cauterets, Ax-les-Thermes, Capvern. On y trouve aussi des stations plus spécialisées comme La Preste et une foule de stations minuscules, à la recherche d'une vocation et d'une clientèle, comme Rennes-les-Bains, dans l'Aude, qui joue la carte de la réadaptation fonctionnelle.

● *Le tourisme sanitaire* a longtemps prospéré sur la tuberculose. Imité des premières créations suisses, il s'est d'abord implanté dans des zones relativement faciles d'accès, mais hyper-humides : plateau d'Assy, au-dessus de Sallanches, plateau des Petites Roches, au flanc est de la Chartreuse, Cambo-les-Bains en bas Pays Basque. Plus tard, on songera aux climats secs de haute montagne : Cerdagne, avec Font-Romeu, Briançonnais. Partout le milieu montagnard a été réticent. Depuis, la quasi-disparition de la cure sanatoriale oblige à une reconversion d'autant plus difficile que le climat est plus humide. Mais la montagne s'est découvert d'autres vocations, notamment l'hébergement des enfants déficients, comme à Morzine ou au Villard-de-Lans, et, bien sûr, le déferlement des colonies de vacances ou des classes de neige ; mais ces dernières ne procurent que peu d'emplois et effectuent l'essentiel de leurs achats en dehors du milieu rural.

● *Le tourisme d'été* souffre presque partout du climat ; pluie et fraîcheur rendent le camping difficile; location et hôtellerie se sont bien développées, et la résidence secondaire met à profit le déclin de la vie pastorale pour récupérer chalets d'alpage et maisons abandonnés, ce qui aboutit à une extrême dispersion de la fonction d'hébergement. Les secteurs les plus isolés, comme le fond du Vicdessos, le Haut-Conflent, la Haute-Tinée ou l'Ubaye ne sont pas forcément les moins fréquentés.

Les grandes foules ne se retrouvent guère qu'autour de quelques points privilégiés ou le long de quelques itinéraires : Gavarnie dans les Pyrénées centrales, gorges du Verdon ou lac de Serre-Ponçon dans les pays duranciens, Grande Chartreuse et vallée de Chamonix, bordures du lac d'Annecy ou du Léman. C'est pour ces foules, venues parfois dans un centre extérieur (Lourdes), que la montagne s'est équipée en chemins de fer à crémaillère, ou en téléphériques de plus en plus audacieux, essayant de concilier les besoins des visiteurs de l'été et ceux des skieurs.

Cet aménagement de la montagne, prolongé par l'ouverture d'innombrables routes touristiques, irrite la clientèle des alpinistes et des passionnés de la montagne, d'ailleurs limitée à de rares secteurs. Mais le nombre des fervents de la montagne s'est enflé lui-même de façon désordonnée, submergeant les refuges où l'hébergement devient difficile. Les randonneurs se multiplient rapidement et les sentiers de grande randonnée s'équipent peu à peu de gîtes d'étape. C'est un peu pour ces deux clientèles que se mettent en place parcs nationaux et régionaux : celui des Ecrins, créé avant que n'interviennent les promoteurs touristiques, mais sans que ses créateurs puissent y intégrer le massif des

Cerces et la vallée de Névache ; celui de la Vanoise, jouxtant le parc italien du Gran Paradiso, amputé pour permettre la création de la station du Val Thorens, celui du Queyras, celui du Mercantour aux contours peu satisfaisants, celui du Vercors et celui des Pyrénées occidentales, allongé le long de la zone frontière en attendant celui de l'Ariège. Ces parcs, par leurs contraintes, peuvent fossiliser le paysage humain et ils n'apportent à l'économie montagnarde que peu de chances nouvelles.

Ces diverses formes de tourisme offrent à la montagne certaines possibilités : créations d'hôtels, de centres d'hébergement. Mais beaucoup n'avaient que peu d'emplois permanents ; ainsi l'alpinisme, la plupart des « escaladeurs » d'aujourd'hui étant des « sans guide ». La plupart des emplois sont saisonniers et coïncident avec les gros travaux agricoles ; pour les fils et filles de paysans, à fortiori pour ceux-ci, les prendre, c'est accélérer la rétraction de l'exploitation agricole, sans pour autant acquérir un revenu annuel suffisant ; cette solution d'appoint est peu satisfaisante ; heureusement, la généralisation de la saison de ski offre de meilleures possibilités.

La station de ski idéale doit concilier des exigences contradictoires. Le champ de neige doit offrir un manteau assez épais, durable pour que la saison puisse englober les vacances de Noël et celles de Pâques ; il faut des versants assez longs pour le ski de compétition, des pistes de difficultés variables et, si possible à des expositions différentes, avec une réserve de pistes en ubac pour prolonger la saison ou faire face à des épisodes de fonte prolongés ; les versants doivent être exempts de grandes avalanches. La mise en place des pistes, des remontées mécaniques, la constitution d'une réserve de terrains à bâtir impliquent, pour réussir, de n'avoir affaire qu'à un minimum de propriétaires. Toutes ces conditions sont remplies dans la zone des alpages : terrains communaux faciles à lotir, espaces bien dégagés pour les pistes ; mais, de ce fait, la station rompt délibérément avec l'ancien village paysan et n'offre pour l'été qu'un paysage nu, austère, peu favorable au développement d'une double saison touristique. D'autres conditions sont nécessaires : bonne accessibilité, par fer puis par route, adaptation à des clientèles de goûts et de moyens différents, nécessité de disposer d'équipements répondant aux exigences de la clientèle après le ski ou les jours de mauvais temps.

De là l'obligation de très gros moyens financiers pour acheter et viabiliser les terrains, mettre en place les remontées mécaniques, assurer l'accès, etc. Par suite, il faut un maître d'œuvre bien nanti :

1. Il arrive qu'une commune garde la maîtrise d'une station ; il y faut des circonstances favorables : indemnités de l'EDF à Saint-Lary, entregent d'un maire capable de drainer des ressources extérieures (Vars, stations queyrassines). La plupart des stations communales sont modestes, comme en Haute-Maurienne ou au Capcir. Les municipalités ont d'ailleurs de la peine, non seulement à financer les infrastructures, mais à en assurer la gestion. Or l'aide de l'Etat, calculée pour une bonne part sur les capacités d'hébergement déjà créées et leur niveau, favorise les grandes stations et n'apporte guère aux petites, surtout si les communes se sont tournées vers un tourisme à caractère social.

2. Les départements ont réalisé souvent de grosses stations : Courchevel pour la Savoie, Chamrousse pour l'Isère, parfois avec l'aide de la Caisse des Dépôts, comme aux Ménuires-Val-Thorens, toujours en Savoie.

3. Très rarement, l'aménagement est réalisé par des associations sans but lucratif, comme aux Karellis (sur Montricher, près de Saint-Jean-de-Maurienne).

4. Le plus souvent, la propriété collective est aliénée sous des formes variables, à des groupes d'intérêts privés ; grande banques d'affaires, capitaux étrangers, etc. ; c'est le cas à Avoriaz, au-dessus de Morzine, de Flaine dans le Haut-Giffre ; dans ce dernier cas, le département a cependant pris à sa charge les investissements non susceptibles de rentabilité, accès notamment. L'origine

des capitaux est très variable ; parfois les intérêts locaux ou régionaux dominent comme aux Deux-Alpes, Morzine, La Clusaz ou Saint-Lary. C'est le financement des remontées mécaniques qui a été le plus contrôlé par les capitaux extérieurs ; mais c'est dans ce domaine aussi que les avatars de gestion sont les plus fréquents, ce qui permet parfois à une collectivité locale, publique ou privée, d'en reprendre la responsabilité, comme à l'Alpe d'Huez. L'équipement hôtelier, surtout dans les stations les plus anciennes, est souvent d'origine locale, grâce aux conditions de crédit consenties à l'hôtellerie familiale.

Jusqu'ici, l'afflux incessant de nouvelles vagues de jeunes a garanti le renouvellement de la clientèle. Mais l'avenir reste incertain et des stations commencent à s'en inquiéter, regardant d'un meilleur œil des organismes comme l'UCPA dont les stages de jeunes sont comme la promesse d'une clientèle future. On cherche à attirer des clients stables, de niveau bien défini (Club Méditerranée, VVF, Maisons familiales, etc.).

Il est rare qu'une station parte d'un village existant ou d'un centre hôtelier d'été ; bien que cette solution soit économique sur le plan des investissements et qu'elle favorise l'insertion du tourisme en milieu rural, ces stations sont trop basses et doivent développer de puissants moyens pour atteindre les champs de neige stable ; ce sont Saint-Lary ou Luchon dans les Pyrénées, Villard-de-Lans, Pralognan, Megève ou Morzine dans les Alpes. C'est seulement dans la zone intraalpine et, localement, dans les Pyrénées orientales, que les villages permanents sont perchés assez haut pour servir de base à la station : Cerdagne ou Capcir, Queyras et Briançonnais, Haute-Maurienne ou Haute-Tarentaise. Ces stations issues des villages sont toujours des stations anciennes, pionnières. Mais elles sont moins favorisées que les stations nées sur un alpage où la qualité de la neige est toujours supérieure : « usines à ski » récentes de la Savoie et du Dauphiné, mais aussi des Alpes du Sud (comme Isola 2 000 ou Auron).

Quelques stations souffrent de la trop grande proximité d'une grande ville, car elles sont alors envahies par une clientèle de week-end, voire de la journée, qui excède les capacités des remontées mécaniques et tend à décourager la clientèle de résidence ; ainsi, Les Gets avec les genevois, Chamrousse ou l'Alpe d'Huez trop près de Grenoble.

L'essor d'une station est souvent lié à l'image de marque fournie par une publicité plus ou moins tapageuse ; c'est un des handicaps des petites stations paysannes que de ne pouvoir sérieusement prospecter la clientèle. C'est au contraire presque une assurance de réussite que de pouvoir bâtir une station sur la gloire éphémère de tel ou tel champion de ski, ou de promouvoir sa promotion commerciale ou hôtelière par l'installation à demeure des « héros » ou « héroïnes » du ski, las des championnats ; Avoriaz offre un exemple typique de cette situation.

La capacité d'hébergement est très variable. Elle est maxima dans les stations les plus avancées dans la montagne, là où la clientèle de week-end est absente ou rare ; par exemple, 10 000 lits aux Deux-Alpes, à Val-d'Isère, à La Plagne, 13 000 à Tignes, 15 000 à l'Alpe d'Huez, 20 000 à Courchevel.

Les stations préalpines du nord sont les plus anciennes, souvent les mieux équipées en services, les plus accessibles ; mais la qualité de la neige est inégale. Il en est de même dans les Pyrénées où l'abondance de la neige est balancée par la mauvaise qualité du manteau, une insolation médiocre, des risques d'avalanche trop considérables ; surtout, trop éloignées de la clientèle parisienne, de plus en plus mal desservies par le rail, les stations doivent se contenter de la clientèle aquitaine ; elles y ont gagné de rester à une échelle raisonnable. Au contraire, la zone intra-alpine offre une altitude plus élevée, un ensoleillement prolongé sur un tapis bien consolidé par le froid nocturne, les grandes pentes du flysch ou des schistes lustrés. Les temps d'accès sont longs, mais la desserte ferroviaire est bonne, au moins pour la Savoie, et l'éloignement évite les foules du dimanche, ce qui permet une bonne adaptation du débit des remontées mécaniques au volume de la clientèle. Là sont presque toutes les grandes stations modernes, les plus huppées, les plus favorables au ski de printemps.

On comprend dès lors la supériorité écrasante des Alpes sur les Pyrénées, tant par le nombre de stations que par leur standing ou leur importance. Un seul chiffre donne la mesure de ce déséquilibre : l'encadrement des novices dans les Ecoles du Ski français requérait, en 1974, 3 200 moniteurs diplômés dans les stations alpestres, contre à peine plus de 300 dans les Pyrénées. Il symbolise assez bien la réalité : les Pyrénées ne représentent qu'à peine 10 % du potentiel touristique d'hiver des Alpes.

De la durée de la saison dépendent et la rentabilité de la station, et les conditions d'emploi du personnel. Or, même là où le ski de début d'été est encore possible, la saison n'excède pas six mois. Certaines stations ont recherché une combinaison avec une saison d'été ; mais la clientèle est alors très différente, plus âgée, venant pour des séjours plus longs et, par suite, peu disposée à accepter des prix de séjour comparables à ceux de l'hiver. Aussi les hôtels tournant avec beaucoup de personnel préfèrent-ils rester fermés. De plus, la clientèle estivale, bénéficiant du beau temps et des longues journées n'enrichit guère les commerces spécialisés ou la para-hôtellerie. On comprend dès lors les réticences des hautes stations à ouvrir en saison d'été, alors que les vieilles stations de vallée, qui ont souvent débuté par la saison d'été, ont une saison d'hiver très courte...

L'essentiel de l'emploi reste donc saisonnier. Ainsi, les moniteurs de ski doivent compléter leurs gains par une activité d'été ; quelques-uns, les moins jeunes, sont agriculteurs ou forestiers, plus rarement guides ; d'autres sont moniteurs de voile ou travaillent dans l'hôtellerie thermale ou côtière. Au niveau d'une grande station, comme Courchevel, ce sont des centaines d'emplois qui sont créés, parfois des milliers : machinistes, perchistes, personnel d'entretien, commerçants, employés d'hôtellerie ; beaucoup sont temporaires ; agents des guichets bancaires ou postaux, gendarmes ou secouristes ne sont là qu'en hiver... Cette main-d'œuvre, la paysannerie locale est bien incapable de la fournir.

Pourtant, les relations ne sont généralement pas mauvaises entre état-majors des grandes stations et société paysanne traditionnelle. Les emplois créés sont toujours réservés par priorité aux anciens habitants des communes, et ces dernières bénéficient des équipements offerts aux touristes. Il arrive que les paysans abandonnent totalement l'élevage pour se mettre au service des stations ; mais il arrive aussi, par exemple en moyenne Tarentaise, que la vie pastorale persiste. Au niveau des petites stations, on peut davantage espérer que les habitants garderont la maîtrise du tourisme et par suite les profits, tout en maintenant les activités traditionnelles d'élevage ou d'artisanat. Cette symbiose a été recherchée avec plus ou moins de bonheur en Haute-Maurienne, en Queyras, dans le Capcir ; mais ces tentatives ont toujours été le fait de gens extérieurs au pays ; elles ont toujours été fortement épaulées par le Crédit Agricole et la pérennité du système est rien moins qu'assurée. Même dans ces cas favorables, la part des revenus tirés de l'agriculture ne cesse de diminuer et le paysage agricole se rétracte. Du moins des villages sont-ils sauvés dans leur existence, leur population augmentant même à nouveau et les jeunes cessant d'émigrer.

Le tourisme est donc souvent synonyme d'espoir. Mais il signifie aussi l'invasion de la montagne et représente des emprises foncières énormes par rapport aux anciens villages. Les communautés ont d'ailleurs souvent aliéné les communaux, les particuliers ont vendu leurs parcelles ; une commune jadis laitière, comme Saint-Martin-Vésubie, dans les Alpes niçoises, a à peu près entièrement aliéné au profit des résidences secondaires son ancien terroir de prairies. Cette invasion touristique suppose aussi bien des interventions extérieures, notamment financières, que la banque locale n'a guère pu satisfaire. De sorte que les stations sont en général lourdement endettées, soit auprès de groupes financiers, comme ceux qui ont soutenu Vuarnet à Avoriaz, soit pour les petites stations rurales, auprès du Crédit Agricole.

6 Les Alpes

1. La formation de la chaîne et la mise en place des unités naturelles

La mise en place

Les Alpes occidentales, versant italien inclus, ne représentent guère en surface que le quart de la chaîne toute entière. Leur histoire géologique fait d'abord apparaître une montagne hercynienne, représentée essentiellement par nos Massifs Centraux (ou « cristallins externes » des géologues) où dominent les roches métamorphiques avec des intrusions granitiques. Les matériaux arrachés à ce premier volume montagneux ont pu combler localement de petits synclinaux houillers, ont donné les assises permiennes rouges des Alpes méridionales (Dôme de Barrot), surtout se sont entassés dans une fosse étroite, allant du Valais au Briançonnais : la zone houillère briançonnaise. A la fin de l'époque primaire ne subsiste plus guère que la pénéplaine prétriasique.

Du Trias jusqu'au Crétacé, la sédimentation est continue ; elle s'effectue en mer peu profonde, entrecoupée de phases d'émersion sur les hauts-fonds que constituent l'ancienne chaîne hercynienne et la zone briançonnaise ; elle est plus épaisse, plus régulière dans la mer qui borde à l'ouest les massifs hercyniens ; elle est très épaisse à l'est, dans ce qui est le géosynclinal alpin. Débutant au Trias par des dépôts lagunaires (gypses, cargneules) elle fait alterner ensuite des dépôts argileux et calcaires, avec de fortes variations de faciès d'une région à une autre ; ainsi, le Crétacé est représenté par des dalles de calcaire urgonien dans les Préalpes du Nord et les Monts du Vaucluse, par des marnes entre Vercors et Pelvoux, souvent par des flyschs dans la zone intra-alpine.

C'est à partir du Crétacé moyen que l'orogénèse proprement alpine débute, pour se poursuivre jusqu'au Pliocène ; elle est marquée par des phénomènes de compression et un raccourcissement à peu près continu d'est en ouest.. Les mouvements crétacéo-éocènes (phase laramienne) affectent surtout le sud de la chaîne. Surtout une sorte d'onde d'intumescence apparaît dans les zones les plus internes (piémontaise) et, à son flanc, glissent vers l'ouest les premières nappes de flysch ; de ce fait, la sédimentation éocène se limitera à l'est à la zone briançonnaise, cette dernière émergeant à son tour à la fin de l'Eocène.

Le second épisode à caractère paroxysmique débute à l'Oligocène et se poursuit jusqu'au Miocène. La zone interne est alors affectée par un métamorphisme général, alors que se mettent en place les grandes nappes de charriage (schistes lustrés). Puis s'amorcent des mouvements verticaux, avec la surrection des massifs cristallins externes dont la couverture, décollée, commence à glisser vers l'ouest, tandis que des zones de subsidence apparaissent dans l'avant-pays ; l'érosion va y accumuler des sédiments essentiellement molassiques. Cette surrection des Massifs Centraux entraîne presque partout le blocage des nappes internes, provoquant même parfois leur reflux (rétro-charriages).

10. Alpes, unités morpho-structurales

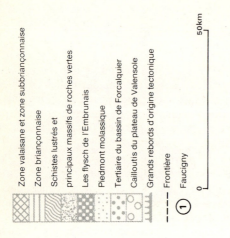

- Chaînons jurassiques
- Préalpes autochtones
- Préalpes charriées
- Cluses préalpines
- Massifs cristallins externes (massifs centraux)
- Massifs cristallins internes
- Couverture sédimentaire des Massifs Centraux
  1 Sillon Alpin
- **2** Zone dauphinoise / domaine méso-alpin
- Zone ultradauphinoise dont flysch des Aiguilles d'Arves

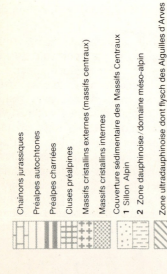

- Zone valaisane et zone subbriançonnaise
- Zone briançonnaise
- Schistes lustrés et principaux massifs de roches vertes
- Les flysch de l'Embrunais
- Piedmont molassique
- Tertiaire du bassin de Forcalquier
- Cailloutis du plateau de Valensole
- Grands rebords d'origine tectonique
- --- Frontière
- ① Faucigny

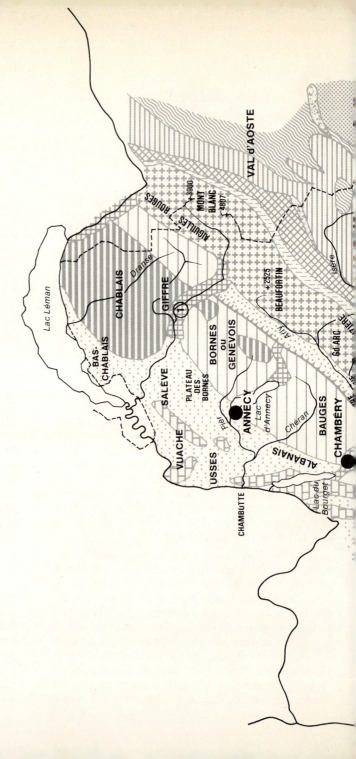

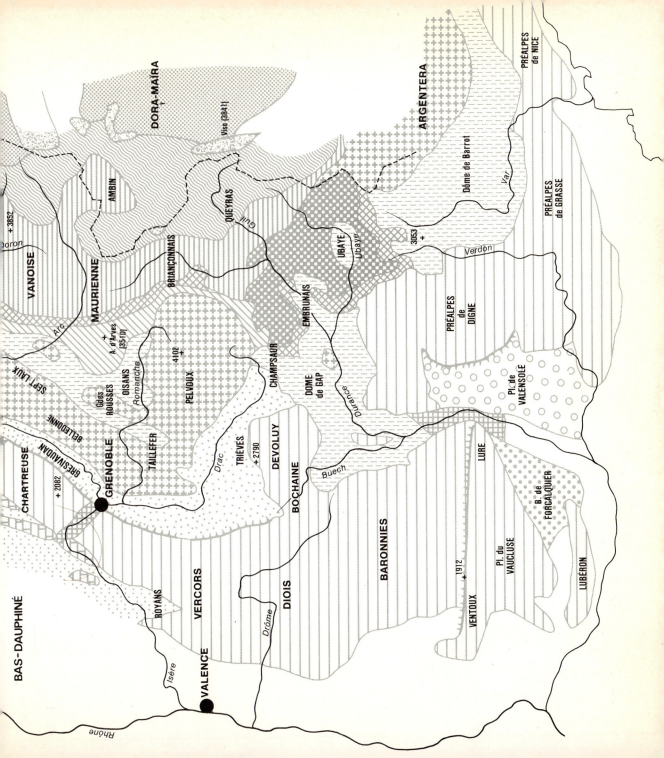

A la fin du Miocène et durant tout le Pliocène, une dernière crise tectonique, plus modeste, se traduit par un nouveau soulèvement des Massifs cristallins dont l'ancienne couverture sédimentaire se fronce à nouveau.

De l'extérieur vers l'intérieur se sont ainsi mis en place :

● *Les Préalpes,* représentant plus du tiers des Alpes, d'altitude le plus souvent modeste (zone « dauphinoise » des géologues). De l'Arve au Dévoluy, la couverture des Massifs Centraux s'est fortement décollée de la chaîne hercynienne ; aussi les Préalpes se trouvent-elles séparées des Massifs Centraux par la grande déchirure tectonique du *Sillon Alpin*. A l'ouest, les plis préalpins viennent souvent chevaucher l'avant-pays molassique ; leur direction est rarement parallèle à celle du bâti des Massifs Centraux, mais généralement oblique. Dans le nord de la Savoie, le matériel autochtone a été totalement (Chablais) ou partiellement recouvert par des nappes charriées venues de la zone interne : klippes des Annes et de Sulens, nappes du Chablais et du Giffre. De ce fait, le Sillon Alpin fait défaut.

● *Les Massifs Centraux* ne forment pas une barrière continue : ils disparaissent entre Pelvoux et Argentera, dans le hiatus de l'Embrunais où seuls apparaissent les terrains de la couverture sédimentaire et où le dôme de Gap ne semble pas traduire de remontée appréciable du socle hercynien. De part et d'autre des Massifs, la couverture secondaire restée en place ne représente en général que des bandes étroites dans les Alpes du Nord (collines liasiques du Sillon Alpin) ; elle prend au contraire une grande extension dans le hiatus de l'Embrunais. A l'est des Massifs, les couches sédimentaires se redressent souvent vigoureusement au contact des massifs anciens ; ce liseré sédimentaire, dit « dauphinois », est chevauché par la gigantesque écaille « ultra-dauphinoise » du flysch éocène des Aiguilles d'Arves, qui vient former au-dessus des terrains liasiques dauphinois une vigoureuse cuesta. Mais cette zone ultradauphinoise n'existe que du sud du Pelvoux à la Tarentaise.

● *La zone des grandes nappes* (intra-alpine de R. Blanchard, alpine interne des géologues) aligne une série d'unités grossièrement parallèles :

— l'unité valaisane (brèches de Tarentaise), présente seulement en Tarentaise, est relayée au sud par la zone *subbriançonnaise* ; entre Pelvoux et Argentera, des klippes subbriançonnaises se sont avancées vers l'ouest, flottant plus ou moins sur les flyschs de l'Embrunais ;

— l'unité *briançonnaise,* la plus vaste et la plus continue où dominent les terrains triasiques, apparaît disposée comme un vaste éventail qui vient de ce fait chevaucher à l'ouest la zone subbriançonnaise et à l'est les schistes lustrés ;

— la grande *nappe des schistes lustrés* piémontais a été charriée au-dessus de la zone piémontaise, sur un traîneau de gypses et de cargneules ; les rétro-charriages fini-oligocènes les ont ensuite déversés vers l'est, dans une structure isoclinale relativement simple. De fréquentes venues de roches vertes (ophiolites) y constituent tous les hauts reliefs (massif du Viso). Cette nappe enveloppe presque complètement, le plus souvent au-delà de la frontière, les massifs cristallins internes comme celui du Gran Paradiso ;

— les grandes *nappes du flysch à helminthoïdes* de l'Embrunais-Ubaye se mettent en place sous la mer à partir de la fin de l'Eocène ; elles seront à nouveau plissées et mises en mouvement à l'Oligocène, alors que se forment les dômes de l'Embrunais et de l'Ubaye, sur lesquels elles se moulent. Au Miocène, une seconde nappe de flysch, dite du Parpaillon, progresse sur les reliefs plus ou moins arasés de la première, contournant les dômes de l'Embrunais et de Barcelonette, dont les terrains tendres, mal protégés, seront ensuite facilement évidés en boutonnière.

La trame générale du relief

La mise en place de ces grandes unités structurales donne à l'arc alpin une allure rubanée, plus complexe dans le nord. Ces éléments longitudinaux, de direction grossièrement méridienne, ne constituent cependant pas le seul élément de zonation. On constate en effet que le réseau hydrographique ne suit qu'assez rarement les linéaments de la structure (Sillon Alpin, vallée de la Durance en Briançonnais, etc.) ; il est, pour l'essentiel, orienté perpendiculairement à la chaîne, conformément à la pente générale du toit alpin, et l'examen des matériaux molassiques montre qu'il en a été ainsi depuis l'Oligocène. De la sorte, de grandes vallées orientées est-ouest recoupent les éléments structuraux et quadrillent littéralement l'espace alpin, au moins au nord. La plupart d'entre elles suivent de grandes inflexions tectoniques : grandes vallées intra-alpines et cluses préalpines correspondent à des ensellements du relief montagneux.

Il en résulte un compartimentage du relief, à la fois dans le sens des grandes unités structurales et du nord au sud. Dans les Alpes du Nord, cette trame est assez régulière, opposant cependant deux types de régions : dans les Préalpes et les Massifs Centraux, les vallées isolent à peu près complètement des compartiments montagneux, ayant chacun leur originalité propre ; les grandes vallées (Sillon Alpin et cluses préalpines) n'ont guère de relations avec la montagne. Au contraire, dans la zone intra-alpine, les berceaux des vallées prennent une grande ampleur et chaque vallée en arrive à commander un espace montagnard plus ou moins développé : Tarentaise, Maurienne, etc. ; cette disposition vaut également pour la zone intra-alpine du sud.

Dans le reste des Alpes du Sud, la trame est plus irrégulière ; le manque de continuité de la bande des massifs cristallins et l'existence de vastes dômes sédimentaires (Gap, Barcelonnette, Barrot) à la place du Sillon Alpin, perturbent gravement le schéma longitudinal. De plus, les grandes vallées transversales se limitent aux vallées duranciennes et aux vallées supérieures du Verdon et du Var que verrouillent à l'aval d'étroites gorges ; les unités de relief sont par suite confuses et souvent mal individualisées.

La zone intra-alpine

C'est elle qui offre, de la Tarentaise à l'Ubaye, le plus d'homogénéité ; toutefois, l'Ubaye et le Haut-Embrunais, en position externe, ne doivent leur appartenance à la zone intra-alpine qu'au déferlement des nappes de flysch ; leur altitude d'ensemble est d'ailleurs nettement plus faible.

Après les Massifs Centraux, c'est la zone alpine la plus élevée, l'altitude dépassant fréquemment 3 000 m ; c'est pourtant une zone très aérée par l'érosion, avec des contrastes d'altitude extraordinaires qui tiennent à l'hétérogénéité du matériel, aggravée par la relative rareté des roches très résistantes (flysch des Aiguilles d'Arves, calcaires triasiques briançonnais, roches vertes) ; les ensembles de roches dures sont souvent morcelés et cassés, ce qui facilite le travail de l'érosion. Cette dernière se trouve exaspérée par l'existence de niveaux de base très bas : Saint-Jean de Maurienne est à 550 m, Moûtiers à moins de 500, Guillestre à 1 000 m, Barcelonnette à un peu plus de 1 100, à proximité de sommets atteignant ou dépassant 3 000 m. Le travail de l'érosion y a été plus précoce, la zone intra-alpine ayant été la première exondée.

Cependant, la plupart des vallées intra-alpines sont plus ou moins verrouillées à l'aval, à la traversée des Massifs Centraux pour l'Isère, l'Arc et la Romanche ; si le Briançonnais est largement ouvert sur l'aval grâce au grand accident méridien durancien de l'Argentière à Guillestre, le Queyras est bloqué par les gorges du Guil à travers l'éventail briançonnais, l'Ubaye par la rainure creusée à travers les écailles subbriançonnaises.

La zone intra-alpine est relativement sèche ; l'englacement y a été moins puissant et une partie des crêtes et des versants a évolué au Quaternaire dans des conditions plus périglaciaires que glaciaires. Mais l'importance des dénivelées, la médiocre résistance du matériel rocheux et la violence des fortes averses de sud-est ont permis un fort développement des appareils torrentiels : des bassins de réception croulants, encombrés de débris, alimentent, souvent par de véritables laves, d'immenses cônes de déjections. D'où des noms évocateurs (Riou Bourdoux en Ubaye, Rabioux, Bramafan en Haut-Embrunais, etc.), mais aussi des laves redoutables, même si aujourd'hui beaucoup de cônes sont devenus inactifs grâce aux travaux de reboisement et de correction.

Des différences sensibles existent entre le nord, aux larges volumes montagneux, avec toute une série de mondes suspendus au-dessus des grandes vallées, et le sud où la montagne se réduit à des cloisons plus étroites et plus raides, comme la Font-Sancte, entre Queyras et Haute-Ubaye. Le sud, plus sec et plus chaud, a été nettement moins englacé ; le matériel calcaire triasique y donne naissance, à haute altitude, à des nappes de pierraille qu'on trouve plus rarement en Maurienne ou en Tarentaise.

Du nord au sud, se succèdent toute une série d'unités :

— Le *berceau tarin,* le plus bas de toute la zone intra-alpine, mais avec de raides flancs d'auge, s'élargit en petits bassins (bassin d'Aigueblanche, large convergence de Moûtiers où les deux vallées des Dorons de Bozel et de Belleville forment avec la vallée de l'Isère ce qu'on appelle l'X tarin). Entre berceau tarin et Maurienne, le *massif de la Vanoise* est séparé de la Lauzière par la cicatrice du col de la Madeleine, et fortement aéré par les vallées des Dorons. La partie la plus élevée, à l'est, la Vanoise proprement dite (3 852 m à la Grande Casse) correspond aux matériaux résistants des zones valaisane et briançonnaise ; une étroite cicatrice dans les schistes lustrés la sépare des premiers sommets du Gran' Paradiso. Grâce à son altitude, la Vanoise est la région la plus englacée de la zone intra-alpine et sa morphologie de haute montagne rappelle celle du Pelvoux ou du Mont-Blanc.

— La vallée de l'Arc, ou *Maurienne* est plus étroite, mais encore bien calibrée, même dans la haute vallée suspendue à l'amont de Lanslebourg laquelle est dominée par des parois de haute montagne : Vanoise sur la rive droite à plus de 3 000 m, crêtes de La Levanna à La Ciamarella où aucun col ne s'abaisse en-dessous de 3 000 m, puis au massif d'Ambin, sur la rive gauche.

— Entre Arc et Romanche, les hauts pays des Villards, des Arves et de Valloire reproduisent la même disposition que la Vanoise : longs versants mauriennais et brutale retombée sur la Romanche ; mais rien ne rappelle ici les profondes vallées des Dorons, rien non plus d'équivalent aux hauts reliefs de la Vanoise : hors les Aiguilles d'Arves à 3 510 m et les Trois-Evêchés, pas de relief supérieur à 3 000 m, mais un vaste plateau autour de 2 200 m d'altitude, domaine de la transhumance.

— De part et d'autre du col du Lautaret, les hautes vallées de la Romanche et de la Guisane constituent, au contact du Pelvoux, des rainures plus étroites. A l'aval, le *Briançonnais* voit confluer avec la vallée de la Durance tout un éventail de grandes vallées, dont l'altitude est liée à la puissance des glaciers qui les occupaient : Clarée, Haute-Durance et Cerveyrette au droit de Briançon, système de la Gyronde, descendue du Pelvoux, à l'Argentière.

— Séparé de la Durance par l'anticlinal briançonnais, le *Haut-Queyras* développe d'immenses versants dans les schistes lustrés ; ces sommets de la crête frontière dépassent rarement 3 000 m, toujours sculptés dans les roches vertes (tête des Toillies, et, en Italie, Viso à 3 840 m). Le massif de la Font-Sancte et les nappes du flysch le séparent de l'*Ubaye,* avec la large boutonnière de Barcelonnette, déblayée dans les marnes noires jurassiques, et la Haute-Ubaye qui n'est qu'une fissure entre Font-Sancte et Chambeyron, deux massifs qui atteignent 3 000 m et portent encore quelques petits glaciers ou névés.

— On pourrait enfin assimiler à la zone intra-alpine, non seulement les massifs de flysch du Haut-Embrunais, mais aussi, pour leur économie et bien que leur position dans l'arc alpin soit très différente, les hautes vallées du Verdon et du Var.

Toutes ces vallées intra-alpines communiquent difficilement entre elles ; les routes de jonction sont rares, fermées de novembre à juin ; de la Tarentaise vers la Maurienne, on peut passer par le col de la Madeleine (1 984 m) à l'ouest, l'Iseran (2 770 m) à l'est ; de la Maurienne sur l'Oisans, par les cols du Glandon et de la Croix-de-Fer à l'ouest, du Galibier (2 600 m) à l'est ; du Briançonnais sur le Queyras, par l'Izoard, à 2 361 m ; du Queyras à la Haute-Ubaye par le col de Vars, à 2 111 m ; de l'Ubaye sur le haut-Verdon par le col d'Allos (2 240 m), sur le Haut-Var par celui de la Cayolle, et sur la Haute-Tinée par celui de Restefond à 2 678 m ; enfin de la vallée du Verdon à celle du Var par le col des Champs. Ces passages sont finalement plus élevés que les échancrures à travers la chaîne-frontière, dont certaines sont praticables toute l'année (cols de Larche à 1 991 m, du Mont-Genèvre, à 1 850 m).

Les Massifs Centraux

L'ancienne chaîne hercynienne et les massifs granitiques incorporés doivent à la compression très forte une structure en grandes lames inclinées vers l'ouest ou subverticales comme dans le Pelvoux ou le Mont Blanc, et des effets d'écrasement qui se traduisent par des zones de broyage (mylonites du Mont-Blanc). La roche saine est toujours très diaclasée et les plans de diaclasage, souvent verticaux, sont responsables des parois extraordinaires des Grandes Jorasses ou des Aiguilles de Chamonix.

On distingue généralement dans ces Massifs deux bandes, externe et interne, séparées par une zone déprimée, souvent affaissée (vallée de Chamonix), parfois garnie de sédiments de la couverture ; parfois aussi, cette dépression a été presque refermée par la compression et réduite en surface à une simple cicatrice. Blocs effondrés ou surélevés sont fréquents, alignés suivant des réseaux de failles qui ressuscitent en général des directions hercyniennes (Taillefer, Rousses).

Il n'y a pas à travers les Massifs Centraux des ensellements livrant passage aux grandes vallées, mais simplement des percées étroites, probablement antécédentes, et plus ou moins liées à de petits accidents tectoniques. Cependant, ces vallées isolent fortement les massifs les uns des autres. Du nord au sud, on distingue :

— L'ensemble *Aiguilles-Rouges - Mont-Blanc,* avec un rameau externe assez bas (moins de 3 000 m en général) et un rameau interne plus large et très haut, avec des dômes comme celui du Mont-Blanc (4 807 m) ou des aiguilles comme la Verte (4 122 m), l'altitude s'abaissant tant vers le nord que vers le sud, et où le col le plus bas, celui du Géant, est à 3 365 m. Les glaciers y développent les plus longs appareils des Alpes occidentales. Entre les deux rameaux, la vallée de Chamonix, fermée à l'aval par la cluse de Servoz, y connaît les plus fortes dénivelées des Alpes, Chamonix n'étant guère qu'à 1 000 m d'altitude au pied du Mont-Blanc.

— Au sud, la barrière des Massifs Centraux s'abaisse assez brutalement dans le *Beaufortin,* alors qu'entre Tarentaise et Maurienne, les deux étroites sierras du *Grand-Arc* et de la *Lauzière* retrouvent des altitudes plus élevées.

— De la Maurienne au Pelvoux, la chaîne de *Belledonne,* plus large, frisant les 3 000 m est aussi plus complexe ; le rameau externe, un peu plus bas, s'efface au sud de la Romanche ; le rameau interne, celui des Sept-Laux, se poursuit au-delà de la Romanche par la puissante barre du Taillefer. Mais ici, une troisième unité apparaît à l'est : déjà visible en Maurienne dans le petit massif du Rocheray, elle vient former le massif des Grandes Rousses, culminant à près de 3 500 m. Les Rousses sont séparées de Belledonne par un fossé d'effondrement, celui de la vallée de l'Eau d'Olle et du Bourg d'Oisans, vers lequel elles dégringolent par une série de gigantesques marches délimitées par des escarpements de faille. Tout au sud, le socle hercynien a conservé une partie de sa couverture sédimentaires, comme dans le dôme de la Mure.

— L'énorme amande du *Pelvoux* est nettement décalée vers l'est par rapport aux autres massifs. On y retrouve des altitudes très élévées, localement supérieures à 4 000 m et un englacement important quoiqu'encore plus résiduel que celui du Mont-Blanc ; les formes, commandées par des lames subverticales de granite, rappellent celles de ce dernier massif ; mais la déglaciation, plus avancée, donne aux grandes parois rocheuses un développement plus généralisé que dans le massif du Mont-Blanc, expliquant par là l'engouement des alpinistes. Une autre originalité apparaît dans le drainage, assuré ici, sauf au nord, par des vallées glaciaires très encaissées en disposition grossièrement rayonnante (vallée du Vénéon, du Valjouffrey, du Valgaudemar, du Haut-Drac, de Freissinières, du Fournel, de la Gyronde et de ses affluents — Vallouise —).

— Au-delà du hiatus de l'Embrunais, les Massifs Centraux réapparaissent dans la chaîne-frontière de l'Argentera.

Le Sillon Alpin et ses prolongements

Longtemps interprété comme un sillon d'érosion, le Sillon (Sub)Alpin représente plutôt une déchirure tectonique, qui tranche net, par exemple en Grésivaudan, les plis obliques de la montagne préalpine. Lié au décollement de la couverture sédimentaire des Massifs Centraux, il est incomplet ; il manque au nord entre Giffre et Aiguilles Rouges, réduit à une mince cicatrice qui se ferme, au nord de Saint-Gervais, dès le col d'Anterne ; au sud, il finit avec la haute vallée du Drac et il manque totalement dans les Alpes méridionales. Il est d'autre part très inégalement déblayé.

— Entre Arve et Cluse d'Annecy-Albertville, le Sillon est étroit, assez mal dégagé dans la couverture liasique du Beaufortin : c'est le *Val d'Arly*, perché à plus de 1 000 m d'altitude, et défoncé à ses deux extrémités par des gorges de raccordement aux versants très instables dans des schistes liasiques ou des dépôts morainiques.

— D'Albertville au confluent Drac-Romanche,

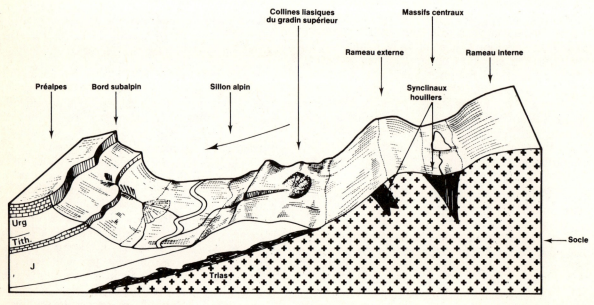

11. Formation du Sillon alpin

(d'après L. Moret)

c'est le vrai Sillon Alpin avec la *Combe de Savoie*, puis le *Grésivaudan*. Une très large vallée, bien calibrée est dominée à l'ouest par les Préalpes, avec la double corniche des calcaires urgonien et tithonique, bordée d'un talus de débris ou de petits cônes de déjections, et, à l'est, par un talus de collines taillées dans le lias (Gradin supérieur) ; le fond de la vallée est constitué par une plaine de remblaiement très basse (345 m à Albertville, 200 m à Grenoble), construite par l'Isère.

— Au sud de Grenoble, le Sillon Alpin s'élargit démesurément (jusqu'à 25 km), se réduisant seulement entre le Dévoluy et le sud du Pelvoux. Son soubassement est fait surtout de schistes ou de marnes noires jurassiques, formant une sorte de plate-forme d'érosion, perchée au-dessus de la plaine de Grenoble, à 700-800 m d'altitude, violemment incisée par les gorges pré- et post-glaciaires du Drac et de ses affluents. Le Sillon se fragmente ainsi en une série de petits « pays » élevés, difficiles d'accès, comme la Matésine au nord, le Trièves au pied du Dévoluy ou le Champsaur dans la haute vallée du Drac.

— Le Sillon Alpin cesse au col Bayard ; l'absence de haut massif cristallin au sud du Pelvoux ne permet plus l'écoulement de la couverture sédimentaire. Nous trouvons là au contraire une série de dômes aménagés dans la série sédimentaire dauphinoise et son soubassement : dôme de Gap (ou de Remollon), prolongé par la demi-fenêtre d'Embrun, dôme de Barcelonnette, investi complètement par les nappes du flysch, dôme de Barrot (au pied de l'Argentera, où la résurrection des Massifs Centraux ne fait pas réapparaître le Sillon...), mais aussi les petits dômes d'Allos et de Beauvezer (Verdon) et d'Entraunes (Var) que séparent des cuvettes synclinales parfois emplies de grès tertiaires comme celle d'Annot.

Il n'y a donc plus de dépression longitudinale, mais seulement des éléments de vallée, aménagés en combe dans les dômes (moyenne-Ubaye, haute vallée du Verdon, puis du Var) perpendiculaires à la chaîne et sans liaison les uns avec les autres.

La seule grande dépression des Alpes du Sud rappelant par son ampleur le Sillon Alpin est la vallée de la Durance ; mais, au sud du confluent du Buech, il s'agit d'une cluse préalpine, et à l'amont d'Embrun, d'une grande vallée intra-alpine. Au milieu, autour du dôme de Gap, le boulevard se dédouble, la dépression la plus large contournant le dôme par le nord et rejoignant le Buech alors que la Durance s'est creusée une vallée plus étroite dans la retombée sud du dôme, particularité exploitée par l'homme pour l'implantation du barrage de Serre-Ponçon.

Les Préalpes et les cluses préalpines

Géologiquement, les Préalpes constituent un domaine assez varié. Les matériaux qui les constituent se sont accumulés dans des bassins plus ou moins subsidents, où la sédimentation a été, de ce fait, très épaisse, le seul Jurassique pouvant représenter 4 000 m de puissance. L'armature préalpine est constituée par plusieurs assises calcaires résistantes :

— le *calcaire tithonique* (Jurassique supérieur) peu épais, mais très dur, couronne une puissante série marneuse ; à l'est des Préalpes de Digne, il est relayé par des calcaires récifaux beaucoup plus épais.

— le *calcaire urgonien,* en bancs plus puissants, existe d'une part du Giffre au Vercors, d'autre part dans le Ventoux et les monts du Vaucluse ; il manque par contre dans le sud-est et il est remplacé entre Vercors et Ventoux, à l'emplacement d'une fosse dite vocontienne, par de puissantes séries marno-calcaires ; ce calcaire urgonien fournit les couches les plus rigides.

— le *calcaire sénonien* s'est déposé dans les zones restées en creux après la première orogénèse alpine ; il est bien représenté dans le Vercors, dans quelques bassins synclinaux du Diois, comme celui de la forêt de Saou ; surtout, il forme l'armature du Bôchaine et du Dévoluy.

Sur le plan de la formation et du matériel, on peut distinguer cinq types préalpins :

— le type « suisse », avec massifs charriés, essentiellement le Chablais ;

— le reste des Préalpes du Nord qui n'a connu qu'une grande phase de plissement et dont les calcaires tithoniques et urgoniens forment l'ossature ;

— le Diois, les Baronnies et dans une certaine mesure les Préalpes de Digne ; l'urgonien y fait défaut et l'évolution morphologique est commandée par l'absence de couches résistantes très épaisses et, surtout, la dualité des phases tectoniques ;

— cette dualité intéresse également les Monts du Vaucluse mais la réapparition des tables de calcaire urgonien introduit un tout autre type de relief ;

— enfin, à l'est du plateau de Valensole, les Préalpes de Grasse et de Nice offrent encore un autre type. (Pour les Préalpes du Sud, on se reportera au volume « les Midis français »).

Les chaînes préalpines sont relativement peu élevées : moins de 2 000 m au sud, 2 300 m sur la bordure orientale du Vercors, 2 500 à 2 600 m dans la chaîne des Aravis (Bornes), plus de 2 500 m dans le Giffre qui est le massif le plus élevé. On peut dégager quelques traits morphologiques essentiels. C'est d'abord le rôle fondamental des assises calcaires ; là où domine l'urgonien, on a fréquemment un relief conforme à la structure (Bornes, Vercors) ou des ensembles de plateaux rigides peu affectés par la dernière orogénèse alpine (Monts de Vaucluse) ; là où il manque ou est trop discontinu, l'évolution du relief plissé est beaucoup plus poussée, l'inversion étant souvent la règle (Chartreuse, Bauges, Diois et Baronnies).

Depuis la mise en place, le système d'érosion a été très différent au nord et au sud ; seul le Chablais a été largement submergé par les glaces ; dans les autres massifs septentrionaux, l'intrusion des grands glaciers alpins se limite à quelques digitations et les glaciations locales n'ont eu que peu d'influence sur le modelé. Dans les Préalpes méridionales, cette action glaciaire est inexistante.

La part importante des calcaires justifie l'ampleur prise par les formes karstiques, notamment dans le Giffre (lapiés géants du « désert » de Platé), le Vercors, le Dévoluy, les Monts du Vaucluse. Le karst profond est souvent très ancien, fréquemment bouleversé par les derniers épisodes orogéniques.

Le réseau hydrographique préalpin est rarement adapté à la structure ; le plus souvent, il est établi conformément à la pente du bâti alpin, d'est en ouest, donc essentiellement en tracé en cluse. Dans les Alpes du Nord, les quatre grandes cluses préalpines sont les plus remarquables ; deux sont vives (Arve et cluse de Grenoble) deux « mortes » (Chambéry et Annecy) ; leur tracé est parfois rectiligne, plus souvent complexe. Chaque cluse constitue une limite physique, correspondant à un ennellement dans les plis préalpins ; mais les plis décrochent de part et d'autre de la cluse et le style de relief est souvent très différent ; les cluses correspondent à des accidents majeurs de l'architecture alpine.

Dans les Alpes septentrionales, chaque massif préalpin constitue une entité physique nette, limitée de toutes parts par des escarpements monoclinaux ou des retombées brutales de plis sur l'avant-pays, le Sillon Alpin ou les cluses. Sauf le Chablais, tous ces massifs sont constitués de plis de direction subméridienne, plus ou moins déversés vers le nord-ouest avec une tendance à une structure isoclinale ; ce déversement s'accentue à la limite ouest de chaque massif, allant jusqu'au chevauchement de l'avant-pays molassique. En dehors du Chablais et du Giffre, deux types de reliefs préalpins apparaissent :

— Celui du *Vercors* et des *Bornes,* lié à une carapace urgonienne épaisse et continue, peu plastique, donnant des plis amples, souvent dissymétriques, notamment à la bordure ouest où on passe à des plis-failles. De fréquentes cassures témoignent de la rigidité du matériel. Le relief reste conforme à la structure, la carapace urgonienne ayant été peu malmenée : anticlinaux à peine biseautés par l'érosion, synclinaux parfois défoncés au voisinage des cluses. Dans le Vercors, la karstification est assez poussée pour soustraire les eaux à l'écoulement superficiel. Les rares cluses intérieures, par exemple celles du Borne et du Fier, sont liées à des abaissements d'axe prononcés.

— Celui des *Bauges* et de la *Chartreuse,* où la couverture urgonienne est discontinue, soit que la sédimentation ait eu lieu sous forme de lanières isolées, soit que l'érosion en ait enlevé une partie. Les plis sont beaucoup plus vigoureux ; les témoins urgoniens sont souvent portés autour de 2 000 m d'altitude. Les plis sont fréquemment couchés vers l'ouest, donnant une série de crêts monoclinaux à regard ouest. L'inversion de relief est fréquente, au moins à l'est, avec des synclinaux perchés de calcaire urgonien. Pourtant, les minces voûtes de calcaire tithonique n'ont guère été entamées par l'érosion et des molasses relativement tendres garnissent les synclinaux de l'ouest.

Héritages et problèmes morphologiques

Les différents épisodes de la mise en place ont bouleversé les reliefs antérieurs, dont il est assez vain de rechercher les témoins. On notera seulement la permanence de quelques grands traits structuraux (ainsi les inflexions ayant livré passage aux vallées) et d'accidents dont beaucoup paraissent liés à l'architecture de l'ancienne chaîne hercynienne.

La topographie superficielle résulte largement de l'action glaciaire. Les glaciers n'ont certes pas créé les reliefs alpins et la prépondérance presque exclusive des appareils de vallée implique une topographie préglaciaire peu différente de l'actuelle dans sa disposition, avec des versants assez développés et assez raides pour que les avalanches contribuent à l'épaississement rapide de la glace.

Les grands pourvoyeurs des glaciers alpins ont été les Massifs Centraux (Mont-Blanc et Pelvoux), et, pour une moindre part, la zone intra-alpine. Fortement enneigés, ils ont alimenté les grands fleuves de glace; ainsi, à chaque poussée glaciaire on voit les appareils issus du Pelvoux envahir le sud du Sillon Alpin. Ces grands glaciers ont occupé toutes les grandes vallées intra-alpines, le Sillon Alpin au nord de Grenoble, les cluses préalpines du nord, la vallée de la Durance jusqu'à Sisteron (mais de manière incomplète le sud du Sillon Alpin, et jamais la vallée moyenne et basse du Buech) ; ils ont largement débordé sur l'avant-pays. Leur épaisseur a dû être très variable, pouvant dépasser 1 000 m dans le Sillon Alpin central et septentrional, mais beaucoup plus réduite dans les pays duranciens à l'aval du dôme de Gap, encore que des transfluences duranciennes aient transité par le col Bayard. De même ont été fortement englacées toutes les vallées des Grandes Alpes.

Il est en revanche peu probable que les hautes crêtes aient connu autre chose que de petits glaciers de cirque, dont P. Veyret a montré le rôle dans l'aménagement des épaulements dits glaciaires de la vallée de Chamonix. Dans les Préalpes du Nord, les vallées n'ont été fortement envahies par les glaces, comme en Chablais ou dans le nord du Vercors, qu'à la faveur de la pénétration de grands glaciers venant de l'intérieur des Alpes.

Chronologiquement, la glaciation rissienne a dû être la plus importante. G. Monjuvent a montré, pour le sud du Sillon Alpin, que dès la fin du Riss, le bassin moyen du Drac est partiellement dégagé ; pendant la glaciation würmienne, seule la gouttière entre Pelvoux et Dévoluy sera complètement occupée par les glaces, alors qu'ailleurs, les glaciers descendus du Pelvoux n'ont fait que barrer localement la vallée du Drac, déterminant la création de lacs de barrage ; de là cette fréquence des remblaiements alluviaux et la multiplication, dans le sud du Sillon, de terrasses fluvio-lacustres. Le phénomène s'étant répété plusieurs fois, la complication des formes est souvent très grande.

De même, les glaces amenées par le puissant glacier du Rhône ont subsisté longuement sur le bassin du Léman, créant un véritable bouchon derrière lequel les torrents d'un Chablais déjà largement déglacé accumulent de vastes quantités de matériaux (conglomérat des Dranses) que des récurrences ultérieures pourront recouvrir de moraines ou remanier. L'analyse de ces processus cumulatifs reste difficile.

Aussi la pureté des reliefs glaciaires ne vaut-elle que pour les vallées les plus montagnardes ; encore les auges glaciaires ont-elles vu leur profil fortement remanié par les éboulis de pied de versant et les cônes d'avalanches ; dans les grandes vallées, les irrégularités du retrait glaciaire ont multiplié dépôts et formes épiglaciaires. Du moins est-on assuré de trouver la succession des ombilics et des verrous ; de même voit-on se généraliser les vallées suspendues. Les versants des vallées ont non seulement subi l'action des glaces, mais aussi les effets de la décompression qui a suivi leur fusion. Les hauts versants ont au contraire subi les assauts du froid, et les alternances du gel et du dégel, le manteau neigeux y étant constamment balayé par le vent ou les avalanches ; aussi les parois se strient-elles d'innombrables couloirs d'avalanches de neige et de pierrailles, dont les produits de ramonage ont été intégralement exportés au dehors par les grands glaciers, expliquant la faible part des formes d'accumulation dans la montagne. Dans la zone intra-alpine plus sèche et les zones peu englacées, le déblaiement a été moins efficace et les talus de matériaux tiennent une place plus importante dans le paysage.

Dans les Alpes du Sud, l'action glaciaire a été négligeable sauf dans l'Argentera. Le contraste entre le nord et le sud du massif alpin est par suite très vif. De plus, le sud, plus anciennement formé, moins touché par la surrection mio-pliocène, est plus bas, ce qui n'a laissé à la neige et à la glace que fort peu de possibilités.

Les contrastes climatiques

L'opposition est bien connue entre les Alpes du Nord océaniques, humides, aux pluies saisonnières bien réparties donc au fort enneigement hivernal, et les Alpes du Sud, au climat méditerranéen de montagne, souvent indigent en précipitations, aux températures moyennes nettement plus élevées, au volume nival médiocre et irrégulier.

La frontière climatique entre ces deux mondes est sans doute moins nette que R. Blanchard et E. Bénévent ne l'ont affirmé ; elle est autant le fait de l'altitude ou de l'orientation du relief que celui de la latitude ; et l'extraordinaire contraste de végétation existant par exemple au col du Rousset, entre Vercors et Diois, tient pour une large part au creux accentué de la combe de Die, au pied des hauts plateaux du Vercors où l'altitude impose plutôt la fraîcheur qu'une transformation fondamentale du régime climatique. Le même contraste se retrouvera au pied sud du Pelvoux, isolant nettement le massif des affinités méridionales du Gapençais ou de l'Embrunais.

En fait, l'opposition climatique entre nord et sud ne peut le plus souvent s'opérer le long d'une frontière nette, car d'autres facteurs interviennent constamment. L'altitude, l'exposition aux vents pluvieux peuvent créer des îlots de montagne froide au milieu de la nature méditerranéenne, comme dans l'Argentera, ou même, pour des différences d'altitude faibles, au sommet du Ventoux ou de Lure. Dans la zone interne, l'abri vis-à-vis de la circulation d'ouest, le rôle important des influences piémontaises et la forte continentalisation l'emportent de beaucoup sur les contrastes nord-sud, conférant à la zone intra-alpine toute entière, du Petit-Saint-Bernard à la Haute-Tinée, une indéniable unité climatique, malgré le fort écart en latitude. Enfin, la nature de la roche joue parfois son rôle : en Dévoluy, les calcaires renforcent l'impression de sécheresse jusqu'à donner une touche très méditerranéenne à une montagne qui l'est climatiquement assez peu et à faire ranger classiquement le massif dans les Alpes du Sud.

Le plus souvent cependant, il existe entre le nord et le sud une zone de transition qui intéresse tout le sud du Vercors, le sud du Sillon Alpin (surtout le Trièves et le Champsaur qui y gagnent malgré l'altitude, d'être encore des pays de champs), et se poursuit dans le sud du Pelvoux et la haute vallée de la Durance.

Aussi rangerons-nous dans les montagnes françaises non méditerranéennes, non seulement les Alpes du Nord traditionnelles, mais aussi la totalité des Grandes Alpes charriées et le petit massif préalpin du Dévoluy-Bôchaine.

2. Les grandes Alpes

De forts contrastes physiques

Le premier contraste est d'ordre climatique, la palissade des Massifs Centraux protégeant des influences d'ouest une zone intra-alpine, plus largement ouverte aux effluves piémontais. Les *Massifs Centraux* sont très arrosés et très enneigés ; fort abritée, Chamonix n'enregistre pas moins de 1 300 mm/an ; malgré sa faible altitude, le Beaufortin reçoit, vers 1 500 m, plus de 1,50 m de précipitations. Seul le Pelvoux est plus sec ; si les vallées occidentales et méridionales reçoivent encore 1 200 à 1 300 mm entre 1 200 et 1 300 m d'altitude, le fond de la vallée du Vénéon enregistre à peine 1 m, et les vallées orientales entre 1 000 et 1 100 mm. On a longtemps cru que les précipitations croissaient avec l'altitude ; la montagne est certes plus arrosée que les vallées, recevant de 2 à 2,50 m de précipitations, voire 3 m comme dans les Aiguilles Rouges, autour de 2 000 - 2 500 m d'altitude. Au-dessus, le volume des précipitations doit aller en diminuant.

Les régimes pluviométriques sont très uniformes dans le nord avec des précipitations copieuses en toute saison ; on note un léger maximum d'hiver et une pointe plus marquée de l'été, due aux fortes pluies de front froid par régime de nord-ouest, caractéristiques de cette saison. Vers le sud, ces pluies d'été diminuent donc rapidement et le mauvais temps contrarie moins les alpinistes dans le Pelvoux qu'au Mont-Blanc ; le maximum d'hiver s'efface également pour faire place à une pointe automnale dans le sud du Pelvoux. En même temps, les températures se relèvent, l'insolation devient plus généreuse : il y a près d'un mois d'écart, à altitude égale, dans les dates des fenaisons entre le Pelvoux occidental, capable de mûrir des moissons, et la vallée de Chamonix, où les gens du Tour épandaient jadis fumier et pierres sombres sur leurs champs pour accélérer la fonte de la neige. De là, à basse altitude, une rapide diminution du volume nival vers le sud ; au Tour, à 1 460 m d'altitude, le volume nival annuel est de l'ordre de 7 m ; à La Bérarde, en Pelvoux, pourtant à 1 700 m d'altitude, on ne totalise plus que 4 m de chutes annuelles, à Orcières-Merlette moins de 3 m.

La *zone intra-alpine* est nettement plus sèche ; la Tarentaise ne mérite sans doute pas encore l'appellation de « Grandes Alpes ensoleillées » ; mais le terme est exact dès la Maurienne et cette situation va persister jusque dans l'Ubaye. Le soin avec lequel l'homme a arrosé jadis champs et prairies témoigne de l'insuffisance des pluies au regard des températures et de l'évaporation estivales. L'abri confère ainsi à tout le domaine intra-alpin une certaine homogénéité ; l'altitude moyenne, un peu plus faible que dans les Massifs Centraux, reste forte (de l'ordre de 2 000 m pour la Tarentaise et la Maurienne) ; il faut compter aussi avec l'existence d'amples vallées très abritées. Partout, les influences piémontaises sont sensibles ; les vents de sud-est à est, plus ou moins fœhniques dans le reste de nos Alpes, apportent ici des averses copieuses, mais uniquement à proximité de la frontière : c'est le temps de « lombarde ».

Le volume des pluies diminue d'ouest en est et du nord vers le sud ; il tombe encore plus d'1 m en Tarentaise, avec un régime à double maximum d'hiver et d'été ; mais la Maurienne est déjà sèche (généralement moins d'un mètre), avec des hésitations dans les régimes : maximum d'automne sur la chaîne-frontière, d'hiver ailleurs. L'Oisans, puis le Briançonnais, sont encore moins bien pourvus : 800 mm en vallée de Névache, 730 au Mont-Genèvre ; on ne dépasse guère 900 mm, même au pied nord de la Meije. Plus au sud, une pénurie estivale se dessine, qui est peut-être un trait méditerranéen, encore que les grandes averses méditerranéennes soient à peu près inconnues ; le volume des pluies, vers 1 500 - 2 000 m est de l'ordre de 800 mm en Queyras, légèrement plus en Ubaye. D'autre part, il existe de forts creux pluviométriques dans les vallées les mieux protégées : 700 à 800 mm dans la région mauriennaise de Modane, avec, à Avrieux, une moyenne 1950-59 de moins de 500 mm ; 700 à 750 mm dans le creux briançonnais ou dans la combe de Barcelonnette.

Le volume de neige est rarement comparable à celui des Massifs Centraux ; si Val-d'Isère totalise encore 4 m annuels, le Pelvoux, le Queyras atteignent péniblement les 3 m. Mais, à altitude égale, c'est peut-être le manteau le plus persistant de toutes les Alpes, car les nuits d'hiver sont toujours très froides, surtout dans les vallées ; on rencontre là les minima les plus marqués et les inversions de température sont la règle, par exemple en Ubaye où la vallée est presque constamment plus froide que son environnement montagneux. En revanche, l'insolation est toujours très généreuse, le nombre de jours de pluie peu élevé, l'été de plus en plus chaud vers le sud, l'automne souvent tiède et lumineux.

Ces caractéristiques climatiques permettent un fort relèvement de toutes les limites végétales, dont profite notamment la zone des alpages qui peut se hisser jusqu'à 3 000 m. La sécheresse fait que sapinières et pessières sont rares, alors que les pins se multiplient. La formation typique de la zone intra-alpine est le mélézin, surtout aux ubacs, car aux adrets, la sécheresse lui substitue souvent le pin. Le mélézin n'est pas une forêt classique : mélangé sur terrains siliceux au pin cembrot, le mélèze constitue toujours des peuplements clairs ; le mélézin est plutôt un pré-bois qu'une forêt et il était toujours pâturé, établissant une sorte d'équilibre sylvo-pastoral entre la zone de l'habitat permanent et les alpages.

La vigueur des pentes, la relative faiblesse de l'évaporation tendent d'autre part à accroître les débits spécifiques des rivières ; le stockage et le déstockage des précipitations, sous forme de neige ou de glace introduisent des régimes qu'on ne trouve pas en moyenne montagne : *nivo-glaciaires*, comme l'Arve à Chamonix, le Doron de Bozel ou l'Avérole, avec de très hautes eaux d'été, des débits d'août soutenus, des étiages d'hiver très bas et des débits spécifiques très élevés (40 l/s/km² et plus) où la part du déstockage glaciaire est malaisée à fixer. *Régimes nivaux* où la crue d'été est plus précoce, culmine en juin, mais avec des débits de fin de saison chaude déjà très diminués, au point que les pluies d'automne entraînent un relèvement de la courbe, comme sur l'Ubaye ou le Guil, avec des étiages d'hiver moins marqués. Dans les deux régimes, les débits sont rythmés par la fonte quotidienne, avec de fortes variations diurnes et une grande sensibilité aux températures. Cependant, les très grosses crues sont liées aux fortes averses et une fusion brutale du manteau nival ne vient qu'ajouter une lame d'eau supplémentaire ; ainsi, à la frontière italienne, presque toutes les grandes crues sont liées aux fortes averses amenées par la lombarde.

La tradition montagnarde

La géographie physique (pentes plus raides, flancs d'auge presque abrupts et peu utilisables, lames granitiques redressées de la haute montagne, etc.) défavorise les Massifs Centraux. Aussi compte-t-on très peu de communes entièrement situées dans cette zone : Lauzière et Grand-Arc sont partagés entre des communes du Sillon Alpin ou de la zone intra-alpine ; il en est à peu près de même de Belledonne et du Taillefer. Cinq communes se partagent le Mont-Blanc et les Aiguilles Rouges et une dizaine le Pelvoux où on compte moins de 2 000 habitants permanents. Seul le Beaufortin a été assez fortement peuplé et a abrité jusqu'à 6 000 habitants. Même le Massif du Mont-Blanc, fort aujourd'hui de 12 000 habitants, n'a jamais eu, avant le tourisme, plus de 2 000 à 3 000 habitants.

Dans le passé, les massifs ont offert bien peu de ressources à leurs habitants ; bien plus, les conditions se sont aggravées au XVIIᵉ siècle lorsque les crues glaciaires ont privé les paysans du Mont-Blanc ou du Pelvoux d'une partie de leurs terroirs. Saint-Christophe-en-Oisans, dans la vallée du Vénéon, offre un bon exemple de ces difficultés, échelonnant un maximum de 500 habitants sur 20 km de vallée, sans parler de 4 hameaux qui n'étaient accessibles que par sentier, voire par échelles et dont tout accès hivernal était interdit du fait des avalanches.

Au contraire, les grands versants de la zone intra-alpine offraient aux communautés rurales de plus larges possibilités. Le peuplement y a été précoce ; ici, pas de monastères pionniers comme dans les Préalpes, car la montagne est occupée depuis longtemps jusqu'aux limites de l'oekoumène, et les tutelles ecclésiastiques, comme celle de l'abbaye de Villeneuve-les-Avignon dans les pays duranciens, ne paraissent pas liées à de nouveaux défrichements. Le peuplement monte très haut ; Saint-Véran est à plus de 2 000 m ; les derniers hameaux de Saint-Paul-sur-Ubaye dépassent 1 900 m et il en est de même du hameau d'Avérole, sur Bessans, en Haute-Maurienne. En tout, 25 communes ont leur chef-lieu à plus de 1 500 m d'altitude, surtout dans le Queyras et l'Oisans.

Si la croissance de la population a été précoce, ce n'est toutefois qu'à partir du XVIe siècle que les alpages sont systématiquement colonisés, puis que les hameaux d'alpages les plus bas deviennent des habitats permanents. Un premier maximum a dû se produire vers 1670-1680, suivi d'un rapide reflux lié aux guerres sur la frontière à la fin du XVIIe siècle. Puis la population croît à nouveau, et, en moyenne, connaît son maximum dès le début du XIXe siècle. C'est ensuite un déclin assez lent, de sorte qu'en 1876 les effectifs humains sont encore considérables : 35 000 habitants au moins en Tarentaise, plus de 50 000 en Maurienne ; plus pauvres, l'Oisans, le Briançonnais, l'Ubaye alignent chacun près de 15 000 personnes, le Queyras quelque 6 000. Eu égard aux surfaces utilisables, les densités paraissent considérables, sans toutefois excéder 20 habitants au km². Au moment du maximum, la zone intra-alpine a dû compter plus de 150 000 habitants et la richesse en hommes apparaît comme l'un des traits majeurs de la haute montagne interne.

L'installation des hommes ne procède pas du hasard. Il a fallu dans toute la mesure du possible éviter l'ombre, car dans les villages privés de soleil, la monotonie de la nourriture, les eaux plus ou moins séléniteuses multiplient les cas de goître ou de crétinisme : Avrieux comptait un goîtreux grave pour 5 habitants, un crétin sur dix, au milieu du XIXe siècle... L'habitat doit également éviter les zones de ravinement ou de fluage des versants, et surtout les couloirs d'avalanche ou les pentes exposées au glissement de plaques de neige. Cette limitation des sites constructibles explique en partie le groupement en hameaux dans la majeure partie de la zone intra-alpine ; il est vrai que l'émiettement des terroirs peut pousser en sens inverse à la dispersion : c'est le cas des Massifs Centraux, sauf le Pelvoux. En zone intra-alpine, presque toutes les maisons des villages se tassent, se serrent en ruche les unes contre les autres malgré le risque d'incendie.

On chercherait vainement une finalité dans le mode de construction de la maison. Certes, dans toute la zone intra-alpine domine une grosse maison-bloc, souvent carrée, toujours élevée, coiffée d'une vaste grange à foin ou à récoltes. Mais il arrive que la maison se dissocie de l'étable, qu'il y ait même, comme en Valais, des quartiers de grange-étables et des quartiers réservés à l'habitation ; c'est un type d'ailleurs assez rare dans des montagnes où la cohabitation hivernale avec le bétail fut à peu près générale. Mais il y a bien des variations d'une vallée à une autre. Ainsi, en Haute-Ubaye, la maison est toute de pierre, tassée, serrée sur elle-même, alors que dans les communes limitrophes du Queyras, seul le soubassement est en pierre, tout le reste étant en bois avec d'amples balcons et une grange élancée et très aérée ; mais le Queyras lui-même n'est pas uniforme et la part du bois dans la ferme traditionnelle est très variable. Le toit est tantôt de lauzes de pierre comme en Ubaye ou en Oisans, tantôt de grandes planches de mélèze comme en Queyras, plus rarement de tavaillons à la mode préalpine. Parfois, le toit enveloppe les murs, mais parfois aussi il s'encastre dans les murs boutiers, qui sont alors couronnés d'un escalier de lauzes.

L'habitat temporaire des alpages est souvent une réduction de l'habitat permanent ; il est d'ailleurs arrivé que les villages d'alpages deviennent habités toute l'année. Plus exigu, souvent en pierre, c'est une maison sommaire pour les hommes (le « habert » de Maurienne) ou pour les bêtes (souvent, la « jasse ») complétée d'une cave à lait ou à fromage ; menacé par la neige et le vent, il s'enterre, se couvre parfois de voûtes garnies de mottes de gazon.

L'économie est plus uniforme que la maison ; sauf dans les Massifs Centraux les plus humides, on a toujours consacré une bonne part du terroir aux champs, des parcelles si petites, si morcelées par les nécessités du terrassement que force est parfois de garder le mulet pour en assurer les labours. Sauf dans les Massifs Centraux humides, condamnés à l'assolement champ-prairie, le terroir des prés de fauche est toujours distinct. La culture monte très haut ; la vigne se glisse largement dans le bassin de Moûtiers, est présente à Saint-Jean-de-Maurienne ; les montagnards du Queyras descendent encore à Guillestre pour faire leur vin et c'est déjà à plus de 1 000 m. Les céréales sont partout, et, en Haute-Maurienne, Bessans tenait du blé jusque vers 1 800 m ; les petits champs de seigle ou d'orge, des carrés de pomme de terre se hissaient à Avérole, hameau bessanais, jusqu'à 2 100 m, à Saint-Véran ou aux hameaux de Molines plus haut encore. Rares sont les villages cherchant une spécialité de vente, apparue avec la route, comme la pomme de terre en Oisans. On cherchait avant tout à se suffire.

L'élevage reste cependant essentiel et c'est toujours un élevage mixte : ovins et chèvres accompagnent un troupeau bovin, assez homogène de bonne heure, presque entièrement composé de bêtes de race tarine ; une bête moyenne à robe brune, aux muqueuses noires, bonne laitière, bonne reproductrice, mais difficile à atteler. Nourrir le troupeau exigeait une débauche de travail estival : entretenir les canaux d'arrosage et veiller au tour d'eau, faucher, faner, ramener le foin des minuscules parcelles en « ballons » enserrés de toile ou de treillis de cordes, le plus souvent à dos de mulet, parfois à dos d'homme : besogne harassante quand la « trousse » de foin peut peser une quarantaine de kilogs. Mais il fallait aussi garder le troupeau, assurer la traite bi-quotidienne et fabriquer le fromage, seul exutoire de la production. Là encore, traditions et initiatives varient ; la règle, partout, est de faire de la « tomme », grasse ou maigre, petite, bien adaptée à la traite familiale de troupeaux minuscules. Mais en Beaufortin et en Tarentaise, la mise sur pied de *fruits communs* permet de concentrer chaque jour la production du lait, de recruter un fromager professionnel et de fabriquer une sorte de gruyère, le « beaufort », roi des fromages de montagne, qui permet une bonne valorisation du lait récolté.

Le paysan des Grandes Alpes participe peu au travail forestier. La couverture de résineux n'est d'ailleurs belle que dans les Massifs Centraux, du Mont-Blanc au Taillefer, dans des pays vides où la forêt est plus souvent domaniale que communale. Ailleurs, mélèzes et pins sont des arbres à croissance très lente ; le cembrot a un bois très tendre, recherché pour l'ébénisterie domestique, mais ses peuplements se font rares ; le mélèze, avec son bois sombre, a de l'allure dans la construction, mais c'est un bois qui continue à « travailler » indéfiniment, inutilisable en ébénisterie, trop difficile à blanchir pour la papeterie. On a d'ailleurs tellement déboisé pour produire grains et foins que ce qui reste de bois est souvent réservé aux besoins de la charpente, alors que le chauffage est demandé aux arbres fourragers, le frêne notamment ; il arrive cependant, en Haute-Maurienne, en Oisans, dans le Pelvoux que les galettes de bouse ou de fumier de brebis, séchées et stockées sur les balcons, constituent, même parfois aujourd'hui, l'essentiel du combustible, au grand dam des champs privés d'une fumure déjà insuffisante.

Ces montagnards s'étaient presque toujours dotés de solides structures politiques et sociales. Cela s'entend au double niveau du village et de la région. Chaque communauté s'administrait elle-même, ce qui n'était pas une mince besogne, car il fallait gérer les alpages et les bois de la collectivité, partager et faire respecter les droits d'eau, assurer la solidarité. C'est la Tarentaise qui a poussé le plus loin l'organisation communautaire avec ses « fruits communs », ses consortages d'alpages gérés par des « procureurs », sa solennelle « pesée » du lait où sont vérifiées les aptitudes laitières des bêtes inalpées afin d'assurer un partage à peu près équitable des revenus fromagers de l'alpage. Mais toutes les Grandes Alpes ont connu de telles formes d'organisation ; une pratique très précoce de l'instruction y a aidé : dès le XVIIe siècle, point de village qui n'ait ses écoles, aussi bien pour les garçons que pour les filles. La communauté était partout vivante, avec ses rites, ses fêtes, ses responsables élus ; mais la coopération, sauf dans le domaine des alpages, a rarement été aussi efficace qu'en Tarentaise ; on trouvait bien ici et là quelque scie coopérative, en fait communale, tout comme l'usine hydro-électrique ; mais la « fruitière » n'est souvent qu'un nom, une transposition du mot, non l'expression d'une véritable coopérative dans sa gestion.

A l'échelon régional, les Grandes Alpes ont constitué autant d'unités politiques autonomes qu'il y avait de grandes vallées : archevêché de Tarentaise et évêché de Maurienne, où l'autorité précaire des prince-évêques passera vite entre les mains des comtes de Savoie ; escartons du Briançonnais et du Queyras, communauté du Val des Monts (Ubaye), plus éloignés, maintenant mieux leurs privilèges et leurs immunités fiscales, mais plus menacés lors des conflits internationaux. L'histoire a d'ailleurs légué quelques incohérences, comme ce canton de La Grave maintenu dans les Hautes-Alpes malgré le passage du col du Lautaret, ou cette haute vallée du Verdon rattachée à Barcelonnette malgré l'impraticable col d'Allos.

L'évolution contemporaine

Tout est d'abord problème d'accès et de passage. Des régions rhodaniennes vers l'Italie, la seule grande voie d'accès était la vallée de la Maurienne, par le facile passage du Cenis, vers 2 100 m d'altitude ; encore ne mène-t-elle qu'au cul de sac piémontais ; l'équipement moderne a consacré cette prééminence en lui donnant la seule voie ferrée électrifiée à grand trafic, par le tunnel du Fréjus, en lui apportant demain l'autoroute et le tunnel routier. Les autres vallées sont peu utilisées et assez mal équipées de voies ferrées lentes et médiocrement desservies : la vallée de l'Arve butte en cul de sac sur la palissade du Mont-Blanc ; la longue vallée de Tarentaise mène au Petit-Saint-Bernard, peu utilisé bien qu'ouvrant la voie du Milanais. Plus méridional, moins enneigé, le col du Mont-Genèvre implique la longue remontée de la vallée de la Durance ou le passage par le difficile col du Lautaret. Quant au facile col de Larche, il supposait qu'on accédât d'abord à la vallée de Barcelonnette.

Le déblocage des Grandes Alpes a débuté par l'aménagement de routes coûteuses et hardies, permettant l'accès aux hautes vallées, ou grimpant par d'innombrables lacets vers les vallées suspendues. Au contraire, les grandes routes d'accès à partir de l'extérieur, rendues moins utiles par la construction de la voie ferrée, ont été longtemps négligées. Les efforts récents ont porté :

— Sur le passage de la frontière, d'abord en tenant certains cols ouverts toute l'année : couple Lautaret - Mont-Genèvre, col de Larche ; puis en venant à la conception de tunnels de base routiers, creusés à basse altitude et accessibles en toute saison. Sous la pression des genevois, on a d'abord réalisé le tunnel du Mont-Blanc, entre Chamonix et le val d'Aoste ; ouvert en 1965, son succès dépassa rapidement toutes les prévisions, notamment pour les poids lourds, avec un trafic qui arrive au million de véhicules annuel. On travaille maintenant à celui du Fréjus. Toutefois, ces trafics demeurent faibles par rapport à celui du Brenner ou celui qu'on escompte au Gothard, ou même simplement, à celui du San Bernardino. La faiblesse des trafics possibles a fait différer jusqu'ici la réalisation d'un tunnel en Briançonnais ou au Queyras.

— Il ne sert à rien de faciliter le passage, si les routes d'accès restent insuffisantes ; or, la seule autoroute pénétrant dans les Grandes Alpes, celle de Genève à Chamonix, est bloquée au Fayet et la situation est encore plus mauvaise du côté du

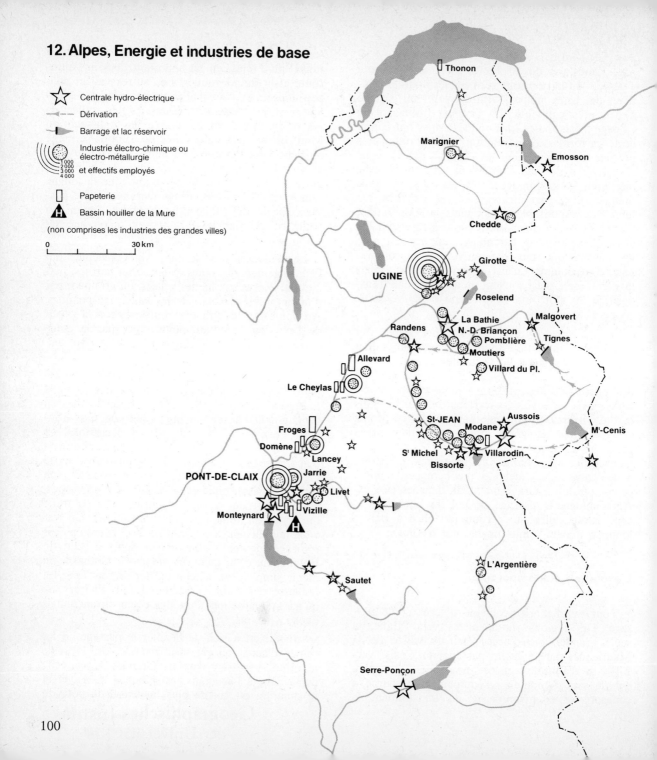

12. Alpes, Energie et industries de base

Val d'Aoste. Ailleurs les autoroutes s'arrêtent au seuil de la montagne et ne dépassent pas le Sillon Alpin.

— Il a fallu enfin assurer l'accès aux nouvelles stations de sports d'hiver ; les programmes liés aux jeux olympiques de Grenoble ont permis de débloquer l'Oisans ; depuis, tous les nouveaux champs de neige ont été correctement reliés aux vallées.

Cependant, les durées de parcours pour gagner les Grandes Alpes restent longues, interdisant la généralisation des résidences de week-end, favorisant davantage les séjours prolongés.

Une mince pénétration industrielle

L'isolement a fait rechercher jadis la satisfaction de quelques besoins élémentaires : la fabrication de la chaux ; une vieille sidérurgie qui avait multiplié ses « artifices », notamment en Oisans et en Basse-Maurienne. Ces industries étaient souvent temporaires ouvrant et fermant au gré des besoins ; il n'y a donc jamais eu formation d'une véritable main-d'œuvre industrielle et la plupart de ces activités anciennes ont disparu.

L'industrie moderne n'a pratiquement pas de racines anciennes ; entre la ruine de la métallurgie ancienne et l'électro-métallurgie, il y a un hiatus de plusieurs décennies. Les petits gisements d'anthracite de la zone houillère briançonnaise (Tarentaise, Briançonnais) n'ont fourni que des tonnages infimes et n'ont jamais suscité d'industries. Toute l'industrie récente est pratiquement liée à l'électricité. Electro-méallurgie et électro-chimie s'échelonnent le long de la Maurienne dès 1890, puis de la Tarentaise ; il est plus surprenant d'en trouver dans le val de Livet, qui n'eut jamais qu'un tramway à vapeur à voie étroite. Les tendances actuelles vont :

— Vers le rejet des industries utilisant trop de matières premières ou élaborant des produits trop bon marché ; ainsi la Savoie avait 9 usines de carbure de calcium en 1945, 5 en 1960, aucune aujourd'hui ;

— Vers la concentration des fabrications ; la fabrication de l'aluminium est aujourd'hui regroupée dans quelques usines : 80 000 t à Saint-Jean-de-Maurienne, 12 000 à La Saussaz, toujours en Maurienne, 25 000 à Riouupéroux (val de Livet), 20 000 à l'Argentière ; encore se borne-t-on à fabriquer des brames ou du fil machine, le laminage se faisant toujours hors des Alpes ;

— Vers le déclin des aciers spéciaux, de plus en plus monopolisés par Ugine ; ainsi, l'usine Renault de Saint-Michel-de-Maurienne est passée des aciers spéciaux à l'outillage, à la forge à froid, à la fonderie de précision et son avenir est incertain. Seules subsistent des fabrications très spécialisées comme celles de l'usine isolée du Villard-du-Planay dans la vallée du Doron de Bozel (point de départ de la société Bozel-Malétra) ;

— Vers la diminution rapide des effectifs de main-d'œuvre, malgré des volumes de production sans cesse accrus.

Par suite, l'importance des usines dans le contexte alpin diminue. Les principales sont :

— dans le massif du Mont-Blanc, celle de Chedde, aux fabrications multiples (graphite) avec 800 ouvriers ;

— en Tarentaise, le groupe de Notre-Dame-de-Briançon, avec 3 usines dont 2 fabriquent du graphite et des électrodes, emploie encore près de 1 500 salariés, puis les usines isolées de Moûtiers et de Pomblière ;

— la Maurienne compte de nombreuses petites usines, échelonnées jusqu'à Modane ; plusieurs sont menacées et il n'y a plus que deux grosses unités fortes de 700 à 800 ouvriers chacune : aluminium à Saint-Jean, Renault à Saint-Michel ;

— le Val de Livet est le plus touché ; certaines usines sont fermées, les autres ont arrêté toute modernisation.

On mesure cependant leur importance, par comparaison avec le désert industriel durancien où n'existent que les deux modestes usines de l'Argentière et de la Roche-de-Rame.

Ces usines ont fixé la main-d'œuvre ; certaines comme celles de Tarentaise ou à l'Argentière emploient beaucoup d'ouvriers-paysans ; en Maurienne, le plus grand éloignement des villages de montagne a contraint les paysans à quitter leurs terres et à venir s'installer dans la vallée. Mais partout on a dû recruter des étrangers, autrefois des italiens, maintenant des algériens, pour les travaux délaissés par les français ou les emplois temporaires d'été. On remarquera que ces usines ont rarement donné naissance à des bourgs neufs et qu'elles ont tout au plus revigoré d'anciennes bourgades comme Saint-Michel-de-Maurienne ou l'Argentière.

Le délabrement humain

Même en Tarentaise où elle est le mieux intégrée à la vie locale, l'industrie n'a jamais stoppé une émigration alimentée par la crise de l'agriculture et de confortables excédents de naissances. Nous avons déjà dit l'extrême diversité des migrations anciennes, leur destination parfois lointaine, comme pour ces queyrassins d'Aiguilles monopolisant le commerce des parapluies en Amérique latine. Aujourd'hui, l'émigration saisonnière ou à temps a pratiquement disparu si on excepte celle qui est liée à la recherche d'un complément aux activités touristiques d'hiver. L'émigration définitive, essentielle, défie toute analyse exhaustive. La montagne a d'abord migré vers les vallées proches, plus rarement vers l'avant-pays ; on va volontiers vers le Sillon Rhodanien, et au-delà, jusqu'en Languedoc et à Marseille ; l'attraction lyonnaise et grenobloise est forte, alors que la montée à Paris n'est guère pratiquée qu'en Savoie. Cette émigration a été intense et elle a provoqué une chute brutale des effectifs humains :

— Le Beaufortin, la Moyenne-Tarentaise ont relativement bien résisté, le devant à une moindre régression de l'élevage laitier, servi par son solide réseau de fruitières, plus encore au maintien ou au développement de l'emploi industriel ou touristique ;

— Les hautes vallées mauriennaises sont très délabrées, moins toutefois que celles de l'Oisans où les pertes dépassent les 2/3 ou les 3/4 de la population du milieu du XIXe siècle. Plus au sud, l'évolution du Briançonnais est plus nuancée. Les hautes vallées du Pelvoux sont pratiquement abandonnées, le Queyras compte moins du quart de sa population d'autrefois, l'Ubaye moins du sixième.

Un tel dépeuplement s'accompagne d'une crise démographique ; cependant, même encore pour la période 1962-68, maintes communautés montagnardes étaient excédentaires en naissances, y compris en Haute-Ubaye ou en Queyras. Mais les effectifs humains sont devenus trop souvent squelettiques, au point que toute activité nouvelle exigeante en main-d'œuvre est obligée de recruter celle-ci au dehors. Le tourisme ne peut partout freiner le dépeuplement ; on ne sait ce qu'il faut attendre de l'expérience mauriennaise de minuscules ateliers ruraux, créés dans le désir de stabiliser enfin la population.

Cependant, beaucoup de communes voient leur population augmenter à nouveau, et les grandes stations touristiques sauf Val d'Isère, connaissent une remarquable expansion. Seule une immigration assez massive a pu assurer cette croissance ; si l'industrie a surtout attiré des étrangers, le tourisme éveille des vocations plus disparates : plus des 2/3 des immigrants viennent de fort loin, les uns pour des raisons de complémentarité économique (migrants saisonniers venant de la Côte d'Azur ou des stations thermales du Massif Central), les autres par engouement pour la montagne : guides, moniteurs, employés des remontées mécaniques, presque tous des jeunes dont la fixation reste aléatoire et dont la mobilité est grande, car il n'est pas aisé de concilier l'amour de la montagne et des gains suffisants et réguliers. Cette origine si variée des immigrants est significative de l'attraction actuelle d'une haute montagne où pendant un siècle-et-demi, on avait pris l'habitude de seulement partir. L'existence ou non de ce mouvement humain est aujourd'hui l'un des principaux facteurs de différenciation des régions dans les Grandes Alpes.

14. Alpes, fonctions touristiques

Le morcellement régional

Malgré leurs limites précises, les Massifs Centraux ne constituent que rarement des entités régionales, faute d'habitants. Grand Arc et Lauzière au nord, Taillefer et Rousses au sud dressent des remparts difficilement accessibles au-dessus du Sillon Alpin ou des vallées. Belledonne et les Sept-Laux ne comptent qu'une mince cellule exploitée, fort dépeuplée, trop humide et froide pour vraiment susciter le tourisme, la haute vallée du Bréda. Un peu plus vaste, plus bas, le Beaufortin a été animé par une vie pastorale intense, analogue à celle de la Tarentaise voisine. Au sud, le *Pelvoux* très isolé, ne connaît, dans ses étroites vallées, qu'une desserte routière acrobatique, limitée à la saison estivale dans les tronçons d'amont ; la vie rurale y a à peu près disparu, la résidence secondaire est rare, le tourisme presque exclusivement limité à l'été. L'absence de base hôtelière et de remontées mécaniques cantonne la fréquentation de la montagne aux seuls alpinistes dans le fond du Valgaudemar, la Vallouise, à La Grave et surtout à La Bérarde. Les refuges de haute montagne, chaque année plus nombreux et plus vastes, sont bondés de cordées d' « amateurs de pics », français pour la plupart, de conditions souvent modeste, de telle sorte que les corporations de guide de haute montagne sont maigrement étoffées ; l'absence de saison hivernale exclut d'autre part les emplois touristiques permanents. Montagne âpre, dangereuse, mais moins exposée que le Mont-Blanc aux caprices du temps océanique, le Pelvoux prélève chaque année un lourd tribut sur ceux qu'anime la passion de ses sommets. Mais le Pelvoux ne constitue pas une entité régionale; ses diverses vallées se rattachent toutes à des mondes extérieurs : Oisans, Briançonnais, Haut-Embrunais, sud du Sillon Alpin.

Le Massif du Mont-Blanc – Aiguilles Rouges

C'est le seul des Massifs Centraux qui constitue une petite région autonome, grâce au profond sillon de la vallée de Chamonix. Très humide, froid, mais bien pourvu en alpages, il a connu une économie rurale de type préalpin, avec un troupeau laitier de race d'Abondance ; les grands couloirs d'avalanches ont contribué au morcellement de la vallée en communes et en petits hameaux. Cette vie rurale active agonise : des alpages abandonnés ou utilisés par des bovins transhumants, pratiquement plus de culture et la plus faible charge bovine de toutes les Alpes du Nord, et ce qui reste de l'élevage laitier menacé par l'urbanisation ou les installations touristiques.

Le tourisme est vraiment roi, plus encore que dans les grandes stations suisses. Dès le XVIIe siècle, des curieux viennent contempler ces glaciers qu'une crue introduit jusqu'au fond de la vallée. Au XVIIIe siècle commence l'ascension du Mont-Blanc, caprice de gens fortunés que toute une caravane hisse tant bien que mal jusqu'au sommet . Ce tourisme d'été s'intensifie peu à peu, devient massif au début du XXe siècle, lorsqu'arrive à Chamonix le petit train du Fayet. C'est pour les visiteurs que sont conçus tous les équipements : chemins de fer à crémaillère de Bionnassay et surtout du Montenvers, téléphériques lourds de Planpraz et du Brévent, ancêtres de celui de l'Aiguille du Midi et de la traversée du Mont-Blanc. Ce sont surtout des touristes d'un jour sans cesse renouvelés, qui se ruent au Montenvers. A côté existait une clientèle aisée, largement étrangère, génératrice de nombreux emplois hôteliers, de services, principale source de profits de la Compagnie des Guides de Chamonix ou de Saint-Gervais.

Des mutations récentes importantes sont survenues :

— Le développement rapide d'une saison d'hiver, mais moins importante que celle de l'été, les avalanches limitant le domaine skiable et les très fortes pentes sélectionnant les clients.. L'altitude permet le ski de printemps et d'été et presque toutes les remontées mécaniques récentes (La Flégère, Les Grands-Montets, etc.) ont été conçues pour le ski, non pour l'été.

— L'invasion de la montagne par les alpinistes a

été favorisée par la multiplication des refuges et la diminution des marches d'approche grâce aux remontées mécaniques ; ce sont les grands sommets rocheux qui ont la vedette : aiguilles de Chamonix, Verte et Drus, parois des Jorasses, etc. Plus modestement, bons marcheurs et randonneurs se multiplient à moyenne altitude : le tour du Mont-Blanc est l'un des grands succès du tourisme pédestre.

— L'ouverture du tunnel du Mont-Blanc a créé une fonction d'étape et permis l'afflux d'une riche clientèle milanaise.

— La multiplication des résidences secondaires (4 000 en 1975) édifiées le plus souvent par des passionnés de montagne à haut niveau de ressources qui constituaient une partie de la clientèle hôtelière.

Cet extraordinaire développement d'un tourisme cher fait de Chamonix le plus prestigieux centre touristique alpin. La multiplication des types de tourisme, la diversification des clientèles, favorisée par le tunnel, les grandes facilités d'accès justifient la croissance d'une ville qui dépasse maintenant les 10 000 habitants permanents. C'est une ville de commerces, de services, qui cherche à améliorer ses équipements scolaires et hospitaliers, fière de sa très vieille et très fermée Compagnie des Guides, de son Ecole Nationale de Ski et d'Alpinisme, toujours à la une des journaux grâce aux exploits des grimpeurs ou, plus encore, du Secours en Montagne. La façade prestigieuse est pourtant fragile ; la petite banque locale Payot a été absorbée par la banque annécienne ; la plupart des capitaux sont parisiens ou étrangers ; même le Club Alpin, constructeur des refuges, intervient par ses sections de Paris-Chamonix et de Lyon-Saint-Gervais. On arrive d'autre part aux limites extrêmes d'utilisation du site et de vives querelles opposent défenseurs d'une montagne sauvegardée (en fait, surtout les possesseurs de résidences secondaires menacés de submersion) et grands investisseurs privés, sans que la municipalité de Chamonix ait eu jusqu'ici le courage d'arbitrer.

Les grandes unités intra-alpines

Les unités intra-alpines sont plus complexes que les Massifs Centraux, s'organisent souvent autour d'une ville-centre chargée d'histoire.

● *Beaufortin et Tarentaise* constituent la région la plus vaste. La vie pastorale y a mieux résisté qu'ailleurs, bien que les charges bovines soient médiocres (0,5 à 0,7 UGB par ha exploité) ; les exploitations disparaissent moins massivement et 10 000 vaches laitières assurent la base de production du fromage de beaufort. C'est la région alpestre, au moins en basse Tarentaise, où s'associent le mieux travail agricole et emploi industriel : 30 % des paysans tarins ont leur activité principale dans l'industrie et le tourisme. C'est là également où la symbiose élevage-tourisme est la mieux réalisée, malgré la dimension des stations.

Car la Tarentaise est par excellence la vallée du ski, avec toutes les stations de l'X tarin (Méribel, les Ménuires, Val-Thorens, Courchevel, Pralognan) et celles de la haute vallée (Les Arcs, Pesey, La Plagne près de Bourg-Saint-Maurice, le groupe de Tignes et Val d'Isère). Cela ne va pas sans problèmes, le plus difficile devenant celui de l'accès par une route mal adaptée et une voie ferrée où la SNCF doit mettre en marche, sur voie unique, des batteries de trains dignes de Lourdes, dont les cars des stations ont de la peine à absorber les voyageurs. La fréquentation estivale est moins importante, la plupart des stations de ski étant mal placées pour des séjours d'été ; c'est alors que Pralognan, petit centre d'alpinisme, retrouve sa prépondérance ancienne ; enfin, le Parc de la Vanoise crée de nouveaux courants, déjà excessifs malgré la mise en place d'un dispositif d'accueil important.

Le tourisme a redonné vie à la capitale traditionnelle, Moûtiers, ville de l'archevêque, centre de foires, capitale du fromage de « Beaufort », recours des stations thermales de basse et moyenne Tarentaise. Surtout, il a fait une ville de Bourg-Saint-Maurice, capitale des nouvelles stations, terminus de la voie ferrée ; bien équipés en commerces et en services, elle a une population comparable à celle de la capitale traditionnelle.

L'évolution démographique de la *Maurienne* est plus contrastée ; alors que le tourisme gonfle nombre de communes tarines, seule la vallée, en Maurienne, accuse des gains de population, alors que la montagne continue à décliner. Plus industrielle que la Tarentaise, la vallée, véritable couloir, compte nombre d'usines vieillies et polluantes ; elle voit passer, par route ou par fer, un trafic international considérable que l'ouverture du tunnel routier du Fréjus devrait accroître encore ; mais, sauf à Modane, la vallée en profite peu, Chambéry ayant conservé le monopole de l'organisation. La vie rurale, qui n'a pas connu une symbiose satisfaisante avec le travail industriel, est très délabrée. Il n'y a ici que peu de grandes stations touristiques (Le Corbier, La Toussuire, Valloire) ; aucune ne peut se prévaloir d'une clientèle de luxe comme les stations de Tarentaise. Fait paradoxal dans une vallée étirée en longueur, Saint-Jean-de-Maurienne a conservé son hégémonie sur la vallée, Modane restant une simple ville-frontière ; Saint-Jean, qui porte encore dans son architecture les héritages de la période sarde, arrive à une dizaine de milliers d'habitants ; mais le temps est loin où l'évêque, le collège, la société savante donnaient le ton à la société bourgeoise locale...

● *L'Oisans* est plus austère. Il reste isolé par l'étroite et âpre cluse de Livet, taillée dans le prolongement méridional de Belledonne. La plaine du Bourg-d'Oisans y introduit bien un paysage insolite au milieu des montagnes, mais Bourg-d'Oisans est resté un bourg qui profite plus du passage vers les stations des Deux-Alpes et de l'Alpe d'Huez, que de l'autorité qu'il peut exercer sur une montagne pauvre, avec ses communes très haut perchées, difficilement accessibles, et dont plusieurs sont totalement ou en partie abandonnées pendant l'hiver. L'exode rural a été tel que l'Oisans est vide.

● *Briançonnais* et *Haut-Embrunais* sont déjà plus isolés des influences grenobloises ou lyonnaises et regardent davantage vers Marseille. La grande dislocation méridienne de Briançon à Guillestre (qui se prolonge au sud par le col de Vars, la vallée de l'Ubayette, le col de Larche), les remarquables convergences de vallées font que le sillon durancien est moins encaissé, moins « dominé », et plus large que ses homologues nord-alpins. Deux mondes s'y opposent :

— Les hautes vallées, à l'amont de l'Argentière, ressemblent à celles des Alpes du Nord ; celles de la Clarée de Névache, de la Cerveyrette sont restées à l'écart, jusqu'ici, des grands flux touristiques ; la vie rurale y est relativement active, épaulée l'été par la transhumance provençale ou italienne ; cependant les grands projets d'aménagement n'y manquent pas qui en feraient des homologues des vallées de la Guisane ou de la Gyronde. Là, le tourisme a à peu près éliminé toute vie rurale ; la combinaison des séjours d'été et d'hiver, l'alpinisme dans le Pelvoux ou le massif des Cerces, et, pour la Guisane, un très bon équipement d'hiver expliquent l'invasion par les ensembles immobiliers, les chalets, les lotissements. Après le complexe du Monêtier, d'autres stations essaient de percer (Puy-Saint-Vincent). La population augmente rapidement, grâce à une forte immigration.

— A l'aval de l'Argentière, il y a bien encore quelques vallées montagnardes, comme l'âpre vallon de Freissinières, quelques stations de ski réussies comme Vars ou Les Orres, endormies comme Crévoux, mort-nées comme Risoul. Mais l'essentiel est ici la vallée de la Durance, déjà basse, avec ses champs de blé, ses noyers, ses lopins de vigne aux adrets, ses élevages assez médiocres dont l'équilibre a été compromis par la renonciation aux alpages.

Partout, Briançonnais et Embrunais juxtaposent le recul rapide de la vie rurale, la fuite des paysans et l'essor des activités touristiques et résidentielles ; la population augmente, bourgades et villes connaissent un étonnant essor, appuyé ici, sous un climat plus ensoleillé et plus chaud, par une fonction « retraite » ; ainsi, à Guillestre, au débouché du Queyras. Embrun, qu'on avait pu croire condamnée (disparition ancienne de l'archevêché, échec des tentatives d'industrialisation, etc.) illustre bien la renaissance des pays duranciens, en partie par le contrôle du tourisme issu du plan d'eau de Serre-Ponçon.

Briançon reste cependant la seule ville bien équipée. Elle le doit à la frontière, donc aux militaires successivement adulés pour les revenus tirés de la garnison ou les innombrables routes de montagne aménagées pour desservir forts et batteries, et jugés encombrants lorsqu'ils s'opposent aux débordements du tourisme. Elle le doit aussi aux bribes de son ancien pouvoir administratif, au terminus de la voie ferrée, à l'essor de la résidence et du tourisme. Les nombreux sanatoria, difficiles à reconvertir, justifient la qualité de l'équipement hospitalier. Son site, avec la ville basse du confluent et la ville haute fortifiée, dégringolant en pente raide le long de sa « grande gargouille », avec son essaim de forts et de casernes, justifie un tourisme de passage de plus en plus étoffé. De là une croissance qui porte la ville à plus de 12 000 habitants, malgré le déclin de la garnison.

● Le *Queyras* est organisé le long d'une grande inflexion synclinale à travers l'anticlinal briançonnais et les schistes lustrés. La partie aval est une étroite fissure, que la route franchit à grand peine depuis le milieu du XIXe siècle, et où confluent le Cristillan (Vallée de Ceillac) ; à l'amont la vallée se dilate dans les schistes lustrés. Le Queyras a longtemps élevé bovins de race tarine et ovins, n'offrant qu'une curiosité touristique avec Saint-Véran, le plus haut village alpin. Le Queyras est un pays assez contrasté : dans l'habitat où la maison de bois de Saint-Véran contraste avec la maison briançonnaise à arcades de la vallée d'Arvieux ; dans la religion, communes ou hameaux protestants restant hostiles aux paroisses catholiques. Très faiblement peuplé, il ne compte même pas de bourg.

Du moins est-il le théâtre, à l'initiative du maire de Ceillac, d'une expérience de développement touristique où les revenus et les emplois créés restent entièrement entre les mains des paysans qui contrôlent toutes les locations, gèrent collectivement les équipements, notamment les remontées mécaniques, tout en maintenant un minimum d'élevage, surtout ovin, en louant le surplus des alpages aux transhumants et en ajoutant parfois le travail artisanal du bois. Ainsi se sont multipliées les petites stations, dont Ceillac et Molines sont les plus dynamiques, avec une bonne fréquentation aussi bien hivernale qu'estivale. Les paysans jadis astreints à se contenter de peu, s'enrichissent modestement, et la population queyrassine se stabilise ou s'accroît. Cependant, l'expérience n'a réussi que par la ténacité du promoteur de l'opération, par le concours du Crédit Agricole qui a assuré le financement, par l'association de toutes les formes possibles du tourisme ; elle a abouti à un lourd endettement des collectivités comme des particuliers et elle n'a pas arrêté, mais seulement ralenti le reflux de l'agriculture et de la vie pastorale. Au départ, l'opération s'est heurtée au scepticisme ou à l'hostilité de ceux qui en sont aujourd'hui les incontestables bénéficiaires ; c'est une petite réussite que vient couronner la création d'un parc régional dont il faudra prendre garde qu'il ne sclérose l'organisation mise en place.

● *L'Ubaye* a un comportement très différent. Plus méridionale, plus sensible à la sécheresse estivale, elle oppose nettement les hautes vallées, à peu près totalement abandonnées et le bassin de Barcelonnette-Jausiers largement évidé dans les marnes noires, très ensoleillé. Barcelonnette a été la dernière des petites villes alpines à être désenclavée ; ancienne bastide au plan en damier, elle est, à la dimension de l'Ubaye, un « monstre » urbain qui regroupe plus de la moitié de la population. Elle doit sa prospérité d'abord à sa garnison, puis aux « mexicains » à la générosité desquels la ville doit collège, hôpital et nombre de belles bâtisses, à l'influence de ses hommes politiques. Plaque-tournante l'été de tous les cols, soutien logistique l'hiver des stations de ski de Super-Sauze et de Praloup, c'est une bourgade bien équipée, déjà méridionale avec sa placette débordante de « bistrots ». Elle domine une campagne où l'irrigation fait prospérer blé et luzerne ; une campagne toute rapiécée des forêts qui habillent les cônes de déjections des torrents ; mais une campagne qui reste un bout du monde, malgré la route du col de Larche.

3. Les Préalpes du Nord et l'avant-pays savoyard

Dominant directement bassin lémanique ou Sillon Rhodanien, le monde préalpin se présente d'abord comme hyper-arrosé ; 1 500 mm à 2 m en Chablais, au niveau de l'habitat permanent, autant dans les Bornes, davantage encore dans la Chartreuse ; seuls, le Vercors central et méridional et le Dévoluy ont une pluviosité inférieure à 1 500 mm, avec une sécheresse estivale qui manque dans le reste des Préalpes du Nord. L'avant-pays savoyard et dauphinois n'est guère moins arrosé : la pluviosité atteint fréquemment 1 300 mm. La fréquence du mauvais temps, même en été, avec les interminables averses par régime de nord-ouest, constituent un élément désagréable du climat, expliquant une insolation médiocre, minorée encore dans l'avant-pays par la fréquence hivernale des stratus ou des brouillards. De là, sans parler des abondantes chutes de neige, cette fraîcheur qui caractérise le domaine préalpin, empêche la maturité des céréales et des fruits, rend difficile le séchage du foin.

De ce fait, montagne et avant-pays ont été couverts d'une magnifique forêt ; la hêtraie est sans doute la formation type, mais toujours mélangée aux résineux (épicéa surtout, le sapin ourlant seulement les bordures méridionales du Vercors et les hautes pentes du Bôchaine). Mais la fraîcheur la cantonne aux basses et moyennes altitudes, de sorte que dans le Chablais, le Giffre et les Bornes, la prairie sub-alpine trouve largement à se développer, favorisant la vie d'alpages. Cependant, la forêt a longtemps résisté aux défrichements ; au haut moyen-âge, les clairières — les essarts — sont si peu étendues que de nombreuses fondations monastiques entreprennent de les développer ; ainsi, Tamié dans l'est des Bauges, Léoncel en Vercors, plus tard La Grande Chartreuse ; leurs granges étendent peu à peu l'espace cultivé et débordent sur l'avant-pays dont la colonisation, au moins en Savoie, a également été tardive. Le manteau forestier a presque disparu en Dévoluy et dans l'avant-pays, fortement reculé dans le Chablais et les Bauges ; il s'est puissamment maintenu dans le Vercors et la Chartreuse, de sorte que les Préalpes constituent la meilleure zone forestière des Alpes.

La population a moins décru que dans les Préalpes du Sud ; mais, depuis le milieu du XIXe siècle, la perte dépasse 50 % dans le Dévoluy, le Giffre et surtout les Bauges du fait de la disparition de l'ancienne clouterie, source d'emplois ; ailleurs, la baisse a été plus modérée, voire faible dans l'avant-pays. Actuellement, le déclin ne persiste que dans les Bauges, le sud du Vercors, la Chartreuse ; il y a même une forte reprise dans les Bornes et l'avant-pays lémanique, c'est-à-dire là où le tourisme ou l'industrie sont les plus développés ; au contraire, les massifs restés purement ruraux continuent à décliner, au même rythme que leur agriculture : les champs, les vieux complants de pommiers ou de poiriers à cidre sont abandonnés. Seul l'élevage persiste ; les ovins ne sont abondants que dans le sud du Vercors, le Bôchaine et le Dévoluy ; ailleurs dominent les bovins, avec quelques chèvres ; les races bovines sont bien fixées : « Abondance » dans le nord, rameau de la pie-rouge de l'est, bien adaptée à la vie d'alpages, « Villard-de-Lans » dans le Vercors, une race locale issue de métissages complexes, péniblement reconstituée après les désastres de 1944. L'avant-pays se tourne aujourd'hui vers la FFPN ou la Montbéliarde.

Proche de la Suisse, l'avant-pays des Bornes a tardivement (XIXe siècle) modelé son économie laitière sur le système jurassien, avec des fruitières d'ailleurs trop nombreuses ; maintenant, les consorts des coopératives vendent le lait aux enchères chaque année au fromager le plus offrant, parfois un artisan, plus souvent un employé des grosses firmes d'affinage d'Annecy, elles-mêmes regroupées dans un organisme unique de vente, les « Fromages Savoyards ». La fruitière est ainsi devenue un petit atelier à façon, entre les mains de gérants instables, fabriquant de l'emmental et élevant parfois des porcs. La fruitière n'est plus le seul système de collecte du lait : de grosses affaires se sont constituées de véritables bassins laitiers, notamment au sud d'Annecy (Société Mont-Blanc à Rumilly, fromagerie Picon à Saint-Félix, entre Aix et Annecy) au point que l'Albanais ne connaît guère les fruitières. L'économie laitière de l'avant-pays est prospère ; elle entretient des charges bovines bien supérieures à celles de la montagne ; mais les exploitations, trop petites, se concentrent vite : 40 à 50 % ont disparu entre 1955 et 1970.

La montagne est au contraire en pleine récession laitière. Les systèmes traditionnels étaient variés ; le Vercors assez bas ne pratiquait guère l'estivage, la Chartreuse louait ses alpages à des forains et les Bauges ne faisaient guère mieux, alors que les Bornes, le Giffre et le Chablais ont connu une vie d'alpage intense, presque toujours en petite montagne, avec des rythmes complexes et des étages de mayens habités une partie de l'année, de sorte que les versants sont tout semés de chalets et de granges à foin. Aujourd'hui, sauf dans les Bornes, les alpages sont massivement abandonnés ; les exploitations disparaissent à un rythme étonnant (plus de la moitié entre 1955 et 1970 dans le Chablais, le Giffre, les Bauges) et les effectifs bovins reculent parallèlement, la prairie elle-même retournant parfois à la forêt. Les situations sont cependant très dissemblables ; si, en Chablais, on a cessé complètement d'« emmontagner », les Bornes, restées plus peuplées, plus jeunes, ont mieux conservé les allées et venues traditionnelles, sans doute parce que les revenus laitiers y sont meilleurs, grâce à une fabrication fromagère de qualité, jadis purement fermière, celle du reblochon. Le Vercors résiste mieux également, avec des exploitations plus grandes, des troupeaux plus importants, peut-être aussi parce

qu'il a bénéficié, lors de la reconstruction après 1946, d'un équipement individuel de meilleure qualité.

Chablais et Bornes avaient pourtant en commun un habitat rural qui est sans doute le plus beau des Alpes françaises. Ce sont de grands chalets adossés à la pente, avec un soubassement de pierre qui abrite le logement, avec sa grande salle, et l'étable et, au-dessus, souvent soulignée à sa naissance par un balcon de bois plus ou moins travaillé, une immense grange en bois, toujours accessible de plain pied par l'arrière de la maison, où l'on entasse le foin même au contact du massif central formé par les cheminées. Parfois des chambres d'été, des resserres y ont été aménagées, ouvrant sur le balcon. Le toit était soit couvert de lauzes, soit constitué d'un empilement de menues planchettes (tavaillons ou essendoles). La maison est tellement vaste, surtout en Chablais, qu'elle abrite fréquemment deux familles de part et d'autre du pignon central. A quelque distance, le grenier est une minuscule construction de poutres, rigoureusement hermétique, où l'on abrite les semences, les outils coûteux, les vêtements et les provisions qui ne relèvent pas de la cave à pommes de terre ou à fromage, à l'abri des incendies qui parfois ravagent les chalets.

La dualité des bâtiments existe également en Chartreuse ; mais l'habitat s'y dissocie entre un corps de logis en pierre et une écurie-grange dont les superstructures sont en bois, avec de larges toits débordants à quatre pans. En Vercors comme en Dévoluy, un long bâtiment de pierre, dont le toit à double pan s'encastre dans les murs-pignons, abrite bêtes et gens. Les Bauges ont hésité entre ces deux types.

Bref, les massifs préalpins n'ont de commun entre eux que la nécessité de l'immense grange à fourrage et l'allure dissociée de l'habitat, constitué soit de hameaux lâches, aux maisons séparées par des cours ou des jardinets, soit de fermes isolées.

Une telle prolifération de bâtiments ne répond plus aux besoins d'une économie simplifiée ; bien des maisons sont abandonnées et leur mode de construction ne leur permet pas de résister longtemps, encore que les toits modernes en tôle ondulée se soient généralisés et offrent une protection plus durable que les tavaillons. Cet habitat est idéal pour le développement de la résidence secondaire, à condition que le tourisme en prenne possession sitôt après l'abandon ; c'est souvent le cas dans le Giffre, les Bornes, le Chablais, là du moins où les chalets sont accessibles assez commodément. La résidence secondaire vient ainsi s'ajouter à un tourisme hôtelier traditionnel, qui compte sur la double saison, mais en fait souffre de la fraîcheur pendant l'été, de la précarité du manteau neigeux pendant l'hiver. C'est là que se sont pourtant développées les premières stations de ski, à la recherche maintenant de compléments dans la zone des alpages, comme à La Clusaz ou au Villard-de-Lans. Parfois, il s'est même créé des stations d'altitude nouvelles, comme Avoriaz ou Flaine. Mais beaucoup de centres touristiques restent de fréquentation familiale, cherchant à compléter par une bonne saison d'été, des possibilités hivernales trop modestes ; ainsi la vallée d'Abondance-Châtel ou celle de Morzine, en Chablais, Araches-les-Carroz dans le Giffre, le Grand-Bornand dans les Bornes. D'autres, comme en Vercors, profitent du récent engouement pour le ski de fond. C'est dans le Chablais et le Giffre que la clientèle est la plus huppée, grâce à la proximité de Genève et de son aéroport : Les Gets, Flaine, Avoriaz ont largement misé sur les skieurs suisses.

Aux activités touristiques traditionnelles, la vallée de Morzine et le nord du Vercors ont ajouté une forme de tourisme sanitaire : l'aérium ou la colonie sanitaire pour enfants, qui créent des emplois plus nombreux et quasi-permanents. Cette formule qui semble avoir connu ses plus beaux jours, avait elle-même été précédée, au début de ce siècle, par une paradoxale implantation de sanatoria dans ce milieu humide et frais : cités du plateau d'Assy sur les pentes orientales du Giffre et de Saint-Hilaire-du-Touvet, au balcon cartusien des Petites-Roches, au-dessus du Grésivaudan.

L'articulation régionale

Ces massifs préalpins, si bien individualisés par le relief, leur habitat, leur mode d'exploitation, n'ont cependant jamais constitué des unités organiques ; ils sont tous partagés entre plusieurs arrondissements, parfois entre deux départements. La ville leur manque et le centre de services est toujours extérieur ; tout au plus Thônes exerce-t-elle partiellement le rôle de centre de services des Bornes, avec le négoce du reblochon et son gros collège des jésuites.

● Au nord, *le Chablais* constitue, avec son *avant-pays,* le bloc le mieux défini. C'est le seul massif préalpin entièrement charrié, ce qui lui vaut une structure confuse, articulée sur les trois vallées-cluses des Dranses, avec, ici et là, quelques paquets de sommets dans les calcaires ou les brèches atteignant ou dépassant légèrement les 2 000 m (Dent d'Oche, Cornettes de Bise). La population y fut dense, cherchant dans des migrations temporaires (petits métiers pratiqués dans l'avant-pays alémanique ou bavarois) les revenus qui manquaient ; il y a peu encore, on allait aux « effeuilles » ou vendanger dans le vignoble vaudois.

L'avant-pays lémanique n'est lui-même pas simple, avec ses accumulations d'alluvions épiglaciaires ou postglaciaires amenées par les Dranses et submergeant l'avant-pays molassique. On ne peut parler d'une plaine, tant le morcellement du relief est grand ; mais c'est tout de même, entre Dranses et Arve, une zone basse, d'altitude souvent inférieure à 500 m, où les conditions agricoles sont plus favorables et où des cultures fragiles apparaissent : quelques vignes (le fameux « Crépy »), des légumes, des fruits, notamment beaucoup de champs de framboisiers essentiellement destinés à la consommation genevoise.

Car Genève exerce une forte emprise sur l'avant-pays, en attirant notamment de nombreux travailleurs. Cependant, Chablais et Bas-Chablais constituent le domaine de *Thonon.* Citadelle du catholicisme en face de Genève, avec de puissants établissements hospitaliers et d'enseignement, elle constitue un petit centre régional. Elle s'étire en front de lac, et par-delà le delta de la Dranse finit par rejoindre Evian ; un effort tenace lui a permis de contrôler le front du lac et d'éviter les emprises privées ; en 1976, la prise de possession du château et du parc de Ripaille est venue couronner cette action. Les équipements hôteliers de Thonon et d'Evian en font un centre touristique de premier ordre, renforcé par le thermalisme, tandis que les casinos essaient de capter une clientèle suisse à laquelle les jeux sont interdits outre-lac. Cette ville riche, conservatrice, a fait des efforts pour se doter d'industries : embouteillage d'Evian, papeteries Zig Zag, électronique Thomson, travail du bois et des métaux. L'essentiel reste la fonction commerciale, héritière des vieilles foires de Crête, matérialisée par le nœud de services routiers qu'exploite l'une des plus grosses sociétés françaises de transports de voyageurs (la SAT) ou par le support publicitaire d'un des plus gros hebdomadaires de province, le *Messager* (plus de 40 000 exemplaires) dont l'aire de diffusion déborde l'arrondissement, ou enfin par l'existence d'une petite banque régionale. Porte d'entrée du Chablais, l'agglomération souffre à l'extrême de l'engorgement de la grande route bordière du lac le long de laquelle elle se modèle. Mais l'isolement qui en résulte assure l'autonomie assez extraordinaire d'une ville de 40 000 habitants et son emprise indiscutée sur la région.

• Entre Arve et Giffre, le petit massif du *Giffre* est à peu près entièrement autochtone ; ses roches très résistantes à dominante calcaire, donnent des reliefs imposants (aiguilles de Warens, Cirque du Fer-à-Cheval) ; humainement, il tourne le dos au Chablais et appartient comme la vallée de l'Arve, à l'ancien Faucigny. Le massif des *Bornes* (ou Genevois) s'enlève au-dessus de l'avant-pays par de puissantes falaises calcaires limitant un ensemble de plateaux modérément plissés qui n'atteignent pas 2 000 m (Parmelan, Glières) ; à l'est de ces masses calcaires, existe un ensemble de plis amples, réguliers, dont le synclinal de Thônes forme l'élément principal, et dont les anticlinaux montent déjà très haut (2 350 m à La Tournette, au-dessus du lac d'Annecy). Enfin, tout à l'est, la chaîne des Aravis constitue une puissante barrière montagneuse, qui ne s'abaisse au-dessous de 2 000 m qu'au col des Aravis et vient dominer de ses falaises le bassin de Sallanches et le nord du Sillon Alpin. Au-delà de la cluse d'Annecy, le massif des *Bauges* oppose un ouest, fait de plis serrés où l'inversion de relief est fréquente et les altitudes modérées, à une moitié orientale plus élevée (sommets à plus de 2 000 m) où le relief est resté conforme. Comme les Bornes avec les cluses de la Borne et du Fier, les Bauges sont coupées par la profonde cluse du Chéran. Ce pays bouju a connu, à la différence des autres massifs, une active industrie métallurgique, celle de la clouterie, partiellement ravitaillée en fer par la sidérurgie des moines de Tamié.

• *L'avant-pays des Bornes et des Bauges* (plateau des Bornes, pays des Usses, Albanais) appartient à l'ensemble molassique subalpin. Quelques plis jurassiens en émergent, atteignant près de 1400 m au Salève, 1 100 m au Vuache, 1 000 m encore à La Chambotte. C'est donc un pays très morcelé où les pentes sont fortes, le climat rude, où les abondants dépôts morainiques portent les seuls sols convenables. Il est coupé de gorges étroites, qui isolent de petits pays aux aptitudes médiocres, comme les Usses. La partie la plus basse est le petit bassin de l'Albanais, plus favorable à la culture. Cet avant-pays entretient l'économie laitière la plus intensive de Savoie. On y trouve même quelques bourgades actives ; si Saint-Julien-en-Genevois n'est plus guère qu'un faubourg de Genève, Rumilly, la petite capitale des pays du Chéran, doit ses 8 000 habitants à son industrie (laiterie Mont-Blanc, articles de ménage Tefal-Seb).

• Plus au sud, la *Chartreuse* ressemble aux Bauges, avec un régime de plis serrés, une inversion de relief systématique qui n'a laissé subsister du calcaire urgonien que d'étroits synclinaux perchés ; comme dans les Bauges, les plis occidentaux sont fortement déversés vers l'ouest, alors que la partie orientale est plus régulière, plus haute. Massif le plus humide, elle n'a jamais été totalement exploitée et la vigueur des pentes avait de quoi décourager les éleveurs. Les touristes viennent toujours piétiner à la porte close du couvent de la Grande-Chartreuse, dominé de 1 000 m par les falaises du Grand-Som, après avoir remonté les routes difficiles qui suivent les gorges des Guiers.

● Le *Vercors* est le plus vaste des massifs préalpins du nord (870 km²) ; sa surface est constituée par une puissante carapace de calcaire urgonien, parfois sénonien, vérolée de dolines et d'avens (les scialets) ; peu de régions ont un réseau hydrographique souterrain aussi structuré, aboutissant à de puissantes résurgences. Cette carapace calcaire ondule en plis lourds qui se relèvent vers l'est, où les falaises calcaires qui dominent le Sillon Alpin dépassent parfois 2 000 m. Le relief est le plus souvent conforme à la structure, avec de grandes vallées synclinales et quelques cluses qui ont scié la carapace et s'y sont enfoncées en redoutables « goulets ». L'accès au massif est rendu plus difficile encore que pour les autres Préalpes par la puissance des falaises bordières et les étroits longtemps infranchissables que constituaient les « goulets » ; seul l'est a été désenclavé par les routes et, autrefois, le tramway montant de Grenoble ; ce dernier avait permis la constitution d'un véritable bassin laitier grenoblois dans le synclinal de Lans et amorcé le mouvement touristique d'hiver ; l'est est aujourd'hui un domaine de la résidence secondaire grenobloise. L'ouest et le sud, restés au contraire isolés, déclinent lentement.

● Les mêmes difficultés d'accès caractérisent la vasque de calcaire sénonien du *Dévoluy*, qui se relève très haut sur ses bords, notamment à l'ouest, avec les grandes parois calcaires de l'Obiou et du Grand Ferrand, à près de 2 800 m, et à l'est par 2 700 m. A moyenne altitude, d'énormes pierriers témoignent de l'obstination des paysans à vouloir créer champs et prairies pour nourrir un fort troupeau ovin et bovin. Les exploitations, vastes pour les Alpes, avec de belles réserves de pacages, ont relativement bien résisté ; bien équipées, elles renforcent peu à peu l'élevage ovin au détriment de l'élevage laitier, tout en laissant encore de la place pour les troupeaux transhumants. Le paysan du Dévoluy n'est donc guère attiré par les besognes complémentaires, ce qui explique peut-être que la station de ski de Super-Dévoluy, pionnière de la multipropriété, soit restée totalement à l'écart des communautés rurales.

Dans la montagne voisine du *Bôchaine,* l'activité rurale est au contraire résiduelle et les exploitations, trop petites et vieillies, se concentrent dans la dépression synclinale du Buech ; du moins le Bôchaine, qui a hérité des grandes forêts des chartreux de Durbon, est-il l'un des massifs préalpins les plus riches en revenus forestiers.

4. Cluses préalpines et Sillon Alpin

Sillon Alpin, Cluses préalpines et grandes vallées intra-alpines opèrent un remarquable quadrillage de la montagne alpestre. Mais leur intérêt est inégal ; si toutes introduisent une agriculture de plaine au cœur de la montagne et de bonnes facilités de circulation, certaines se terminent en cul-de-sac ou débouchent, sur l'avant-pays, sur des zones peu accessibles.

Leur trame est certainement très ancienne, d'origine tectonique. Dans les Préalpes, seules les quatre grandes cluses majeures débouchent sur le Sillon Alpin ; toutes les quatre ont un plancher très bas : Arve entre 550 et 420 m, Annecy autour de 450 m, Chambéry autour de 300 m, Grenoble à moins de 200 m. Les deux cluses d'Annecy et de Chambéry ont mieux gardé l'empreinte glaciaire, du fait que le drainage post-glaciaire s'est concentré sur la cluse de Grenoble. Elles ont conservé des lacs importants : celui d'Annecy est barré à l'aval par la plaine construite par le Fier ; celui d'Aix-les-Bains n'est plus préalpin, mais logé dans une dépression jurassienne qui prolonge la cluse entre les plis de l'Epine - Montagne du Chat et celui de la Chambotte.

Le déclin rural

Peu de neige, des gelées moins tardives, un ensoleillement plus marqué avec des étés chauds assurent aux basses vallées des conditions plus favorables ; cependant, la pluie reste abondante et les cluses sont très ventées, notamment par temps de bise. Du reste, aucune commune rurale n'est organisée uniquement en fonction de la plaine ; les finages sont perpendiculaires à l'axe des vallées, allant de la plaine à la montagne, avec même parfois un domaine d'alpages. Les fonds de vallée n'ont été souvent que tardivement colonisés (XIXe siècle pour la Combe de Savoie et le Grésivaudan) et restent menacés par les infiltrations des eaux à travers des digues délimitant des lits en cours d'exhaussement ; les recoupements de méandres, destinés à améliorer la protection de Grenoble contre les crues, rompent l'équilibre des nappes phréatiques.

Les communes ont été par suite des terroirs de pente, avec des chefs-lieux paroissiaux souvent perchés et une dissémination secondaire et tardive en plaine ; l'offensive foncière citadine y est forte, notamment en Grésivaudan où la bourgeoisie grenobloise a multiplié ses « campagnes » dès le XVIIe siècle. Traditionnellement, on associe une culture céréalière de plaine, blé ou maïs, avec parfois des rangs de vignes en hautins (sauf dans la trop fraîche vallée de l'Arve) à l'exploitation des premières pentes : éboulis descendus des corniches calcaires, coteaux liasiques ou cônes de déjections des torrents ; là, la vigne était partout et elle a gardé en Savoie une place non négligeable ; partout aussi la maison est plus celle d'un vigneron que d'un montagnard ; pourtant, la présence au milieu des vignes de petits « mazots » souligne qu'une part non négligeable du vignoble est entre les mains de montagnards qui y trouvaient abri lors de leurs migrations de travail. En Grésivaudan, les amandiers se multipliaient aux adrets, les figuiers dans les jardins ; en Combe de Savoie, le verger de pommiers a largement envahi les basses pentes dans le second quart du XXe siècle. Enfin, les hautes pentes sont utilisées comme pacages, et les terroirs débordent parfois sur la montagne forestière.

Cette agriculture très morcelée agonise ; l'espace agricole est du reste durement rogné par la construction ou les emprises routières ; les villages restent fortement peuplés, mais de plus en plus par des gens travaillant en usine ou dans les villes ; ces dernières ne sont jamais bien loin, de sorte que les anciens adrets viticoles deviennent des zones de résidence pour citadins aisés. Le long des lacs, un tourisme à la fois de résidence et de passage a accentué encore le recul rural ; la densité d'occupation y est telle que la protection des eaux du lac d'Annecy n'a pu être assurée qu'au prix de la construction d'un coûteux réseau d'assainissement ; les riverains du lac du Bourget devront en faire autant.

Les parties hautes et humides du Sillon (val d'Arly, collines liasiques du gradin supérieur, Matésine) ont une économie de type préalpin, fondée surtout sur l'élevage laitier ; les migrations pastorales y sont à peu près abandonnées et la dépopulation y est forte, sauf lorsque le tourisme vient inverser la tendance comme dans le Val d'Arly. Ce Val, de Praz-sur-Arly au sud à Combloux, au-dessus du bassin de Sallanches, a connu une fréquentation précoce : la saison d'hiver débute vraiment à Megève dès 1913 ; on y trouve un équipement hôtelier, souvent de haut standing, de très nombreux immeubles de luxe en co-propriété ou en location, admirablement dotés, même du téléphone, plus de 2 500 résidences secondaires, etc. Megève reste l'un des grands pôles touristiques alpins, l'un des mieux équipés. C'est dans les collines liasiques que l'on trouve les deux stations thermales du Sillon, Uriage, avec un équipement fort délabré et une clientèle qui se perd et Allevard, plus active, rénovée, accueillant chaque année quelque 10 000 curistes.

Le Sillon Alpin méridional constitue un domaine de transition, d'altitude assez forte (800 à 1 000 m), jouissant d'un climat aux nuances méridionales ; l'été est plus chaud et plus sec, au point que l'irrigation est souvent nécessaire, la pluviosité, inférieure à 1 m. Isolés par des gorges longtemps peu franchissables, ces petits pays ont conservé une forte originalité, tel le Trièves resté un fief protestant. La dépopulation y est très forte, avec une émigration intense, parfois lointaine (le Champsaur a émigré aux USA), qui a privé les communes de plus de la moitié de leur population, parfois des trois quarts. Le déficit des naissances est général et l'avenir humain des hautes terres est très incertain. La dégradation est maximale en bordure du Pelvoux, entre Matésine et Champsaur (le Beaumont), où seule l'exploitation des pèlerinages de Notre-Dame-de-la-Salette freine le déclin du petit bourg de Corps ; le Trièves, mieux pourvu de terres grâce aux terrasses fluvio-glaciaires, marchand de foin pour le midi, producteur de semences de graminées a un peu mieux résisté.

Seul le *Champsaur* reste vivant ; on y est plus près de Gap, le relief est moins morcelé, l'empâtement morainique plus général. Mais maintenir une bonne agriculture à plus de 1 000 m d'altitude est une gageure, tenue jusqu'ici grâce à l'esprit d'initiative des champsaurins et à une très importante aide extérieure, le Champsaur étant un secteur-pilote de l'agriculture en montagne. Les crédits ont afflué ; ils ont permis un remembrement-aménagement, bien nécessaire dans un bocage à mailles très serrées, l'irrigation par aspersion d'un millier d'ha, l'équipement des communes à des fins touristiques (remontées mécaniques, piscines), la multiplication des gîtes ruraux ou de formes d'hébergement contrôlées par la population locale. Cependant, en stoppant l'exode, ces aménagement ont bloqué les structures agraires, de sorte que les exploitations sont maintenant trop petites, souvent suréquipées ; elles sont techniquement bien gérées, orientées vers un élevage laitier de qualité ; on trouve quelques revenus dans le tourisme, notamment en allant travailler dans la grande station de ski d'Orcières-Merlette. On ne peut se défendre à la fois d'admirer l'ingéniosité des gens du Champsaur et de songer que le succès a reposé sur un investissement extérieur massif, sans contrepartie : l'avenir reste bien incertain ici aussi.

Le passage

Les Cluses et la vallée de l'Isère constituent de remarquables voies de passage, où routes et voies ferrées ont des caractéristiques de plaine.

Cependant, la densité du trafic est très variable ; la cluse d'Annecy, débouchant sur un avant-pays emprisonné entre Jura et Alpes, n'a qu'un trafic local qui n'a même pas justifié le maintien de la voie ferrée. La cluse de l'Arve a vu son rôle bouleversé par l'ouverture du tunnel du Mont-Blanc ; la route a été vite saturée et il a fallu construire, non sans peine, l'autoroute blanche ; le trafic international de poids lourds est considérable, suscitant sur place la création de nombreuses entreprises de transport, de dépôts, garages ou centres de dédouanement.

Les cluses de Chambéry et de Grenoble écoulent non seulement un trafic vers l'intérieur, mais la voie de circulation le long des Alpes, mal équipée entre Voiron et Chambéry, transite par le Grésivaudan, tant pour la route que pour la voie ferrée. La cluse de l'Isère a surtout un trafic local à destination de Grenoble et, accessoirement, des pays duranciens. Mais la cluse de Chambéry, qui conduit vers les grandes vallées intra-alpines et vers l'Italie, connaît un trafic intense ; pourtant, les relations avec l'avant-pays ont été longtemps difficiles, et, pour la voie ferrée, au prix d'un long détour par la cluse des Hôpitaux ; la construction de l'autoroute, la remise en état de la petite ligne SNCF directe sur Lyon, ont modifié sensiblement la situation et amélioré encore l'avantage de la cluse de Chambéry sur ses voisines.

Le trafic longitudinal est relativement moins important ; la route directe du Midi vers la Suisse contourne les Alpes par l'avant-pays ; c'est un itinéraire à gros trafic, mais de profil difficile et mal aménagé sauf entre Aix-les-Bains et Annecy. Si on veut trouver un itinéraire plus facile, notamment autoroutier, il faut passer par la cluse de Grenoble et le Grésivaudan, ce qui est le tracé de la voie ferrée ; mais cette dernière, à voie unique de Romans à Grenoble, puis d'Aix à Evian, est saturée et une bonne partie du trafic marchandises s'effectue via Lyon et des lignes entièrement électrifiées. Le Sillon Alpin a donc surtout un trafic de transit, et seulement entre Grenoble et Albertville.

Au sud de Grenoble, les communications avec les pays duranciens se font par deux cols difficiles : col de la Croix-Haute, emprunté par la voie ferrée et la « grande route » de Marseille, cette dernière ayant longtemps gagné le col par la Matésine et le Trièves ; col Bayard, emprunté par la « petite route » ou route Napoléon, qui ne mène qu'à Gap et aux pays de la haute Durance avec un profil très difficile, notamment dans la côte de Laffrey.

Une industrialisation inégale

Bien que ces grandes vallées paraissent toutes désignées pour accueillir des ateliers, beaucoup sont en fait vides d'industries. C'est d'abord le cas de tout le sud du Sillon Alpin ; le petit bassin d'anthracite de La Mure (400 000 t/an, environ 1 100 personnes employées) est actuellement en sursis et n'a jamais attiré d'industries ; son charbon est tout entier descendu à la basse vallée du Drac par une acrobatique ligne à voie étroite qui implique un transbordement avec la SNCF. Pas d'industries non plus dans le val d'Arly, ni en Combe de Savoie ; peu également dans la cluse d'Annecy, en dehors du centre traditionnel de Faverges où se maintient une fabrique suisse de machines textiles et où est venue s'installer une grosse fabrique de briquets. Rien non plus dans la cluse de Chambéry, en dehors de la ville elle-même. L'industrie anime donc des secteurs assez limités : vallée de l'Arve, à l'aval de Sallanches, petite région d'Ugine-Albertville, une partie du Grésivaudan et la basse plaine de confluence Drac-Romanche.

● *Les industries de la vallée de l'Arve,* dispersées en milieu rural, ont de fortes parentés avec celles de la montagne jurassienne. Des migrants temporaires ont ramené d'Allemagne, au XVIIIe siècle, l'artisanat de l'horlogerie ; celui-ci a végété jusqu'au grand incendie de Cluses en 1844, car la monarchie sarde, pour venir en aide à la ville, y créa une école d'horlogerie, l'actuel lycée technique, qui va être à la source de la recherche technologique et de la formation des cadres et des ouvriers professionnels. Lors du rattachement à la France, la création de la zone franche permet une vente facile des pièces d'horlogerie à Genève. La première guerre mondiale, en supprimant la zone franche, condamne l'horlogerie, heureusement partiellement remplacée par le décolletage. Ce dernier va profiter au maximum de la seconde guerre mondiale qui coupe les territoires contrôlés par Vichy de l'industrie parisienne et crée une désespérante pénurie de pièces ouvrées.

Aussi voit-on s'organiser une proliférante industrie du décolletage, travaillant en sous-traitance pour d'innombrables industries : automobile, téléphone, électro-ménager, etc. L'artisanat a longtemps dominé : dans les familles nombreuses de la tradition savoyarde, c'était permettre au tour de travailler 24 heures sur 24, alors que l'industrie, lourdement pénalisée par les charges sociales, se cantonnait dans les travaux d'assemblage. En 1961, 1 500 ouvriers ou artisans fabriquaient des pièces d'horlogerie, 8 500 faisaient du décolletage.

Depuis, l'industrie l'emporte sur les artisans, d'abord pour satisfaire les besoins de ceux-ci en machines-outils, ensuite grâce à l'excellence des conditions offertes par la vallée de l'Arve : proximité de Genève, main-d'œuvre très qualifiée. On assiste à une concentration en ateliers plus gros, à l'apparition de nouvelles industries (outillages, mécanique de précision) ; la prolifération artisanale et industrielle suscite de nouveaux besoins en main-d'œuvre (outilleurs), en matières premières, en techniques (cabinets spécialisés de brevets, de comptabilité), en crédit, en services de toutes sortes. Cette mono-industrie, qui n'utilise guère plus de 100 000 t de matières premières, employait en 1975 plus de 10 000 personnes dans le seul décolletage, avec 140 ateliers industriels, 450 artisans ayant quelques compagnons, 250 artisans travaillant seuls. Cependant, les hauts salaires genevois opèrent des ponctions dans la main-d'œuvre jeune, ce qui explique que les industries essaient de s'infiltrer dans la montagne ou recrutent des étrangers. Au terme de cette évolution, les gros ateliers restent rares, et le paysage est encore plutôt celui des innombrables petits ateliers, attenant à la maison d'habitation du patron, ouvrant sur le sud leurs larges baies vitrées.

● *Le groupe d'Ugine* appartient au type d'usine implantée sur une centrale hydro-électrique, encore qu'Ugine ait toujours été un bourg au débouché de la gorge de l'Arly. Berceau de l'ancienne Société d'Electrochimie et d'Electrométallurgie (SECEMAEU), Ugine est donc une localisation héritée ; mais on est bien loin de l'usine ouverte en 1903, et Ugine-aciers emploie près de 4 000 ouvriers, même si une partie des fabrications (inox) été transférée à Gueugnon ou à Fos-sur-Mer.

● *Grésivaudan et Haut-Drac* ont également utilisé à l'origine, l'eau des torrents dévalant de la chaîne de Belledonne. Une tradition industrielle existait toutefois avec les vieilles usines sidérurgiques d'Allevard ; mais le panorama industriel est ici plus varié :
— travail du papier, longtemps le plus important, avec encore 4 000 ouvriers : cartonnerie de La Rochette, papeteries de Pontcharra, Lancey, Domène, Champ-sur-Drac, Pont-de-Claix et Vizille ;
— électro-métallurgie dans la région d'Allevard, travail de l'aluminium dans ce qui fut l'usine-mère de Péchiney, celle de Froges, en tout 3 000 salariés ;
— électrochimie, puis pétrochimie dans le bassin du Bas-Drac, notamment l'usine de produits chlorés de Jarrie et surtout le complexe Rhône-Progil de Pont-de-Claix : plus de 4 000 ouvriers.

C'est l'usine de Pont-de-Claix qui représente le type le plus achevé de ces industries lourdes : 6 000 t de produits manipulés chaque jour, sans compter la saumure de la Drôme et l'éthylène de Feyzin livrés par pipes. D'une petite usine de chlore (1916), elle est devenue un complexe de dérivés chlorés, élaborant de concert avec Bayer de l'acide acétique, des solvants, la moitié des phénols français, des polyesters, des insecticides et herbicides, des mousses plastiques, etc. C'est donc une usine de demi-produits, aux fabrications très automatisées, produisant elle-même son électricité par une puissante centrale thermique. A l'échelle de la chimie française, c'est un quasi-monstre dont on peut s'étonner qu'il ait gardé une localisation intra-montagnarde aussi excentrée.

L'expansion urbaine

G. Armand a bien montré qu'à l'origine, les grandes vallées, avec leurs îles changeantes, leurs cônes de déjections actifs, n'offraient que de mauvais chemins. Pourtant, les lieux de villes s'affirment précocement : entrée et sortie des cluses, contrôle du passage des rivières, en utilisant, si possible, des sites non inondables et faciles à défendre (verrous glaciaires, etc.).

C'est peut-être la vallée de l'Arve qui offre le réseau urbain le plus original ; à la sortie interne de la cluse, Sallanches, à l'extérieur, deux villes : La Roche-sur-Foron et Bonneville ; mais la cluse elle-même possède une autre ville, Cluses ; aucune grande ville là-dedans, les équipements lourds étant le monopole de Genève. Tout à l'aval, *Annemasse* n'est qu'un gros faubourg industriel (40 000 habitants) de Genève, une banlieue-dortoir où logent nombre des 17 000 frontaliers qui passent en Suisse chaque matin. On y trouve beaucoup de petite métallurgie, de fabrications horlogères, souvent dominées par le capital genevois ; c'est aussi le centre ferroviaire haut-savoyard contrôlant une étoile de lignes électrifiées ; mais c'est une ville en crise, souffrant à l'excès des renversements de conjoncture. Le rôle ferroviaire se retrouve à *La Roche-sur-Foron,* également centre routier, place de commerce, traditionnaliste et catholique, contrôlant ce qui reste de la vie rurale ; c'est surtout le siège de la Société Savoisienne de Crédit, l'une des plus grosses banques populaires françaises. La Roche s'oppose à *Bonneville,* plus peuplée (10 000 hab.), plus industrielle, ville scolaire et administrative, traditionnelle, capitale du Faucigny.

Plus à l'amont, *Cluses* est à la tête d'une agglomération de près de 30 000 habitants, qui est avant tout la capitale du décolletage et se trouve remarquablement sous-équipée ; siège de quelques grosses entreprises comme la holding Carpano et Pons, cette cité offre un ensemble très hétéroclite de quartiers neufs, habités par une population très jeune ; le dynamisme et le succès économique sont attestés par l'ouverture, en 1976, d'un bureau de la Banque de France. Enfin, la ville de l'amont, *Sallanches* ancienne cité lainière, est surtout un centre de commerces et de services qui fait peu à peu corps avec le groupe touristique et ferroviaire du Fayet-Saint-Gervais ; au total 25 000 habitants.

La cluse d'Annecy comporte deux villes, aux deux issues de la vallée. A l'est, *Albertville* contrôle l'entrée de la Tarentaise ; si l'établissemeent urbain est ancien (Conflans), Albertville est en fait une création sarde de 1835 ; carrefour routier et étape ferroviaire, Albertville est d'abord une ville de commerces, de services, d'écoles, d'administrations ; mais c'est aussi une ville industrielle dans le sillage d'Ugine. La croissance, longtemps forte, s'est ralentie depuis 1970 (23 000 habitants en 1975, plus 9 000 à Ugine).

A la sortie sur l'avant-pays, *Annecy,* bien qu'à l'écart des grands itinéraires routiers et ferroviaires, et, par suite, mal placée pour rayonner, reste une des capitales de la Savoie. Si son domaine ne comprend qu'une partie de la Haute-Savoie, le cadre de son lac au milieu des montagnes l'a fait connaître dans le monde entier et lui confère une fonction d'accueil qui s'est même étendue au secteur industriel. Aux industries anciennes (papeteries et forges de Cran, fabrique de cloches) s'est d'abord ajoutée, dès la première guerre mondiale, une firme suisse de roulements à billes, reprise ensuite par Renault et devenue la Société Nationale de Roulements, avec plus de 4 000 salariés, la plus grosse affaire haut-savoyarde. Le grand essor est postérieur à la seconde guerre mondiale, avec Gillette-France, le matériel pour l'énergie nucléaire, la Cie industrielle des coussinets, les pompes Guinard, etc. Rares sont les affaires locales : filiales du groupe clusien Carpano, appareils de mesure Metrix, d'ailleurs absorbés par ITT, industrie fromagère.

Ville bien équipée, préfecture, riche en services publics et privés, c'est d'autre part une ville attirante, avec une fonction de résidence non négligeable. Par contre, le rayonnement commercial et culturel est plus limité, Annecy n'ayant pu se doter d'autres établissements universitaires qu'un IUT. Ville conservatrice et bourgeoise, elle oppose cependant les possédants traditionnels et la masse des cadres venus à Annecy avec l'industrialisation. C'est une ville riche, à hauts niveaux de salaires et de revenus, mais où l'emploi féminin manque ; elle a connu une croissance exceptionnelle (+ 4 % par an entre 1962 et 1968, + 3 % encore entre 1968 et 1975) et l'agglomération dépasse maintenant les 100 000 habitants. C'est une ville jeune, avec des taux de natalité très élevés, justifiant déjà plus du tiers de la croissance. Installée au départ au bord de l'émissaire du lac d'Annecy, le Thiou, tout au bas de la montagne du Semnoz, la ville a pu largement coloniser la plaine construite par le Fier (plaine des Fins) au débouché des Bornes ; mais elle a aujourd'hui débordé ce cadre, s'éloignant d'ailleurs du lac où la place manque et où les terrains sont hors de prix.

La cluse de Chambéry n'a pas deux, mais trois villes. La plus petite, *Montmélian,* est au débouché sur le Sillon Alpin, simple bourg que l'industrie a revivifié. Côté avant-pays, *Aix-les-Bains,* pour arriver aux 30 000 habitants n'en a pas moins aucun rôle régional, et sa croissance est peu importante, du fait de la stagnation de ses deux activités principales, le thermalisme et l'industrie. Aix-les-Bains est pourtant de loin la première station thermale française ; mais la clientèle actuelle, faite à 85 % d'assurés sociaux malades, ne saurait faire vivre l'hôtellerie de luxe et le casino ; on voudrait les sauver en créant une sorte de complexe de détente, luxueux, qui pourrait capter une nouvelle clientèle. En attendant, il faut se contenter d'une fonction de résidence et de retraite, un rôle de banlieue chambérienne expliquant le rapide vieillissement de la population, cas unique en Savoie. L'industrie est surtout représentée par la construction lourde de la « Savoisienne » (groupe Alsthom) et quelques industries métallurgiques de précision.

Chambéry, capitale traditionnelle de la Savoie, a d'abord occupé les buttes du verrou glaciaire du Lémenc, là où la route venant du midi et s'infiltrant entre Jura et Chartreuse, accède à la cluse. Chambéry, c'est d'abord une métropole commerciale, vivant du transit avec l'Italie, siège d'une région SNCF qui englobe toutes les Alpes du Nord et leur avant-pays et contrôle un très gros dépôt, siège aussi de nombreuses entreprises de transport routier, dont Bourgey-Montreuil, aujourd'hui filiale de la SNCF. Les commerces de gros y sont actifs, l'activité bancaire n'est pas négligeable avec la Banque de Savoie (liée au groupe du CCF), on y trouve le siège d'une société de magasins à succursales multiples (l'Allobroge - Etoile des Alpes) qui contrôle la plupart des Prisunic de la région. C'est Chambéry aussi qui fut choisie comme siège de la compagnie aérienne Air-Alpes.

Cet équipement commercial lui permet de rayonner sur tout le département de la Savoie. Et il faut compter aussi avec un petit Centre Universitaire, modeste succédané de l'Université promise lors de l'annexion, avec la Cour d'Appel et surtout avec le rôle de Préfecture. Si Chambéry englobe, dans sa banlieue, la petite station thermale de Challes-les-Eaux, elle n'a guère de rôle touristique. Elle est restée longtemps sans industries, hors quelques fabrications traditionnelles (couteaux Opinel) ou les matériaux de construction (chaux Chiron, placoplâtre). On y recense maintenant beaucoup d'industries nouvelles, surtout métallurgiques, et une affaire importante, du groupe Saint-Gobain, le « Verre textile », la plus grosse maison chambérienne. Quelques affaires de confections, de chaussures, de confiserie (Coppelia) y représentent le seul emploi féminin.

La faible part de l'emploi industriel suffit à expliquer une croissance moins rapide qu'à Annecy ; alors qu'elle a été jusqu'à la deuxième guerre mondiale, la ville la plus peuplée de Savoie, son agglomération compte aujourd'hui moins de 90 000 habitants. Il est vrai que la complémentarité croissante des deux agglomérations d'Aix et de Chambéry, l'urbanisation rapide des coteaux entre les deux villes, conduit à la création d'une agglomération unique, qui, dès lors, surpasse Annecy, mais au prix d'une certaine anarchie, les quartiers neufs se dispersant sur les coteaux bordiers de la cluse, en multipliant les problèmes de circulation.

Grenoble

Au débouché de la cluse de l'Isère sur le Grésivaudan, Grenoble est installée dans la plaine d'inondation du confluent Drac-Isère, à l'endroit où le cône torrentiel du Drac repousse l'Isère contre la Chartreuse, créant un site de pont qui fut la raison d'être de la ville. Un tel site a exposé continuellement la ville aux inondations de l'Isère, la menace des crues du Drac ayant été éliminée, en 1684, par la construction de la grande chaussée-digue de Saint-André entre Pont-de-Claix et la ville ; mais ce site offre de quoi s'étendre : Grenoble est une des villes les plus plates du monde, alors qu'elle est au cœur de la montagne.

La croissance n'a pas été régulière ; avant 1789, c'est la capitale du Dauphiné, avec parlement et gens de robe, soldats et commerçants. La révolution, qu'elle contribua à amorcer, l'a privée de son rôle politique et régional et elle ne l'a jamais retrouvé. L'essor lui viendra de la fonction militaire, puis du développement industriel ; avec les communes tôt urbanisées de la proche banlieue, elle passe de 51 000 habitants en 1876, à 82 000 en 1906, 116 000 en 1936, 144 000 en 1954.

La croissance s'est ensuite accélérée, avec un taux annuel de 4 % entre 1962 et 1970 ; depuis, le mouvement s'est ralenti (moins de 2 % par an pour l'agglomération). La ville s'est considérablement étendue ; l'INSEE la crédite de 32 communes, avec 389 000 habitants en 1975 : c'est la plus grosse ville de tout l'espace alpin européen.

Rythmé par la destruction des enceintes successives, le développement spatial ne s'est guère fait de façon cohérente. Malgré les équipements dus

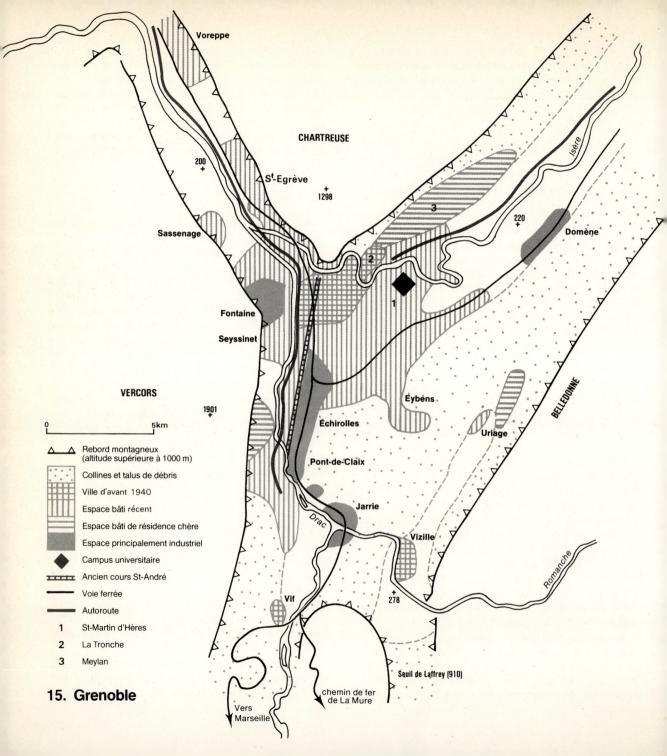
15. Grenoble

aux Jeux Olympiques d'hiver de 1968, qui l'ont notamment dotée de nouveaux axes de circulation, l'agglomération reste très désordonnée. Elle a occupé toute la plaine du Drac, mais aussi débordé à l'amont et à l'aval dans celle de l'Isère, grimpé sur les premières pentes du Vercors et surtout de la Chartreuse. La construction en hauteur a toujours dominé, aussi bien dans la vieille ville aux immeubles à la lyonnaise, si larges qu'il y a toujours au cœur une profusion d'alcôves obscures, que dans les quartiers neufs où se sont multipliées les « tours » avec un régime de co-propriété, dont le modèle, dit « à la grenobloise » a ensuite gagné le reste de la France. On aboutit ainsi à de fortes densités. Ce type, proprement grenoblois, a ensuite gagné les communes de banlieue, puzzle de zones industrielles et de grands ensembles : trois d'entre elles dépassent 25 000 habitants : Saint-Martin-d'Hères, Echirolles et Fontaine, formant la demi-couronne « rouge » de Grenoble. Seules les banlieues de coteau, essentiellement l'adret de Chartreuse, connaissent une dominante de maisons individuelles aisées ; mais elles regroupent moins de 10 % de la population.

La croissance la plus récente s'est faite aux dépens de l'ancien aérodrome (rejeté en Bas-Dauphiné, à près de 40 minutes...) sur les communes d'Echirolles et de Grenoble ; mais cette Villeneuve rencontre plus de détracteurs que d'enthousiastes. Dans cette croissance, les espaces verts ont été totalement sacrifiés, ce que peut justifier la proximité de la montagne ; mais la pollution atmosphérique, tant industrielle que domestique, a pris des proportions inquiétantes : par beau temps calme, la montagne se laisse tout juste deviner...

Grenoble est restée avant tout une ville industrielle : la moitié de la population active vit directement de l'industrie et une fraction non négligeable (services, recherche) travaille pour elle. Cette prolifération étonne : absence de charbon dans le passé, coûts élevés des transports, éloignement des marchés. Les capitaux locaux ne se sont guère investis dans les fabriques ; les banques locales qui subsistent ont perdu leur indépendance (Nicolet & Lafanechère, Banque de l'Isère dépendent du groupe Crédit du Nord - Union Parisienne, La Prudence, ancienne banque des houillères de La Mure relève de la Banque de l'Indochine). L'argent est venu d'ailleurs, Grenoble bénéficiant comme Annecy d'une rente de situation grâce aux attraits de la montagne. Les capitaines d'industrie ont été rares ; ce sont souvent des matésins, des gapençais qui ont risqué l'argent des autres.

La plupart des vieilles industries ont disparu. La ganterie qui employa 15 000 salariés et autant dans la campagne proche (grâce notamment à une extraordinaire réseau de tramways électriques rayonnant sur une bonne vingtaine de kilomètres) est morte de routine et de satisfaction bourgeoise ; défaillante aussi la mégisserie ; déclinante l'industrie textile ; la seule grosse maison, Valisère, orientée vers la bonneterie, est passée sous le contrôle de capitaux troyens. L'industrie alimentaire, bien mal placée, a perdu Cémoi, perdra Brun, ne conserve que des firmes secondaires (pâtes Lustucru) passées elles aussi sous contrôle extérieur. Fermés la plupart des établissements métallurgiques. Seuls se maintiennent deux groupes de dimension nationale, qui ne conservent sur place que de modestes unités de fabrication : les chaux Balthazar et les ciments Vicat, et une industrie bien particulière, d'origine gantière, celle des boutons-pression et des fermetures-éclair.

La seconde vague industrielle fut celle des établissements travaillant pour l'équipement hydro-électrique ; beaucoup de firmes pionnières ont disparu ; les autres ont perdu leur indépendance financière, voire technique, même les deux plus grosses affaires : Neyrpic et Merlin-Gerin. La première, reprise par Alsthom, spécialisée dans les turbines, est devenue une firme d'engineering (barrages et centrales hydrauliques, irrigation, aménagements portuaires) ; après une très grave crise, elle était remontée à près de 3 000 salariés en 1974.

La seconde, depuis 1920, s'est spécialisée dans le moyen et le petit équipement électrique ; Merlin et Gerin, après de très modestes débuts, a peu à peu essaimé ses ateliers dans tout Grenoble, voire au dehors ; elle emploie, à Grenoble, quelque 8 000 salariés ; elle est, après Berliet, la plus grosse firme du sud-est par le volume de l'emploi.

L'industrie chimique a moins prospéré, sinon à Pont-de-Claix ; on relèvera l'existence d'une grosse unité de caoutchouc industriel (Fit-Hutchinson), d'une usine de Viscose, et des usines de métallurgie des poudres.

La dernière génération d'industries est postérieure à 1950 ; elle a pris à temps le relais des industries déclinantes, profitant de leur main-d'œuvre. Ce sont d'abord des industries liées à l'équipement de la montagne (remontées mécaniques) au sport (vêtements Jamet), aux équipements industriels (Montalev) ; c'est ensuite la foudroyante ascension des établissements Allibert (transformation des plastiques), gênés d'ailleurs par les hauts salaires grenoblois et qui cherchent à essaimer, par exemple à La Mure. Ce sont surtout des décentralisations ou des créations fondées sur la réputation de la main-d'œuvre et la facilité d'attirer des cadres parisiens : usine de composants électroniques Thomson-CSF, à Saint-Egrève, Caterpillar, la Télémécanique à Echirolles, les appareils chirurgicaux Becton-Dickinson à Pont-de-Claix, le matériel de travaux publics Dragon à Fontaine, Hewlett-Packard à Eybens, etc.

Beaucoup de ces industries sont venues dans l'espoir d'une collaboration avec une université réputée ouverte, et comptaient en tirer profit. Des centres de recherche industriels en sont nés : Air Liquide, Péchiney, papier-carton, Société des combustibles nucléaires. On trouve même des affaires liées à l'origine à l'exploitation de brevets universitaires, comme la SAMES qui fabrique notamment des accélérateurs de particules.

Ce panorama industriel est varié ; mais les dernières années n'ont connu qu'une seule implantation importante (Hewlett-Packard). Peut-être cette carence récente est-elle liée à la pénurie grandissante de main-d'œuvre, aux salaires élevés, aux conflits du travail souvent durs ? Enfin, le développement rapide de l'agglomération a provoqué la croissance de l'industrie du bâtiment et des travaux publics. Mais paradoxalement, cette ville qui fut le berceau de l'industrie cimentière construit médiocrement et cher, avec une grande instabilité des entreprises. Avec plus de 15 000 salariés, en grande majorité étrangers, le bâtiment est pourtant la première source d'emplois de l'agglomération. Enfin, Grenoble a été le berceau d'une des plus grosses affaires d'entretien des routes, la SACER, créée par la même famille que les biscuits Brun.

Les autres fonctions grenobloises comptent moins. C'est pourtant l'une des villes françaises les mieux dotées en services de haut niveau ; c'est aussi une ville qui possède nombre d'attributs de la fonction régionale sans en remplir la mission. Beaucoup plus ancienne que celle de Lyon, l'Université de Grenoble accueillait en 1975 quelque 28 000 étudiants, dont un nombre appréciable d'étrangers, et plus de 1 100 élèves des écoles d'ingénieurs qui ont fait l'originalité et la célébrité de Grenoble : Institut polytechnique et électrotechnique, écoles d'électrochimie, de papeterie, d'ingénieurs hydrauliciens, bien ancrées dans la région et appréciées des industries ; ainsi le titre d'ingénieur IEG égale parfois celui des grandes écoles parisiennes sur le plan des salaires. Grenoble a joué d'autre part un rôle pilote dans la « promotion du travail » et la liaison Université-Industrie a été plus étroite que dans le reste de la France. Il faut ajouter à l'Université le Centre d'études nucléaires (CENG) qui compte un bon nombre de chercheurs sur ses 3 000 employés, mis sur pied avec une participation allemande. De sorte que le potentiel grenoblois de recherche spécialisée est le plus important de province, l'emportant de beaucoup sur Lyon.

L'existence d'un grand quotidien régional, le *Dauphiné Libéré,* tirant à quelque 400 000 exemplaires, ne représente cependant pas le support d'une fonction régionale ; pourtant le journal rayonne sur l'Isère et les deux Savoie, la Drôme et l'Ardèche, l'arrondissement de Barcelonnette et les Hautes-Alpes, une partie de l'Ain. Mais ses actuelles limites de diffusion résultent maintenant d'accords avec le *Progrès* de Lyon, les deux journaux ayant une imprimerie commune, ainsi qu'une seule agence de presse : Aigles. De même, le rayonnement commercial de Grenoble est faible, surtout au niveau du commerce de gros alimentaire, comme semble le montrer l'échec des foires, même très spécialisées.

Enfin, l'ancienne fonction de plaque tournante du tourisme a à peu près disparu, se bornant à faire vivre quelques gros transporteurs spécialisés comme Traffort ; le parc hôtelier, important et modernisé, vit surtout des clients des industries, des laboratoires de recherche ou des innombrables congrès que la réputation de la ville y fixe.

La composition de la population montre d'ailleurs la part peu importante de la région. Cette population est encore jeune, ce qui explique des taux de natalité élevés et implique de lourdes charges scolaires et sociales. Pour la période 1962-68, le département n'a fourni que 16 % des migrants venus s'installer à Grenoble, la région Rhône-Alpes à peu près autant. Le reste vient de toute la France, principalement de Paris et des pays à l'est du Rhône ; pour cette période, on dénombrait également beaucoup de rapatriés d'Afrique du Nord. De même, la part de la population étrangère n'a cessé d'augmenter, les Italiens ayant depuis longtemps cédé les premières places aux Nord-Africains, aux Espagnols et aux Portugais.

Conclusion

Les Alpes du Nord ont ainsi connu une remarquable expansion urbaine. Les originaires d'autres régions sont venus s'établir en nombre, non seulement dans les grandes villes, mais dans toute la vallée de l'Arve, les bords du Léman et les grands centres touristiques. Le desserrement des villes et l'essor touristique font que bien des campagnes ont cessé de se dépeupler, présentant un solde migratoire positif entre 1968 et 1975. Malgré une natalité assez forte, le solde migratoire théorique des seules Alpes du Nord a été de plus de 80 000 personnes entre 1962 et 1968, d'autant entre 1968 et 1975. En fait, les mouvements de population sont beaucoup plus importants que ceux qui ressortent des bilans bruts : il subsiste une forte émigration rurale hors de la région et l'instabilité des nouveaux-venus est très grande. Contrairement à un Midi peuplé de retraités, l'immigration est ici le fait de jeunes, attirés par les métiers de la neige et du tourisme ou simplement séduits par le cadre de vie quand ce n'est pas par la moyenne élevée des salaires.

A travers cette turbulence si différente de la stabilité d'autrefois, on peut presque parler d'une invasion de la montagne par des populations issues de la plaine, presque toujours d'origine urbaine, avec une forte participation parisienne. Le rôle prépondérant de Paris dans la formation de la clientèle touristique, dans la composition de la population permanente, notamment des stations de sports d'hiver, dans la fourniture des capitaux et des cadres des activités alpestres, accroît dans les Alpes l'influence directe de la capitale, et diminue d'autant l'impact des villes régionales et de Lyon. C'est Paris, avec ses agences de voyages, ses possibilités infinies de publicité, qui « fait » les nouvelles stations, court-circuitant les métropoles régionales.

Or, la polarisation de l'espace alpin révélait déjà des faiblesses. Le rôle d'Annecy est minime, l'hégémonie de Chambéry est d'essence commerciale et devrait se renforcer. Le rôle de Grenoble reste ambigu ; ses fonctions sont surtout techniques et intellectuelles, dans l'équipement, par la montagne et les services aux entreprises, par la diffusion de sa presse et son recrutement universitaire. Mais Grenoble ne peut prétendre être la métropole alpine, son pouvoir de commandement étant minime ; on peut parler à son endroit de rayonnement, non de domination. Les aléas de la frontière font que Genève ne peut exercer non plus une quelconque suprématie, malgré l'excellence de ses équipements et la bonne desserte internationale de son aéroport, contrastant avec la faiblesse de Lyon-Satolas ; mais la part des capitaux suisses dans l'industrie ou les stations, l'importance de la clientèle genevoise, le rayonnement intellectuel sur la Haute-Savoie font tout de même de Genève l'un des éléments de l'organisation régionale nord-alpine, et l'un des plus attractifs : Genève attire plus quelle ne domine.

Reste le rôle de Lyon, la métropole de droit. Là non plus, on ne peut parler de domination, Lyon exerçant bien la plénitude de la fonction financière, mais ne diffusant pas sa presse, ni son rôle universitaire, ni guère son commerce. L'espace alpin reste ainsi partagé. C'est cette absence de métropole omnipotente, plus que les difficultés nées du relief, qui explique la persistance d'une vie locale, caractérisée souvent par le maintien d'une banque, d'une presse hebdomadaire vivante, d'une forte emprise commerciale ; Albertville et Thonon représentent, en dehors des préfectures, les meilleurs exemples de cette indépendance de fait.

L'axe Rhône-Rhin

2

1   Les traits généraux

1. La formation du couloir et les grands paysages physiques

Le Sillon Rhône-Rhin constitue une déchirure majeure, mais discontinue. Fossé rhénan et fossé bressan sont séparés par une zone restée plus haute, la Porte de Bourgogne. Les affaissements qui leur ont donné naissance sont d'âge tertiaire ; il y a eu en fait une succession de bassins, dont l'orientation sud-ouest-nord-est est liée aux anciennes structures hercyniennes ; des seuils, dont seuls les sondages ont montré l'existence, les séparent. On peut ainsi distinguer plusieurs alvéoles successifs.

En Rhénanie existent deux bassins, l'un au nord de Strasbourg, dont le substratum est parfois, au pied de l'Odenwald, à plus de 3 000 m de profondeur, l'autre au sud, aussi profond ; ils sont séparés par un seuil où le substratum est à moins de 1 000 m dans la région d'Erstein. Ces deux bassins ont été longtemps distincts ; c'est seulement au Pliocène que le réseau rhénan s'établit et que la continuité du drainage vers le nord est assurée.

Dans les plaines de Saône existe une disposition analogue. Au nord d'un seuil de direction hercynienne, allant de Tournus à la montagne de la Serre, un premier bassin, celui de la Bresse chalonnaise, va de la dépression de la Grosne à la région de Gray ; son fond se relève peu à peu vers le nord, jusqu'à laisser apparaître la couverture de calcaires secondaires dans les pays de la Haute-Saône. Au sud, la Bresse louhannaise paraît également séparée de la Bresse méridionale et des Dombes par un seuil moins marqué, de part et d'autre duquel le substratum s'abaisse à plus de 3 000 m de profondeur. Ce bassin bressan se relève au sud sous les alluvions dombistes, la couverture secondaire calcaire émergeant dans le plateau de l'Ile-Crémieu.

Au sud de Lyon, le fossé rhodanien est plus profond, plus continu ; il s'abîme au pied du Massif Central à plus de 4 500 m dans la plaine de Valence ; à Marsanne, un forage poussé à 5 000 m a été arrêté dans le lias ; peut-être le socle est-il à 6 000 m de profondeur. Il est vrai que l'affaissement est ici plus précoce, la subsidence forte comme en témoigne l'énorme épaisseur de la sédimentation secondaire enfouie en profondeur.

Au Tertiaire, la Porte de Bourgogne, les plateaux de la Haute-Saône, l'Ile-Crémieu sont restés presque constamment exondés. Ailleurs, les bassins sont peu profonds, la subsidence lente : lacs, lagunes, mers peu profondes voient se déposer, surtout à partir de l'Oligocène, des sédiments assez monotones, en partie enlevés aux massifs montagneux voisins. Les faciès lagunaires sont fréquents, mais les marnes sablo-argileuses dominent et la sédimentation est parfois coupée d'épisodes continentaux.

A partir du début du Pliocène en Alsace, du Villafranchien dans les pays rhodaniens, la sédimentation va devenir purement continentale ; les alluvions rhénanes s'entassent en Alsace et en pays de Bade (plus de 400 m d'alluvions quaternaires sous Heidelberg) tandis que de vastes cônes sableux s'édifient au débouché des vallées vosgiennes. Des nappes d'alluvions accompagnent également la Saône et ses affluents, puis le Rhône, avec le développement de terrasses hiérarchisées comme dans la plaine de Valence.

Les aspects morphologiques

Les similitudes dans le mode de formation du Sillon n'empêchent pas de sensibles dissemblances. La disposition du fossé rhénan, aménagé dans la clé d'une voûte cristalline est bien différente de celle du fossé rhodanien, partie du grand sillon subalpin septentrional. La proximité de la chaîne alpestre a valu à la région lyonnaise d'être envahie par les glaces. Le fort échelonnement en latitude, des climats continentaux aux climats méditerranéens, justifie des processus morphologiques variés ; ainsi, le loess, à peine ébauché en Bas-Dauphiné ou en Bresse, devient une formation typique de la plaine d'Alsace. Enfin, le volcanisme, présent dans le fossé rhénan, est à peu près inconnu dans celui de la Bresse.

Le fossé alsacien

Partie sud-ouest du fossé rhénan, la disposition des éléments du relief y est avant tout méridienne : collines et plateaux sous-vosgiens, ensemble des accumulations alluviales récentes dans lesquelles s'insèrent des vallées plus ou moins marécageuses ou inondables, essentiellement les Rieds de l'Ill et du Rhin.

• *Les collines sous-vosgiennes* sont constituées par toute une série de panneaux faillés, fortement dénivelés, représentant des lambeaux affaissés de la voûte vosgienne avec leur couverture sédimentaire. Au sud et au centre, cette zone est étroite, faite de gradins dont le plus bas domine faiblement la plaine rhénane et porte l'essentiel du vignoble alsacien. Au nord de Barr, la zone s'élargit, avec quelques hauts gradins gréseux (montagne Sainte-Odile par ex.) accrochés aux Vosges et surtout une vaste surface d'érosion, lacérée par les rivières en plusieurs ensembles : étroite langue du Gloc-kelsberg au sud de la Bruche, grand champ de failles de Saverne et Kochersberg, collines de Brumath, collines de l'Outre-Forêt. Cette surface est hachée de petits fossés et de horsts, tandis que les calcaires oligocènes forment les points hauts et que les marnes ont été évidées en bassins ; le réseau hydrographique est assurément antérieur au dégagement de ces formes, souvent surimposé, comme la Mossig à la traversée du horst du Krontal.

• *Les grands épandages alluviaux* sont avant tout constitués de graviers assez grossiers, d'origine alpine ou vosgienne, étalés par le fleuve et ses affluents en une vaste terrasse qui domine le cours actuel du Rhin d'une vingtaine de mètres dans la région de Bâle, d'une dizaine au nord de Strasbourg, mais de quelques mètres seulement en Alsace centrale, reflet de la subsidence affectant la région de Colmar-Sélestat. A la sortie de la montagne, les torrents vosgiens ont édifié au Quaternaire de vastes cônes, parfois recreusés par les vallées actuelles. Ces cônes sont souvent peu épais; leurs graviers, très siliceux, portent des sols podzoliques qui expliquent le maintien de vastes surfaces forestières, souvent enrésinées en pin.

Les lits majeurs des cours d'eau constituent les *Rieds*. A l'aval de Strasbourg, c'est essentiellement celui du Rhin ; mais, en Alsace centrale où l'alluvionnement compense mal les effets de la subsidence, les lits majeurs des affluents du Rhin allongent de vastes bandes de sols fins, mal égouttés, souvent difficiles à travailler (rieds de l'Ill, de l'Andlau).

Dans le sud de l'Alsace, le fossé rhénan vient buter sur un horst, celui de Mulhouse, qu'encadrent deux fossés dont seul celui qui est à l'ouest (bassin de Dannemarie) apparaît dans la topographie et se prolonge en golfe jusqu'à Montbéliard. Le horst est dénivelé en petits blocs monoclinaux que recouvrent les dépôts oligocènes eux-mêmes surmontés de graviers étalés par un ancien cours de l'Aar. C'est là le *Sundgau* où la morphologie superficielle est conditionnée par la variété des faciès de l'oligocène. Un faisceau de vallées dissy-

16. Alsace

- Rebord vosgien
- Autre faille
- Bordure des collines sous-vosgiennes ou des hautes terres
- Jura
- Rieds
- Principaux épandages sableux
- Loess
- ☆ Usine hydroélectrique des aménagements rhénans
- Canal à grand gabarit

0   30 km

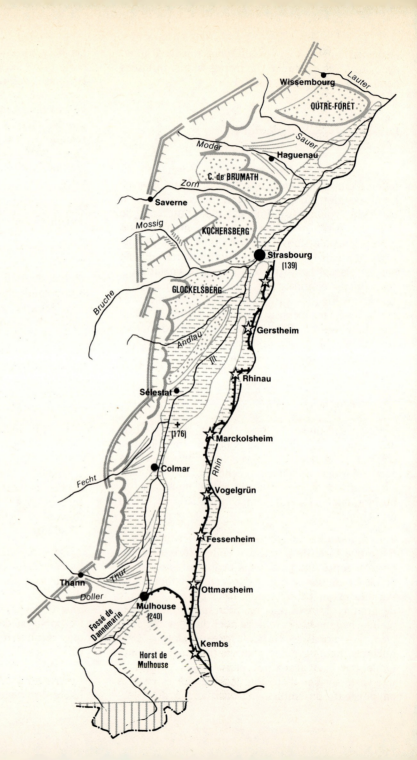

métriques, à regard ouest raide, y draine des eaux venues pour une part du Jura de Ferrette dont les derniers plis viennent d'ailleurs chevaucher les terrains tertiaires du Sundgau.

Dans toute l'Alsace, des plaques plus ou moins épaisses de loess se sont conservées sur les surfaces les plus douces ; ces limons calcaires, souvent décarbonatés en surface (lehms), sont assez vulnérables. Leur répartition est très irrégulière ; ils sont surtout abondants et épais au nord (Outre-Forêt, collines de Brumath, Kochersberg), encore assez épais dans le Glockelsberg ou entre Andlau et Ill. Plus rares au sud, ils sont à nouveau fréquents, mais moins francs, dans le Sundgau. Leur abondance au pied des Vosges gréseuses surprend, compte tenu de leur forte teneur en calcaire. Ces loess portent généralement de bons sols, neutres ou faiblement alcalins, un peu lourds et difficiles à travailler, les meilleurs de l'Alsace : ils représentent par excellence l'ackerland alsacien.

Porte de Bourgogne et plateaux de la Haute-Saône

Entre Vosges et Jura, le décrochement du sillon coïncide avec un fort relèvement du soubassement ; du golfe de Montbéliard à celui de Gray dominent essentiellement des plateaux calcaires, se relevant vers le nord en direction des Vosges. Ce domaine est fort cloisonné, haché de dislocations, avec quelques accidents majeurs comme l'escarpement tectonique qui limite, au sud, la vallée de l'Ognon. On a là toute une mosaïque de corridors, de bassins, de vallées, dominés de barres calcaires ou gréseuses.

Sur le massif vosgien s'appuie une couverture permo-carbonifère (gisement charbonnier de Ronchamp), disloquée en horsts et petits bassins (de Luxeuil, de Lure). Dans les grès, puis dans la large auréole liasique, quelques bancs plus résistants justifient des embryons de reliefs monoclinaux. La dépression liasique n'est d'ailleurs pas continue et la cuesta bajocienne qui la domine n'est nette qu'au sud de Vesoul, entre Saône et Ognon, puis après un fort décrochement, de l'Ognon vers Belfort où le sillon liasique se réduit à un étroit couloir. Au sud de l'Ognon, les plateaux calcaires se relèvent et viennent buter contre les premiers faisceaux de plis jurassiens ; on voit même s'y développer une dépression oxfordienne au pied d'une modeste cuesta rauracienne.

De l'Ognon à la Saône et aux plateaux bourguignons, il n'y a plus que de monotones plateaux calcaires, faiblement basculés vers le sud-est, représentant probablement une surface d'érosion miocène. Les grandes vallées de l'Ognon et de la Saône, sans doute guidées par des inflexions synclinales du soubassement calcaire, sont remblayées d'alluvions, hiérarchisées en au moins deux terrasses.

Les plaines de Saône et leurs bordures

Les plaines de Saône constituent un ensemble affaissé, compartimenté, où une subsidence différentielle légère explique la convergence du réseau hydrographique autour de quelques zones basses (Louhans, Verdun-sur-le-Doubs, Saint-Jean-de-Losne, Auxonne). Cette tendance à l'affaissement et une planitude parfois presque absolue expliquent les difficultés du drainage, notamment les lenteurs de l'évacuation des crues venues du Jura. C'est sans doute elle aussi qui rend compte du rejet de la Saône contre le Massif Central, au sud de Châlon, la rivière allant même jusqu'à trancher, près de Tournus, un élément calcaire du Mâconnais.

Plusieurs paysages s'y distinguent :

— Les terrasses alluviales de la Saône et la plaine inondable.

— Le bas-pays dijonnais, vaste ensemble d'épandages alluviaux anciens ou récents, amenés notamment par la Tille et l'Ouche, où le drainage est souvent nécessaire et où la couverture forestière reste importante.

— *La plaine de Bresse* proprement dite, étale un paysage de croupes très douces, aménagées dans des argiles, parfois remaniées superficiellement en limons, donnant des terres lourdes, difficiles à tra-

17. Plateaux de Haute-Saône et Porte de Bourgogne

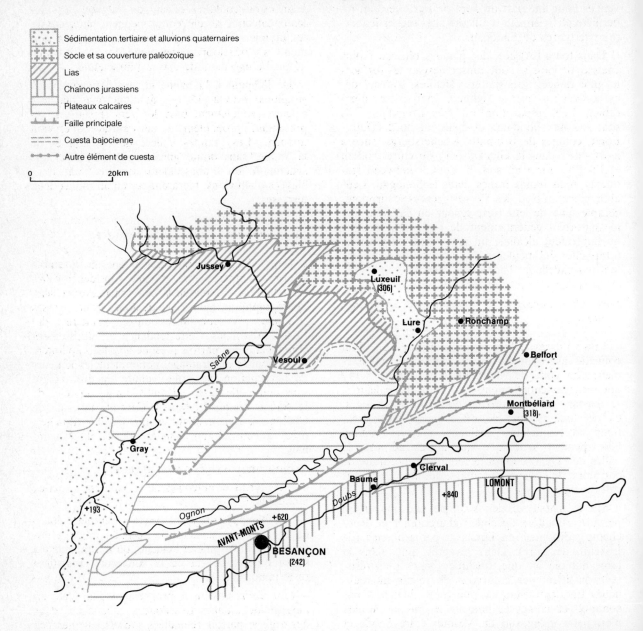

vailler. Quelques rubans alluviaux y serpentent, comme ceux de la Veyle ou de la Reyssouze.

— *Le plateau des Dombes,* domine de ses 250 ou 300 m d'altitude une plaine bressane qui n'en a en moyenne que 200. C'est là une situation ancienne, la Dombes constituant jadis le seuil méridional du lac bressan. Doucement incliné vers le nord, le plateau dombiste domine les vallées de la Saône et du Rhône d'une bonne centaine de mètres, par l'intermédiaire du rebord bien marqué de la *Costière*. En surface, sur une nappe de cailloutis villafranchiens d'origine alpine, les glaciers rissiens du Rhône ont aménagé sur tout le plateau un paysage assez inorganique ; dépressions lacustres correspondant sans doute à d'anciens culots de glace morte, lambeaux de moraines ou de nappes fluvio-glaciaires, drumlins, tout cela étant mieux conservé au sud qu'au nord où les eaux de fonte ont aménagé de vastes chenaux.

La *bordure occidentale* des plaines de Saône, partout très marquée, s'enlève vivement au-dessus des bas-pays. En *Bourgogne,* les plateaux calcaires dessinent une grande voûte anticlinale s'abaissant par paliers vers l'est, fortement entamée par la demi-cuvette affaissée de Dijon. Le palier le plus oriental domine directement, par un escarpement de faille, les plaines de Saône : c'est la « côte » bourguignonne ; son front, couronné d'un bandeau calcaire, est entamé par des vallées étroites finissant en cul de sac, appelées ici des « combes ». Au pied de la « côte » un talus de débris de gélivation, de coulées boueuses, constitue le domaine d'élection du vignoble bourguignon. A l'arrière, la voûte anticlinale se trouve déformée par de petits fossés de direction méridienne, tantôt dans le matériel sédimentaire, tantôt au contact du massif ancien. Ainsi se multiplient de petits escarpements qui, bien exposés, constituent autant de sites favorables à de petits doublets du vignoble bourguignon : c'est le domaine de l'arrière-côte.

Au sud de la trouée de la Dheune, en *Chalonnais,* les cassures du socle déterminent de grands accidents de la couverture sédimentaire, obliques au fossé bressan, comme le synclinal de la Grosne.

De petits blocs basculés, tantôt vers la Saône, tantôt vers l'ouest, inégalement dénivelés, expliquent un tracé à redans et l'émiettement du paysage. En *Mâconnais,* la remontée du socle vers le sud fait apparaître des terrains plus anciens ; entre la vallée de la Grosne et la Saône, le relief reste caractérisé par une série de blocs basculés, tournant vers le massif ancien des fronts escarpés qui simulent fréquemment des cuestas (roc de Solutré). Enfin, en *Beaujolais,* le matériel cristallin subsiste seul, les calcaires ne réapparaissant qu'à la faveur de la zone déprimée de l'Azergues, avec, notamment, le petit massif des Monts d'Or lyonnais.

La *bordure orientale* du fossé est plus simple dans sa disposition : la chaîne jurassienne vient chevaucher par un bourrelet assez continu (Revermont, Vignoble) les sédiments tertiaires de la plaine bressane. Ce front jurassien est entamé par quelques vallées encaissées (reculées) se terminant en cul-de-sac et qui ne constituent jamais les voies d'accès à la montagne. Dans le détail, la complexité géologique est très grande.

Les pays rhodaniens

Au sud de Lyon, le matériel secondaire qui occupe le fond de la fosse rhodanienne a été fortement plissé. La surrection plus vive du Massif Central et surtout des Alpes a entraîné une sédimentation plus grossière, où dominent les molasses, souvent relayées à la limite du Jura et des Alpes par des conglomérats aux éléments parfois volumineux. Enfin, les glaciers du Rhône et de l'Isère ont largement débordé sur le Sillon Rhodanien, marquant profondément le Bas-Dauphiné de leur empreinte.

Encore très large dans la région lyonnaise, le Sillon se rétrécit peu à peu vers le sud ; c'est à l'aval de Valence, entre Préalpes et Massif Central qu'il atteint son minimum de largeur : 20 à 25 km contre plus de 60 en Bas-Dauphiné. A l'Ouest, le rebord du Massif Central tombe sur la vallée par l'intermédiaire d'un palier, sorte de piedmont rhodanien, surtout développé au sud d'Annonay. A

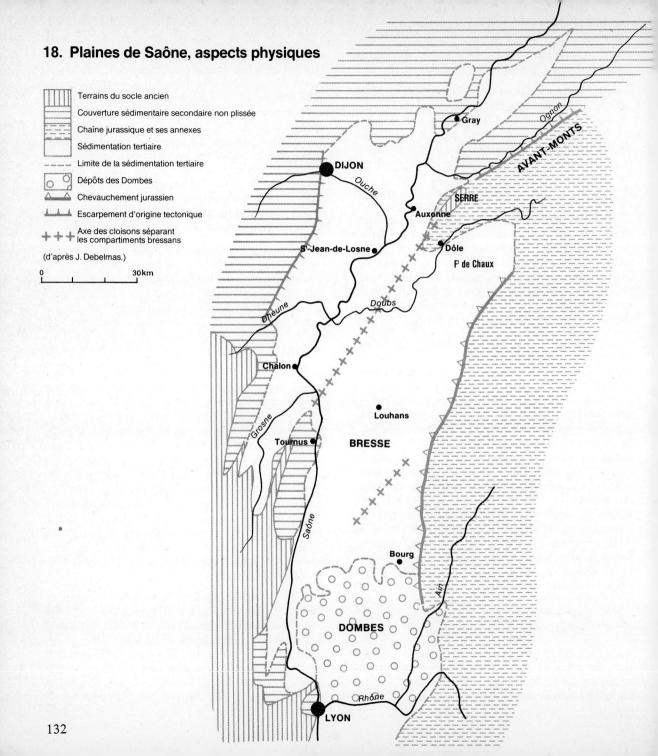

18. Plaines de Saône, aspects physiques

partir de Valence, une couverture sédimentaire ourle le Massif, d'abord dans le petit lambeau calcaire de Crussol, puis, de façon continue, à partir du Pouzin, alors que le rebord cristallin s'efface peu à peu vers le sud-ouest. A l'est, les chaînons sud-jurassiens, puis préalpins, ne forment une limite nette qu'au sud de l'Isère. Entre Isère et cluse jurassienne du Rhône, le contact est plus confus, la sédimentation molassique pénétrant en golfe entre les derniers plis jurassiens (bassin de Saint-Laurent-du-Pont - Les Echelles).

Le Bas-Dauphiné correspond à l'affaissement maximum du socle rhodanien : 4 500 m au pied du Massif Central, 2 800 m sous Romans, 1 500 m encore en Bièvre-Valloire centrale ; le tréfonds se relève donc rapidement vers l'est et pointe dans l'Ile-Crémieu, elle même émergée depuis la fin du Crétacé et à l'écart de la sédimentation molassique. Les séries sédimentaires qui reposent sur ce socle ont été fortement plissées et de lourds anticlinaux urgoniens sont enfouis sous la molasse. Cette dernière, surtout miocène, épaisse parfois de 2 000 m, correspond au démantèlement des premières chaînes alpines ; sur ce manteau molassique, aux faciès irréguliers, à la granulométrie plus fine vers l'aval, l'érosion a aménagé une surface qui est elle-même fossilisée ou ravinée par des cailloutis quartzitiques, d'origine alpine, identiques à ceux des Dombes.

L'érosion ultérieure a vigoureusement lacéré cette surface molassique pliocène ; le Rhône s'y est encaissé, rencontrant parfois dans son enfoncement des apophyses du Massif Central comme à Vienne ou Saint-Vallier et les traversant en défilés. De la sorte, les restes de la surface molassique dominent vigoureusement la vallée du Rhône.

Les glaciers ont partiellement occupé le Bas-Dauphiné, notamment au Riss où les glaces rhodaniennes et iséroises envahissent l'Ile-Crémieu, la plaine de Lyon et le centre-est des plateaux molassiques ; lors de leur retrait, les glaces rissiennes se cantonnent aux vallées où des ensembles morainiques jalonnent les stades de leur récession. Les glaces würmiennes, moins abondantes, n'ont que rarement envahi les plateaux, même à l'est ; mais elles ont occupé les vallées, l'Ile-Crémieu et abandonné les vastes amphithéâtres morainiques du seuil de Rives, dominant aujourd'hui la cuvette terminale du glacier de l'Isère, au pied du Vercors.

On trouve ainsi en Bas-Dauphiné, d'une part des lanières plus ou moins importantes de la surface molassique (landes de Bonnevaux, Chambaran), que les glaciers n'ont pratiquement jamais recouvertes, mais que l'érosion fluviatile a fortement disséquées. D'autre part, les glaciers et surtout leurs eaux de fonte ont aménagé de grandes vallées :
— au sud, la basse vallée de l'Isère étale un paysage de terrasses fluvio-glaciaires, se fondant peu à peu vers l'aval avec les terrasses fluviatiles de la plaine de Valence ;
— au centre, les vallées du Liers et de la Bièvre-Valloire sont d'immenses vallées mortes, comblées de nappes de cailloutis et de sables plus ou moins hiérarchisées en terrasses ;
— au nord, les vallées, comme celle de la Bourbre, sont peu colmatées, irrégulièrement envahies par les produits de solifluction issus de la molasse ou par des tourbières. Vers l'aval, la plaine lyonnaise associe des lanières de molasse et des terrasses de kame, dominant d'anciens chenaux proglaciaires de plus en plus larges vers le nord-ouest et bientôt encombrés d'alluvions fluvio-glaciaires.

Au voisinage des Alpes, dans le domaine des « Terres froides », les traces de l'action glaciaire sont plus nettes ; vallées ou petits bassins molassiques ont été davantage modelés par les glaces ; des tourbières, parfois un lac dénoncent d'anciens creux d'ombilics et les vallums morainiques sont fréquents.

L'Ile-Crémieu enfin constitue un monde à part ; la surface d'érosion tertiaire des plateaux calcaires, trop proche du Jura, a été déformée et cassée, puis noyée sous une faible épaisseur de glace ; de petits ombilics y ont été déblayés en roche tendre ; ici et là, des moraines, des dépôts épiglaciaires, des épandages ; mais partout le calcaire perce cette couverture assez mince et les grandes lignes

19. Pays du Rhône moyen, aspects physiques

du relief n'ont guère été bouleversées depuis le Pliocène.

Au sud du Chambarand, la *plaine de Valence* constitue le plus grand ensemble de terrasses alluviales. Entre le Chambarand et le Vercors s'étale une large plaine où les alluvions iséroises et rhodaniennes se mêlent aux cailloutis calcaires amenés par les torrents du Vercors et la Drôme. On peut y annexer les petits bassins molassiques du Royans et de Crest. Au sud de la Drôme, la plaine vient buter sur l'anticlinal de la forêt de Marsanne. Les terrasses s'étagent jusqu'à plus de 100 m au-dessus du lit actuel du Rhône, les plus vastes étant la basse terrasse du confluent Isère-Rhône, et 25 m environ au-dessus, celle dite du séminaire. En bordure du Vercors, on passe à un ensemble de cônes coalescents bâtis par les torrents locaux, souvent séparés de la montagne par une rainure d'érosion.

2. Une certaine originalité climatique

Tous les climats de la dépression Rhône-Rhin, sauf ceux de la Porte de Bourgogne, sont des climats d'abri. Massif Central et Vosges protègent les fossés des vents d'ouest, qui y prennent une allure föhnique et n'amènent que peu de précipitations. Saison par excellence des temps d'ouest, l'hiver y est par suite peu arrosé, d'autant que ces fossés sont froids, ce qui stabilise fortement la basse atmosphère. Au sud de la Bourgogne apparaît progressivement la situation d'abri météorologique provoquée par la latitude et le nombre de jours de pluie diminue.

La modestie des précipitations ne caractérise cependant que les parties les plus abritées des fossés: 600 mm à Colmar, mais déjà 700 à Strasbourg, 800 à Haguenau ; 700 mm à Dijon ou Mâcon, 800 mm en Lyonnais, mais de 1 000 à 1 200 mm au pied du Jura ou des Préalpes et déjà 850 mm au cœur de la Bresse. La Porte de Bourgogne est bien arrosée : 850 mm à 1 m sur les plateaux de la Haute-Saône, 1 000 à 1 100 mm à Besançon ou Montbéliard. Mais le versant est de la Porte est déjà moins pluvieux, et Mulhouse, quoique mal protégée, n'enregistre pas 750 mm par an. Paradoxalement, le volume s'accroît vers le sud, dans les pays du Rhône moyen : 900 mm à Valence, 1 m environ à Montélimar.

Le régime saisonnier des précipitations est partout pseudo-continental, avec un creux hivernal bien marqué ; de ce fait, la neige est rare, sauf dans la Porte de Bourgogne. De la Bresse à l'Alsace, l'été est la saison la plus arrosée ; en Lyonnais et plus au sud, l'avantage passe à l'automne, sans doute à cause de la remontée des averses méditerranéennes extensives ; mais, même à Valence, l'été reste la seconde saison pluvieuse. De là cette vocation de pays à maïs, lorsque l'été est assez chaud.

Or, sauf dans la Porte de Bourgogne, les températures de juillet sont partout supérieures à 19 °C ; elles atteignent 20 en Alsace centrale, en Bresse, 21 au sud de Lyon. L'insolation estivale est forte, se prolongeant volontiers sur l'automne. Le printemps est plus fantasque et les gelées tardives restent le handicap de ces climats abrités si favorables à la vigne et aux arbres fruitiers ; elles sont cependant déjà rares dans le vignoble alsacien.

En revanche, l'abri se paie d'un hiver relativement rude ; la fréquence des inversions de température, celle des brouillards, des plafonds nuageux bas, tout concourt à un hiver assez froid et long. De la Porte de Bourgogne au nord de l'Alsace, la température moyenne de janvier n'atteint pas 1 °C ; par contre, au sud, les températures hivernales se relèvent : 1,6 °C à Dijon, 2,6 à Mâcon, 2,9 à Lyon et 3,7 à Valence pour le mois de janvier. Cependant, le nombre de jours de gel reste assez élevé ; Porte de Bourgogne et Alsace s'apparentent à la France de l'Est avec plus de 80 jours de gel par an, alors que ce nombre diminue au sud : une soixantaine de jours en Lyonnais, avec une régression plus rapide encore de l'intensité du froid.

Enfin, malgré le caractère méridien du Sillon, les vents canalisés par la dépression ne deviennent gênants qu'au sud de Lyon où le mistral prend progressivement de la force, secoue déjà rageusement les plantations fruitières de Basse-Valloire et possède à Valence toute sa vigueur.

L'insolation, la chaleur des étés, l'abri, favorisent au contraire, au moins en bordure des Vosges et du Massif Central, une végétation où les plantes d'affinité méridionale persistent jusqu'au cœur de l'Alsace. L'ensemble du Sillon Rhône-Rhin appartient pourtant pour l'essentiel au domaine floristique médio-européen, les Vosges, l'anticlinal bourguignon et la bordure du Massif Central marquant la limite occidentale de ce domaine.

3. La vie rurale

La plaine : un musée de la polyculture

Ce long corridor de plaines n'offre pas une continuité de la civilisation rurale. Il existe deux grands systèmes, l'un nordique, avec habitat groupé, openfield à champs laniérés, fortes servitudes collectives anciennes et assolement triennal, et l'autre méridional, assez bâtard, avec enclos bocagers aux formes irrégulières, à habitat dispersé, à individualisme agraire accentué, la limite passant quelque part dans les pays bourguignons, l'openfield ne se retrouvant guère au sud du Doubs. Cette opposition est d'ailleurs très relative, car des paysages de campagne existent dans la plaine de Valence, dans le Bas-Dauphiné (où seules les lanières de molasse, plus récemment défrichées, sont toujours bocagères) ; dans l'Ile-Crémieu, les deux paysages coexistent, parfois à l'échelle d'un même terroir. Les limites ne coïncident pas avec les autres faits de civilisation : une véritable frontière partage le bocage bressan en deux, opposant pays de tuiles plates au nord, à ceux de la tuile creuse méridionale, droit coutumier et droit écrit, dialectes franciens et franco-provençaux, assolement triennal et biennal.

Par rapport aux vastes exploitations du Bassin Parisien ou aux métairies moyennes de l'Aquitaine, le Sillon Rhône-Rhin compte surtout de très petites exploitations ; pour 1 % de la SAU française, l'Alsace recense plus de 2 % des exploitants ; la SAU médiane par exploitation est partout inférieure à 10 ha en Alsace, voisine de 10 ha en Bresse, à peine supérieure en Bas-Dauphiné, plus importante seulement dans la plaine de Valence, les Dombes et surtout les plateaux de la Haute-Saône où la surface tenue par chaque exploitation dépasse 30 ha.

Cette exiguïté s'accompagne, surtout en Alsace, d'un fort morcellement, également sensible sur les plateaux de Haute-Saône, moins marqué en Bresse et en Bas-Dauphiné. Le laniérage est assez général et certaines techniques tendaient à l'aggraver : ainsi, en Sundgau, la culture en à-dos très bombés, où la lanière, à la limite, pouvait correspondre à un seul à-dos ! Le remembrement a été tardif ; il n'a pas débuté par les régions les plus morcelées, par exemple en Alsace où ce sont les régions aux structures foncières les moins mauvaises, plaine d'Erstein et Kochersberg, qui ont donné l'exemple. La restructuration foncière, dans des pays où tout est cultivé, ne peut améliorer les surfaces à la disposition des exploitants ; aussi beaucoup de petites fermes disparaissent-elles : de 1955 à 1970 on voit disparaître 45 % des exploitations de la plaine d'Alsace, plus de la moitié dans les Rieds ou le Sundgau, 30 à 40 % en Bresse ou en Haute-Saône, 25 % en pays dombiste.

Néanmoins, la concentration reste insuffisante, ce qui explique le fort développement des exploitations à temps partiel, dont le responsable exerce son activité principale en dehors de l'agriculture : 26 % en Bas-Dauphiné, 20 à 25 % en Basse-Alsace, 30 % dans le Sundgau ou à la bordure vosgienne, 35 à 40 % en Porte de Bourgogne, mais 10 à 15 % seulement en Bresse, moins encore dans les Dombes, pratiquement pas sur les plateaux de la Haute-Saône. Encore ne comptons-nous pas les aides familiaux autres que le chef d'exploitation qui travaillent au dehors, surtout en Alsace et le pays de Montbéliard ; paradoxalement, ceux qui travaillent au dehors sont parfois si nombreux que la friche sociale se développe, au moins en Alsace du Nord.

Pour compenser l'exiguïté des exploitations, on a recherché l'intensivité : façons culturales soignées, assolements compliqués, recherche de cultures spéculatives à fort rendement, sans regarder à la consommation de main-d'œuvre. Cela ne signifie d'ailleurs pas une très grande ouverture au progrès ; si le tracteur est généralisé (donc ici très sous-employé), on a conservé un trop large éventail de cultures ou d'élevages, pratiqués à une trop petite échelle ; la coopération est peu développée, surtout en Alsace, les techniques modernes négligées, la consommation d'engrais faible. Malgré des façons culturales sophistiquées, cette agriculture est peu efficace, avec des résultats financiers parfois élevés si on les rapporte à l'ha cultivé, mais faibles par rapport au travail fourni.

Dans toutes les régions de micro-exploitations, sauf le Sundgau, les cultures l'emportent ; l'herbe ne domine qu'en Bresse et sur les plateaux de Haute-Saône. Grâce à la chaleur humide de l'été, la polyculture a comporté de bonne heure du maïs ; l'extension récente de cette culture est pour une part en rapport avec la mise en place de réseaux d'arrosage par aspersion. Aux céréales, on a ajouté des cultures spéculatives, comme le houblon en Basse-Alsace et dans la région de Gray, ou les légumes de la Bresse chalonnaise. Polyculture, polyélevages, cela n'est pas sans rappeler les campagnes aquitaines ; mais on ne connaît pas ici la relative homogénéité du sud-ouest.

La plaine d'Alsace

Bien que l'agriculture n'occupe plus que 10 % de la population active, les densités rurales sont encore fortes. Tout a été mis en valeur précocement ; l'utilisation de la charrue à versoir a contribué, siècle après siècle, à accumuler la terre du labour en bourrelets de bout de champ (ackerberg), attestant la fixité des limites parcellaires. Dans l'Outre-Forêt, et plus encore dans les Rieds, les défrichements ont tardé davantage ; ils n'ont pratiquement pas mordu sur les médiocres forêts recouvrant les épandages cailouteux.

Les fermes, dont les bâtiments, séparés les uns des autres, entourent une cour parfois ouverte sur la rue, se regroupent en gros villages, de structure assez lâche. La maison d'habitation généralement à étage, offre pignon sur rue, disposition inverse de celle de la Lorraine qui a pour effet d'orienter les façades sur la cour. Avec son toit très raide, souvent déformé par le jeu des charpentes, son armature de poutres étayant de frêles murs de torchis ou de briques, bien entretenue, elle fait assez bonne figure. La méticuleuse propreté des villages, dans un pays il est vrai peu tourné vers l'élevage, contraste avec ce que l'on trouve outre-Vosges.

Les pays à lœss constituent la partie la plus riche de la plaine. Les labours occupent presque tout et les céréales tiennent entre la moitié et les deux tiers du sol. Plantes sarclées ou fourrages disposent d'une partie du reste, car une portion des champs est toujours réservée à des cultures de vente, capables de fournir ces revenus en argent dont on manque tellement, fut-ce au prix d'épuisantes journées de travail :

— Le houblon, introduit autour de Haguenau au début du XIXe siècle, exige de gros investissements, notamment pour le perchis qui soutient la plante ; longtemps gourmande en main-d'œuvre, la culture est aujourd'hui très mécanisée, ce qui implique de coûteux investissements et tend à en faire la spécialité de villages bien organisés, aujourd'hui presque tous situés dans le Kochersberg.

— Le tabac, jadis incompatible avec le houblon du fait de la concordance dans le calendrier des travaux agricoles, est cultivé un peu dans le Kochersberg, mais surtout dans la plaine d'Erstein, autour de Benfeld ; un séchoir doit alors être ajouté aux bâtiments traditionnels de la ferme.

— La betterave à sucre a vu sa culture pratiquée partout où le réseau de banlieue des tramways strasbourgeois permettait de l'acheminer sur la sucrerie d'Erstein ; cette dépendance a disparu, mais le Kochersberg et la plaine d'Erstein restent les régions productrices.

Cependant, le paysage agricole varie sensiblement suivant les régions. Au nord, *l'Outre-Forêt*, aux exploitations très petites est restée très traditionaliste, très céréalière ; l'élevage laitier intensif y a été une novation et ce pays a pratiqué un élevage ovin, avec migrations pastorales d'été sur les Hautes-Chaumes et surtout les Hauts-de-Meuse. Le *Kochersberg* est la plus riche et la plus dynamique région agricole de l'Alsace, avec des fermes nettement plus grandes, des exploitants relativement jeunes, un refus des genres de vie mixtes. Ce dynamisme, en partie lié au non-partage du bien entre les enfants, est ancien ; actuellement, il se traduit par un effort coopératif intense, une bonne gestion des exploitations, la recherche de la nouveauté et de l'efficacité, celle-ci s'étant manifestée par exemple, dans la mécanisation des houblonnières. La *basse terrasse*, lorsqu'elle est couverte de lœss lui ressemble un peu ; mais les communes débordent sur le Ried et ont plus de prés et d'élevage ; elle se sont parfois orientées vers les cultures légumières, par exemple l'asperge.

Les *Rieds* ont été utilisés de façon discontinue et souvent tardive par des villages qui n'y sont pas localisés, mais installés à leur bordure ; des bois, des friches, des marais isolent les zones de culture ; on y fait parfois des légumes, plutôt des choux comme dans le Bruch de l'Andlau ; l'élevage, plus développé que dans le reste de la plaine, s'oriente plus nettement vers la production de viande. Les *terrasses de graviers* sont en général pauvres et boisées (forêt de Haguenau, Hardt) ; les communes y sont souvent à cheval sur la terrasse et un ried ; les travaux d'aménagement du Rhin, en abaissant la nappe phréatique, ont aggravé une sécheresse déjà redoutée ; l'établissement de réseaux d'arrosage par aspersion permet aujourd'hui d'y faire maïs et fourrages. Enfin, le *Sundgau*, au relief plus accidenté, aux lœss moins francs, reste un pays de micro-exploitations, dont beaucoup sont à temps partiel ou tenues par des paysans âgés. Malgré l'humidité, les labours tiennent encore la moitié du sol (2/3 en céréales, mais moins de maïs qu'ailleurs) ; l'élevage est la seule source réelle de profits : c'est avec la Bresse la région qui a les charges bovines les plus fortes, avec la plus grande proportion de laitières.

L'ensemble de ces évolutions explique que, dans la répartition des revenus agricoles, l'Alsace inscrive aujourd'hui en première place ceux qui sont retirés de l'élevage, et ce, malgré les revenus élevés du vignoble. C'est là une situation singulière pour un pays de labours, reflet de la faible efficacité de l'agriculture alsacienne, de la fréquence des exploitations à temps partiel recherchant des spéculations peu exigeantes en main-d'œuvre, du recul des cultures spécialisées.

Plaines et plateaux de la Haute-Saône

Entre Alsace et plaines de Saône, la Porte de Bourgogne, aux pays humides, froids, accidentés, est peu favorable à l'agriculture ; l'intensité du travail industriel y a multiplié les exploitations à temps partiel, minuscules et ne faisant guère qu'un peu d'élevage laitier. La résidence rurale des ouvriers, la résidence secondaire des citadins bloquent à peu près complètement les structures foncières, surtout à la bordure sous-vosgienne.

Ce blocage disparaît dans les plateaux de la Haute-Saône ; l'imbrication des activités industrielles et paysannes y a été générale, mais la forge et la métallurgie ont disparu de sorte que les ouvriers-paysans sont aujourd'hui peu nombreux. Le dépeuplement a été très fort ; après une période d'abandon, la mécanisation a permis la reprise des terres par ceux qui restent, avec même parfois des défrichements ou des remises en culture à l'occasion des remembrements. L'ancien openfield céréalier a été largement envahi par la prairie ; les fermes tiennent de gros troupeaux de laitières de race montbéliarde, avec un réseau de coopératives transformant le lait en fromage, surtout en emmental. Les problèmes résident dans un dépeuplement excessif, la rareté des exploitations assurées d'une succession, la dégénérescence des anciens bourgs, la mauvaise desserte en transports publics.

La Bresse

Bresse comtoise, Bresse chalonnaise, Bresse louhannaise, c'est la Bresse du nord par opposition à la Bresse méridionale de Bourg. Ce sont d'ailleurs surtout des nuances, la Bresse offrant l'exemple d'une agriculture traditionaliste sur la défensive, alors qu'elle fut un bon pays : les Bressans, malgré le sobriquet de « ventres-jaunes », inspiraient plus d'envie que de commissération. Le bocage, au parcellaire très émietté, a beaucoup évolué d'aspect, sauf en Bresse centrale ; le remembrement a assuré le regroupement des parcelles et l'arrachage des haies. L'habitat reste dispersé avec une maison-bloc en longueur comportant, dans le type classique, un large auvent débordant (la galerie), tant pour faire sécher le maïs que pour protéger contre la pluie des murs en torchis, montés sur une armature de poutres de bois. La culture céréalière reste parfois dominante, avec plus de maïs que de blé ; mais l'herbe tient généralement plus de place. L'évolution est lente, mais réelle :
— la culture à plat élimine peu à peu les billons ;
— la part des labours progresse à nouveau au profit du maïs, surtout dans la Bresse chalonnaise ; le maïs avait été introduit en Bresse presque aussi tôt qu'en Aquitaine ;
— l'élevage bovin laitier fournit aux bressans une bonne moitié de leurs revenus ; un réseau de coopératives assure ici aussi la transformation du lait ; mais le sud, plus entreprenant, s'est plutôt tourné vers le beurre et la fabrication du bleu alors que le nord est resté fidèle au gruyère ;
— l'élevage porcin se maintient grâce au maïs ;
— la volaille de Bresse représente une très ancienne spéculation que l'inertie des paysans bressans a bien compromise ; les tentatives assez malthusiennes d'établir un label très strict avec des standards de race précis, ont ralenti le passage à une production de masse ; les ateliers de production de type industriel restent peu nombreux, plutôt tournés vers la production d'œufs. La volaille de Bresse reste appréciée des connaisseurs, mais c'est une production négligeable à l'échelle nationale (moins de 1 %) Le sud de la Bresse a pris à cet égard une nette avance, grâce au puissant groupe coopératif UDCA de Bourg-en-Bresse, qui organise systématiquement les élevages ; son action est sensible dans le domaine de l'élevage porcin, la production des œufs et même celle du lait.

Enfin la culture maraîchère a été souvent choisie pour valoriser des exploitations trop petites. Elle est pratiquée autour de Louhans, mais se développe surtout en bordure, sur les terrasses de Saône, dans les régions de Chalon et surtout d'Auxonne. C'est parfois un maraîchage sous chassis (laitue), plus souvent de plein champ (poireaux, carottes, choux-fleurs), resté à une échelle modeste malgré les progrès de l'arrosage par aspersion.

Les Dombes

Avec des exploitations plus vastes, les Dombes subissent fortement par contre l'emprise lyonnaise : la propriété urbaine détient les 2/3 du sol. L'économie a été longtemps extensive avec le curieux assolement des étangs, périodiquement mis en « assec » pour une année de céréales, après deux ou trois ans d' « évolage ». Ces étangs occupent environ 10 % des terres dombistes, et il arrive qu'évolage et culture d'assec mettent en indivis deux propriétaires différents ; le poisson, carpes et tanches, est plus dirigé vers l'Allemagne ou l'Italie que vers Lyon. Sur le plan agricole, le sud, proche de Lyon, voit paradoxalement décliner la propriété urbaine : le bocage est arraché, la chasse disparaît, la grande culture à base de maïs et de colza domine, en attendant la conquête par l'espace urbain. Le centre reste la terre des étangs et de la chasse et de quelques élevages industriels de volailles sous contrat avec la coopérative de Bourg. Enfin, le nord et l'est demeurent des banlieues laitières pour Lyon.

Les pays du Rhône moyen

Le *Bas-Dauphiné* est très disparate ; peu de ressemblances entre les médiocres plateaux calcaires de l'Ile-Crémieu, les collines et les bassins de la haute zone molassique et les grandes nappes d'alluvions fluvio-glaciaires. A l'est, au contact du Jura et des Préalpes, pays de vieilles industries, c'est une des terres par excellence des ouvriers-paysans ; à l'ouest, le même phénomène se développe au contact des grandes industries modernes de la vallée du Rhône. Tout oppose ces deux types d'exploitation ; la ferme à temps partiel a un caractère plus ou moins résiduel ; exiguë, elle est tantôt exploitée de façon extensive tantôt au contraire, sur de petites surfaces, adonnée à une spéculation à revenus plus élevés : tabac ou fruits. L'exploitation agricole pure, jadis très polyculturale, souvent dynamique, tenue par des paysans assez jeunes, a évolué volontiers vers l'herbage et la production laitière, avec des techniques d'avant-garde, une large extension du contrôle laitier, une sélection stricte des races ; ce type domine dans l'Ile-Crémieu et les pays humides de la molasse. Parfois au contraire, surtout en plaine lyonnaise et en Bièvre-Valloire, elle s'est spécialisée dans les céréales, avec une débauche de matériels sophistiqués ; le blé, mais surtout le maïs, occupent toute la place ; l'engouement pour le maïs est tel, surtout là où l'arrosage est possible, que cela touche à la monoculture. Enfin sur les alluvions perméables de la Valloire, à l'approche de la vallée du Rhône, le climat plus sec et plus chaud conduit à mettre en place de puissants systèmes d'arrosage qui profitent avant tout aux cultures fruitières, nettement dominantes autour d'Anneyron et de Saint-Rambert-d'Albon : on entre dans un autre monde.

Plaine de Valence, Basse-Isère et ourlet rhodanien

Les vallées du Rhône et de la Basse-Isère sont de grandes zones de cultures spécialisées ; même les plaines valentinoises, jadis très céréalières, sont largement gagnées par les productions fruitières et les élevages hors-sol ; mais là encore, il n'y a pas d'homogénéité. La retombée du Massif Central offre deux paysages : celui du piedmont rhodanien et celui des étroites vallées perpendiculaires au rebord, très encaissées et bien protégées des vents du nord, celle de l'Eyrieux étant la principale. Rive gauche du Rhône, le rebord du Bas-Dauphiné constitue une zone linéaire, alvéolée par la large échancrure de la Valloire. Quant à la plaine rhodanienne, elle ne prend quelque ampleur qu'au sud du défilé de Tain, venant confluer avec celle de l'Isère dans le grand triangle Romans-Crest-Valence. A l'amont de Romans, la vallée de l'Isère est relativement étroite, mais accompagnée partout de terrasses alluviales ; deux annexes s'y greffent, pays tertiaires du Royans au sud, vaste amphithéâtre morainique terminal du glacier de l'Isère, de Tullins à Voiron, plus élevé, mais bien exposé au midi et assez défilé aux vents du nord.

Ces pays ont un climat relativement sec, alors que la chaleur de l'été s'accentue. Jadis dominait une polyculture sèche, sur des exploitations très petites ; seules la plaine de Valence et les terrasses iséroises bénéficiaient d'exploitations plus vastes, à dominante céréalière ; la vigne tenait une place non négligeable. L'arrosage était difficile, et en plaine de Valence, le vieux canal de Bourne fut longtemps mal utilisé. Plaines et coteaux rhodaniens ont fait preuve d'un étonnant esprit d'initiative, peut-être lié aux courants protestants abondants à la bordure vivaroise et en plaine de Valence. Ce fut jadis l'engouement pour la sériciculture, même dans la vallée de l'Isère, la précocité des fourrages artificiels ou de l'utilisation des engrais chimiques, la prolifération des expériences. Après la chute de la sériciculture et du vignoble, c'est, à la fin du XIXe siècle, le démarrage des plantations de pêchers, progressant à partir du berceau de la vallée de l'Eyrieux ; c'est maintenant l'explosion des élevages hors-sol drômois.

La tradition fruitière était parfois ancienne, ainsi dans l'amphithéâtre voironnais, où les fruits, destinés au marché grenoblois, n'étaient cependant qu'un élément de la polyculture. *La noyeraie de la Basse-Isère,* de Tullins à Saint-Marcellin, est également fort précoce ; les variétés qui ont fait la réputation de la noix dite de Grenoble (mayette, franquette et parisienne) paraissent bien fixées dès le XVIIIe siècle et les premières plantations, rompant avec la tradition céréalière, se font dès cette époque ; mais leur grand développement est postérieur à 1850 et la noyeraie, sujette aux maladies, plus touchée par les gelées que celle du Périgord, est rarement devenue une monoculture. Dans cette vallée déjà humide, la noyeraie est associée à l'herbage et à la production laitière bovine dont les produits (tomme de Saint-Marcellin) ont acquis une honnête célébrité ; l'ancien élevage de chèvres ne subsiste que dans le Royans ou au contact du Chambaran. Les revenus laitiers sont plus stables que ceux de la noyeraie, aux récoltes trop irrégulières, avec des prix trop fluctuants.

Les premières pêcheraies ont remplacé mûriers et vignes dans *la vallée de l'Eyrieux* ; sur ces pentes ensoleillées mais sèches, leur succès fut lié à une irrigation plus ou moins anarchique à partir des eaux de la rivière. Puis la culture fruitière s'est répandue sur toutes les marges de la plaine de Valence, dans la basse Valloire, sur le piedmont rhodanien d'Annonay, dans les autres vallées ardéchoises, voire préalpines. Les pêcheraies ont connu bien des avatars et beaucoup de paysans ont renoncé, arraché, essayé d'autres arbres fruitiers, poiriers et pommiers. Dans l'ensemble, la plantation fruitière se maintient. Une très forte organisation coopérative, symbolisée notamment par Coopeyrieux à Beauchastel, au nord de La Voulte, qui commercialise plus de 12 000 t de fruits, la mise sur pied de marchés au cadran, la constitution de stockages frigorifiques pour étaler les ventes ont permis d'assainir le marché, d'obtenir des conditions d'acheminement plus favorables, de prospecter les marchés étrangers ; de plus, une discipline stricte a été imposée aux producteurs. Cependant, l'admirable pêche blanche de l'Eyrieux a été souvent abandonnée au profit de variétés à chair jaune, moins fragiles et un moment plus demandées ; des espèces tardives ont été plantées, et on voit monter pêchers et poiriers sur les hauteurs, par exemple sur le plateau de Vernoux.

On assiste à une certaine concentration des exploitations, et, souvent, la pêcheraie devient une monoculture, surtout dans les pays de l'Eyrieux ; l'arbre a pratiquement éliminé la vigne, sauf autour de Tournon.

La monoculture est peu developpée dans *la plaine de Valence* ; d'une part les poiriers et pommiers sont plus abondants ; d'autre part la céréaliculture a encore ses adeptes (blé plutôt que maïs) et on trouve des cultures légumières de qualité (asperges de Romans). Mais ce qui frappe c'est l'affolant développement des élevages sans sol, dans une vaste bande allant de Romans à Crest et dont Chabeuil est le centre principal ; les bâtiments préfabriqués d'élevage, dominés par leurs silos, sont partout présents et sur les routes, c'est l'incessante navette des camions livrant les aliments.

Ces élevages sans sol sont essentiellement volaillers. Introduits par des négociants, ils sont aujourd'hui très intégrés et les groupes Duquesne-Purina et Lesieur en contrôlent l'essentiel, de la fabrication des aliments aux abattoirs industriels comme celui de Chabeuil qui produit plus de 9 000 t de viande finie. Le secteur coopératif n'est important que dans la production des œufs où intervient le groupe bressan UDCA ; d'autres producteurs fournissent des œufs sous contrat pour les pâtes Lustucru. Ces élevages industriels produisent surtout des poulets, pour lesquels un label de qualité a été introduit (Valclair) ; mais il y a aussi des pintades, des lapins, et ces élevages se superposent parfois à l'ancienne polyculture sans la modifier profondément.

Ainsi, au sud de Lyon, l'agriculture est devenue résolument spéculative, trouvant par là des solutions au moins provisoires à l'exiguïté des exploitations, s'opposant ainsi aux pays séquaniens et rhénans beaucoup plus conservateurs et moins entreprenants.

La faveur des coteaux : les grands vignobles

Sauf dans les pays humides du haut bassin de la Saône ou de la Porte de Bourgogne, la vigne a été jadis partout présente, des frontières nord de l'Alsace au bassin méditerranéen. Même les communes de plaine alignaient des ceps pour une consommation familiale qui ne cherchait guère la qualité... Les rebords du Sillon ou les collines qui émergent de la plaine comme le Kaiserstuhl germanique, ont porté et portent encore au contraire des vignobles de qualité. La production se concentre aujourd'hui sur le rebord occidental du Sillon, de l'Alsace à l'Ardèche : plus de 40 000 ha de vignes de qualité, capables de fournir au marché au moins 3 millions d'hl. Le rebord oriental ne conserve au contraire que quelques vignobles résiduels, au pied du Jura (moins de 2 500 ha aujourd'hui).

Cette dissymétrie dans la localisation s'explique par des raisons climatiques : c'est moins l'avantage de l'exposition au soleil levant, souvent atténué dans son ardeur par les brumes matinales, que le climat d'abri dont jouissent ces versants, avec leurs pluies juste suffisantes, leur insolation forte, des températures légèrement plus favorables en raison des effets de föhn, des vents de versant souvent vigoureux, encore que mal connus, qui sont desséchants, mais qui atténuent les risques de gel printanier et les rosées excessives.

Ces vignobles, orientés tantôt vers les vins blancs, tantôt vers les rouges, présentent des régimes de propriété et d'exploitation très divers, des orientations commerciales et des clientèles également dissemblables. Certains, grâce à la monotonie des roches ou des sols sont assez homogènes comme le vignoble d'Alsace ou le Beaujolais. Au contraire, le vignoble bourguignon doit à la variété des affleurements la multiplicité de ses crus. Tous, sauf les vignobles des Côtes-du-Rhône, sont climatiquement à la limite de la culture de la vigne malgré l'exposition favorable. Cela signifie des modes de taille souvent voisins, une tendance actuelle à palisser assez haut, la nécessité d'une vinification très soignée, et aussi la tendance à compenser la fréquente insuffisance de maturité par des artifices discutables. Tous ces vignobles ont connu, depuis 1945, une situation financière assez euphorique, grâce à une hausse presque constante des cours du vin, ce qui explique le maintien d'exploitations trop petites et mal outillées pour la vinification. C'est un peu ce qui explique le rôle majeur du négoce, la séparation croissante qui s'opère entre la production du raisin et l'élevage du vin. C'est aussi ce qui justifie la tentation d'accroître la production, par l'extension du vignoble à des terroirs souvent moins favorables, mais aussi par la trop facile multiplication de certains vins, comme le beaujolais courant, par une pratique immodérée des coupages.

Ces vignobles entretiennent des densités humaines très fortes, toujours supérieures à 50 habitants au km^2, souvent à 100. L'habitat y est presque toujours très groupé, en villages tassés, serrés, surtout en Alsace, aux classiques maisons de vignerons avec le cellier au rez-de-chaussée, le logement à l'étage. On trouve aussi quelques domaines isolés, souvent des « clos » de grande qualité et d'appropriation urbaine. Le mode de vie a évolué ; le vigneron d'autrefois était toujours plus ou moins polyculteur, ne serait-ce que pour nourrir son bétail de trait et satisfaire sa propre consommation céréalière ; il est devenu un spécialiste, uniquement préoccupé de sa vigne, abandonnant souvent la vinification au profit du négoce ou de la cave coopérative, menant, en dehors de son travail, une existence de type plus urbain que rural. Malgré la mécanisation et les fortes densités de population, les vignobles manquent de main-d'œuvre, au moins au moment de la récolte ; les 3/4 des exploitations beaujolaises, la moitié en Mâconnais ou en Châlonnais, les 2/3 dans le vignoble bourguignon, la moitié encore en Alsace déclaraient, en 1970, avoir systématiquement recours à des saisonniers.

Le vignoble jurassien n'est plus qu'une relique, malgré les efforts de la maison Henri Maire pour le relancer ; les vins d'Arbois, le vin jaune de Château-Châlon ne sont plus produits que sur de petites surfaces (moins de 400 ha dans le canton d'Arbois), les vignobles s'égrenant jusqu'en Bugey, alors que le seul département du Jura recensait 20 000 ha de vignes avant le phylloxéra.

Le même caractère résiduel frappe les minuscules vignobles bénéficiant de l'appellation « *Côtes-du-Rhône* » au sud de Lyon, éparpillés indifféremment sur le rebord du Massif Central ou celui du Bas-Dauphiné ; du moins y trouve-t-on des grands noms (Côte Rôtie, l'Hermitage) et peut-être plus encore, notamment à Tain-Tournon, de grands négociants rappelant le rôle autrefois éminent de la vigne dans ces pays de vergers.

Le vignoble alsacien, pourtant simple liseré au bas des collines sous-vosgiennes, couvre plus de 10 000 ha pour les seules vignes de qualité, dont les 2/3 dans le Haut-Rhin. Jadis associé à la culture, il a souffert de la concurrence des vins du Rhin pendant la période allemande (1871-1918) ; il s'était alors partiellement reconverti vers des vins de qualité courante à partir d'hybrides. Après le retour à la France, les viticulteurs stimulés par les négociants, sont revenus à la qualité, ont replanté et constitué cette étroite bande viticole où la monoculture est aujourd'hui de règle.

Ces exploitations sont très petites : sur 12 000 viticulteurs, 10 000 cultivent moins d'1/2 ha de vigne ; les paysans y consacrent le plus clair de leur temps, avec une culture très méticuleuse ; beaucoup laissent aux négociants, assez rarement aux coopératives, ici peu développées, le soin de faire le vin et de l'élever. La vigne est tenue très haut, ce qui gêne la mécanisation, sauf à écarter les rangs. Grâce à la recherche de la qualité, les vins se vendent bien. Il n'y a pas pourtant en Alsace un régime d'appellations contrôlées comparable à celui du reste de la France ; le vin d'Alsace se définit en effet par le cépage dont il est issu : Sylvaner, le plus commun, sur 2 700 ha, Gewurztraminer, le plus noble, sur 2 200 ha, Riesling et Chasselas, chacun sur un peu moins de 1 400 ha, Pinot blanc et noir, Tokay.

Ce vignoble très homogène atteint son maximum de développement dans la région de Colmar ; c'est là que se trouvent les villages viticoles pour cartes postales, tout le long de la « route du vin ». Plus au nord le vignoble s'effile, devient discontinu ; quelques taches persistent jusqu'à la frontière allemande (on y trouve le dernier gros vignoble, celui de Cleebourg). Le rôle des gros villages est partout essentiel, avec leurs marchands de vin, souvent eux-mêmes viticulteurs, sur lesquels repose tout le système de vinification et de commercialisation. Les vins d'Alsace vieillissant mal, sauf le Tokay, le poids des stocks est donc faible, ce qui explique sans doute le maintien de nombreux petits négociants. Vin et visites touristiques ont rendu célèbres beaucoup de villages ou de bourgades : Ammerschwihr, Eguisheim, Hunawihr, Riquewihr, le plus apprécié, etc.

Il y a cependant des problèmes ; les exploitations, trop petites, supporteraient difficilement une baisse, même relative, des prix ; elles s'agrandissent un peu par de nouvelles plantations (1 000 ha de plus en 1974-75) ; mais la terre disponible est rare et les structures se trouvent figées par le prix exorbitant de la terre (plus de 10 fois le prix des meilleures terres de la plaine).

Les vignobles bourguignons

La côte bourguignonne (côtes de Nuits et de Beaune) est célèbre dès le XIIIe siècle ; la prospérité du vignoble, précoce, a été portée très haut grâce au concours de connaisseurs fortunés : les papes d'Avignon, puis les ducs de Bourgogne. La bourgeoisie a peu à peu acquis le contrôle de la « côte », abandonnant à l'Eglise ou à la noblesse la possession moins prisée de l'arrière-côte ou de la plaine. La grande propriété compte peu en nombre (moins de 1 % des exploitants), mais elle détient de 50 à 70 % des meilleurs crus et cette grande propriété est au moins pour moitié foraine. La petite propriété n'est bien développée que dans l'arrière-côte, où elle a fortement entamé la propriété nobiliaire. Cette structure du vignoble est responsable pour une part de l'écart excessif de prix entre les vins de la côte et ceux de l'arrière-côte ; elle s'accommode bien du rôle des grands négociants de Beaune ou de Nuits. Compte tenu des prix très élevés, les producteurs n'ont guère ressenti le besoin de caves coopératives.

Le vignoble tapisse presque tout l'escarpement de faille, au-dessus de la ligne des villages ; en dessous, on passe à des vignobles d'extension récente, ne donnant jamais de très grands crus, mais des vins honorables en plus grosses quantités. Partout la monoculture s'impose ; la mécanisation et la motorisation sont très poussées, grâce à l'emploi des tracteurs enjambeurs ; la vigne arrive ainsi à occuper 376 ha sur 456 à Pommard, 120 sur 137 à Aloxe-Corton, etc.

La géographie des crus dépend de celle des terroirs ; mais leur délimitation est très archaïque et des clos bien classés bénéficient d'une prime extraordinaire, alors que leurs vins ne diffèrent souvent guère de ceux fournis par les domaines voisins. Pays-Bas et arrière-côte fournissent surtout des « bourgogne ordinaire », titrant souvent moins de 10°, à base de gamay et de pinot, ou des « bourgogne aligoté » blancs. La côte et l'arrière-côte fournissent :
— des crus à appellation communale ou régionale (Côte de Nuits, Haute-Côte de Nuits, etc.) ;
— des premiers crus, surtout sur la côte de Beaune, combinant le nom de la commune et celui d'un terroir ;
— des grands crus, peu nombreux, correspondant à des vins très alcoolisés (plus de 12° en général), faits avec des cépages strictement définis (pinot noir et chardonnay blanc) ; ils sont limités à de petites surfaces, parfois à un seul domaine (clos Vougeot).

Cette multiplication des appellations complique la tâche des négociants, obligés à un échantillonnage excessif pour satisfaire leur clientèle. On cherche à y remédier par des foires de dégustation, des concours, des ventes aux enchères qui permettent de valoriser les crus moins bien classés.

La côte de Nuits fournit surtout des vins rouges : Chambertin, Vougeot, Musigny, Romanée et Vosne-Romanée, etc. Celle de Beaune a une production plus variée, parfois plus surfaite, avec des blancs (Puligny-Montrachet, Meursault) ou des rouges parmi les plus célèbres (Pommard, Volnay).

Ces vins de Bourgogne sont tous des vins à vieillir, surtout en Côte de Nuits. Cela implique pour les négociants-éleveurs de fortes disponibilités en capitaux et des chais bien dirigés, qui expliquent la concentration progressive du négoce. Cependant, seuls les grands crus restent en cave plus de trois ans ; pour le reste, l'ampleur de la demande et les prix atteints permettent de limiter le vieillissement et d'éviter ainsi l'élevage prolongé des vins. Le marché, qui a perdu sa traditionnelle clientèle d'amateurs, est perturbé par de nouvelles techniques : vente directe aux touristes ou aux restaurateurs, achats des « grandes surfaces » devenues les principales distributrices au détail pour les vins d'A.O.C. courants. Il n'y a pas assez de vin pour satisfaire une demande qui s'accroît sans cesse, notamment grâce aux exportations vers l'Allemagne. Aussi souhaite-t-on une révision des appellations contrôlées jugées trop restrictives quant aux surfaces classées, et une renonciation aux clauses de limitation des rendements (35 hl/ha) alors que ceux-ci sont nettement supérieurs, ce qui impose le déclassement d'une partie de la récolte, sans justification de qualité.

Chalonnais et Mâconnais, bien que se réclamant de la tradition bourguignonne, n'ont pas su aussi bien tirer parti d'expositions et de sols pourtant plus variés. Peut-être faut-il mettre en cause un système agraire où de grands propriétaires, souvent mâconnais, donnaient leurs bien en métayage (le « vigneronnage ») à de petits exploitants. Cette grande propriété contrôle encore les crus nobles (Mercurey par exemple). Les petits exploitants, cultivant plus de gamay pour le vin rouge que de pinot blanc, ont mis sur pied en quelques années (1927-1932) un bon réseau de caves coopératives, produisant tantôt du bourgogne ordinaire, tantôt du mâcon blanc dont la vente est plus facile. Mais les revenus sont bien inférieurs à ceux des vignobles bourguignons, les grands crus rares, les surfaces cultivées très inférieures à celle du Beaujolais.

Le *Beaujolais* viticole intéresse une centaine de très petites communes avec environ 18 000 ha de vignes ; c'est donc le plus grand, mais aussi le plus monotone des vignobles du Sillon ; il est presque entièrement encépagé en gamay, sur les terrains siliceux de la retombée du Massif Central. C'est aussi le plus dynamique des vignobles, avec

une extension rapide de l'ordre de 500 ha/an. Il comporte nettement deux zones :
— Au nord de Villefranche, c'est le vrai Beaujolais, avec la totalité des vins d'appellation contrôlée (1/4 de la production, avec Juliénas, Moulin-à-Vent, Fleurie, Chiroubles, Morgon, Brouilly) et les vins dits « Beaujolais-villages ». Le vignoble est largement entre les mains de citadins, surtout lyonnais auxquels il arrive de faire exploiter directement leurs domaines, mais qui le plus souvent le confient en métayage à de petits exploitants : le vigneronnage est ici généralisé, et les petits et moyens viticulteurs ne possèdent pas 10 % des vignes qu'ils cultivent. Cependant, l'essor rapide de la consommation fait que le vigneron a des revenus convenables, et les propriétaires urbains de gros profits (la rente nette du sol est estimée entre 5 et 8 % malgré le prix très élevé de la terre). La commercialisation est cependant rarement le fait des propriétaires ; le négoce domine et la part des caves coopératives est faible. Tout ce Beaujolais central et septentrional tend vers une monoculture de la vigne (728 ha sur 1 097 à Fleurie, 910 sur 1 178 à Villié-Morgon, etc.).
— Au sud, entre Villefranche et la vallée de l'Azergues, la vigne est restée un élément de la polyculture, au sein d'exploitations familiales exiguës dont les paysans sont propriétaires. Les vins y sont des « beaujolais ordinaires » produits surtout par un réseau récent de caves coopératives.

La vigne a connu une prospérité récente assez surprenante ; la plupart des beaujolais sont des vins de médiocre conservation, ce qui a conduit à l'étonnante mode des beaujolais-primeurs ! Il n'y a que quelques grands vins de bon vieillissement et ils sont contrôlés par la propriété citadine. Les vins de consommation courante, largement soutenus par une chaptalisation outrancière, se trouvent multipliés par coupages encouragés par une vente facile sur les marchés lyonnais, parisien ou suisse.

4. Frontière ou axe de passage

Le statut politique du couloir Rhône-Rhin a été longtemps indécis. Depuis l'effritement de l'impossible Lotharingie, l'axe Rhône-Rhin a été plus souvent une frontière qu'un trait d'union et les pays traversés n'ont cessé de se morceler. Espaces rhénans, espace bourguignon, incertaines suzerainetés des pays rhodaniens, tout se fragmente sans pour autant revenir au royaume de France ; Saône et Rhône seront longtemps à la frontière du royaume et le Rhin ne sera jamais franchi, sinon épisodiquement.

C'est par le Vivarais que le Royaume touche pour la première fois au Rhône, au XIIe siècle ; mais Lyon n'est annexée qu'au début du XIVe siècle, et le Dauphiné qui ouvre le passage vers les Alpes n'est acquis qu'au milieu du XIVe siècle. L'annexion du Beaujolais est plus tardive, celle de la Bourgogne ne devient définitive qu'en 1559, la Saône restant une frontière puisque la Bresse centrale n'est réunie qu'en 1601. La Franche-Comté, le seuil de Belfort, l'Alsace resteront longtemps terres étrangères, tandis qu'à l'aval le domaine de la papauté bloque tout accès facile à la Provence. Pour la monarchie, le contrôle du carrefour lyonnais, puis du carrefour bourguignon semble plus important que celui du Sillon lui-même ; administration et marchands se sont plus intéressés au franchissement du fleuve et aux routes menant en Italie qu'au Sillon Rhodanien.

L'achèvement de la conquête sera très lent, la monarchie française se heurtant à l'Empire ou à ses alliés, et aussi parce qu'aux frontières du royaume la réforme a presque partout triomphé et installé de solides colonies. La Franche-Comté n'est conquise définitivement qu'à partir de 1678 ; plus à l'est, l'implantation en Alsace est contrecarrée par la puissance des villes alsaciennes et leurs alliances avec les villes suisses ; de nombreuses enclaves autonomes subsistent dans une Alsace nominalement française après 1648 ; l'annexion de Strasbourg en 1689 se fait moyennant la garantie de ses privilèges, notamment religieux. Le verrou de la Porte de Bourgogne ne sera pas forcé avant la Révolution ; le comté de Montbéliard ne devient français qu'en 1793, Mulhouse en 1798.

Ainsi, jamais dans l'histoire le Sillon ne constitue une entité politique ; le médiocre intérêt que le XIXe siècle porte à la construction du canal du Doubs au Rhin, puis de la voie ferrée, souligne l'inexistence d'un axe économique que la guerre de 1870 achève de briser. Depuis 1918, malgré l'amélioration des équipements, puis la naissance de l'Europe unie, aucune région linéaire ne s'est dessinée et la frontière continue à influencer largement la vie humaine et économique.

Le *cloisonnement* va donc présider à l'aménagement régional du Sillon Rhône-Rhin, entretenu par les conflits de civilisations ou d'intérêts urbains.

5. Les mythes de l'organisation linéaire

Ces pays du Sillon Rhône-Rhin ont pourtant bien des similitudes, à commencer par l'abondance d'une population où la forte croissance urbaine fait plus que compenser le recul modéré des campagnes. Les régions en perte de vitesse économique y sont peu nombreuses (plateaux de la Haute-Saône, bordure vosgienne), de sorte que la population s'accroît à peu près partout en partie grâce à une balance démographique naturelle favorable. Tous les départements de l'axe Rhône-Rhin sont excédentaires en naissances, bien que la fécondité y diminue comme dans le reste de la France. L'Alsace, notamment, connaît une très forte régression de sa fécondité, les taux de natalité y étant inférieurs maintenant à la moyenne nationale, alors que le vieillissement est pourtant peu poussé. Inversement, la région lyonnaise et les plaines du Rhône moyen, de même que la région dijonnaise, ont des taux de natalité qui sont devenus supérieurs à la moyenne, au moins passagèrement. La démographie la plus florissante est celle de la Porte de Bourgogne, dont la population est rajeunie par l'immigration et où les traditions familiales sont très fortes. Les taux de natalité ne sont finalement bas, avec menace de crise démographique, que dans des régions vieillies : plateaux de la Haute-Saône, Bresse, une partie des vignobles.

Cependant le croît naturel diminue ; alors qu'il représentait vers 1970 les 2/3 de l'accroissement de la population, il n'en assure plus aujourd'hui que le tiers.

De la sorte, tout l'axe Rhône-Rhin constitue une terre d'appel pour l'immigration tant métropolitaine qu'étrangère. Ce solde migratoire est de l'ordre de 20 000 par an entre 1954 et 1962, de 25 000 à 30 000 entre 1962 et 1968, de moins de 20 000 entre 1968 et 1975. Surtout, les foyers d'appel ont changé. Alors que Lyon était responsable des deux tiers du solde migratoire entre 1954 et 1962, on voit sa part tomber à moins de 17 % entre 1968 et 1975. La Porte de Bourgogne, second foyer d'appel entre 1954 et 1962 a vu sa part diminuer, mais plus faiblement, alors que l'attraction dijonnaise a pratiquement doublé pendant cette période. C'est l'Alsace qui marque l'évolution la plus spectaculaire et la plus inattendue : le solde migratoire, de 3 000 à 4 000 personnes par an entre 1954 et 1962 passe à près de 7 000 entre 1968 et 1975. L'attraction des pays rhénans s'est donc renforcée et le brassage de la population urbaine alsacienne s'est considérablement accru avec de fortes arrivées d'étrangers venus travailler dans le bâtiment ou sur les chantiers ; dès 1970, l'Alsace comptait près de 20 000 italiens, 15 000 algériens, 10 000 espagnols, etc.

Une autre similitude apparaît dans l'importance des noyaux protestants ou luthériens, dont le rôle a été souvent exemplaire dans le développement économique. On constatera aussi la vigueur ancienne du peuplement urbain ; il est vrai que la disposition du Sillon multiplie les lieux de villes, au contact des massifs le bordant ou le long des fleuves dont les cités contrôlent le passage.

On pourrait déjà parler de trois aires de civilisation : rhénane, bourguignonne et lyonnaise. Mais, en fait, seule l'Alsace est vraiment originale. La civilisation alsacienne s'exprime d'abord par l'usage d'un dialecte — ou de dialectes — germanique, encore couramment utilisé par plus de la moitié des alsaciens, ballottés depuis un siècle entre l'usage officiel du français et de l'allemand. Certes, l'emploi du dialecte recule rapidement en dehors du cercle familial, surtout dans le sud de l'Alsace et au contact des Vosges ; son avenir reste incertain, menacé qu'il est par la forte immigration contemporaine, la scolarisation, les usages administratifs, plus encore les moyens audio-visuels ; toute l'Alsace peut capter indifféremment radio et télé en langue française ou allemande, cette dernière épaulée par les amples déplacements de la main-d'œuvre frontalière, l'emprise du commerce allemand ou suisse, l'expansion, en bordure vosgienne, de la résidence secondaire allemande. La situation du dialecte, malgré un certain renouveau culturel, paraît difficile.

L'entité alsacienne, c'est aussi tout un apport de civilisation rhénane, celui des vieilles villes commerçantes ou des grandes abbayes, celui qui s'exprime par l'architecture romane ou gothique. C'est également ce partage religieux entre catholicisme et réforme (luthéranisme au nord, calvinisme au sud). C'est également tout un héritage historique, administratif, juridique et social, dérivant de la législation plus avantageuse et plus libérale appliquée par les allemands entre 1871 et 1918 ; les alsaciens ont obtenu le maintien de ces avantages, voire la reconduction de législations antérieures à 1871 et disparues en France : persistance du concordat, justifiant le maintien à Strasbourg de deux Facultés d'Etat de théologie, la catholique et la protestante, de l'éducation religieuse dans les écoles, de différenciations dans les régimes de sécurité sociale et de retraite, garantie d'une certaine originalité juridique. La défense de ces avantages implique un certain repli, le maintien des traditions folkloriques, telles celles de la fête villageoise.

Une telle originalité a ses avantages ; mais si elle constitue une entorse à la tradition unitaire de l'Etat français, elle n'assure pas pour autant aux alsaciens une personnalité juridique comparable à celle que lui avaient donnée les allemands en 1911. Elle renforce le particularisme, mais aussi le conservatisme, contribue à la stabilité traditionnelle d'une population fortement ancrée au terroir, courbant la tête sous les occupations successives, mais refusant de se déraciner. L'avait bien montré l'extraordinaire immobilisme qui suivit l'annexion de 1871 : la possibilité d'opter pour la France ne fut demandée que par moins de 40 000 alsaciens dans le Bas-Rhin et un peu plus de 90 000 dans le Haut-Rhin ; en fait, la plupart restèrent et de ceux qui exercèrent effectivement leur droit d'option et partirent pour la France (28 000 pour toute l'Alsace), bon nombre revinrent au pays. Ne s'en allèrent volontiers que les fonctionnaires, les enseignants, des retraités, et, en Haute-Alsace, d'assez nombreux petits viticulteurs.

Cependant, unité alsacienne ne signifie pas uniformité, ni espace dominé par une seule ville ; l'extrême-nord, très germanisé, diffère autant de la moyenne que l'extrême-sud où la pénétration de la langue française, même au domicile familial, est très généralisée.

Les autres espaces régionaux de l'axe Rhin-Rhône sont plus flous, de contours souvent mal définis, débordant toujours sur les régions voisines. L'ancienne originalité du pays de Montbéliard, fondée sur son développement industriel dans un contexte patronal et salarial confessionnel (luthérien) a à peu près disparu devant l'afflux des immigrants provoqué par le trop rapide essor de l'industrie automobile ; de ce fait, la Porte de Bourgogne, obligée de se retourner vers la main-d'œuvre alsacienne, lie ses intérêts à ceux de Mulhouse et de Bâle. Ni la Franche-Comté avec Besançon, ni la Bourgogne avec Dijon ne sont spécifiquement des « régions » du couloir Rhin-Rhône. Il en va de même de la région lyonnaise : le carrefour lyonnais en est bien l'âme, mais son influence est paradoxalement plus sensible dans le Massif Central ou les Alpes que dans le Sillon Rhodanien lui-même.

Il n'y a donc nulle part trace d'une grande région linéaire et le cloisonnement est la règle; le Sillon est contrôlé par quatre régions de programme; sur le plan universitaire, la prééminence strasbourgeoise et lyonnaise a laissé subsister d'autres centres; le même éclatement caractérise la diffusion de la presse où la faiblesse de l'organisation régionale franc-comtoise ou bourguignonne, se manifeste dans le contrôle des quotidiens locaux par la presse lorraine. Faut-il en conclure que la région Rhône-Rhin est un mythe et que les plaidoyers pour la fameuse liaison par canal entre Rhône et Rhin reposent sur une imposture ?

6. La voie de passage et ses équipements

L'absence d'une grande voie de passage traditionnelle est le fait fondamental; le sillon Rhône-Rhin est certes emprunté par des trafics considérables; il a reçu des équipements souvent importants; mais il s'agit toujours d'une utilisation discontinue, tronçon par tronçon, et non d'un trafic de bout en bout.

Au sud, le trafic vers la Méditerranée n'a longtemps suivi le Sillon Rhodanien qu'au sud de Lyon, le gros du trafic ferroviaire de marchandises entre Paris et le littoral empruntant la ligne du Bourbonnais, ce qui était également le cas de la RN 7. L'utilisation à partir du carrefour bourguignon est un fait récent remontant à l'électrification de la grande ligne Paris-Lyon, par Dijon, et à l'ouverture de l'autoroute. Pour les voyageurs, la réalisation de la nouvelle ligne TGV de Paris à Lyon rétablira la situation antérieure.

La moyenne et basse vallée de la Saône est ainsi suivie par un trafic parisien détourné, alors que son trafic propre est déjà important, conduisant non vers les pays rhénans, mais vers le Bassin Parisien oriental, le Nord ou la Lorraine. Ces pays de Saône sont plus encore traversés par des flux qui ne doivent rien à l'axe Rhône-Rhin, représentant le trafic de Paris vers la Suisse ou l'Italie, trafic qui n'emprunte la vallée que sur de courtes distances.

Les pays de la Haute-Saône constituent un cul-de-sac, et c'est la voie de la vallée du Doubs qui conduit vers la Porte de Bourgogne; longtemps ce trafic fut secondaire par rapport à celui qui s'écoulait de Paris vers Bâle ou Zürich. Ce n'est que récemment, avec le développement des flux allant de l'Allemagne vers la Péninsule Ibérique, que la voie longitudinale l'a emporté. Encore ce dernier trafic n'intéresse-t-il guère l'Alsace; dans les pays rhénans, les gros trafics se font sur la rive allemande du Rhin; le transit du Benelux vers la Suisse, qui suit la plaine alsacienne de Strasbourg à Bâle, est d'ailleurs moins important que celui qui s'écoule entre Saverne et les ponts de Kehl, de Paris vers l'Allemagne.

La texture des équipements confirme ce morcellement du trafic. Pour la voie ferrée, l'artère maîtresse depuis l'électrification, est celle de Dijon à Lyon, Valence et Marseille; le report technique de tous les types de trafics sur cette ligne s'est rapidement soldé par une saturation qui a imposé l'électrification d'anciennes lignes délaissées : ligne de la Bresse, de Dijon à Bourg, pour acheminer une partie du trafic vers la Savoie et l'Italie, électrification de la ligne de la rive droite du Rhône pour dégager le tronçon Lyon-Avignon. Dans tous les cas, il s'agit avant tout de trafic de ou vers Paris.

La liaison ferroviaire avec les pays rhénans reste en effet secondaire; on a porté plus d'intérêt à la liaison Dijon-Lorraine, électrifiée dès 1964, qu'à la liaison Lyon-Strasbourg ; l'équipement de cette ligne s'est faite à l'économie, en se bornant à électrifier le parcours Dole-Besançon-Mulhouse, c'est-à-dire en détournant le trafic lourd par Dijon, sur une ligne déjà surchargée; la ligne directe du pied du Jura ne voit guère passer que les turbotrains entre Lyon et Strasbourg, liaison comparable à celle de Lyon à Nantes. L'axe Rhône-Rhin a donc été jugé secondaire par la SNCF; son trafic est effectivement faible par rapport à

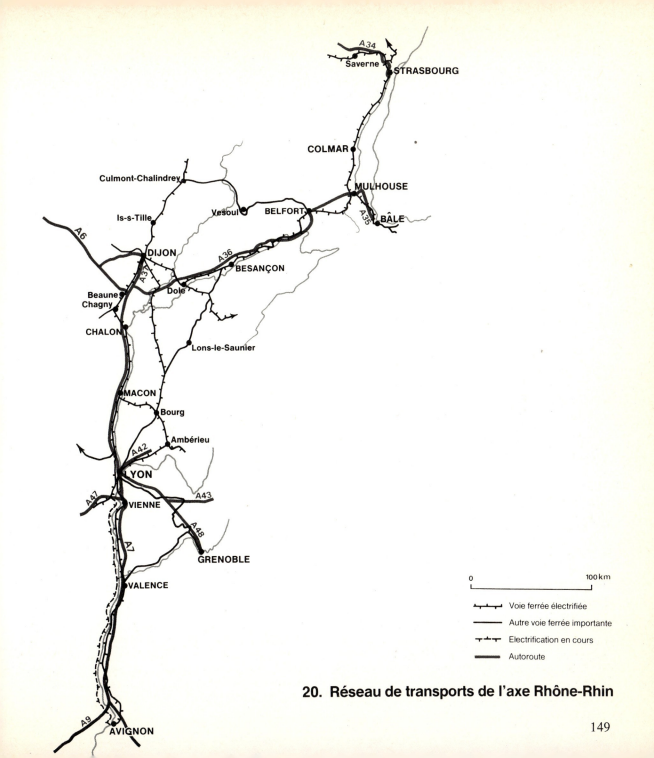

20. Réseau de transports de l'axe Rhône-Rhin

celui de la ligne Dijon-Lorraine. De même, l'équipement alsacien s'est borné à l'électrification de la relation Strasbourg-Bâle : au nord de Strasbourg, il n'y a plus que des lignes secondaires à desserte squelettique et il vaut mieux passer par la rive allemande.

L'axe n'est guère mieux desservi du point de vue routier. Alors que le pays de Bade a son autoroute nord-sud depuis longtemps, l'Alsace attend encore la sienne, et seulement entre Strasbourg et Bâle ; la liaison autoroutière de Mulhouse à Beaune est plus avancée, mais va déboucher sur l'autoroute lyonnaise déjà proche de la saturation.

En revanche, un trafic lourd d'hydrocarbures s'écoule par le pipe qui mène le pétrole brut de l'Etang de Berre aux pays rhénans (40 à 50 millions de tonnes par an, du moins avant la crise, beaucoup plus que n'acheminent tous les autres modes de transport).

La réalisation d'une liaison fluviale à grand gabarit n'est donc guère assurée d'un trafic nord-sud, d'autant plus que les principaux intéressés, les industriels de la Porte de Bourgogne, ont manifesté leur intention de ne pas l'utiliser. La construction de la sidérurgie de Fos, en enlevant à la voie d'eau l'acheminement de l'acier lorrain (et non rhénan) vers la Méditerranée, a neutralisé le projet de liaison fluviale Rhône-Lorraine. Reste la liaison Rhône-Rhin, impliquant la construction d'un canal entre la Saône et Mulhouse, les aménagements de la voie rhénane étant achevés, ceux du Rhône et de la Saône sur le point de s'achever.

• *L'aménagement du Rhin* procède de projets anciens puisque les premières réalisations (Kembs) sont antérieures à la Seconde Guerre mondiale. Il s'agissait de remédier à la trop forte pente du fleuve, à la violence des crues, survenant surtout au début de l'été, plus encore aux étiages qui arrêtaient toute navigation, certains seuils ne présentant plus le tirant d'eau nécessaire. Comme le débit moyen du Rhin à Bâle est déjà de 1 000 m^3/s, il s'agit d'un aménagement majeur. On a souhaité d'autre part associer la création d'une grande voie navigable à la production d'énergie électrique ; pour des raisons politiques, la plupart des aménagements se sont faits sur la rive alsacienne du Rhin.

— de la frontière suisse jusqu'à l'amont de Vogelgrün, un canal de dérivation continu, le Grand Canal d'Alsace, est fait de quelques biefs à faible pente, séparés par des usines-écluses rachetant les dénivellations et produisant d'importantes quantités d'électricité. Le projet initial était d'étendre cette technique à toute l'Alsace ;

— mais pour des raisons d'économie et pour tenir compte des craintes des badois de voir s'abaisser le niveau des nappes phréatiques, on a adopté, de Vogelgrün à Strasbourg, le système rhodanien : quatre barrages-vannes sur le Rhin conduisent à de courts canaux de dérivation équipés, à l'aval, d'usines-écluses ;

— à l'aval de Strasbourg, où la pente du fleuve est plus faible, on s'est borné à des travaux de correction et de régularisation du chenal ; les ouvrages prévus ultérieurement se feraient du côté allemand.

Cet aménagement n'est pas parfait : les sections non canalisées subissent encore fortement les effets des étiages, ce qui oblige, en basses eaux, à limiter la charge des bateaux. En temps normal, Bâle est accessible à des automoteurs rhénans de 1 500 t et la mise au gabarit du tronçon nord du vieux canal de Huningue a permis de faire bénéficier Mulhouse des mêmes avantages.

Le trafic reste d'ailleurs modéré : moins de 8 millions de tonnes en transit pour Bâle, la moitié environ de ce tonnage pour les ports de Haute-Alsace, 10 à 12 millions de tonnes pour Strasbourg. D'autre part, les aménagements ont fortement perturbé le régime des nappes phréatiques, mais ont permis une meilleure alimentation en eau industrielle, rendant possible les projets d'implantation de centrales nucléaires, et facilité la mise en place de réseaux d'irrigation. Quant à la production électrique, elle dépasse normalement 7 milliards de kWh (usines de Kembs, Ottmarsheim, Fessenheim, Vogelgrün, Marckolsheim, Rhinau, Gerstheim et Strasbourg) auxquels s'ajoutera la production des groupes nucléaires de Fessenheim.

• *L'aménagement du Rhône et de la Saône* touche à sa fin; pour la Saône il s'est agi de refaire les écluses et d'aménager les biefs, du moins dans l'état actuel du trafic. Mais le Rhône a posé des problèmes plus complexes. Pourtant, dès Lyon, et surtout après Valence, son régime est relativement compensé du fait de la provenance variée de ses affluents (régime nival sur l'Isère, pluvio-nival sur l'Ain, océanique sur la Saône) avec des débits analogues à ceux du Rhin (1 000 m³/s à l'aval de Lyon, 1 400 à Valence); les maigres d'été sont peu accusés grâce à l'alimentation glaciaire. De plus, les grandes crues sont aujourd'hui assez bien contrôlées par les multiples barrages qui équipent le Rhône, l'Ain, l'Isère et ses affluents. En revanche, le Rhône connaît des pentes plus fortes, souvent de l'ordre d'un mètre par kilomètre, ce qui explique l'extrême modestie de la navigation ancienne, et, pour le présent, la nécessité d'automoteurs à forte puissance.

D'ailleurs, lorsque fut créée la Compagnie Nationale du Rhône en 1933, ni la fourniture d'eau pour l'agriculture ou l'industrie, ni la navigation ne retinrent bien l'attention; l'équipement était conçu pour fournir de l'énergie électrique et on en attendait une production de 16 milliards de kWh, objectif monstrueux pour l'époque. Si l'aménagement du Haut-Rhône fut immédiatement entrepris, les énormes terrassements exigés par les dérivations du Rhône moyen ne furent possibles qu'avec les engins modernes de l'après-guerre.

Le principe de l'aménagement à l'aval de Lyon est celui de barrages mobiles de dérivation, conduisant vers des canaux latéraux une partie des eaux du fleuve; ces canaux de dérivation à pente faible, navigables, sont équipés d'une usine-écluse, d'où un canal de décharge conflue à l'aval avec le plan d'eau du barrage suivant. Les écluses, longues de 195 m, permettent le passage d'automoteurs de 1 500 t ou de convois poussés de 3 000 t. Partout, le tirant d'eau offert atteint 3,50 m sur 60 m de largeur au moins. Lorsque sera terminé le dernier des douze ouvrages prévus, celui de Vaugris, le Rhône se trouvera mieux équipé que le Rhin.

La capacité actuelle de production électrique est de l'ordre de 13 milliards de kWh; de plus, on peut disposer d'importantes quantités d'eau industrielle (d'où la localisation de centrales thermiques classiques comme à Loire ou Aramon, de centrales nucléaires (Creys-Malville, Bugey, Tricastin) dont on peut attendre quelque 20 milliards de kWh supplémentaires; l'abondance de l'eau explique aussi les installations atomiques de Pierrelatte et de Marcoule, en partie le complexe industriel de Feyzin. Enfin on a pu réaliser de vastes programmes d'irrigation (50 000 ha pour les pays du Rhône moyen).

Pourtant, bien que l'aménagement soit terminé, le trafic ne s'accroît guère; il reste, sur le Rhône, inférieur à 4 millions de tonnes, malgré un trafic pétrolier garanti, par référence aux tonnages transportés par pipe; la Saône ne transporte guère plus et le trafic du port de Lyon reste inférieur à 5 millions de tonnes, tandis que les ports nouveaux, construits à grands frais, comme celui de Valence, restent pratiquement inutilisés. L'impossibilité d'accès au port de Marseille dans des conditions de sécurité acceptables l'explique pour une part; le cul-de-sac amont, à Saint-Jean-de-Losne (écluse de Saint-Symphorien) pour les bateaux de gros tonnage joue sans doute davantage encore; mais il reste que l'utilisation locale de la voie d'eau est faible et que les perspectives sont peu encourageantes.

• *Le canal Saône-Rhin,* par le Doubs, est encore au stade des études. A l'amont, la Saône conduisait à toute une série de vieux canaux : canal du Centre, à Chalon (fin du XVIIIᵉ siècle), canal de Bourgogne, parachevé en 1832, canal du Rhin en 1833, tous deux branchés à Saint-Jean-de-Losne, et plus au nord encore, le canal de la Marne à l'aval de Gray et le Canal de l'Est à l'amont de Jussey. Tous ces canaux sont à faible gabarit, mal alimentés en eau, véritables escaliers d'écluses vétustes rendant la navigation désespérément lente : entre la Saône et l'Ill, on ne compte pas

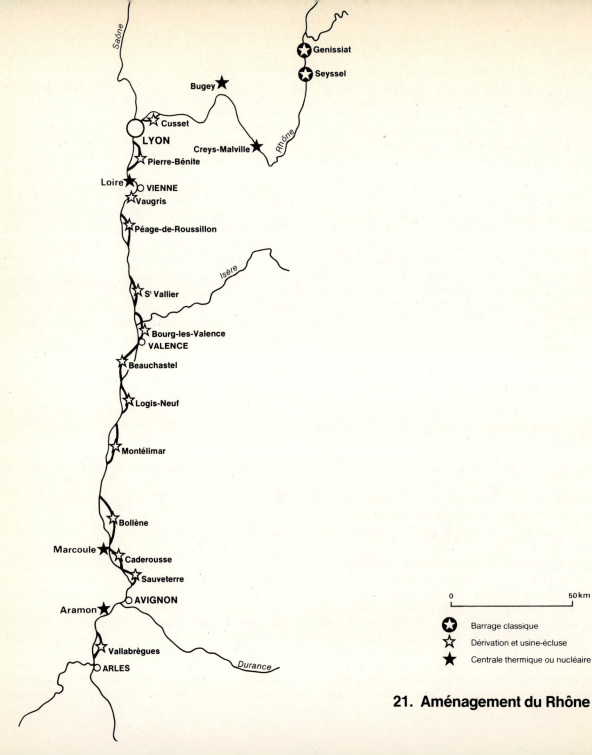

21. Aménagement du Rhône

moins de 162 écluses...; et elles n'acceptent que des péniches de 280 tonnes, non admises à naviguer sur le Rhône ou le Rhin. C'est ce canal qu'il faudrait reconstruire; si la décision a été prise, la réalisation se heurte à des difficultés d'alimentation en eau, aux vives oppositions des riverains, à l'indifférence des industriels, principaux clients espérés, à l'opposition de la SNCF et des transporteurs routiers.

Conclusion

L'axe Rhône-Rhin est ainsi placé sous le signe du morcellement, des ruptures et des éclatements de trafic. La diversité des évolutions politiques et religieuses, la présence des frontières, tout concourt à un partage contrôlé de ce domaine linéaire. Aucune ville, pas même Lyon, n'a réussi à étendre bien loin son influence dans le Sillon. Les chances majeures ont été celles des villes contrôlant des carrefours : c'est le cas de Strasbourg et de Lyon. Mais quand le carrefour manque de netteté ou quand son contrôle peut échoir à plusieurs cités, une grande ville a plus de difficultés à s'imposer; tel est le cas du carrefour bourguignon ou de celui du sud de l'Alsace. Dans un tel système, la notion de « pays » se réduit souvent à celle d'une petite unité géographique homogène, comme la Bresse ou la plaine de Valence. Le partage régional n'est par suite fondé ici que sur des aires de domination urbaine. Seule l'Alsace, par l'originalité de sa civilisation, fait en partie exception.

2. Le contrôle des espaces régionaux : l'Alsace et la Porte de Bourgogne

Géographie et tradition historique ont fixé à l'Alsace des limites étonnamment précises; c'est seulement au nord, dans la région de Wissembourg, et surtout dans l'Alsace bossue, enfoncée en coin en pays lorrain, que les contours de l'entité alsacienne deviennent plus flous; il en va de même dans une partie du sud où la Porte de Bourgogne constitue une marche de transition où cesse totalement l'usage du dialecte et où le pays bâlois offre une tradition politique très différente. En revanche, la frontière vosgienne et rhénane est pratiquement étanche; tout au plus peut-on noter la francisation un peu plus importante de quelques vallées vosgiennes et l'incertitude des limites dans la large vallée de la Bruche, aux alentours de Schirmeck.

Le traité de Francfort a donné à ce cadre déjà précis un contenu juridique satisfaisant et l'exercice du régime allemand pendant un demi-siècle a fortement consolidé l'individualité alsacienne. Cette personnalité de l'Alsace, c'est aussi un certain nombre de qualités et de défauts; nous avons déjà souligné les fortes densités de population, les dualismes religieux, la concurrence entre catholiques, majoritaires, et réformés, parfois dans un même village; on a sans doute aussi sous-estimé le rôle ancien des minorités juives des villes. L'agriculture alsacienne a été longtemps l'une des plus savantes d'Allemagne, puis de France. La frontière, si elle lui a valu les dégâts des guerres et un statut politique mouvant, a amené des investissements publics très importants, surtout en milieu urbain, et a procuré un encadrement pléthorique. La médaille a son revers, l'Alsace ayant pris l'habitude de beaucoup attendre de l'Etat et ne manifestant que peu d'initiatives. Un conservatisme parfois outrancier, une grande lenteur dans le changement, des rendements de main-d'œuvre faibles, rendent les évolutions socio-économiques difficiles.

Il est hors de doute que les aléas de la frontière ont longtemps écarté les investisseurs privés, justifiant une longue inertie industrielle, alors même qu'il existait parfois une tradition du travail industriel ou artisanal. La capacité locale d'investissement est médiocre; le grand développement des Caisses mutuelles de dépôt et de prêts du Crédit Mutuel d'Alsace Lorraine, s'il a favorisé l'équipement domestique ou l'habitat, a enlevé à l'investissement productif une bonne part de l'épargne privée (les 2/3 environ dans le Haut-Rhin). Aussi, la banque alsacienne est-elle faible; ni Strasbourg, ni Mulhouse ne sont de grandes places bancaires, même si la plus grosse banque privée, le Crédit Industriel d'Alsace-Lorraine (du groupe CIC) rayonne sur une partie de la Bourgogne.

Dans les vingt dernières années, le territoire alsacien, si bien défini, a perdu de son étanchéité du fait de l'ouverture des frontières. Bien plus, Strasbourg ayant réussi à attirer le siège de quelques unes des institutions européennes, la neutralisation de la frontière a transformé l'Alsace en un espace ouvert. Le développement des villes, l'aménagement du Rhin ont provoqué une forte immigration de français d'outre-Vosges ou d'étran-

22. Alsace, localisations urbaines

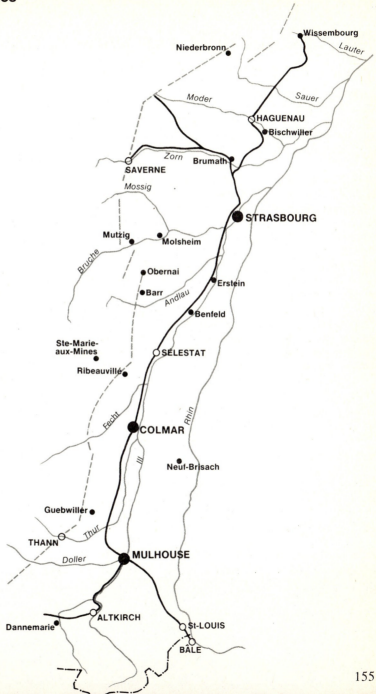

gers. L'essor des industries de la région de Montbéliard a provoqué une symbiose progressive entre les groupes industriels et urbains de Mulhouse, Belfort et Montbéliard, faisant naître un nouvel axe de développement, tout à fait étranger aux influences rhénanes et aux traditions alsaciennes.

On assiste également à une forte pénétration du capital étranger. Capitaux industriels d'abord, allemands, bâlois, américains, à la recherche d'une implantation rhénane et d'une main-d'œuvre à meilleur marché que celle de l'Allemagne badoise ou de la Suisse, rendue disponible par la crise des activités alsaciennes traditionnelles. Capitaux commerciaux ensuite : la Société européenne de Supermarchés, avec les entrepôts de Huningue et de Haguenau (où se trouve son siège social), devenue une des grandes affaires commerciales alsaciennes, est une émanation de la Migros suisse. Cependant, si nombre d'entreprises ont choisi une implantation alsacienne, cela ne fournit pas assez d'emplois pour les jeunes arrivant sur le marché du travail; et ces jeunes alsaciens, trouvant les salaires proposés trop médiocres, sont allés chercher au-delà de la frontière des gains plus intéressants. Avant la dépression économique de 1975, ils étaient plus de 32 000 à passer chaque jour la frontière pour aller travailler en Allemagne et surtout en Suisse (soit 5 % de la population active). Les difficultés du passage du Rhin font que la répartition des migrants frontaliers est très irrégulière; c'est le nord de l'Alsace et le Sundgau qui fournissent les plus gros effectifs, souvent 20 à 25 % de la population active locale. Mais plus des deux tiers de ces frontaliers sont des manœuvres ou des ouvriers non spécialisés, sans formation; car, c'est à ce niveau de non-qualification que les différences de salaires sont les plus importantes, les rémunérations allemandes ou suisses étant souvent supérieures de 50 % à ce qu'offrent les firmes alsaciennes. Vers l'Allemagne passent surtout de jeunes hommes ; vers la Suisse, le mouvement est plus complexe et de nombreuses jeunes femmes du Sundgau participent à l'exode quotidien.

1. Une industrie inégalement répartie

La tradition

Alsace et Porte de Bourgogne ont compté, surtout au contact de la montagne, quelques vieux foyers industriels : petit foyer nord-alsacien, entre la forêt de Haguenau et la bordure vosgienne, dans les vallées de la Moder, de la Zinsel et de leurs affluents; industries textiles des vallées vosgiennes, surtout en Haute-Alsace; travail de la forge de la région de Montbéliard.

● *Le foyer nord-alsacien* est le plus important. Assez dispersé dans ses localisations de bordure vosgienne, d'Obernai à la frontière, il représente des activités variées, employant beaucoup d'ouvriers-paysans; cette pratique de la double activité agricole et industrielle favorise la stabilité de la main-d'œuvre, justifie des salaires assez bas, explique l'abandon des cultures de vente et l'extension assez fréquente de la friche sociale, dans un paysage rural assez dégradé, chose rare en Alsace.

A côté de la fabrication des articles chaussants (à Pfaffenhoffen, Ingwiller, etc.), l'essentiel est de plus en plus la métallurgie, solidement installée tout autour de la forêt de Haguenau, avec des maîtres de forges célèbres, comme de Dietrich dont les installations de Niederbronn comptent parmi les rares grosses industries alsaciennes (plus de 3 000 salariés). Cette industrie de la forge a formé une main-d'œuvre de qualité, créé des courants commerciaux, ce qui explique sans doute le développement dans ce nord alsacien de petites industries métallurgiques de sous-traitance (décolletage, emboutissage, mécanique) ainsi que celle des machines ou de l'outillage.

● Dans les *vallées vosgiennes* dominait l'industrie textile. Partout ont battu les métiers, partout se sont égrenés, le long des torrents fournissant la force motrice, filatures et tissages. C'est surtout l'affaire du sud, là où les vallées s'infiltrent profondément dans la montagne : Val de Villé et vallée de la Liépvrette ont travaillé la laine et n'en finissent plus de mourir de son déclin; plus au sud, les vallées de la Fecht (Munster), de la Lauch (Guebwiller), de la Thur (Saint-Amarin), de la Doller (Masevaux) ont travaillé et travaillent encore un peu le coton, souvent aux ordres des « fabricants » de Mulhouse. Ces vallées assurent encore 10 % du tissage français du coton, moitié moins que les vallées lorraines, employant aussi 10 % de la main-d'œuvre. Mais beaucoup sont de simples survivances, aux activités trop traditionnelles (il n'y a que 2 % de la bonneterie française) ; les ateliers ferment ; seules les villes installées au débouché sur la plaine, comme Guebwiller, résistent un peu à l'abandon.

Le foyer industriel du Sud

Les héritiers de la forge de Montbéliard

C'était à l'origine une vieille sidérurgie au bois, active dès le milieu du XVIe siècle, dont la croissance est liée, pour une part, au rôle de refuge pour les réformés que joue le comté de Montbéliard. Favorisée par le manteau forestier, puis par le petit bassin houiller de Ronchamp, par la présence de minerai de fer, elle fut toujours gênée par le manque d'eau résultant des étiages d'été et d'hiver de rivières trop petites. La médiocrité du système de relations, l'absence de place bancaire ont constitué d'autres obstacles. Par suite, beaucoup d'affaires ont été financées par des capitaux familiaux, leur développement dépendant largement du dynamisme des gestionnaires : face à la montée presque continue du groupe Peugeot, contraste le déclin, dès le XIXe siècle, du groupe Japy dont les unités de production sont le plus souvent passées sous tutelle extérieure.

De ces forges et fonderies, également abondantes en Haute-Saône, il a subsisté une tradition de la métallurgie qui explique la persistance, à côté des grandes affaires, de beaucoup de petits ateliers; si la forge et la fonderie sont plutôt l'apanage des grands groupes (il en reste quelques-unes à Colombier-Fontaine, à Sainte-Suzanne), la sous-traitance pour l'industrie automobile ou celle des machines est très développée : décolletage, mécanique de précision, outillage, fonderie sous pression, etc. Ainsi, Pont-de-Roide possède encore une bonne douzaine de ces affaires, Seloncourt, ancienne capitale de la boulonnerie, une vingtaine.

Les autres industries indépendantes sont assez rares : cotonnière d'Héricourt, chaiserie Baumann à Colombier-Fontaine; en liaison avec les industries suisses ou belfortaines, on a vu se développer l'industrie de l'appareillage électrique, également représentée par de grosses affaires, à Beaucourt (UNELEC) et à Delle, ville frontière où subsiste de la petite métallurgie à côté de l'industrie des machines-outils et du matériel destiné à l'industrie électrique (câbles de Delle, isolants).

Mais la région est vraiment dominée par le groupe Peugeot. Celui-ci a conservé, tout en les intégrant aux besoins de la construction automobile, ses fabrications d'origine (tréfilerie à Pont-de-Roide, outillage à Audincourt); la branche cycle, un moment délaissée, tend à progresser à Beaulieu et Valentigney; des fabrications annexes de l'automobile (chassis, équipements de carrosseries) sont implantées à Montbéliard et Valentigney. Mais l'essentiel reste l'énorme usine d'assemblage de Sochaux, qui employait 38 000 personnes en 1976.

A l'échelle du pays de Montbéliard, avec ses vallées étroites qui contraignent soit à l'étirement le long des vallées, soit à la conquête des collines ou des plateaux, une telle concentration paraît extraordinaire. De plus, les centres satellites comme Beaucourt, Delle, etc., ont des structures de main-d'œuvre analogue : prédominance quasi-exclusive de l'emploi masculin, divorce presque constant entre le volume de personnel et la dimension étriquée des agglomérations où les usines sont insérées. Cette dissémination a jadis favorisé le recrutement d'ouvriers-paysans, généralement disciplinés et pas trop exigeants quant au niveau des salaires, avec une priorité assez systématique offerte à l'embauche aux luthériens.

23. Zone industrielle de Montbéliard

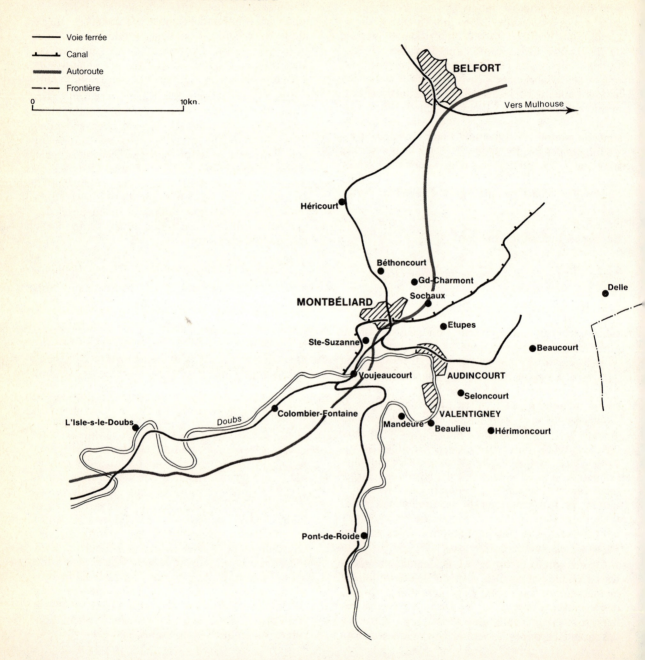

Mais le trop rapide gonflement des effectifs ouvriers contraint les industries, notamment Peugeot, à des efforts d'organisation très lourds. La solution a été longtemps recherchée dans le ramassage systématique de la population rurale, paysanne ou non, par d'innombrables services de cars organisés par l'entreprise. On est ainsi allé chercher la main-d'œuvre très loin, trop loin, jusqu'à Saint-Loup-sur-Semouse (en Haute-Saône, plus de 2 heures de trajet), jusqu'au fond de la vallée de la Doller et dans le Haut-Jura horloger. On espérait ainsi garantir une certaine homogénéité du recrutement, sur la base des ouvriers-paysans. En fait, la seule croissance sochalienne a excédé les disponibilités des campagnes; les trajets trop longs, incertains l'hiver, aggravaient les conditions de travail; on s'était de plus adressé à des pays beaucoup plus ruraux, catholiques, moins habitués aux disciplines de l'industrie. D'autre part, le genre de vie mixte s'est rapidement dégradé, et, dans un pays sans emploi féminin, la pression sur les salaires s'est faite plus forte. Peugeot a dû se résigner à d'autres politiques : loger plus près de l'usine, d'où la fièvre de construction du pays de Montbéliard, étendre de ce fait le recrutement à d'autres régions, recourir à une main-d'œuvre étrangère, mais en bien moindre proportion que dans l'industrie automobile de la région parisienne. Afin de contrôler au mieux le coût de la vie, la firme a étendu ses chaînes de magasins « Ravi ». Mais, en dernier recours, il a fallu choisir d'autres implantations : c'est la création des usines de Mulhouse et de Vesoul, sur des marchés de main-d'œuvre plus favorables.

Heurs et malheurs belfortains

Belfort comme son industrie doivent leur développement à la frontière de 1871. Emancipée de la tutelle mulhousienne, elle a bénéficié, aussi bien dans la ville même que dans les petites vallées remontant vers les Vosges, des replis des industries mulhousiennes fuyant les salaires trop élevés, les règlements de travail plus stricts, les premières charges sociales de l'Alsace bismarckienne. DMC installe sa filterie à Belfort en 1879, tandis que l'« Alsacienne de construction mécaniques » — l'Alsthom actuelle — s'implante la même année.

Le textile, seul pourvoyeur d'emplois féminins n'est plus guère représenté ; DMC a réintégré Mulhouse en 1959 et les vallées vosgiennes sont très éprouvées; un peu de filature et de tissage subsiste dans le secteur de Lepuix-Giromagny. L'industrie belfortaine est avant tout métallurgique (gros appareillage électrique, Cie des machines Bull), dominée par Alsthom, qui a compté 8 000 salariés et qui écrase de sa dimension une ville trop petite; comme Peugeot, Alsthom doit recruter une partie de son personnel, uniquement masculin, au dehors, avec tout un système de lignes routières de ramassage.

Le foyer mulhousien

Une modeste fabrique d'indiennes, commanditée par le capital bâlois, tels sont les débuts, au milieu du XVIIIe siècle, d'une industrie textile mulhousienne dont les vieilles familles de la Mulhouse protestante, les Dolfuss, les Mieg, les Koechlin, vont multiplier les filatures, les tissages dans les vallées vosgiennes et à Mulhouse. Ce sont des industries modernes, qui emploient la machine à vapeur dès 1812 et pratiquent l'intégration technique (filature, tissage, impression sur étoffes dans la même affaire). Conçu d'abord en fonction du marché français, le développement va connaître son maximum sous le régime allemand qui ouvrit à la fabrique de Mulhouse de nouveaux débouchés. A côté du textile, la fonderie conduit à la métallurgie (l'« Alsacienne ») dont la branche la plus représentative est la fabrication des machines textiles.

L'industrie mulhousienne, c'est aussi, à partir de 1912, l'exploitation du bassin potassique au nord de la ville, d'ailleurs freinée par les allemands qui disposaient déjà à Stassfurt, de ressources pléthoriques.

Cette industrie traditionnelle s'est profondément modifiée. C'est d'abord la crise du bassin potassique, où l'exploitation s'est concentrée entre les mains des Mines domaniales, puis, depuis 1967, de la holding d'état EMC. La production de la potasse est plafonnée autour de 1,8 million de tonnes de potasse pure, soit à peu près 10 % de la production mondiale, en baisse relative de moitié dans les vingt dernières années. Ce blocage de la production est lié au fait que les sels extraits sont des mélanges de chlorure de sodium (pour 60 %) et de potassium; le chlorure de sodium est inutilisé pour ne pas concurrencer les soudières privées de Lorraine ; son rejet traditionnel au Rhin devient difficile devant les protestations des usagers des eaux du fleuve. Une partie de la potasse est transformée en engrais, mais la plus grande part est livrée brute aux industriels utilisateurs ou à l'exportation, notamment par le Rhin. Cette économie de gaspillage, véritable économie de traite dans le contexte alsacien, n'a jamais révolté les citoyens de Mulhouse, car les conditions de travail dans les mines sont si dures que les alsaciens ne se sont jamais pressés à l'embauche; les 12 000 salariés qu'utilisaient autrefois les mines sont venus d'ailleurs, souvent de l'étranger (polonais, italiens, algériens) de sorte qu'il a fallu les installer dans d'interminables cités-jardins qui font presque la jonction entre Mulhouse et les Vosges (Wittenheim, Staffelfelden, Wittelsheim, etc.). Il y a là tout un paysage minier, avec ses sièges d'extraction, ses terrils, ses stockages de sel et de potasse, dont les alsaciens craignent qu'ils ne contaminent les sols et les nappes phréatiques. La rapide récession des effectifs (7 500 avant la crise), la concentration des sièges aboutissent à la même dégradation du patrimoine foncier que dans les bassins houillers.

Mulhouse a été beaucoup plus sensible au recul de son industrie textile. Rien que depuis la Seconde Guerre mondiale, 20 000 emplois ont disparu dans le textile mulhousien, dont 11 000 de 1954 à 1962. Ce repli s'apprécie bien à travers la firme DMC : 21 000 emplois en 1921, 9 000 en 1960, moins de 3 000 aujourd'hui. Le groupe, s'il a gardé son nom, a fusionné avec les firmes cotonnières lilloises et abdiqué son autonomie entre leurs mains — papistes de surcroît... —, transféré son siège social à Paris ; la principale usine subsistante, regroupée dans la branche Texunion, n'emploie pas 1 500 personnes à Pfastatt. L'impression sur étoffes, les apprêts, résistent un peu mieux dans ce qui reste du groupe Schaeffer (à Pflastatt) ; à Mulhouse même, le travail du coton, la chemiserie de luxe, la confection animent encore quelques firmes ; une autre grosse affaire persiste à Cernay (voir figure 24).

Cette crise du textile a failli être fatale à Mulhouse ; elle explique la longue stagnation des effectifs urbains entre les deux guerres. Mais depuis 1960, Mulhouse a retrouvé l'espoir avec le développement de la métallurgie. Pourtant, l'évolution de l' « Alsacienne de constructions mécaniques » a été assez défavorable ; cette affaire de fonderie et de chaudronnerie, qui a compté plus de 5 000 ouvriers, a cessé d'être essentielle. Mais d'autres industries ont pris le relais : fabrication de machines-outils (groupe Elliott-Automation-Manurhin), de machines textiles, d'appareillage électrique (surtout Clemessy). Si la chaudronnerie Rhénameca a échoué dans les nouvelles zones industrielles rhénanes, on assiste en revanche au brutal développement de l'industrie automobile : usine de pièces détachées Citroën, et, principalement, la nouvelle usine Peugeot de l'Ile Napoléon, devenue en quelques années la plus grosse usine de Mulhouse, atteignant les 6 000 ouvriers dès 1970 et se heurtant dès lors aux mêmes problèmes qu'à Sochaux (ramassage de la main-d'œuvre par une vingtaine de lignes de cars couvrant tout le Sundgau, poussant dans les vallées vosgiennes à plus de 50 km de Mulhouse) ; or, le cap des 10 000 salariés est maintenant franchi.

Il ne faut pas oublier le développement d'industries nées de la frontière, à capitaux souvent bâlois, et de quelques industries à vocation rhénane, comme l'usine de chimie organique Rhône-Poulenc à Chalampé. Plusieurs milliers d'emplois sont apparus à Saint-Louis (constructions électriques, produits pharmaceutiques Roche, mécanique, etc.) et à Huningue (produits chimiques ou laboratoires Geigy-Ciba et Sandoz), les firmes suisses venant utiliser en territoire français la main-d'œuvre du sud de l'Alsace.

On assiste ainsi à la naissance d'une grande zone industrielle sud-rhénane, qui déborde largement sur l'extrême-sud du pays de Bade, englobe l'agglomération bâloise et, à la limite du Sundgau, s'étire de Mulhouse à Belfort, puis à Montbéliard. Articulée largement sur le capital bâlois et le groupe Peugeot, c'est cependant une zone d'industries variées. Son essor récent permet maintenant de la comparer, sans craindre le ridicule, à d'autres grands groupes industriels rhénans.

Tentatives d'industrialisation en Alsace centrale

Les faiblesses strasbourgeoises

L'industrie strasbourgeoise n'a jamais été bien importante. Bien plus, son poids relatif diminue en face du développement du sud alsacien. Strasbourg dispose pourtant d'une main-d'œuvre abondante, avec un réseau ferroviaire dense permettant un facile trafic de banlieue ; d'autre part, le carrefour ferroviaire et routier, plus encore le port permettent l'arrivée des matières premières à des prix très compétitifs. Or, les strasbourgeois n'ont guère été tentés par l'industrie. L'image de marque voulue par le régime allemand, celle d'une capitale administrative commerciale et universitaire reste vivante. La rareté des capitaux locaux constitue un autre handicap. L'absence de climat favorable à l'industrie est soulignée par le fait que les deux raffineries de pétrole installées au nord de Strasbourg (Herrlisheim et Reichstett), avec une capacité totale de plus de 8 millions de tonnes, et bien qu'implantées en pleine prospérité pétrolière, n'ont pratiquement suscité aucune industrie dérivée.

Cependant, le bilan industriel strasbourgeois n'est pas négligeable. Beaucoup d'industries concernent des fabrications très élaborées : des machines de toute sortes, de l'outillage, du matériel électrique, l'imprimerie. La plupart des ateliers sont de dimensions moyennes, souvent de création récente. Subsistent aussi quelques industries alimentaires : les brasseries (Abbra, Kronenbourg, Pêcheur, etc.) les malteries, les produits Ancel, Olida, Ungemach, Suchard. Le port a facilité le maintien des rares industries lourdes : laminoirs, papeteries, panneaux de fibres. Les deux plus grosses affaires relèvent de la métallurgie : les Forges de Strasbourg et l'usine de montage d'automobiles du groupe GMC, qui n'a ni procuré le volume d'emploi attendu, ni entraîné les industries de sous-traitance escomptées. Le poids global de l'industrie strasbourgeoise reste modeste, mais la plupart des industries sont modernes, bien outillées, avec une prédominance nette de la fabrication de biens d'équipement assez particuliers (matériel de régulation par exemple) ; pas de grosses affaires, mais un ensemble de firmes moyennes semblant offrir un assez bon équilibre.

Les tentatives de décentralisation

Dans un pays où la dominance de la micro-exploitation agricole laissait prévoir d'importants transferts de main-d'œuvre, où l'avenir démographique paraissait assuré, où la population était peu mobile, le développement de l'emploi local a été ressenti par beaucoup de municipalités comme une priorité absolue. De fait, le taux de création d'emplois, sans être équivalent à ceux de la région du Centre ou de la Normandie, a été supérieur à la moyenne nationale. Un gros effort d'équipement en zones industrielles a été fait, avec notamment les zones portuaires rhénanes. Cependant, les investisseurs ont été peu nombreux, allemands et américains le plus souvent. Quelques villes ont d'ailleurs monopolisé le plus gros des implantations nouvelles. C'est le cas de Colmar (roulements américains Timken, pistons, Rhône-Poulenc-textiles) ou de sa zone industrielle de Neuf-Brisach (papeterie, laminage d'aluminium Rhenalu), ou encore de Haguenau (variateurs de vitesse, roulements à aiguilles, Schlumberger). Au total, les créations d'emplois n'ont guère fait que compenser les pertes enregistrées dans les industries traditionnelles. Alors que la rive allemande fourmille d'installations neuves, l'Alsace a à peine accru, de 1962 à 1975, ses effectifs ouvriers.

2. L'organisation urbaine alsacienne

Alsace et Porte de Bourgogne sont de vieille tradition urbaine. La plupart des villes sont au contact de la plaine et des collines sous-vosgiennes ou de la montagne. De Wissembourg à Belfort, les villes s'égrènent ainsi en une file très serrée. Plus rares sont les villes de la plaine, le plus souvent de gros bourgs agricoles comme Lauterbourg, Seltz, Bischwiller, Brumath, Erstein, Benfeld. Le contact entre la plaine et le Sundgau ou le Jura, trop bref, a suscité moins de bourgs encore, tels Altkirch ou Dannemarie.

Les petites villes

La multiplicité même des villes alsaciennes explique leur modestie. Beaucoup sont en effet minuscules, régnant sur un tout petit morceau de la plaine ou des coteaux. Longtemps prospères, elles ont beaucoup souffert des guerres du XVIIe siècle. Depuis, leur évolution est assez disparate ; les villes huguenotes, qui ont bénéficié d'un afflux de réfugiés, se sont plus industrialisées que les villes catholiques, engourdies dans leur rôle traditionnel ; les cités contrôlant l'accès à une grande vallée vosgienne, à fortiori un passage à travers les Vosges, ont connu les destins les plus favorables. Dans la période contemporaine, leur taux de développement est avant tout fonction de leurs aptitudes industrielles.

Il en est qui sont de très petites villes, à l'évolution peu favorable, comme à Ribeauvillé, Barr, Wissembourg, villes du contact, ou Benfeld et Erstein dans la plaine. D'autres ont dû à l'industrie une croissance un peu plus nette; ce fut le cas à Molsheim, à Niederbronn, plus récemment à Bischwiller ou même à Obernai. Mais la croissance reste généralement lente d'autant que dans la période contemporaine, les ruraux travaillant dans les villes ont conservé leur résidence rurale : l'Alsace est une des rares régions françaises où la campagne ne se dépeuple plus au profit des villes.

Au-dessus de 15 000 habitants, on a affaire à des organismes plus complexes ; presque tous contrôlent un passage vosgien et se sont plus ou moins industrialisés. Du sud au nord, c'est d'abord l'agglomération de *Thann-Cernay* (près de 30 000 habitants) aux activités industrielles variées (travail du coton, produits chimiques, machines, mécanique de précision), puis *Guebwiller* (25 000 habitants) restée davantage une ville de textile avec ses grosses filatures de coton et une très importante fabrique de machines textiles. *Sélestat* et *Saverne* sont déjà plus petites (15 000 habitants environ). Leur situation, au débouché de passages vosgiens plus faciles, est cependant meilleure, leur rôle administratif et commercial plus marqué. Sélestat usine en outre l'aluminium, fabrique des toiles, file, travaille le cuir. Saverne contrôle de son côté une petite région industrielle où se côtoient des fabrications hétérogènes, chaussures Adidas, pendules Vedette, matériel agricole, outillage, etc...

Une seule de ces petites villes atteint une dimension régionale et est une manière de petite capitale du nord, c'est *Haguenau*, une des rares villes de la plaine ; elle n'est guère plus peuplée (25 000 habitants) ; mais elle a connu une industrialisation récente qui y attire la main-d'œuvre résidant en zone rurale, et à la différence de Sélestat, trop proche de Strasbourg, elle a gardé une fonction d'organisation, par exemple scolaire et hospitalière, pour le nord de l'Alsace.

Les grandes villes et le partage de la fonction régionale

Haguenau n'a cependant qu'un rôle limité, car Strasbourg exerce sur tout le Bas-Rhin une influence prépondérante. Trois grandes aires urbaines tendent à se constituer : une zone basrhinoise que Strasbourg contrôle sans concurrence ; une petite zone centre-alsacienne autour de Colmar, partiellement dépendante des deux autres ; enfin, un vaste espace urbain et industriel sud-alsacien, englobant aujourd'hui une Porte de Bourgogne à peu près arrachée à l'influence franc-comtoise, mais où une partie des fonctions supérieures est assumée par Bâle.

Colmar, ville moyenne

Colmar est la capitale traditionnelle du sud alsacien. C'est depuis longtemps une ville moyenne, dont le centre ancien, miraculeusement conservé, atteste de la prospérité passée. Colmar a su garder la maîtrise de l'espace foncier et multiplier les services urbains, au moins sous le régime allemand. Se battant pour remplacer l'industrie textile déclinante, Colmar a développé de nombreuses industries nouvelles et se trouve, de ce fait, nettement plus ouvrière que Strasbourg.

Préfecture du Haut-Rhin, bien dotée en commerces ou en établissements scolaires, pourvue d'un équipement hospitalier de premier ordre, elle juxtapose à la ville ancienne une ville allemande de grande qualité et de très nombreux quartiers récents, plus inégaux, qui témoignent de la rapide croissance de la ville. Colmar est l'agglomération alsacienne dont la croissance a été la plus forte (+ 13 % de 1962 à 1968, + 10 % de 1968 à 1975), sans atteindre cependant la moyenne française.

La fonction régionale reste incomplète. La fermeture du tunnel ferroviaire de Sainte-Marie-aux-Mines a bloqué les relations directes avec la Lorraine, le passage par Strasbourg étant désormais obligatoire. Colmar, qui avait deux quotidiens autonomes, dépend maintenant de la presse de Mulhouse. Les anciennes industries liées à l'agriculture régionale ont à peu près disparu. La fonction universitaire est insignifiante et la présence de la Cour d'Appel, garantie de l'originalité juridique de l'Alsace, n'est guère une fonction attractive. C'est un peu ce qui explique l'insuffisance de l'emploi féminin.

Aussi, malgré ses 85 000 habitants et le contrôle exercé sur quelques vallées vosgiennes, Colmar ne domine qu'un espace régional restreint : elle est avant tout la capitale du vignoble alsacien, celle du tourisme, mais peut-être aussi celle de la pénétration allemande en Alsace (notamment par la résidence secondaire et le recrutement de la main-d'œuvre frontalière).

Vers une métropole du sud

Le tissu urbain de l'Alsace méridionale et du pays de Montbéliard est singulièrement complexe. Il résulte avant tout du développement industriel, et, sauf Bâle, ne comporte aucune grande cité ancienne : au début du XIXe siècle, Mulhouse n'avait pas 10 000 habitants, Montbéliard ou Belfort moins de 5 000. Or la seule partie française de l'agglomération regroupe aujourd'hui près de 450 000 habitants et la conurbation est au moins aussi développée en Allemagne et en Suisse : on va à brève échéance vers un ensemble millionnaire.

Cette nébuleuse urbaine est construite avant tout sur un réseau de relations : une imbrication constante des aires de recrutement de main-d'œuvre, des relations inter-industrielles de plus en plus étoffées (sous-traitance), une bonne infrastructure de transports, et des services communs comme l'aéroport de Bâle-Mulhouse. Tel village du Sundgau envoie ses hommes travailler indifféremment à Montbéliard, Belfort, Mulhouse ou Delle, ses femmes à Bâle, et dépend des mêmes villes pour ses besoins en commerces et en services ; la situation n'est guère différente à Masevaux, dans une vallée vosgienne, et, de Belfort, on va tout aussi bien travailler dans la zone industrielle de Montbéliard ou à Mulhouse. Nous avons ainsi affaire à un espace pluridominé, où les relations inter-urbaines sont intenses comme en témoigne la mise en place d'un réseau autoroutier.

L'évolution va aussi vers une fonction régionale de plus en plus dévolue à Bâle, qui détient les meilleurs équipements et les laboratoires de recherche, de même que les sièges sociaux de bien des firmes ayant essaimé dans le sud alsacien. Cette hégémonie naissante se trouve renforcée par le départ des sièges sociaux français vers Paris. Bâle est aussi un centre de relations privilégié ; son aéroport est le seul d'Alsace qui soit desservi par des lignes internationales ; surtout la place bancaire de Bâle est une des plus grosses des pays rhénans et son rôle s'accroît. Bâle tend à monopoliser les services supérieurs, la recherche de pointe, concédant au sud de l'Alsace le soin de fabriquer, avec des niveaux de salaires très inférieurs. Ainsi se crée une sorte de *Regio Basiliensis,* mordant sur l'Allemagne méridionale et la Franche-Comté orientale. A l'intérieur, les unités urbaines françaises jouissent d'un degré d'autonomie très variable.

● *L'aire urbaine de Montbéliard* regroupe actuellement près de 140 000 habitants ; c'est la seule agglomération de tout l'Est français dont le taux de croissance ait été constamment supérieur à 2 % par an depuis les années soixante, explicable pour les deux tiers par le seul excédent des naissances. Cette agglomération composite, organisée en district urbain, est dominée par l'emploi Peugeot (2/3 des actifs de l'industrie) et par l'industrie (les 4/5 des emplois sont de type industriel et plus de 60 % des actifs du district travaillent dans l'industrie locale). Tête du district, Montbéliard n'a pourtant que 30 000 habitants et la croissance affecte plus les anciens villages de la périphérie envahis par les « collectifs » récents (Bethoncourt, Grand-Charmont, Etupes, etc.) que les localités industrielles où la place manque.

L'ensemble reste anarchique, sous-équipé en services et commerces spécialisés, l'hégémonie de Peugeot qui dispose de ses propres services ne favorisant pas les implantations. La circulation est souvent malaisée. La structure de l'emploi fait que les revenus familiaux sont généralement constitués d'un seul salaire (moins de 25 % des femmes ont un emploi) alors que la dimension des familles est nettement supérieure à la moyenne, ce qui justifie une certaine atonie de la consommation. Enfin, l'existence d'un centre très développé de formation permanente ne supplée pas à l'absence d'équipements universitaires.

Les relations avec Paris sont médiocres et l'agglomération est actuellement partagée entre l'attraction de Besançon, la métropole de droit, et Bâle-Mulhouse, la métropole de fait ; les réalisations autoroutières devraient plutôt renforcer l'influence sud-alsacienne.

● *Belfort* n'a que 75 000 habitants, une croissance faible, un solde migratoire négatif qui trahit la faible capacité d'attraction. Les hésitations et les aléas de l'industrie expliquent cette stagnation ; les mauvaises conditions du site, les servitudes et les emprises militaires, stérilisant de nombreux terrains, ajoutent aux difficultés. Belfort a à la fois profité et pâti de la frontière ; profité parce qu'elle est devenue, après 1871, une grande ville de garnison, le chef-lieu de ce qui nous restait du Haut-Rhin et parce qu'elle a bénéficié des replis industriels mulhousiens ; souffert, parce que la fonction militaire a longtemps stérilisé les initiatives de développement. Mieux desservie par le rail et la route que Montbéliard, mieux équipée en services, avec une école d'ingénieurs et un IUT scientifique, Belfort a plus d'emplois du secteur tertiaire que du secteur industriel. Cependant, l'emploi féminin n'est guère plus développé qu'à Montbéliard. L'autoroute, qui rapproche les deux villes, va probablement favoriser la constitution d'une seule agglomération.

● *L'agglomération de Mulhouse,* développée sur un immense espace, regroupe plus de 220 000 habitants sur une vingtaine de communes ; mais contrairement à Montbéliard, la commune-mère compte encore plus de la moitié de la population ; l'ensemble s'accroît à un rythme très modeste, de l'ordre de 1 % par an, un peu plus vite que Strasbourg. Minuscule au début du XIXe siècle, elle procède uniquement de l'industrie et elle a peu souffert de la frontière entre 1871 et 1914. Ni le régime allemand, ni le régime français ne lui ont valu la moindre fonction administrative ; elle reste une simple sous-préfecture (créée en 1857...).

Le développement industriel est donc essentiel ; on en a vu plus haut les vicissitudes ; les firmes locales sont peu à peu relayées par des firmes à direction parisienne ou étrangère. Le rôle du patriciat calviniste mulhousien, l'un des milieux d'affaires les plus fermés de France, dont la fortune s'étale dans le somptueux quartier du Rebberg, au sud de la gare, se réduit peu à peu à un rôle technique, à celui d'une pépinière de cadres, de moins en moins dirigés vers l'industrie. La manufacture conserve cependant une place de premier rang, notamment par ses emprises autour du centre ancien et par les innombrables et monotones cités ouvrières ; mais les installations industrielles les plus puissantes sont rejetées à l'est, sous le vent de la ville, sur les cailloutis de la Hardt, ou, plus loin encore, dans la zone rhénane d'Ottmarsheim.

Mulhouse ne joue pas seulement la carte industrielle. Elle veut être le noyau français de commandement dans le complexe régional bâlois. Or, sa fonction de carrefour est médiocre ; le trafic portuaire reste faible, l'étoile ferroviaire n'a qu'un rôle secondaire modeste et la suppression du dépôt SNCF de l'Ile Napoléon a porté un coup sévère à la puissance de la gare, dont le trafic est pourtant voisin de celle de Strasbourg. La fonction régionale ne peut s'appuyer sur le négoce ou la banque, la toute puissance bâloise ne le permettant guère. A défaut, Mulhouse a consenti de gros efforts scolaires ; l'Université du Haut-Rhin, créée en 1977, rassemble des établissements hétéroclites et peu fréquentés et n'a pas la dimension qui lui permettrait de résister à la concurrence de Strasbourg ou de Bâle. Dans le domaine de la presse, l'« Alsace », journal de Mulhouse, est le grand bénéficiaire de la disparition des journaux de Colmar ; elle distribue 130 000 exemplaires, à peu près exclusivement dans le Haut-Rhin, car dès Belfort, le nancéien *Est Républicain* l'emporte, rappelant l'ancienne coupure de la frontière.

Sans suivre les esprits chagrins qui voient dans Mulhouse un futur faubourg industriel de Bâle, force est bien de constater que les instruments de domination régionale ne sont pas réunis. Pourtant, la ville a consenti de très gros efforts d'aménagement. A l'origine, elle était installée dans un étroit Ried de l'Ill, coincé entre le cône de la Doller au nord, les cailloutis rhénans de la Hardt à l'est, les collines du Sundgau au sud ; ces dernières, bien cultivées, protégées par le double obstacle du canal et de la voie ferrée, ont rejeté l'essentiel de l'expansion urbaine vers le nord. Tout le centre de Mulhouse a été restructuré, avec des créations sans doute discutables, comme la fameuse Tour de l'Europe, mais avec un sens certain des nécessités de la circulation moderne et un goût indiscutable de la grandeur : le nouveau centre de Mulhouse ne manque pas d'allure et ne messiérait pas à une véritable métropole. La même largeur de vues marque la réalisation des quartiers universitaires et résidentiels de l'ouest, comme la conception des zones industrielles nouvelles sur les cailloutis de la Hardt. « Affaire à suivre » diront les aménageurs du territoire.

● *La banlieue française de Bâle* constitue le dernier terme urbain du sud : Huningue, Village-Neuf, Saint-Louis sont des faubourgs industriels et populaires de Bâle. Peu de frontières sont aussi perméables, avec leur incessant trafic de voitures et de piétons ; mais peu sont aussi nettes, la Suisse finissant par un véritable rideau de constructions de belle allure, contrastant avec le laisser-aller, voire l'anarchie du tissu urbain français mêlant usines et locaux d'habitation de médiocre standing. Cette banlieue représente une étonnante contradiction : alors que les Alsaciens traversent par milliers la frontière pour bénéficier des salaires suisses (plus de 50 % des actifs de Huningue), les industriels suisses créent des emplois du côté français pour avoir des charges salariales plus faibles : difficile équilibre, lié à de précaires conditions de change, au niveau des salaires ou des charges sociales et fiscales de part et d'autre de la frontière.

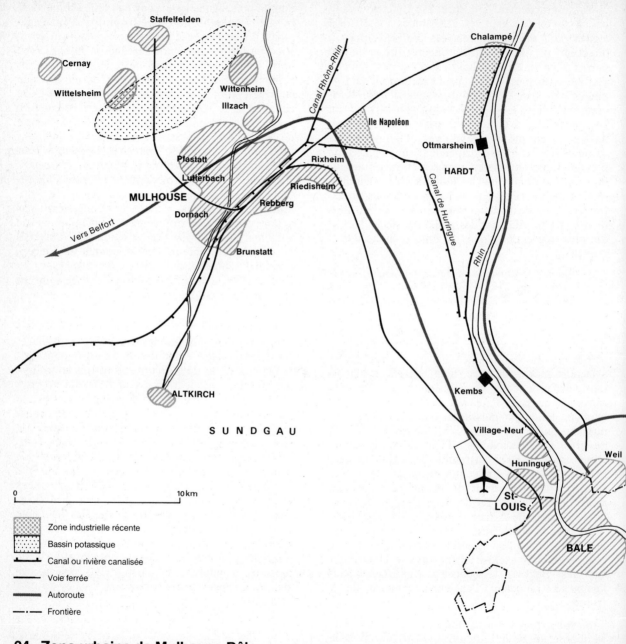

24. Zone urbaine de Mulhouse-Bâle

Strasbourg, métropole régionale

Avec une population de 355 000 habitants dans les limites de la Communauté Urbaine (400 000 environ avec les faubourgs allemands de rive droite) l'agglomération strasbourgeoise reste la plus grosse unité urbaine strictement alsacienne. Mais son rythme de croissance est très lent, l'un des plus faibles enregistrés en France ; le seul excédent des naissances suffirait à l'assurer. On peut l'expliquer pour une part par la préférence donnée par nombre d'alsaciens à une résidence rurale, mais il faut bien admettre, pour une autre part, une sorte de blocage du développement.

La situation strasbourgeoise est favorable ; à l'ouest, on traverse facilement les Vosges par la trouée de Phalsbourg-Saverne ou par la vallée de la Bruche ; à l'est, sur la rive droite du Rhin, l'accès à la Forêt Noire est aisé par la vallée de la Kinzig et on peut facilement gagner le Kraichgau, entre Forêt-Noire et Odenwald. Les marais qui accompagnent la basse vallée de la Kinzig ne peuvent être commodément franchis qu'au niveau de Seltz au nord, de Strasbourg au sud ; or, là, le Ried de l'Ill se réduit à une bande très étroite et les terrasses de lœss arrivent presque en bordure du Rhin.

Le site est une île non submersible entre deux bras de l'Ill ; site incommode et très exigu que la ville dut déborder très vite, soit en risquant les inondations du Ried, soit en se développant sur les terrasses rhénanes. La pierre à bâtir est absente (Vauban, pour édifier la forteresse, fera, en 1682, construire un canal pour amener la pierre) ce qui justifie l'importance de la brique dans la construction. La vieille ville développée autour de la cathédrale, est aisément identifiable avec ses toits de tuiles à forte pente, ses densités très élevées.

La croissance a été discontinue. La Réforme, paradoxalement active dans cette ville du prince-évêque, a amené une première période de prospérité ; le rattachement à la France, sous un statut équivoque, fait de Strasbourg une ville-frontière condamnée à végéter : en 1870, la ville ne dépasse pas 70 000 habitants ; sillonnée de canaux, corsetée dans ses remparts, c'est une cité insalubre, sans industrie, où la mortalité est effroyable. La guerre de 1870, en détruisant les médiocres faubourgs de l'ouest, a incité les Allemands à remodeler tout le quartier en y installant la gare centrale et de vastes emprises ferroviaires qui vont bloquer la croissance de la ville vers la plaine, la rejetant sur les terrasses. Il a donc fallu bâtir entre l'Ill et le Rhin, au prix de très gros travaux d'assainissement, dans des marais communaux : c'est la ville allemande, monumentale, un peu froide, mais souvent belle avec son Orangerie et ses grands édifices coiffés d'ardoises. La période allemande est pour Strasbourg un âge d'or qui ne sera jamais retrouvé, celle où elle a été une métropole à la fois régionale et rhénane ; aussi a-t-elle 225 000 habitants en 1911, chiffre qu'elle n'atteindra à nouveau qu'après la seconde guerre mondiale.

Le rétablissement de la frontière rhénane est pour Strasbourg le début d'une récession qu'aggrave le conflit latent entre la France et l'Allemagne ; le tissu urbain a pourtant continué à s'étoffer : le quartier allemand progresse vers l'est et le nord-est (Robertsau) alors qu'apparaissent quelques banlieues résidentielles (Neuhof au sud, Montagne-Verte).

L'après-deuxième guerre mondiale, en assurant la perméabilité de la frontière, en favorisant les initiatives, a vu une reprise modérée de l'expansion. On le voit à travers les flux du port autonome, au développement de l'industrie, à l'aménagement des quartiers des bords du Rhin, à l'essor considérable pris par les banlieues anciennes, au nord (Schiltigheim, Bischheim) au sud-ouest (Lingolsheim) et surtout au sud où l'existence de réserves foncières permet le développement de grands ensembles (Meinau, Neudorf, Illkirch). L'expansion n'est cependant pas suffisante pour menacer l'hégémonie de Strasbourg au sein de la Communauté Urbaine.

Les fonctions strasbourgeoises sont complexes. L'industrie, nous l'avons vu, joue un rôle limité (moins de 40 % des emplois dès 1968). Le rôle de capitale régionale est difficile à développer

25. Strasbourg

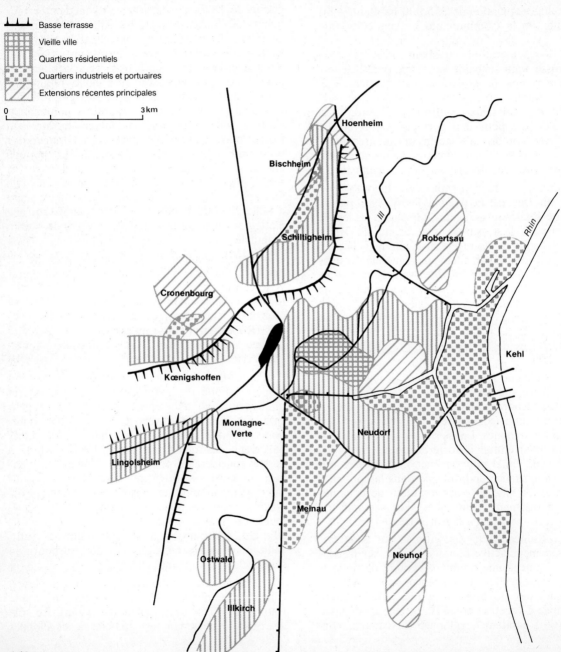

dans une ville-frontière et on ne peut guère songer à retrouver la logique de l'organisation régionale allemande, malgré les nombreux atouts strasbourgeois. On peut retenir :

— Le rôle majeur du commerce, notamment de gros, matérialisé par la présence du port, par l'étoile ferroviaire, avec un des plus gros dépôts SNCF ; la fonction de transit est la plus importante, encore que l'aménagement du Rhin lui ait coûté la perte du transit franco-suisse. Ce commerce a à son service un minimum d'organisation bancaire (Crédit Industriel d'Alsace-Lorraine, Alsacienne de Banque).

— Un rôle de direction intellectuelle. C'est déjà une métropole religieuse, autant catholique que réformée (et même israélite), appuyée sur ses deux facultés de théologie. C'est surtout un grand centre universitaire. L'Université y est bien un peu artificielle, soutenue par les Allemands qui y voyaient un facteur de germanisation, puis par les Français pour un but opposé, ce qui attirait souvent plus les étudiants étrangers à la province que les Alsaciens. Mais cela a entraîné de très gros efforts d'équipement : les Allemands en créant, puis en développant l'une des plus riches bibliothèques du monde, les Français par la multiplication des laboratoires de recherche. Cette armature, pratiquement unique dans la province française, a suscité un fort afflux d'étudiants (plus de 22 000 aujourd'hui dans les trois universités strasbourgeoises).

— Le faible rôle de la presse ; son organe le plus répandu, les *Dernières Nouvelles,* est loin d'avoir l'audience du *Républicain lorrain* qui vient rivaliser avec lui jusqu'en Alsace du nord ; l'aire de diffusion des quotidiens de Strasbourg se limite à la Basse-Alsace et ils sont concurrencés, à Strasbourg même, par la lecture de la presse parisienne ou allemande.

Ainsi, d'un côté, Strasbourg a un rayonnement régional indéniable, par son Université et la puissance de son commerce et de ses services ; bien plus, elle manifeste des prétentions internationales, à la fois parce qu'elle est le siège de quelques institutions européennes, parce qu'elle essaie d'assumer sa double filiation germanique et française et parce que l'ouverture de la frontière lui permet, quand le change est favorable, de jouer un certain rôle dans le pays de Bade, enfin parce qu'elle est avec sa cathédrale, ses vieux quartiers, sa noble beauté urbaine, l'un des hauts lieux du tourisme européen. Cela lui vaut de compter 25 % de fonctionnaires parmi ses actifs, un record, et d'être la capitale régionale en titre. Ce courant régional se retrouve au niveau des équipements — la direction SNCF de Strasbourg couvre toute l'Alsace et le pays de Montbéliard — et au niveau du secteur privé : quelle est la firme, française ou étrangère, qui n'a pas d'échelon régional à Strasbourg ?

Mais d'un autre côté, on sent qu'il y a quelque chose de surfait : les institutions européennes sont si fantomatiques qu'aucune banque étrangère, pas même allemande, n'a ouvert de succursale à Strasbourg. Le rayonnement commercial ne dépasse guère Sélestat au sud, et ne franchit pas les Vosges, sauf à l'extrême nord-est de la Moselle. A l'échelle rhénane, l'ambiguïté est pire encore : entre les places financières de Francfort et de Bâle, Strasbourg n'a jamais pu se doter d'un rayon propre, ni n'a su trouver un développement comparable à celui de Mannheim. La faiblesse du trafic de son aéroport (le cinquième environ du trafic de Bâle-Mulhouse) est un autre indice du caractère local de l'influence strasbourgeoise. Grande ville certes, capitale intellectuelle assurément, centre artistique mondialement connu, mais métropole alsacienne seulement pour l'Alsace du nord et métropole rhénane en aucune façon.

3 Le contrôle des espaces régionaux : les incertitudes franc-comtoises et bourguignonnes

Franche-Comté et Bourgogne constituent des cadres beaucoup plus imprécis que l'Alsace ; la Franche-Comté est surtout jurassienne, pourtant la capitale en fut longtemps Dole et non Besançon ; la Bourgogne, par ses plateaux, appartient autant au Massif Central et au Bassin Parisien qu'au Sillon Rhodanien. Ces cadres historiques coïncident mal avec les réalités économiques. En Bourgogne, la majeure partie de l'Yonne se tourne vers Paris ; la plus grande partie de la Saône-et-Loire ne fait plus qu'artificiellement partie de la zone de commandement dijonnais. De même en Franche-Comté, Montbéliard et Belfort regardent de plus en plus vers l'Est, ce qui est ici un retour sur l'histoire. De la sorte, l'espace vraiment soumis à Dijon et Besançon ne compte pas, au total, plus d'un million et demi d'habitants.

Hormis la côte bourguignonne et ses prolongements, il s'agit de régions faiblement peuplées, essentiellement rurales, où l'industrie ancienne n'a joué un grand rôle que sur les plateaux de la Haute-Saône. D'autre part, le carrefour bourguignon se définit assez mal ; la voie nord-sud n'est pas simple ; il y a en fait plusieurs routes traditionnelles, celle qui longe le Jura et celle qui suit la retombée des plateaux bourguignons, toujours nettement distincte de l'axe fluvial de la Saône. Un axe plus récent s'y ajoute, correspondant en gros à la vallée du Doubs, de Besançon à Dole et Chalon. Les routes qui traversent le Sillon Rhodanien sont le plus souvent peu actives (route de Dijon à Dole qui ne conduit guère qu'à Besançon). La route du Nord, de Paris à Vesoul et Belfort est peu fréquentée, et les transversales méridionales de Tournus et de Mâcon à Bourg ne sont plus bourguignonnes. Le carrefour est donc avant tout la jonction de l'axe nord-sud avec la route venue de Paris ; Dijon n'en a conservé que le carrefour ferroviaire ; il y a longtemps que la jonction routière se fait entre Beaune et Chalon.

1. La léthargie des plaines

Bresse et Pays de la Haute-Saône sont bien peu actifs. La première reste anormalement peuplée pour un pays purement rural. Les plateaux de la Haute-Saône, si vides aujourd'hui, ont possédé une très vieille industrie métallurgique, similaire dans ses origines à celle du comté de Montbéliard, mais plus émiettée dans ses structures, encore plus dispersée et davantage orientée vers des fabrications finies. On a produit là une bonne partie des vieux fourneaux de fonte des campagnes françaises, de la chaudronnerie, des clous, des vis, etc. Le souvenir en survit dans l'existence, pour ce département si modeste, de deux chambres de commerce, l'une à Lure, l'autre à Gray. Souvenir, car contrairement au pays de Montbéliard, la

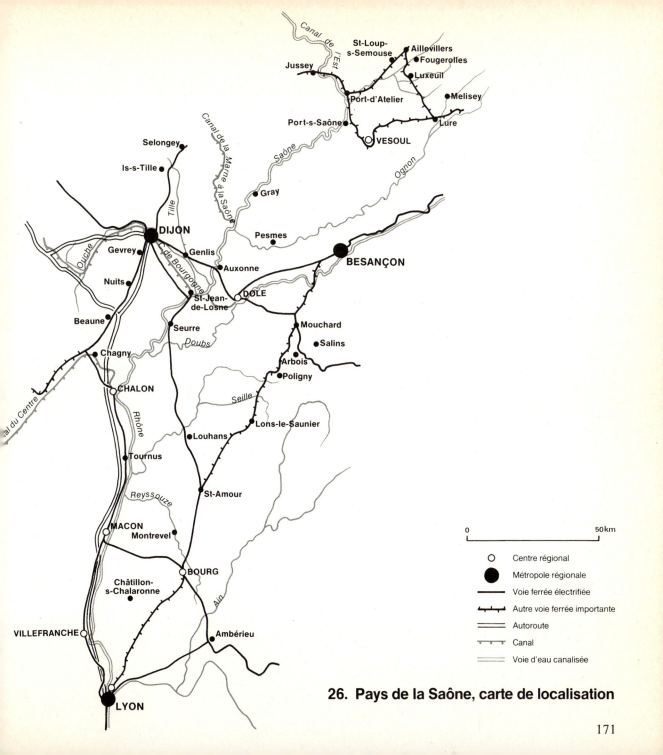

26. Pays de la Saône, carte de localisation

Haute-Saône a perdu la majeure partie de ses industries, justifiant ainsi son intense dépeuplement ; ainsi, la fabrication des appareils de chauffage n'est plus guère représentée que par FAR à Gray. Ce sont les petites villes du contact vosgien qui ont gardé le plus d'industries et un peu plus diversifiés : à Melisey (visserie, boulonnerie), Fougerolles, Saint-Loup-sur-Semouse (travail du meuble) et surtout à Lure et à Luxeuil. Quelques établissements isolés se sont maintenus, parfois importants comme les fermetures Mischler implantées entre Gray et Vesoul (Fretigney, Noidans). Il subsiste encore quelques dizaines de minuscules forges ou fonderies, notamment à Luxeuil, Port-sur-Saône, Pesmes ; le recul est très fort dans le textile alors que la petite métallurgie s'émiette en fabrications très diverses (taillanderie, estampage, décolletage, visserie, etc.), parfois plus complexes : appareils de pesage, sous-traitance de pièces ou de machines pour Peugeot. Ces implantations en milieu rural expliquent la permanence de multiples bourgs, presque tous en décadence, la fréquence des déplacements de travail, et, sans doute, l'orientation moins conservatrice du corps électoral.

Toutes ces plaines de Saône sont finalement peu animées ; on y trouve des bourgs-marchés, parfois épaulés par l'industrie ancienne (Pesmes en Haute-Saône) ou moderne (Châtillon - sur - Chalaronne dans les Dombes), ou de petites villes, parfois purement commerciales comme Louhans, capitale de la Bresse agricole, parfois industrialisées comme Saint-Jean-de-Losne, Auxonne ou Genlis en Bourgogne. Rares sont celles qui dépassent 10 000 habitants, comme Lure ou Luxeuil, bénéficiaires d'importantes garnisons, ou Gray, petite capitale des pays entre Saône et Ognon, durement touchée par la disparition de son étoile ferroviaire, mais renaissant grâce à une foule de petites industries, tandis qu'Ambérieu doit sa relative prospérité à ses installations militaires et au maintien de son rôle ferroviaire, malgré la disparition du dépôt.

Trois villes, dans ces plaines, manifestent un peu plus de dynamisme, Vesoul, Dole et Bourg. *Vesoul*, la plus petite, est une modeste préfecture de 25 000 habitants qui s'éveille à l'industrie grâce à Peugeot qui y a installé des fabrications et son stockage de pièces détachées et y a créé près de 3 000 emplois. Ancienne capitale franc-comtoise, *Dôle* ne dispose plus du poids de la fonction administrative ; elle doit ses 30 000 habitants (40 000 si on ajoute les habitants urbains liés à l'usine Solvay de Tavaux) aux seules activités privées. C'est un gros centre de commerce, appuyé sur un nœud routier et ferroviaire important ; c'est surtout un centre industriel, avec en tête la grande soudière de Tavaux, passée à des fabrications de chimie organique grâce aux pipes lui amenant le gaz de Lacq et les dérivés du pétrole depuis Feyzin ; elle est la plus grosse usine des plaines de Saône, avec 3 500 ouvriers. Dole compte d'autres ateliers importants (2 usines de composants électroniques, un atelier Ideal-Standard à l'avenir incertain, une grosse fromagerie Bel).

Bourg-en-Bresse, associe, elle, la fonction préfectorale au commerce et à l'industrie, ce qui lui vaut de dépasser les 50 000 habitants. Le nœud routier est important, avec tout le transit vers la Haute-Savoie et Genève, par la cluse de Nantua ; par la gare passe le trafic ferroviaire vers la Savoie et le Piémont. Le commerce y fut suffisant pour que se développe la Banque régionale de l'Ain (groupe du CIC). L'industrie y est avant tout métallurgique (importante tréfilerie de câbles lourds, usine des Câbles de Lyon, usine Berliet). Au contact de la Bresse, de la Dombes et du Jura, c'est aussi une capitale agricole et l'un des hauts-lieux de la coopération agricole, notamment en matière d'aviculture, et une escale gastronomique et touristique (église de Brou).

2. Les bordures

La bordure jurassienne

La route de la bordure du Jura a eu ses heures fastes ; le contact entre agriculture bressane et élevages jurassiens, la réputation du liseré de vignobles, plus encore le sel issu des terrains triasiques ont alimenté des trafics dont ont bénéficié nombre de petites villes. La route bordière a conservé son importance, mais la voie ferrée n'a plus de trafic marchandises et les salines ont fermé leurs portes, tandis que l'accès au Jura, toujours difficile, ne suscite guère de commerce. Aussi, Salins-les-Bains, à l'écart des grandes voies de passage, Arbois, Poligny, Saint-Amour sont-elles de fort petites villes ; c'est encore Poligny la plus active, avec son Ecole nationale d'industrie laitière, ses firmes d'affinage du Comté et un petit éventail d'industries.

Aujourd'hui, c'est plutôt à *Lons-le-Saunier* que se concentrent les grosses fromageries (Bel, Roustang) dans une ville bien peu industrielle, restée constamment moins peuplée que sa rivale, Dole. Le rôle de préfecture y est essentiel, avec son cortège de services ; mais la position méridionale de la ville la place déjà plus dans la mouvance de Lyon que dans celle de Besançon.

La bordure occidentale

Elle a toujours été plus favorisée, à la fois par qualité de ses vignobles et la densité de population qui en découle, et par la présence de la Saône, voie d'eau facilement utilisable, de Chalon à Lyon. Surtout s'y succèdent les carrefours : carrefour bourguignon, vers la Lorraine et le Bassin Parisien, carrefours vers le Massif Central, notamment à Chalon, vers la Bresse et, de là, la Savoie, Genève et l'Italie, à Tournus et Mâcon. Enfin, elle dispose d'un remarquable équipement et du plus gros axe intérieur de trafic français ; de Dijon à Lyon, la Saône canalisée, la voie ferrée électrifiée, la RN 6 puis l'autoroute, favorisent la vie de relations, facilitent les implantations industrielles et les mouvements de main-d'œuvre, écoulent les flots de touristes qui ne dédaignent pas la visite des vignobles et font vivre une remarquable file d'équipements touristiques et de relais gastronomiques; nulle région en France ne vit autant d'un passage touristique que l'intensité du trafic, ainsi que la proximité de Lyon et de Dijon, alimente même au creux de la saison.

Cette extraordinaire voie de passage n'a cependant pas engendré une vie urbaine exceptionnelle. Il y a certes beaucoup de petites villes, carrefours routiers comme *Tournus,* l'une des capitales de l'art roman bourguignon, fort industrialisée (objets en aluminium, moulage des plastiques) ou *Beaune,* installée à l'une des arrivées de la route de Paris sur le Sillon, grande capitale des vins (les cinq plus gros négociants, Patriarche en tête, y emploient plus de 800 personnes) ; dans une situation analogue à celle de Dijon, Beaune a été éclipsée par sa rivale et n'a pas 20 000 habitants ; assez peu industrialisée (fabrique de tracteurs-enjambeurs pour le vignoble, bijouterie, composants électroniques), elle essaie d'affirmer son autonomie en conservant sa propre chambre de commerce et en essayant, sans grand succès faute d'un équipement hôtelier suffisant, de concurrencer Dijon dans le domaine touristique (foires aux vins, célèbres ventes des Hospices de Beaune). Gevrey, Nuits, Beaujeu sont aussi des villes du vin. Quelques cités sont nées de la fonction ferroviaire, Is-sur-Tille et surtout Chagny, au débouché de la vallée de la Dheune. Il arrive enfin qu'un bourg soit revigoré par l'industrie, comme Selongey avec la fameuse Société d'Emboutissage de Bourgogne (SEB).

Deux villes seulement accèdent à une certaine fonction régionale : Mâcon et Chalon, toutes deux villes de Saône, centres routiers et ferroviaires, mais très inégalement importantes. *Mâcon* n'arrive pas aux 50 000 habitants, malgré sa préfecture ; c'est d'ailleurs un des rares chefs-lieux de département à n'avoir pas réussi à regrouper toutes les administrations départementales (Sécurité Sociale par exemple), ce qui témoigne d'une certaine inertie. C'est encore une capitale des vins, avec quelques gros négociants ; c'est aussi un centre touristique avec un très fort potentiel hôtelier (on y trouvait simultanément Frantel, Novotel et Jacques Borel...). Le commerce de gros y est florissant (grossiste en épicerie Labruyère-Eberlé). Mais l'industrie est peu développée (matériel électrique

173

Delle-Alsthom, câblerie, etc.).

Chalon, bien placée pour la pénétration dans les vallées de la Dheune et de la Grosne, n'est pourtant pas une ville commerçante, comme en témoigne le faible étoffement des quartiers du centre, assez bien rénovés ; ce n'est pas non plus une grande place des vins et jusqu'au milieu du XIXe siècle, elle est moins peuplée que Mâcon. Mais aujourd'hui, avec ses faubourgs bressans, elle approche les 100 000 habitants, avec un rythme de croissance bien plus élevé que celui de Mâcon (près de 3 % par an entre 1968 et 1975). Chalon le doit d'abord à une fonction régionale beaucoup plus étoffée que celle de Mâcon, comme en témoignent l'existence d'un quotidien (*Courrier de Saône-et-Loire*) et le siège de la Société de Banque de Bourgogne. Surtout Chalon est devenue une grande ville industrielle, partie par glissement des industries lourdes du Creusot, partie par des implantations récentes favorisées par le carrefour routier, le port, l'équipement de zones industrielles, l'existence d'un centre de transit routier bien conçu. Malheureusement, la plupart des activités industrielles se limitent à des unités de fabrication, ce qui explique pour une part le faible taux d'emploi féminin. L'industrie lourde est dominée par les installations du groupe Creusot-Loire (Framatome) et le complexe verrier Saint-Gobain (bouteillerie et vitres). Mais le panorama industriel est assez varié : ateliers de Pont-à-Mousson, lampes électriques Philips, matériel électrique Delle-Alsthom, développements photographiques Kodak, appareillage électrique, etc.

3. Le commandement régional

Deux capitales régionales sur un aussi petit espace, c'est assurément trop. Pourtant, Besançon et Dijon ont connu toutes deux un essor extraordinaire depuis la Seconde Guerre mondiale, avec des taux d'accroissement annuel très élevés. Ce mouvement s'est maintenant bien ralenti (moins de 1 % d'accroissement annuel à Besançon entre 1968 et 1975, moins de 1,5 % à Dijon). Les deux villes ont tous les attributs de la fonction régionale ; elles possèdent également des universités complètes (10 500 étudiants à Besançon, 13 000 environ à Dijon). Mais leur poids démographique n'est pas le même : 126 000 habitants pour l'agglomération de Besançon, 224 000 pour celle de Dijon, alors que jusque vers 1880, Besançon avait été plus peuplée que Dijon.

Il est cependant difficile de parler, même pour Dijon, de véritables métropoles régionales. D'abord parce qu'une partie de leur espace régional théorique leur échappe ; Dijon a perdu le contrôle de la presque totalité de l'Yonne au profit de Paris, de la Nièvre au profit de Clermont, du sud de la Saône-et-Loire, entré dans la mouvance lyonnaise. Pour Besançon, le meilleur de son domaine, la région de Montbéliard-Belfort, passe à l'est tandis que le sud du département du Jura regarde vers Lyon. On est également frappé par l'évolution de la presse régionale ; Besançon a pratiquement perdu la sienne (le *Comtois* et les *Dépêches* étaient, il est vrai, de petits journaux) au profit de *L'Est Républicain* ; la presse dijonnaise elle-même (*Bien public* et *Dépêches*) aux tirages également modestes, est contrôlée par le même *Est Républicain* qui se diffusait déjà directement sous son titre dans une partie de la Franche-Comté ; un des instruments de l'influence régionale disparaît. Cette faiblesse se retrouve dans la très inégale implantation des agences régionales des grandes firmes, surtout rares à Besançon.

A *Besançon,* tout rappelle l'importance du site et la longue primauté militaire : un méandre encaissé, la « Boucle », dominé par un ensemble de collines que couronnent des forts, une citadelle contrôlant étroitement le resserrement du méandre. Ce site très exigu a été rapidement prolongé au-delà du pont sur le Doubs, par le faubourg commerçant de Battant, mais bloqué vers les plateaux de l'ouest par les installations ferroviaires. L'expansion récente a obligé à déborder ce cadre étriqué, ce qui n'a pu se faire qu'au-delà des voies ferrées, sur les plateaux de l'ouest et du nord. Il y a ainsi deux villes bien distinctes : le vieux Besançon (la Boucle et Battant), assumant la fonction de cité, le rôle militaire et universitaire, et un nouveau Besançon, très vaste, essentiellement résidentiel (ZUP de Planoise au nord) et industriel, souvent très éloigné du centre dont il est fâcheusement séparé par la grande rocade routière extérieure qui permet au trafic de transit d'éviter la vieille ville. Un gros effort de gestion a été entrepris pour désencombrer le centre et lui rendre sa fonction traditionnelle, pour le doter d'équipements, notamment culturels, et créer un réseau de transports urbains satisfaisant.

Besançon est avant tout une ville ouvrière (les ouvriers représentent 45 % des actifs) et artisanale. Malgré les vicissitudes de nombre de ses maisons, comme Lip, elle reste la capitale française de l'horlogerie, soit avec des entreprises de fabrication (Timex, Kelton, etc.), soit par le regroupement des pièces issues des industries jurassiennes et le montage des montres, soit enfin dans son rôle de formation de la main-d'œuvre ou des cadres dans tous les domaines de la micromécanique. Les difficultés qu'éprouve par exemple l'Institut de micro-mécanique à placer ses élèves souligne les limites actuelles de ces industries. Pourtant, les autres affaires importantes dérivent souvent de l'horlogerie, soit en fournissant les mariaux nécessaires aux fabrications horlogères (fonderie, décolletage, etc.), soit en fabriquant des pièces de montre (ressorts, boîtiers, etc.), soit en utilisant des techniques voisines (horlogerie industrielle des compteurs Schlumberger, appareils de mesure, mécanique de précision). Quelques industries sont le fruit du hasard : Rhodiaceta, héritière de l'ancienne fabrique de soie artificielle de Chardonnet, confections Weil, maroquinerie. La situation de beaucoup d'entre elles est difficile, surtout depuis la crise de 1975 ; l'illustre l'arrêt brutal de la croissance urbaine. On est cependant surpris que Besançon, une des rares villes françaises à posséder une main-d'œuvre hautement qualifiée, n'ait comme industries récentes que des maisons employant surtout des manœuvres...

En dehors des liaisons qu'elle entretient avec l'industrie horlogère du Jura, l'industrie bisontine n'épaule guère une fonction régionale qui reste essentiellement administrative et universitaire, avec les limites géographiques que nous avons vues.

La fonction régionale de *Dijon* est plus affirmée, même si son espace géographique est des plus réduits. Dijon a tout de même conservé ses journaux, à défaut de leur indépendance ; son université exilée en grande partie sur le campus de Montmuzard pour la tranquillité des Dijonnais, a un rayonnement un peu plus important, notamment en direction de la Champagne méridionale. L'image de marque de capitale historique et gastronomique est bonne. La ville, a trouvé, dans un cadre de plaines et de plateaux, là où la vallée de l'Ouche franchit le rebord bourguignon, de bonnes facilités pour se développer et loger des installations très exigeantes en surface (gares de triage, aéroport mixte de Longvic). La croissance spatiale, très grande, est plutôt effectuée vers la plaine, malgré les obstacles représentés par les nombreuses lignes de chemins de fer et les blocages, au sud, du triage de Perrigny et de l'aéroport.

Il n'y a d'ailleurs guère de relations entre la fonction régionale et le remarquable équipement du carrefour bourguignon. Routes et voies ferrées acheminent essentiellement un trafic de transit interrégional ; Dijon contrôle ce trafic sur le plan technique (bien qu'il n'y ait pas de très gros transporteur routier) mais le carrefour est de médiocre intérêt pour l'exercice de la fonction régionale. Le gros trafic routier ne passe pas par Dijon et l'essentiel est le carrefour ferroviaire. C'est d'ailleurs seulement depuis l'apparition du rail que la population de Dijon s'est mise à croître. Relais de machines, triage, correspondances entre réseaux, le rôle de Dijon était primordial. L'électrification presque complète de l'étoile dijonnaise a réduit le rôle du dépôt ; mais celui des deux triages de Gevrey et de Perrigny s'est accru.

Et Dijon est devenue une ville industrielle. Jusque vers 1950, il n'en a rien été et les vieilles familles dijonnaises paraissent avoir davantage regardé vers la terre ou la vigne que vers l'investissement industriel ; l'absence de banque régionale n'a pas facilité les choses. Bien plus, une bonne partie des rares industries traditionnelles est passée sous contrôle parisien ou étranger, ainsi Amora, devenue une branche de la Générale Alimentaire. La fabrication traditionnelle de la moutarde, du pain d'épices, des liqueurs n'emploie plus beaucoup de monde ; seule, la firme Lanvin, bien qu'ayant perdu son indépendance, est devenue un des grands de la chocolaterie française. Et Amora triomphe dans le domaine de la moutarde et des condiments.

Pour attirer de nouvelles industries, les Dijonnais ont beaucoup fait, engagé une vaste publicité, créé de grandes zones industrielles (Chenôve et Longvic au sud, Quetigny à l'est, Epirey au nord), construit beaucoup de logements, surtout en banlieue, pour loger la main-d'œuvre. Et les industries sont venues, attirées par la facilité des relations avec Paris et un cadre assez séduisant. Dijon n'est pas devenue, comme le disent ses responsables, une capitale de l'électronique : Bourgogne-électronique (CSF) et Oréga ont surtout essaimé dans les petites villes autour de Dijon. Mais on trouve à Dijon une grosse fabrique de lampes, de l'industrie automobile, du matériel ménager (Hoover), du matériel photographique (Som-Berthiot). A côté de l'affaire pharmaceutique locale Fournier, spécialisée dans les articles de pansement ou les adhésifs, d'autres laboratoires se sont installés (Delalande, Winthrop).

Il ne faut pas non plus sous-estimer la percée de Dijon comme capitale agricole ; non que le négoce des vins y soit bien important, mais parce que Dijon a su fixer des laboratoires de l'INRA et la formation du personnel scientifique et enseignant agricole. Si on ajoute le poids de la base aérienne, on voit que le panorama des activités est assez complet et bien équilibré. Et Dijon, enfin, est fort visitée : on retrouve là l'influence du vignoble et de la gastronomie, mais aussi la qualité architecturale d'une vieille ville relativement bien conservée et riche en monuments.

4 Le contrôle des espaces régionaux : la puissance lyonnaise

1. Les éléments de la puissance

Lyon n'est pas une métropole comme les autres ; rien de commun, par exemple, avec Toulouse ou Bordeaux. Lyon n'est pas entrée dans l'histoire de la France moderne comme capitale d'une région ; elle n'a pas affirmé non plus, du moins dans le passé, un attachement aux choses de la terre. La région lyonnaise n'est qu'une entité administrative récente et le Lyonnais historique une toute petite chose, car le pouvoir lyonnais ne s'est jamais traduit par le contrôle politique d'une région. Longtemps, Lyon a été une ville-frontière, puissante par son négoce et sa place financière. Sur la rive gauche du Rhône, Villeurbanne a dépendu de Grenoble jusqu'en 1852, le Rhône marquant partout la limite du Dauphiné ; la Dombes, aux portes même de la cité, dépendait et dépend encore de Bourg. La Révolution a encore aggravé la situation de Lyon ; si la formule « Lyon n'est plus » ne s'est pas totalement concrétisée, la « Ville Affranchie » vit son rayon administratif amputé de plus des deux tiers et fut réduite à régenter le département-croupion du Rhône.

Même dans ce département, l'autorité lyonnaise n'est pas admise par tous ; sur le plan financier et industriel, Villefranche-stur-Saône a su conserver une relative autonomie. Plus près encore, Vienne la dauphinoise, dont l'archevêque fut jusqu'à la Révolution le Primat des Gaules, a résisté longtemps à la conquête lyonnaise, préféré le rattachement à la lointaine Grenoble plutôt qu'à la proche métropole ; et cette situation d'un autre âge persiste... Les vicissitudes de la presse lyonnaise expriment assez bien cette carence de l'influence directe de Lyon ; c'est une presse à diffusion lyonnaise dont les conquêtes régionales (Ain, le sud du Jura, etc.) sont récentes ou liées à l'annexion de journaux concurrents (presse de Saint-Etienne). Même en Bas-Dauphiné, ce n'est qu'au prix d'accords de clientèle avec le « Dauphiné Libéré » que le « Progrès », pratiquement seul grand survivant d'une presse abondante, a pu étendre sa diffusion.

Bref, il n'est de « région lyonnaise » que dans de très étroites limites : les Dombes, le Beaujolais et les monts du Lyonnais, le nord du versant ardéchois, le Bas-Dauphiné regardent vers Lyon, même s'ils dépendent officiellement d'une autre ville. Partout ailleurs, la vie régionale s'organise autour d'autres centres.

La véritable région lyonnaise n'est donc pas de même essence que les autres régions françaises. Elle se situe au carrefour de régions qui gardent une forte originalité et possèdent des villes-clés comme Saint-Etienne, Grenoble ou Annecy. L'influence lyonnaise est plutôt comme une influence supra-régionale, s'exerçant par des relais régionaux eux-mêmes assez puissants ; elle manifeste surtout l'ancienne puissance financière de la ville, et, aujourd'hui la très grande spécialisation de ses services. C'est une influence de niveau supérieur, de véritable capitale ; par là elle se heurte à l'hégémonie parisienne, comme localement, elle se rencontre parfois avec celle de Genève.

L'excellence de la situation

L'intérêt de la situation lyonnaise vient de la convergence au voisinage du carrefour Saône-Rhône, d'abord de toute une série de régions, ensuite d'un ensemble de voies terrestres facilement utilisables. C'est à cette conjonction de régions différentes, impliquant des échanges, et de grandes voies de passage appelant le négoce, l'entrepôt et la banque que Lyon doit sa fortune.

Lyon est d'abord une ville de ce Massif Central auquel elle est accotée ; puis par le plateau des Dombes, on gagne facilement les cluses jurassiennes ; par le Bas-Dauphiné, on accède, avec un peu plus de peine, aux cluses et aux grandes vallées alpines, Lyon étant ainsi comme Milan, mais avec un éventail de routes infiniment plus réduit, une ville du piedmont alpin. Enfin, Lyon participe aux plaines de Saône et du Rhône ; mais l'axe fluvial, difficile à utiliser quant au Rhône, n'a jamais été l'élément essentiel du carrefour. La route essentielle est en effet celle menant du Bassin Parisien aux Alpes, ensuite à la Provence, par les pays de la Loire et le Massif Central. La traversée de ce dernier se trouve facilitée par plusieurs percées : celle du Gier au sud, la plus facile mais la plus longue, celle de la Brevenne, celle de l'Azergues ; mais le vieux chemin les ignorait toutes, passait au plus court à travers la montagne, par les cols du Pin-Bouchain ou des Sauvages, entre Roanne et la vallée de la Turdine. Au-delà de Lyon, on gagnait facilement les Alpes, essentiellement par le passage des Echelles à travers les derniers chaînons jurassiens. Mais Lyon, c'est aussi le contrôle des voies menant en Bourgogne et en Franche-Comté, comme de celles conduisant au Midi méditerranéen. Or tous ces chemins convergent dans la région lyonnaise, entre Villefranche au nord et Vienne au sud.

Ce carrefour est aujourd'hui remarquablement équipé. Au vieux nœud de routes encombrées se susbtitue un carrefour autoroutier fondamental : autoroute méridienne du Sillon Rhodanien, autoroute de la vallée du Gier, programmée vers l'Auvergne et les pays de la Loire, autoroutes alpines vers Chambéry et Grenoble. On reconnaît là la trame fondamentale des relations lyonnaises ; il n'y manque que la route genevoise, celle de la concurrente et ennemie traditionnelle de Lyon et ce n'est sans doute pas tout à fait par hasard.

La ligne de Genève est aussi la plus mal desservie de l'étoile ferroviaire de Lyon. Ce carrefour, c'est d'abord la grande ligne Paris-Marseille par la rive gauche du Rhône ; c'est ensuite, par Ambérieu ou les Dombes, les lignes de Bourg et de la Franche-Comté, celles de Genève et de la Savoie. Au sud-est partent les lignes de Grenoble et de Chambéry ; à l'ouest un faisceau complexe de voies assurait les relations vers les pays de la Loire : ligne électrifiée de Saint-Etienne, ligne directe de Roanne par Tarare, ligne de l'Azergues, vers Paray-le-Monial et Moulins. C'est enfin la ligne de la rive droite du Rhône, en cours d'électrification. L'exploitation de cette étoile n'a été longtemps correcte que sur la ligne méridienne ; il a fallu les inquiétudes lyonnaises sur le rôle de la métropole et l'arrivée des turbotrains pour renforcer les autres dessertes et faire de Lyon l'un des deux ou trois plus gros centres ferroviaires français ; le trafic marchandises à destination ou en provenance des gares de Lyon dépasse 7 millions de tonnes. C'est le plus gros centre technique provincial de la SNCF, avec ses triages, ses ateliers (Oullins), ses dépôts (Vaise pour les autorails, Lyon-Mouche pour les engins électriques, Vénissieux pour les Diesel). C'est aussi celui qui nourrit le plus de projets, avec la ligne rapide sur Paris, les nécessaires électrifications des lignes de Grenoble et Chambéry, et s'interroge avec le plus d'incertitudes sur le rôle respectif des différentes gares lyonnaises.

L'équipement fluvial est encore actuellement peu utilisé ; mais les installations, port Edouard Herriot au sud et port pétrolier de Feyzin, sont prêtes à absorber des trafics plus considérables.

Enfin, Lyon a voulu à tout prix un équipement aéronautique lourd ; à l'ancien aéroport de Bron, tout proche de la ville, on a substitué celui de

Satolas, mieux équipé, mais bien plus sujet au brouillard. On peut se demander si des investissements aussi lourds étaient bien nécessaires, car le trafic reste bien inférieur à celui des aéroports de Nice ou de Marseille, et le petit nombre de lignes internationales contraste avec l'activité mieux équilibrée de l'aéroport rival de Genève.

La primauté traditionnelle du négoce

Bien que Lyon ait perdu une part appréciable de ses fonctions de décision au profit de Paris, elle n'en reste pas moins une grande place commerciale. Le négoce tira ses premières ressources du commerce italien, et ce dès le XVe siècle. Lyon était alors une ville de foires, connue pour son marché de soieries, suffisamment active pour que les Médicis y transfèrent, en 1466, leur comptoir bancaire de Genève. Les foires de Lyon souffrirent ensuite de l'éloignement progressif de la frontière, des querelles de la Réforme, surtout des guerres incessantes du XVIIe siècle. L'accumulation des capitaux née du négoce a favorisé l'essor de la banque ; les grandes affaires apparaissent au XIXe siècle : Crédit Lyonnais en 1863, plus tard transféré à Paris, Société Lyonnaise de Dépôts en 1865, intégrée aujourd'hui au groupe du CIC dont elle est un des maillons les plus importants. Pourtant, une banque locale comme « Veuve Morin-Pons » est sans doute plus significative des milieux d'affaires lyonnais et reste contrôlée en partie par les anciens capitaux de la soierie. La banque lyonnaise a connu aussi bien des échecs, liés pour une part au caractère partisan du capitalisme lyonnais, un milieu ultra-catholique et ultra-conservateur, peut-être par opposition traditionnelle au capitalisme genevois. La Bourse de Lyon ne s'est jamais vraiment remise du krach de l'Union Générale, vieux pourtant de près d'un siècle, et le volume des transactions y est ridiculement faible. Seule grande survivance de ce conservatisme clérical, la Caisse Régionale de Crédit Agricole du Sud-Est apporte une contribution non négligeable au rôle régional de Lyon, en rayonnant sur le Sillon Rhodanien et l'Est du Massif Central. Cependant, globalement, la fonction bancaire reste vivante, comme en témoigne le remarquable équipement de la place en succursales de banques d'affaires et de banques spécialisées, parisiennes ou étrangères.

Il est difficile de matérialiser par des chiffres la fonction commerciale de Lyon. On ne saurait recenser tous les commerces de gros et leur aire de rayonnement. On notera cependant le très grand nombre de transporteurs routiers lyonnais, mais en même temps le fait que, sauf peut-être pour les messageries, Lyon n'a pas de transporteur routier de dimension nationale. On peut également faire état du marché de gros, le plus important de province, installé dans la presqu'île de Perrache, et de la Foire Internationale de Lyon, fondation patriotique de circonstance (1915), très inadaptée à l'évolution des techniques de commerce et de gestion, et dont les salons font piètre figure quand on les compare, par exemple, à ceux de Francfort. On relèvera également le rôle modeste de Lyon dans le commerce succursaliste (Docks lyonnais), plus important dans les formes modernes de commerce intégré, encore que l'initiative n'ait guère été lyonnaise (Saveco, Carrefour).

Il reste que le rôle essentiel des capitaux lyonnais a été l'appui apporté au développement industriel.

Une capitale industrielle

La soierie

La plus ancienne des industries lyonnaises prend forme dans la première moitié du XVIe siècle ; mais elle ne démarre vraiment qu'à la fin du XVIIe siècle, lorsque périclite le commerce avec l'Italie, et ne trouvera sa forme moderne qu'avec le métier Jacquard au début du XIXe siècle, après les perfectionnements apportés par Montessuy et Vaucanson. Dès le départ, elle va être fondée sur une dissociation très poussée du négoce et du travail artisanal ou industriel.

D'un côté, à Lyon, le négociant qui est un simple donneur d'ordres, prépare ses collections avec, au mieux, un atelier de dessin ; il passe ensuite ses ordres de fabrication à des façonniers qui prennent le travail pour un prix de façon convenu, primitivement des artisans, aujourd'hui des industriels. Le négociant reçoit ensuite le travail exécuté et en assure la vente. Ce négociant, c'est proprement le « soyeux » lyonnais, improprement appelé parfois le « fabricant » et on parle volontiers de la « fabrique » lyonnaise, alors qu'il ne s'agit que de négoce. Cette structure de fabrique connaît quelques exceptions, des soyeux possédant parfois leurs propres usines et des façonniers recevant des commandes directes de l'extérieur.

La fabrication est restée artisanale jusque vers 1820, sauf la filature et le moulinage, plus exigeants en force motrice et plus rapidement industrialisés. Longtemps, les canuts de la Croix-Rousse assurèrent l'essentiel du tissage ; on y compta jusqu'à 14 000 métiers sur lesquels travaillaient 30 000 personnes. Après l'Empire, l'introduction du métier Jacquard obligea à rechercher une force motrice, permit d'accroître les rendements et d'employer une main-d'œuvre moins qualifiée. Il en résulta une forte baisse des prix de façon, qui se traduisit, pour les canuts, par une brusque chute de revenus entraînant les grands mouvements sociaux de Lyon en 1831.

La révolte des canuts poussa les soyeux à disséminer le façonnage dans les campagnes, sur le rebord du Massif Central et en Bas-Dauphiné, en allant au-devant de la force motrice et de la main-d'œuvre. Ces nouveaux façonniers furent rarement des Lyonnais, beaucoup sont des Ardéchois, déjà forts des techniques du moulinage ; d'autres viennent du nord, et, après 1871, de l'Alsace, notamment en Bas-Dauphiné où ils installent des tissages.

Cependant, même les gros établissements sont peu intégrés ; filature, moulinage (ou retordage), tissage, restent effectués par des industriels différents ; il en est de même de la teinture et de l'impression sur étoffes, travail le plus délicat, qui tend à se concentrer à Bourgoin. Alors que la filature et le moulinage intéressent plutôt l'Ardèche et la Drôme, le tissage a fait la fortune du Bas-Dauphiné, d'abord sous la forme de vastes ateliers employant et logeant leur main-d'œuvre féminine, plus tard se fragmentant en petites usines au cœur de la campagne.

La disparition de la sériciculture et la pénurie consécutive de soie obligèrent, entre les deux guerres, à utiliser la rayonne, textile bon marché ne pouvant supporter des prix de façon élevés, ce qui mit en péril toute l'organisation de fabrique, trop compliquée et coûteuse. Après la Seconde Guerre mondiale, on essaya de revenir à l'artisanat pour tourner les lois sociales et rogner sur les prix de façon. Surtout, le jacquard va disparaître, réservé uniquement aux tissus les plus délicats, au profit des métiers automatiques venus d'Amérique qui permettent de très grosses économies de main-d'œuvre, mais sont très chers et peuvent difficilement être acquis par les petits façonniers dont beaucoup, de ce fait, disparurent. En revanche, l'utilisation à la place de la rayonne de fibres synthétiques chères, redonna de l'élasticité aux prix de façon, tandis que les besoins de la bonneterie stimulaient filature et moulinage. On a connu après 1959 des périodes fastes, suivies de brusques récessions, le tissu-mode étant particulièrement sensible aux aléas du marché.

La prospérité a surtout profité aux usiniers qui ont su fabriquer pour leur compte propre et secouer la tutelle des soyeux, en vendant directement, par exemple aux grands magasins ; ils regroupent maintenant les 2/3 du personnel et des fabrications, installés surtout dans les vallées du Beaujolais, la vallée de l'Ardèche, la région de Voiron et le seuil de Rives. Ils ont quelque peine à trouver de la main-d'œuvre, ce qui a entraîné une ascension relativement rapide de salaires restés longtemps parmi les plus bas de France. En face, les anciennes structures de fabrique périclitent ou ne se trouvent plus que dans la production des tissus de luxe où l'intervention du négoce est indispensable, parfois aussi dans quelques spécialités comme le voile tergal autour de Tarare.

Bref, le système traditionnel n'a de chances de se maintenir que pour les productions de qualité et le règne du soyeux traditionnel est à peu près révolu. Mais on ne peut oublier que c'est la soierie lyonnaise qui a secrété à la fois le milieu patronal et le capital lyonnais. On a beaucoup décrié cette caste sociale, avec son catholicisme intransigeant, sa dureté en affaires, son sens de la solidarité entre communautés familiales très fermées, sa réputation de froideur. Il est de fait qu'il en va un peu du patronat lyonnais comme de celui de Lille... Mais ce milieu lyonnais est moins sclérosé qu'on ne le dit ; il lui arrive de prendre des initiatives audacieuses ; à l'inverse du patronat lillois, il a su sortir du textile, créer de grandes industries modernes, montrer un sens du risque qui le fait épauler même des initiatives extérieures qui pourraient être concurrentes, comme celles des grenoblois. Il lui arrive de soutenir des initiatives d'avant-garde, pourvu qu'elles émanent de la « famille », et, dans son rôle de patronat chrétien, d'appuyer des réalisations qui furent, en leur temps, novatrices, comme l'ancien « Comité commun pour l'Enfance et l'Adolescence ». On ne peut sous-estimer l'appui du monde des soyeux dans le démarrage de certains mouvements intellectuels comme les « Semaines sociales de France » ou le groupe « Economie et Humanisme ». Non plus que leur rôle dans l'Eglise catholique lyonnaise, dont ils ont peuplé les ordres religieux.

Mais si ce patronat de la soierie a su sortir de son ghetto professionnel, on constate qu'il n'a guère secrété de grands capitaines d'industries, ni de grands techniciens. Les inventeurs lyonnais — ils ont été nombreux — sortent rarement du milieu des soyeux ; la plupart des cadres supérieurs sont recrutés au dehors ou viennent d'autres catégories sociales (politique qu'on n'admet guère dans le patronat lillois). Le rôle de certaines institutions d'origine patronale, comme l'Ecole Centrale Lyonnaise ou l'Ecole Supérieure de Commerce, est à cet égard fondamental.

La grande industrie chimique moderne

Ce sont les besoins de la soierie en teintures et en apprêts, plus tard la nécessité de trouver des substituts au fil de soie, qui sont à l'origine d'une partie des grandes industries chimiques lyonnaises ; ainsi le bleu Guimet apparaît en 1831, suivi par la fuschine de Verguin ; les premières vitrioleries apparaissent dès la fin du XVIIIe siècle, puis c'est l'exploitation des pyrites de Sain-Bel et la vitriolerie de Saint-Fons, au milieu du XIXe siècle, ancêtre de l'actuelle usine Saint-Gobain ; ce sont aussi les colles et gélatines Coignet, les teintures et apprêts des Gillet (à l'origine de Progil) ; la petite usine de colorants de Prosper Monnet devenant la Société Chimique des Usines du Rhône, initiatrice de la vente de l'aspirine. On connaît moins bien les origines de la Société Chimique de Gerland, fournisseuse de matières premières fines pour l'industrie pharmaceutique et de goudrons, mais plus orientée aujourd'hui vers les revêtements et fils souples (Gerflex). Cette grande industrie chimique a connu plusieurs phases :

— celle des colorants, des acides, des matières premières pour les autres industries ; il en reste maintenant l'ensemble Saint-Gobain de Saint-Fons (Rhône-Progil) avec ses usines annexes comme celle de l'Air Liquide ;

— celle des premières synthèses organiques, aux entours de la guerre de 1914-1918, avec le développement du groupe Rhône-Poulenc ;

— celle des textiles artificiels, puis synthétiques (groupe de Vaise, usines de Vaulx-en-Velin, de Saint-Fons, du Péage-de-Roussillon — arrêtée —, toutes au sein de Rhône-Poulenc) ;

— celle enfin du raffinage pétrolier, avec l'ouverture en 1964 de la raffinerie de Feyzin, qui, disposant maintenant d'une capacité de raffinage de 9 millions de tonnes et d'un steam-cracking, fournit à la pétrochimie de grosses quantités de matières premières qu'elle expédie aux industries de la région (éthylène acheminé par pipe à Tavaux et Pont-de-Claix). La participation au capital des unités de craquage, aux côtés du groupe Elf, des sociétés Solvay, Progil, Ugine-Kuhlmann dit assez l'importance de la raffinerie pour l'industrie chimique régionale.

Cette évolution rapide a donné à la chimie lyonnaise des caractéristiques originales :
— la concentration des fabrications dans un nombre de plus en plus réduit de très grosses unités ;
— l'importance de la recherche, condition de l'évolution rapide des fabrications (centre Rhône-Poulenc des Carrières, à Saint-Fons, des textiles à Vénissieux, de Progil à Décines, etc.) ;
— la concentration entre les mains d'un petit nombre de sociétés, d'ailleurs plus ou moins dépendantes les unes des autres : Progil, Ugine-Kuhlmann, Rhône-Poulenc surtout, qui a absorbé nombre de sociétés locales, comme le groupe Maréchal - La Cellophane, de Vénissieux, fabricant de linoléum, de vernis, de plastiques, des peintures Valentine ;
— la prédominance des fabrications lourdes, plus proches des matières premières que des produits fabriqués : produits pétro-chimiques, plastiques, textiles synthétiques, etc. Sauf dans la branche pharmacie, on débouche rarement sur des produits très spécialisés, et ces dernières fabrications ont souvent échoué (produits photographiques Lumière par exemple) ;
— l'évolution très rapide des fabrications conduit à de fréquentes reconversions, parfois aussi à des crises ; on assiste notamment au déclin rapide des textiles artificiels. On abandonne également les localisations intra-urbaines (désindustrialisation du quartier de Vaise). D'une façon générale, la main-d'œuvre diminue en nombre du fait de l'automatisation croissante des fabrications ;
— corrélativement, il y a un gros effort de regroupement géographique de l'industrie chimique ; l'approvisionnement en matières premières par le complexe de Feyzin, la nécessité de transports lourds pour les très gros tonnages manipulés, les besoins en eau, la sécurité de l'environnement ont conduit à une relocalisation au sud de l'agglomération lyonnaise : Ugilor à Irigny, Ugine-Kuhlmann à Pierre-Bénite, Rhône-Poulenc, Saint-Gobain, Ciba, la raffinerie Elf à Saint-Fons et Feyzin, ou au long du cours moyen du Rhône (Progil aux Roches-de-Condrieu, complexe Rhône-Poulenc du Péage-de-Roussillon avec plus de 4 000 salariés).

L'industrie pharmaceutique

C'est la seule des industries chimiques qui ait évolué vers des fabrications fines, mais aussi une de celles où l'intégration est la plus poussée : recherche, expérimentation, fabrication s'insèrent dans un même groupe. On peut noter l'importance de la recherche : centre de recherches de Rhône-Poulenc, de l'Institut Mérieux (Marcy-l'Etoile), de Roussel-UCLAF (Neuville-sur-Saône). Cette industrie est nettement dominée par le groupe Rhône-Poulenc, orienté vers les synthèses chimiques dans ses laboratoires et usines de Saint-Fons ; le contrôle quil a pris de l'Institut Mérieux lui assure une ouverture sur la fabrication et le marché des sérums, des vaccins et surtout des produits vétérinaires.

A côté du colosse, subsistent soit des firmes lyonnaises anciennes, plus spécialisées, comme Gifra à Décines, Givaudan, plutôt axé sur la parfumerie, Lipha, soit des firmes étrangères comme Ciba, soit enfin des décentralisations de firmes parisiennes, comme Merrel-Toraude à Bourgoin.

La pharmacie constitue donc un secteur puissant, représentant un bon nombre d'emplois de haute qualification, aux problèmes de production très particuliers.

L'industrie métallurgique

C'est la plus importante par le volume de l'emploi : à coup sûr, plus de 100 000 salariés. Mais, Berliet mis à part, il n'y a pas d'entreprises comparables aux grands de la chimie. Les origines sont souvent obscures, et les liaisons avec le textile peu marquées (peu de machines textiles). Les vieilles industries (fonderie, chaudronnerie) ont disparu ; d'autres au contraire sont très récentes, liées à de nouveaux besoins (Camping-Gaz à Saint-Genis-Laval). On notera les connexions techniques souvent étroites entre les entreprises, avec l'existence d'un véritable marché lyonnais de la sous-traitance ; cette dernière est en effet très développée notamment pour l'industrie automobile (SNAU à Vénissieux, Société de mécanique d'Irigny, travaillant pour Renault, SIGMA à Vénissieux, pour Berliet). Beaucoup de ces affaires, lyonnaises à l'origine, ont été absorbées ensuite par des firmes extérieures (ainsi Calor par SEB, les Câbles de Lyon par la CGE) ; certains ont cherché en dehors de Lyon des conditions de développement plus favorables, surtout de moindres coûts de main-d'œuvre, refaisant le chemin jadis suivi par les façonniers de la soie ; ainsi Calor, à Vienne, Saint-Jean-de-Bournay et Villefranche.

La plus grosse affaire, Berliet, occupe 17 000 ouvriers dans l'agglomération lyonnaise, avec les salaires les plus élevés ; les ateliers essentiels sont installés à la limite de Saint-Priest et Vénissieux, localisation commandée par la nécessité de recruter en Bas-Dauphiné une part importante du personnel, grâce à des lignes de collecte qui emploient plus de 200 cars. Cette difficulté de trouver de la main-d'œuvre explique en partie la création d'usines-satellites à Bourg, Andrézieux, l'Arbresle et le très grand développement de la sous-traitance (elle doit représenter plus de 5 000 emplois). Jadis constructeur mixte, avec des voitures éprouvées, Berliet s'est spécialisé dans les poids lourds, véhicules industriels et autobus ; ayant trop développé des marchés extérieurs, dans des pays mauvais payeurs, Berliet a manqué disparaître ; un instant soutenu par le groupe Michelin-Citroën, il a fini par passer sous le contrôle de Renault, qui avait déjà repris la société Isobloc d'Annonay pour en faire le département autobus de la SAVIEM. La région Rhône-Alpes devient ainsi l'une des grandes zones de développement de Renault, qui dispose également de grosses usines alpestres.

Les autres usines métallurgiques importantes représentent des fabrications très disparates. Le groupe de la CGE contrôle les « Câbles de Lyon », dont les services de recherche et de gestion sont presque aussi développés que les activités de fabrication (plus de 2 000 personnes) et la société Delle-Alsthom emploie 2 500 salariés à la production de matériel haute-tension. Le capital suisse (Brown-Boveri) contrôle la « Compagnie d'Electromécanique » (CEM), qui occupe plus de 4 000 personnes, principalement à la fabrication de moteurs. « Paris-Rhône », connu des ménagères pour ses aspirateurs, est avant tout un producteur de matériel électrique automobile, avec 3 500 salariés ; l'affaire est passée sous contrôle du groupe Cibié. Le matériel électrique est aussi l'apanage de Calor, de Roux-Combaluzier (ascenseurs), de Julien et Mège (pompes). Mais la métallurgie est également représentée par du mobilier métallique (Ventec), de la serrurerie industrielle, de la robinetterie, des appareils de pesage (Trayvou), du matériel à air comprimé, etc.

C'est dire la puissance de la métallurgie lyonnaise. Or nulle part n'éclate davantage cette contradiction de l'industrie lyonnaise : le pouvoir de décision lui échappe toujours, même si se sont maintenues des activités de recherche et de gestion. Non seulement les sièges sociaux ont été transférés à Paris, mais la plupart des grosses affaires ne sont plus contrôlées par le capital lyonnais et sont tombées entre les mains de multinationales ou de firmes étrangères. Ce contraste entre la puissance de production et l'absence d'autonomie dans la décision se retrouve dans les quelques autres industries lyonnaises : la verrerie de Givors, le centre d'études du verre de Villeurbanne relèvent de BSN, l'industrie alimentaire est représentée par Olida, Lesieur, Lenzbourg, le travail du cuir par les chaussures suisses Bally.

Aussi a-t-on pu dire que l'industrie lyonnaise avait pris modèle sur le personnage le plus célèbre de la mythologie lyonnaise : Guignol ; malheureusement, ce ne sont même plus les Lyonnais qui tirent les ficelles... Tout compte fait, la puissance de l'industrie lyonnaise dans la région vient surtout aujourd'hui des réseaux de relations très complexes tissés entre négoces, industries lyonnaises et industries rhône-alpines, de l'importance de la sous-traitance éparpillée sur la région, enfin du maintien à Lyon d'activités de gestion et de recherche dans de nombreux domaines ; si le capital lyonnais a perdu les rênes de son industrie, les lyonnais ont tout de même conservé l'essentiel de l'emploi, notamment tout celui qui conditionne le devenir ultérieur des fabrications.

Le rôle directionnel de Lyon

L'industrie a donc partiellement sauvegardé le rôle directeur de Lyon, au niveau du moins du « management ». Mais la fonction régionale est avant tout illustrée par :

● *L'encadrement privé* : c'est l'extraordinaire abondance des états-majors régionaux de firmes de toute nature, françaises ou étrangères, des agences, dont le rayon déborde souvent le cadre de la région rhône-alpine. Il arrive même que l'agence lyonnaise soit en même temps le siège pour la France, comme chez Black et Decker dont, il est vrai, l'usine se trouve en Bas-Dauphiné.

● A un niveau plus technique, le rôle de Lyon est marqué par la multiplication des *activités de service au profit des entreprises* : bureaux d'études techniques, cabinets d'expertise ou de gestion, agences de publicité, services de comptabilité, de contentieux, experts en tous genres représentent un potentiel d'emploi supérieur à 10 000 personnes. Il faut y ajouter tous les services d'informatique régionaux, ceux des banques comme de l'EDF, ou les cabinets d'informatique de gestion qui analysent des comptabilités d'entreprise dans toute la France, comme la CCMC qui répartit ses services entre Lyon et Vienne. Il arrive que Lyon soit la seule ville de province à posséder certains services de très haut niveau. C'est probablement là l'élément de commandement le plus substantiel de Lyon ; cela représente en même temps le plus important prélèvement financier, au détriment de l'économie régionale ; au point que les régions moins équipées qui passent actuellement par les services lyonnais cherchent à échapper à cette onéreuse tutelle.

● *L'encadrement intellectuel* et les activités de formation sont déjà moins représentatives du rôle directionnel, dans la mesure où Lyon doit compter avec d'autres villes de la région, notamment Grenoble.

Le rôle d'information est curieusement partagé entre Lyon et Grenoble ; nous avons vu les accords liant « Progrès » et « Dauphiné Libéré » ; leur consécration dans la région lyonnaise est l'existence à Chassieu d'une très grosse imprimerie commune. La formation des cadres est assurée par les trois universités actuelles de Lyon ; ce rôle universitaire est récent (1896), marquant dans quel dédain la bourgeoisie traditionnelle de Lyon tenait enseignement et culture (l'absence de ces sociétés savantes, si fréquentes en province, en est un autre signe). Il faut joindre aux universités de grandes écoles publiques ou privées, accessoirement les très déclinantes Facultés catholiques. Environ 40 000 étudiants y suivent des enseignements traditionnels ou des formations scientifiques à caractère plus pratique (INSA, Ecole Centrale lyonnaise, Ecole vétérinaire, Ecole supérieure d'industrie textile, etc.). Certains établissements (Faculté de médecine, Ecole de santé militaire) ont un renom qui dépasse les limites de la région.

La formation des techniciens est également assurée par de très nombreux établissements publics ou privés, le lycée technique de la Martinière ayant longtemps joué le rôle de pilote. S'y ajoutent de multiples activités de recherche, mais dans bien des domaines, Lyon ne peut rivaliser avec les laboratoires plus anciens et plus dynamiques de l'université de Grenoble.

La fonction religieuse enfin relève plutôt du passé. Lyon a vu naître de nombreux ordres religieux, notamment missionnaires, et ceux-ci ont joué un rôle important dans les courants modernistes de l'Eglise contemporaine.

● La *fonction hospitalière* est directement greffée sur l'ancienne fonction religieuse. Une puissante organisation hospitalière, les Hospices civils de Lyon, lourde machine, plus puissante et plus indépendante que l'Assistance publique parisienne, énorme propriétaire foncier par les legs qui lui furent consentis, gère non seulement les hôpitaux d'une grande ville (Edouard Herriot, Jules Courmont, Debrousse, Hôtel-Dieu, etc.) mais surtout des établissements de haute spécialisation (hôpitaux neurologique et cardiologique, centre de médecine nucléaire). Autour gravitent d'autres établissements publics (centre anti-cancéreux, hôpital militaire Desgenettes) ou privés (service des grands brûlés de l'Hôpital Saint-Luc). A cela s'ajoutent les activités de formation médicale, pharmaceutique, dentaire, paramédicales ou sociales. Le renom du corps médical lyonnais a été très grand ; mais il a souffert plus qu'ailleurs de la sclérose et du recrutement « familial » et son rayonnement a beaucoup diminué.

● *L'encadrement administratif* est le moins significatif ; et c'est celui qui est le plus contesté par les autres grandes villes de la région.

2. Le morcellement de l'espace lyonnais

L'espace lyonnais au sens le plus strict est celui qui est défini par les anciennes relations inter-industrielles tissées par la soierie lyonnaise : montagne beaujolaise, bordure vivaroise, plaine de la Drôme, Bas-Dauphiné et lisière sud du Jura. Il y a bien dans ce cadre quelques ambiguïtés. Pour n'avoir guère connu la soierie, les Monts du Lyonnais n'en font pas moins partie de la mouvance lyonnaise ; en Vivarais, l'influence des industries de la soie déborde le cadre régional et gagne le pays cévenol. D'autre part, Villefranche, Vienne, Romans et Valence ont toujours affiché une certaine indépendance en face de la fabrique lyonnaise.

● *La montagne beaujolaise* a connu l'industrie textile dès la seconde moitié du XVIIIe siècle et c'est alors le travail du coton. Il faut attendre la révolte des canuts pour assister au développement de la soierie, surtout dans la région de Tarare où la mousseline a cédé la place au voile tergal, mais où existe une industrie complexe, utilisant coton et fibres synthétiques, et fabriquant aussi le velours. Quant au versant ouest de la montagne, il dépend de l'industrie de Roanne. Le pays de Tarare, bien que rattaché à l'arrondissement de Villefranche, relève entièrement de Lyon ; il se termine à l'aval au confluent de la Turdine et de la Brevenne, à l'Arbresle, admirablement placée et pourtant ville minuscule mieux connue comme patrie de l'inventeur de la machine à coudre, Thimonnier, ou par le couvent dominicain d'Eveux que par ses activités industrielles.

Dans la vallée de la Saône, le phénomène *Villefranche* ne laisse pas de surprendre, par l'âpreté avec laquelle cette ville a défendu son autonomie en face de Lyon. Une ville active, avec un taux de croissance élevé (3 % par an) qui la conduit aux 45 000 habitants en 1975. Malgré la crise de quelques ateliers (Titan-Coder, Vermorel), Villefranche reste avant tout industrielle. Mais les industries caladoises, de même que celles de Belleville-sur-Saône, ne sont pas les industries traditionnelles de Lyon. Ici domine le travail du coton, plus encore l'industrie du vêtement de travail, des articles de pansement (Mulsant) ; les plus grosses affaires relèvent de la métallurgie (équipements frigorifiques Bonnet, Calor, Frangeco, machines-outils, appareils de viticulture) ou de l'alimentation (Diepal — ex-Jacquemaire —). Et Villefranche reste le centre de services du vignoble du Beaujolais. Un signe : l'un des trains d'affaires Lyon-Paris dessert Villefranche...

● *Le rebord du Massif Central,* au sud de Givors, est lui aussi d'obédience lyonnaise, surtout sur le piedmont rhodanien. Il s'agit d'une zone en fort recul ; partout, à Pelussin, à Bourg-Argental, dans les vallées ardéchoises, on a mouliné ou tissé la soie ; mais partout la vie industrielle s'enfuit, condamnée par l'isolement, les routes difficiles ; Lamastre a perdu son industrie ; le groupe du Cheylard, plus résistant, mouline et tisse encore, mais réussit mieux dans le travail des plastiques ou le bijou-fantaisie. Seule Annonay sur le plateau et Tournon dans la vallée du Rhône restent des villes vivantes. Annonay, ville traditionnelle du cuir et du papier, a perdu presque tous ses ateliers ; les grands noms, Canson, Montgolfier vivent dans le souvenir et il n'y a plus qu'une papeterie et quelques industries liées (feutres pour papeterie, fabriques de registres, machines pour l'industrie du cuir). Mais Annonay n'en a cure, car elle est devenue la ville de la SAVIEM, avec la division autobus du groupe Renault. C'est ce qui lui vaut de conserver quelque 25 000 habitants.

● Le *Bas-Dauphiné* est un pays plus complexe. Il a d'abord conservé une agriculture active ; ensuite, sa population n'a guère diminué, le pays conservant des densités élevées et restant un réservoir de main-d'œuvre ; enfin, grâce à l'abondance et à la pureté de ses eaux, le Bas-Dauphiné était un pays industriel avant que Lyon n'y diffuse ses propres activités. Il s'y superpose trois grandes générations d'industries :

— De très vieilles, nées de l'eau ou du bois dès le Moyen-Age, caractérisent les hauts pays de la molasse : métallurgie du seuil de Rives, qui continue à fournir des aciers fins ou spéciaux (forges de Bonpertuis, aciers à Rives et Renage) et compte quelques industries dérivées (matériel de papeterie à Rives, fabrique de chaînes Peugeot à Saint-Siméon-de-Bressieux, etc.). La papeterie est représentée par une foule d'établissements généralement spécialisés dans les papiers fins, dans tout le seuil de Rives (Voiron, Rives, Renage, Charavines), mais aussi à Vienne et dans la vallée de la Bourbre qui s'est orientée vers les cartonnages. Le travail du cuir se pratique dans quelques grosses unités d'articles chaussants (Pellet à Vienne, Clerget à La Tour-du-Pin) et s'est surtout réorienté vers la chaussure de montagne, de ski ou d'après-ski dans les villages de la Bièvre et du seuil de Rives, avec des marques célèbres (Richard-Pontvert, Le Trappeur). Enfin, le travail de la laine est très concentré à Vienne.

— La seconde génération est celle des ateliers de soierie nés de la fabrique lyonnaise, très disséminés surtout dans le haut-pays, notamment dans les pays de la Bourbre.

— Enfin, l'après-guerre a vu s'installer d'assez nombreuses industries de main-d'œuvre, souvent d'origine lyonnaise : appareillage électrique comme Calor, ou la CGE à Saint-Marcellin ; petit matériel comme Black et Decker à Brezins, en Bièvre ; compresseurs et moteurs de frigo de l'« Unité hermétique » à la Verpillière et Cessieu, etc.

Ces industries bas-dauphinoises sont éparpillées au niveau des villages. Certains secteurs ont été peu touchés par l'industrie traditionnelle : plaine de Lyon, basse Valloire, sans force motrice, Chambaran, trop isolé ; d'autres ont fortement décliné comme l'Ile-Crémieu (chaux et ciments). Ailleurs, on assiste à deux types de localisation, souvent enchevêtrés ; d'une part une dispersion jusque dans les hameaux, caractérisant le seuil de Rives, le contact préalpin, la Bièvre, les pays de la Bourbre, la plaine du Rhône autour de Morestel - Les Avenières ; d'autre part des localisations urbaines, dans les mêmes régions ou dans quelques bourgs plus récemment industrialisés comme La Verpillière ou Saint-Jean-de-Bournay.

Les principaux groupes urbains sont ceux de :
— Voiron, avant tout centre d'industries textiles où la soie est d'obédience lyonnaise, mais où le coton (pansements Ruby) est autonome ; si beaucoup d'industries sont déclinantes, la papeterie s'est mieux défendue et quelques industries nouvelles se sont ajoutées (composants électroniques, skis Rossignol). Voiron reste une petite ville (25 000 habitants), bien équipée, centre de commerce au contact du seuil de Rives et de la Chartreuse ; mais elle entre de plus en plus dans le jeu de Grenoble, fournissant à cette ville une main-d'œuvre déjà importante.

— La Tour-du-Pin est plus petite, plus isolée, mal équipée ; mais la ville commande à toute une nébuleuse de bourgs et de villages industriels entre Bourbre et Rhône.

— Bourgoin-Jallieu est une agglomération plus

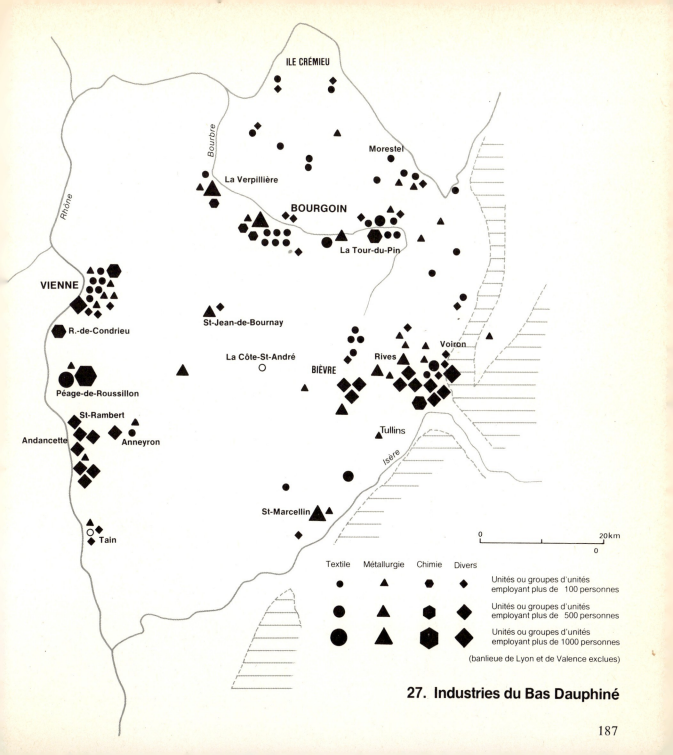

27. Industries du Bas Dauphiné

importante (près de 30 000 habitants), ayant une capacité industrielle considérable. Capitale de l'impression sur étoffes, ville de tissages, elle a vu son industrie se diversifier : Diederichs y emploie encore plus de 1 100 personnes à la fabrication de machines textiles et on y trouve des industries chimiques et pharmaceutiques, des cartonnages. Enfin, en attendant que la ville nouvelle de l'Isle-d'Abeau prenne corps, Bourgoin est le siège de l'Etablissement Public d'aménagement et la base de la plupart des entreprises de construction.

● *La basse vallée de l'Isère, la plaine de Valence, le bassin de Crest,* sont tous d'excellentes régions agricoles ; quelques mûriers y rappellent encore la sériciculture, mais l'industrie de la soie a disparu. De petites villes s'égrènent dans la vallée de l'Isère, plus ou moins industrialisées : Tullins, Vinay, Saint-Marcellin. Sur la basse Drôme, Crest n'est pas seulement un petit centre industriel où persiste le moulinage de la soie et où quelques décentralisations ont remplacé l'ancienne papeterie ; c'est aussi un centre commercial, au cœur de la grande zone de production volaillère. Sur la basse Isère, les deux villes jumelles de *Romans* et de *Bourg-de-Péage* comptent plus de 40 000 habitants. Romans est nationalement connue comme capitale de la chaussure ; mais c'est une réputation surfaite ; Romans compte bien encore une quinzaine d'industriels de la chaussure, des fabricants de talons, de semelles, de formes, de machines, des outilleurs et des voyageurs de commerce, des comptables et des syndics de faillite ; mais cette industrie est en crise permanente, institutionnelle, depuis des décennies. Crise des techniques : on est mal passé du travail à domicile à la fabrication exclusive en atelier ; crise des structures avec trop de petites affaires (une seule, Jourdan-Seducta emploie plus de 1 000 salariés) ; crise de conception : on a trop misé, contradictoirement, sur la chaussure de luxe difficile à vendre, et la chaussure de mode où la qualité est accessoire. La crise est encore plus grave chez les chapeliers de Bourg-de-Péage, le plus gros, Mossant, s'étant reconverti vers les vêtements de sport. Heureusement sont nées d'autres activités : travail du graphite pour le nucléaire, sous-traitance automobile. Et Romans, malgré la proximité de Valence, reste un centre commercial très vivant.

● Les *villes du Rhône* ont été les concurrentes directes de Lyon, dans la mesure où elles sont nées du trafic ; beaucoup sont anciennes et restent de simples bourgs ; d'autres se sont développées récemment. Mais presque toutes vont par deux, de part et d'autre d'un pont sur le Rhône, face à face dans les défilés (Tain et Tournon), éloignées par le lit majeur dans les plaines, matérialisation de la frontière opposant « Empi et Riaume » dont elles constituaient les avant-postes.

Givors-Chasse est le doublet le plus septentrional, né de l'arrivée du charbon stéphanois, ruiné par la disparition récente de la sidérurgie, voué aux industries salissantes (centrale thermique de Loire, fonderies, pétrochimie) ne profitant guère du carrefour ferroviaire et autoroutier, malgré l'effort de modernisation entrepris par Givors (45 000 habitants).

Sainte-Colombe, simple banlieue et *Vienne* illustrent l'histoire d'un déclin. La vieille capitale romaine, la cité drapière et archiépiscopale a pour héritière une agglomération disparate, d'une quarantaine de milliers d'habitants. Le Rhône, la voie ferrée, le lacis autoroutier lui interdisent tout développement dans la vallée ; la vieille ville, les infâmes et sinueux liserés d'industries et de taudis du bord de la Gère, petite rivière qui a fourni la force motrice et l'eau industrielle, n'offrent aucune possibilité d'expansion, sinon au détriment des hautes usines démodées, sinistres, qui ferment les unes après les autres ; plusieurs îlots y sont en cours de rénovation. La croissance récente a donc été rejetée sur les plateaux du Bas-Dauphiné ou sur la rive droite du Rhône. L'industrie lainière finit de mourir, le travail du cuir persiste mieux ; quelques industries nouvelles sont apparues, la plus puissante étant la centrale laitière coopérative Orlac (yaourts Yoplait). La modernisation de cette agglomération dénivelée en bordure des collines et dans la vallée de la Gère, où la circulation est difficile, sera malaisée.

À *Condrieu et Les-Roches-de-Condrieu,* la puissance ancienne était rive droite ; les deux grosses usines de produits chimiques des Roches et de Saint-Clair-du-Rhône ont donné la priorité à la rive gauche, tendance assez générale, la rive gauche ayant pour elle la grande voie ferrée, la RN 7 et l'autoroute. L'agglomération du *Péage-de-Roussillon* est la seule qui soit installée sur une seule rive ; c'est qu'il s'agit d'une base industrielle récente, où la crise de la mono-industrie Rhône-Poulenc est durement ressentie, dans un agglomérat de cités sans vie propre de plus de 20 000 habitants.

Au doublet traditionnel *Andance-Andancette,* le chemin de fer a ajouté un peu plus au nord *Saint-Rambert-d'Albon* et apporté l'industrialisation : matériaux de construction avec Dalami, Eternit, Everitube, isolateurs avec Ceraver, et tout près, à Anneyron, un autre paquet d'emplois avec la firme Lafuma, reconvertie dans le matériel de camping et de couchage. Immédiatement à l'aval, *Sarras-Saint-Vallier* gardent l'entrée du défilé du Rhône ; Saint-Vallier est une autre ville de la céramique (électroporcelaine) mais compte aussi du matériel aéronautique, une papeterie. Ces petites villes, toutes situées dans l'aire de ramassage du Péage, sont aussi des centres agricoles, avec leurs coopératives fruitières, leurs organismes de stockage, leurs négociants.

Ce rôle de capitale agricole est également bien développé au débouché du défilé de Saint-Vallier, dans le jumelage *Tournon-Tain,* pour une fois plus développé sur la rive droite, avec la petite ville de services qu'est Tournon, assez peu d'industries (matériel de camping Trigano) et une population totale de 15 000 habitants.

Au sud de Valence, deux ponts sur le Rhône, un sur la Drôme, le débouché des vallées de l'Eyrieux et de la Drôme expliquent la présence de quatre bourgades : *La Voulte-Livron* au nord de la Drôme, *Le Pouzin-Loriol* au sud. Ce sont encore des villes de l'industrie lyonnaise : Specia à Livron, moulinages de Chavanoz à Loriol, usine de textiles artificiels de La Voulte. Le rôle de centres agricoles est important ; mais ces petites villes annoncent déjà le midi, et La Voulte est plus connue pour son équipe de rugby que pour ses activités industrielles ou ferroviaires.

Valence est à une autre échelle. Ici, le doublet initial avec Saint-Péray n'a jamais été très significatif. Au début du XIXe siècle, Valence est une très petite ville, moins importante que Vienne et Mâcon. Elle dépasse aujourd'hui les 100 000 habitants, dont 15 000 sur la rive ardéchoise. Son rôle de grande ville, Valence le doit au carrefour : débouché d'abord des vallées de l'Isère et de la Drôme, raison d'être de son nœud ferroviaire, mais aussi des vallées ardéchoises grâce à quoi Valence est maintenant la vraie capitale de l'Ardèche. Le carrefour est bien équipé en voies ferrées, avec une gare importante (triage de Portes). Valence est d'autre part une ville entreprenante ; elle n'a pu recouvrer son ancienne université, ne dispose que d'un IUT, mais entretient sur ses deniers une Ecole de Droit ; le foisonnement des idées y a été favorisé par la multiplication des sectes réformées ; le rôle des réfugiés arméniens n'y a pas été négligeable et les initiatives n'ont jamais manqué.

Elles ont conduit à une ville assez bien équilibrée. L'industrie y occupe près de la moitié des actifs. La firme pilote est Crouzet, devenue une grande affaire de micro-mécanique, d'horlogerie industrielle et d'électronique, contrainte maintenant à chercher des implantations hors Valence (Crest, Alès) ; on trouve également de nombreuses fabrications de machines (compresseurs, pompes), des industries légères (stylos, feutres Reynolds), une grosse usine du groupe Rhône-Poulenc, une vieille cartoucherie. Pour le reste c'est une ville de commerces et de services, bien équipée (avec quelques lacunes sur le plan hospitalier). C'est d'autre part la métropole agricole de pays riches.

Valence est relativement indépendante ; ses industries ne dépendent guère de Lyon, la presse est grenobloise, les étudiants se partagent entre les deux villes. Elle rayonne pratiquement sur toute la Drôme, sur le centre et le sud de l'Ardèche où il n'y a que de petites villes. Il y a là une tombée de 400 000 à 450 000 habitants, justifiant un rôle régional qui est probablement plus important qu'à Grenoble.

Le principal problème valentinois est d'assurer à travers la ville le trafic méridien. Valence est installée sur une terrasse dominant le Rhône, et on a voulu faire passer en bordure de cette terrasse, immédiatement au-dessus du fleuve, et la déviation de la RN 7 et l'autoroute, alors que la voie ferrée et la RN 7 ancienne étaient déjà dans la même situation. Il faut aussi pouvoir traverser le Rhône par l'unique pont, alors que la ville se développe rapidement rive droite. On ne peut d'ailleurs que regretter cette expansion sur la rive ardéchoise, dans la basse plaine inondable, alors que les hautes terrasses rhodaniennes, à l'est de la ville, offrent de la place de façon pratiquement illimitée.

3. Le développement de l'agglomération lyonnaise

Le site et les étapes de la croissance

Dans le carrefour de régions et d'axes de communications analysé plus haut, le site propre de Lyon est moins celui du confluent, sans intérêt immédiat pour le développement de la ville que celui des collines dominant la vallée de la Saône. A l'ouest, le plateau lyonnais se termine par une apophyse de collines, celles de Fourvière, entre la petite plaine de Vaise au nord et celle du confluent. Au nord, les Dombes finissent par l'escarpement de la Costière, donnant la colline de la Croix-Rousse.

Entre ces deux flancs de coteaux, également raides, tapissés d'argiles fluentes qui ont maintes fois compliqué la besogne des constructeurs, le cours de la Saône est bien fixé, sans possibilités de divagation et on peut aisément en contrôler le passage. A l'est, le vaste cône d'épandages du Bas-Dauphiné repousse le lit du Rhône au pied de la Costière ; mais le fleuve est ici nettement moins stable, divague en lits anastomosés dans la plaine des Brotteaux et la zone du confluent.

Le site primitif va donc être celui des pentes de Fourvière, et du bas de celles de la Croix-Rousse ; il permet une traversée facile de la Saône et une plus difficile du Rhône. Du moins la difficulté était-elle divisée par rapport à un franchissement éventuel au sud du confluent. Ce site est donc celui du vieux Lyon traditionnel de rive droite de Saône, au nord de la cathédrale Saint-Jean, site si exigu, si pentu, que l'occupation de la zone du confluent, au pied de la Croix-Rousse, sera très rapide, entre les Terreaux et l'église Saint-Nizier. Le premier pont sur la Saône est construit au XIe siècle, le premier pont sur le Rhône est ouvert à la fin du XIIe siècle et va donner naissance, sur la rive gauche, au premier faubourg lyonnais, alors sur terre dauphinoise, celui de la Guillotière.

Cependant, la progression le long de la presqu'île du confluent sera lente, sans cesse remise en cause par les inondations ; la place Bellecour ne sera définitivement aménagée que sous l'Empire, et, entre Bellecour et Perrache, le quartier d'Ainay est encore incomplètement bâti lorsque la gare de Perrache se construit à partir de 1856. Dès ce moment, la conquête de la plaine des Brotteaux est largement entamée ; depuis le milieu du XVIIe siècle, des digues ont progressivement refoulé et contenu le Rhône à son emplacement actuel, écartant lentement le péril des inondations; deux autres ponts sur le Rhône, en 1828 et 1839 assureront la liaison entre les deux rives du fleuve ; au milieu du XIXe siècle, la trame des rues est déjà largement en place, au point que l'installation de la rocade ferroviaire de l'est se fait essentiellement au détriment d'anciens remparts de Lyon, qui protégeaient déjà le quartier, presque à la limite de Villeurbanne.

Cet établissement de la voie ferrée, contournant à partir de Perrache la ville par le sud et l'est, provoque ou accélère la croissance de quartiers industriels, de gares, de dépôts, d'installations militaires : Lyon se trouve ainsi corsetée par une

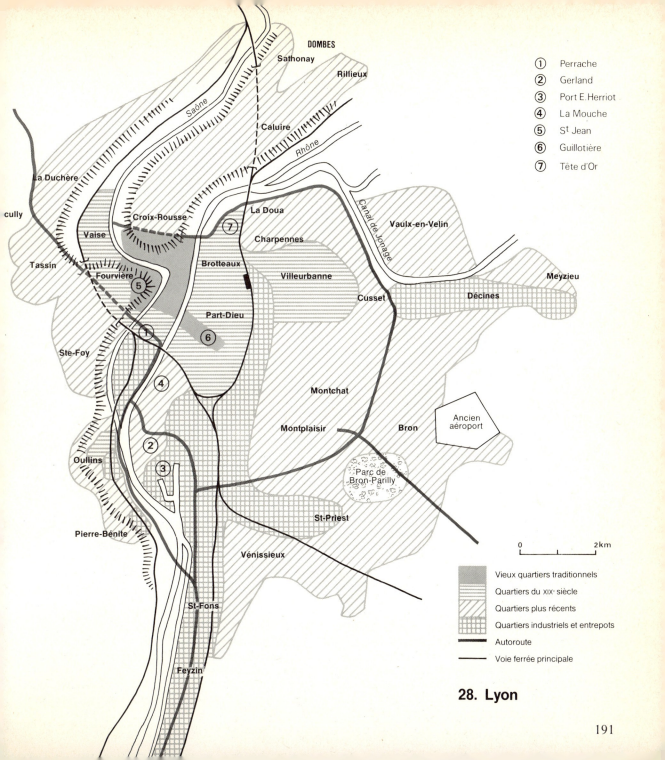

28. Lyon

vaste zone utilitaire : Vaise au nord, La Mouche, La Part-Dieu au sud et à l'est, active mais laide et enfumée et qui va bloquer la croissance de l'agglomération. Au-delà ne se développent, dans la seconde moitié du XIXe siècle, que des quartiers médiocres comme le Tonkin à l'est du Parc de la Tête d'Or, ou faiblement occupés comme Montchat.

A la fin du XIXe siècle, ce barrage cède sous la poussée démographique ; c'est la grande croissance vers l'est et le nord-est, notamment à Villeurbanne. Le boulevard périphérique Est marque assez bien la limite de ce Lyon de la première moitié du XXe siècle, tout en dressant un nouvel obstacle à l'expansion territoriale.

Désormais, l'extension va se faire surtout dans les communes de banlieue, le plus souvent en désordre, sans plan d'ensemble. De la fin du XIXe siècle, à nos jours, la politique lyonnaise est faite de prudence, d'attentisme, mais aussi de laisser-aller qui se traduit par une utilisation anarchique des divers éléments du site. Les communes de banlieue les plus ambitieuses y ajoutent leurs programmes.

La ville ne s'est guère étendue vers le nord, dans la vallée de la Saône, qui fut pourtant desservie par un gros tramway, l'ancien « Train bleu » de Neuville, la « guillotine » des vieux lyonnais... ; à l'aval de Perrache, la presqu'île ne s'est guère peuplée, non plus que le quartier de Gerland, de l'autre côté du Rhône, tout envahi d'industries ou d'emprises collectives. Au-delà, le long du fleuve, l'utilisation sera purement industrielle. Aussi l'implantation de la population nouvelle ne peut-elle se faire pour une part, que par densification de l'habitat existant ; mais cette politique est vite annulée dans ses effets par la multiplication des bureaux et des services dans les immeubles du centre traditionnel et des Brotteaux. D'autre part, on va chercher à occuper, par delà les rebords de Saône, les plateaux des Dombes et du Lyonnais ; la progression y est cependant rendue difficile par des servitudes militaires (forts et camp de Sathonay dans les Dombes) ou la résistance des exploitants agricoles. De plus, ces plateaux étaient mal desservis par des voies ferrées secondaires ou par les tramways de l'Ouest lyonnais à partir de la gare isolée de Saint-Just. De ce fait, la grande expansion sur les plateaux sera contrainte d'attendre le triomphe de l'automobile et la débâcle de l'exploitation fruitière sur les trop petites exploitations du plateau lyonnais ; surtout, il faudra l'ouverture des tunnels sous Croix-Rousse (dès 1952) puis sous Fourvière pour relier commodément les plateaux aux quartiers industriels ou administratifs.

L'extension la plus importante se fera sur les terrasses caillouteuses du Bas-Dauphiné, facilitée par l'horizontalité des terrains, la bonne tenue du sous-sol, l'aisance relative de la circulation et, surtout, l'absence de limites : la plaine s'étend indéfiniment, maussade, certes, brumeuse parfois, mais aisée à lotir. Quelques blocages y existent (aérodrome de Bron ; industries anciennes) ; mais la conquête ne cesse pas et englobe constamment de nouveaux villages transformés en banlieues.

Il en résulte un double déséquilibre. D'une part, par rapport au vieux centre, l'extension se fait essentiellement vers l'est avec un allongement constant des parcours, sur des voies encombrées pour se rendre dans la presqu'île ; d'autre part, la ségrégation sociale s'accentue, l'ouest étant presque toujours un secteur de résidence aisée ou prospère, à peu près démuni d'industries et d'emplois, loin de la pollution industrielle des quartiers du sud ; l'est est au contraire de peuplement populaire, plus mêlé, avec intercalation de quartiers industriels, de zones artisanales ou d'entrepôts dans le tissu des habitations.

La répartition de la population

L'évolution exacte de la population lyonnaise est difficile à saisir ; en effet, la falsification des recensements a été l'une des méthodes administratives chères à Edouard Herriot et a été poursuivie avec ténacité ; seuls les recensements de 1968 et de 1975 paraissent à peu près dignes de confiance ; l'exactitude des recensements de Villeurbanne est également problématique. Sous ces réserves, l'ensemble de l'agglomération lyonnaise, dans les limites de l'actuelle communauté urbaine, comptait 1 075 000 habitants en 1968, et 1 153 000 en 1975, soit en 7 ans un gain très faible de 78 000 personnes, à peine supérieur au seul croît naturel. On peut donc parler d'une population stationnaire, alors qu'entre 1962 et 1968, le gain avait excédé 230 000 habitants. Ce changement radical de tendance traduit un certain malaise au niveau de l'emploi, et, notamment, le recul de l'emploi industriel, année après année.

L'évolution est très disparate suivant les parties de l'agglomération ; de 1968 à 1975, la commune de Lyon a perdu 71 000 habitants, 10 000 par an, alors que son potentiel immobilier ne diminuait que faiblement ; Villeurbanne a perdu de son côté 3 000 ou 4 000 habitants. Lyon ne recense plus que 457 000 personnes, soit moins de 40 % de la population de la communauté, contre près de 50 % en 1968 et 60 % en 1954. Dans Lyon même, le recul n'est pas uniforme, maximum dans la presqu'île et les Brotteaux, minimum dans le vieux Lyon de rive droite et à Fourvière, ainsi que dans le quartier de Vaise du fait de la présence proche de grands lotissements comme le grand ensemble de La Duchère.

Dans la proche banlieue, certaines communes ne croissent plus, Oullins et Bron notamment. Au contraire, une très forte croissance, tant en valeur absolue qu'en pourcentage, marque les communes où se sont multipliés les grands ensembles : Rillieux et Caluire sur le plateau des Dombes, Vénissieux, Saint-Priest et Décines au sud-est et à l'est, avec un gain de 47 000 habitants pour les trois entre 1968 et 1975, Vaulx-en-Velin au nord-est qui a pratiquement doublé sa population entre ces dates. De forts taux de croissance marquent également les communes de l'Ouest : Saint-Genis-Laval, Sainte-Foy, Ecully ; mais il s'agit ici de communes plus petites et les gains absolus ne sont pas comparables. Au total, de 1968 à 1975, la banlieue gagne 150 000 habitants, la moitié de ce gain ne représentant qu'un simple transfert de population du centre de Lyon vers la périphérie.

Les problèmes de l'agglomération lyonnaise

A côté des problèmes communs à toutes les villes millionnaires, il existe des difficultés spécifiques à l'agglomération lyonnaise.

La Courly (COmmunauté URbaine de LYon) en est une ; cette communauté, une des rares existant en France, a été mise en place pour remédier à un siècle d'incohérence et d'inertie ; elle regroupe plus d'une soixantaine de communes, disposant ainsi de services techniques communs efficaces. Mais la diminution du poids démographique de Lyon risque de poser à court terme des problèmes d'équilibrage des pouvoirs au sein de la communauté. Et ce d'autant plus que la redistribution de la population accroît les contrastes de niveau de vie dans l'agglomération, oppose plus durement les communes-dortoirs, souvent pauvres, et les communes riches (parfois du simple fait des implantations industrielles), et surtout différencie de Lyon-centre les communes dépourvues de tout équipement lourd. Or, les communes en accroissement numérique rapide ont une orientation politique et urbanistique très différente de celle de Lyon, de plus en plus conservatrice.

● *Les problèmes d'urbanisme* résident d'abord dans la restructuration des vieux quartiers. On s'y donne volontiers à Lyon, du moins en paroles. En fait, l'évolution est très lente ; ainsi, depuis le début du siècle on parle de restructurer la desserte ferroviaire ; car le PLM en faisant de Perrache, en bout de ville, sa gare principale, a créé des problèmes de transport bien difficiles à résoudre ; or, bien que correctement reliée aux lignes de Paris et de Marseille, la grande halle de la gare des Brotteaux est restée vide, pratiquement inutilisée ; il a fallu les destructions de la Seconde Guerre mondiale pour voir disparaître la gare de Vaise, premier terminus de la ligne de Paris, avant la construction du tunnel Saint-Irénée, et la gare de la Croix-Rousse, terminus de la ligne de Bourg, n'a disparu que récemment.

De même, quand on a reconstruit les ponts sur le Rhône et la Saône après leur destruction en

1944, on l'a fait sur place et généralement sans apporter de grandes améliorations à leur gabarit. Sous l'administration Herriot, on ne note guère que la réalisation de la grande rocade extérieure, celle du tunnel de la Croix-Rousse, et la mise en train du marché de gros, dans le site peu favorable du bout de la presqu'île. Depuis, le mouvement s'est un peu accéléré, la municipalité étant talonnée par un nouveau besoin résultant du dépeuplement du centre et de la multiplication des mouvements pendulaires.

Il n'a pas été aisée de décider. On a pu laisser se faire des évolutions presque spontanées, comme à Vaise, peu à peu abandonné par des usines trop isolées dans le tissu urbain. Dans la presqu'île, on a voulu conserver au centre traditionnel sa vocation commerciale ; on y a beaucoup ravalé, créé des zones piétonnières très vastes, apparemment avec succès. Mais la plus grande opération à la fois de curetage et d'aménagement a été la création du nouveau centre directionnel de La Part-Dieu, à la place de casernes et de quartiers médiocres. Dans une architecture monumentale, discutée mais assez homogène, on y a implanté le siège de la Courly, les services départementaux, l'EDF, la Bibliothèque municipale, des services de gestion et des commerces, des équipements culturels. Le succès est mitigé, surtout sur le plan commercial, peut-être en raison de la part insuffisante faite au logement ou aux difficultés d'accès, mais aussi parce que l'achèvement du centre a coïncidé avec le début de la crise économique. La restructuration des quartiers du Tonkin et des Charpennes, un peu plus au nord, avec une densification très importante et l'implantation de nombreux bureaux, tend à cumuler ses effets à ceux de La Part-Dieu et à créer une nouvelle ville administrative au détriment partiel de la presqu'île, mais peut-être plus encore au détriment de Villeurbanne, dont les aménagements, bien conçus il y a plus d'un demi-siècle, ont terriblement vieilli.

Ces opérations de restructuration se heurtent à une résistance accrue des occupants traditionnels, toute amélioration se traduisant par une plus-value du capital foncier et des charges locatives trop lourdes pour des habitants, dès lors obligés de se reloger ailleurs. De plus, la politique de densification, envisagée notamment aux Brotteaux, conduisait à multiplier les constructions très élevées, et l'Etat est intervenu pour faire stopper, du moins pour l'instant, les projets municipaux.

Malgré ces transformations, ni le centre traditionnel des affaires, ni les zones nouvellement équipées ne peuvent accueillir en totalité la fonction directionnelle de Lyon, très gourmande en locaux. On assiste donc au départ en banlieue d'une partie des attributs de la fonction régionale, mais sans aucun ordre. Ainsi, l'Université s'est d'abord étendue aux dépens d'anciennes casernes (Sciences, INSA) dans le quartier de La Doua, au nord de Villeurbanne ; mais une autre partie a été aménagée à Bron, tandis que l'Ecole de commerce et l'Ecole centrale gagnaient l'ouest, à Ecully !

Surtout, il a fallu loger les Lyonnais. On peut dire que chaque commune de banlieue a eu sa politique et qu'on aboutit à un tissu urbain peu homogène, souvent mal pourvu en équipements, mais où dominent, sauf sur le plateau lyonnais, les grands ensembles, les blocs d'HLM, etc. Même quand des plans précis ont été dressés, quand les équipements ont été prévus, ce n'est pas forcément la réussite ; ainsi, à Vénissieux, dans la ZUP des Minguettes, très diversement jugée, et où on avait espéré accueillir la main-d'œuvre des grandes implantations industrielles du sud, en lui fournissant un équipement considéré comme satisfaisant. Les grands ensembles couronnent aussi les collines (La Duchère au-desssus de Vaise, Rillieux sur le plateau des Dombes, etc.) ; la croissance peut-être la mieux étudiée est actuellement celle de Vaulx-en-Velin, où on a essayé de tenir compte des insuccès rencontrés ailleurs.

Il n'y avait apparemment pas de limites à l'extension du béton. Aussi les urbanistes ont-ils proposé, à la place de la création de nouvelles banlieues, la construction de villes nouvelles plus éloignées de Lyon, pourvues à la fois d'emplois et de logements. Les projets se sont heurtés à l'hostilité non déguisée de la ville de Lyon : des deux projets initiaux, l'un sur les terrains médiocres de la vallée du Rhône, entre Ile-Crémieu et Dombes, l'autre entre Bourgoin et Lyon, seul le second a été reconnu et imposé par l'Etat. Le centre de la ville nouvelle devait être la commune de l'Isle-d'Abeau, proche de La Verpillière ; l'hostilité de la Courly, le manque de crédits, le ralentissement de la croissance ont fortement retardé les réalisations ; la ville nouvelle, bien desservie par la RN 6, l'autoroute et la voie ferrée de Grenoble, se disperse sur de nombreuses communes, sans véritable centre, et surtout sans que l'emploi ait suivi ; par la force des choses, elle doit s'appuyer sur les équipements actuels de Bourgoin. Issue du cerveau des aménageurs, sans doute bien conçue, la ville nouvelle de l'Isle-d'Abeau risque de rester dans le domaine du rêve ou d'aboutir à une réalisation en miniature.

● *Les problèmes de transport* sont ceux de toutes les villes millionnaires, avec la paralysie progressive d'un réseau d'autobus que les usagers désertent peu à peu. Mais Lyon doit résoudre également des difficultés spécifiques : comment rompre la barrière des collines pour gagner Dombes ou plateau lyonnais autrement que par les voies en lacets actuelles ? Comment assurer la circulation méridienne de transit à travers la ville ? Comment surmonter l'obstacle des passages des rivières ? Comment assurer la liaison entre Perrache et la presqu'île d'une part, les Brotteaux et La Part-Dieu d'autre part ? Comment enfin y faire face avec les crédits de la Courly ? Les premiers problèmes ont été à peu près résolus, en partie aux frais de l'Etat, par la construction du tunnel de Fourvière, déjà dangereusement surchargé aux heures de pointe, et l'aménagement des quais de rive droite du Rhône. Mais le souterrain de Fourvière débouche sur la gare de Perrache, l'un des lieux les plus encombrés de la ville. Il a fallu imaginer une sorte d'énorme échangeur, avec de gigantesques trémies, où se réalisent à la fois le transit et les jonctions entre rail et route, entre rail et transports urbains. Techniquement l'échangeur de Perrache répond aux besoins, mais finit de bloquer la presqu'île.

L'autre grande réalisation est la construction, dans des alluvions instables, de la première ligne de métro entre Perrache et les Brotteaux - La Part-Dieu ; ce grand dessein touche à sa fin ; mais le métro risque fort d'être peu utilisé si la gare de Perrache est transférée à La Part-Dieu comme il en est fortement question, à l'occasion de la mise en service de la ligne rapide Paris-Lyon.

On pourrait reprocher à Lyon bien d'autres défauts et de pratiquer trop souvent la politique de Gribouille. La municipalité a beau se vanter de planter beaucoup d'arbres, les espaces verts font cruellement défaut ; le magnifique parc de La Tête-d'Or reste le seul à la disposition des Lyonnais, celui de Parilly à Bron, étant bien loin de l'agglomération et très bruyant du fait de la proximité des autoroutes. Ces aménagements sont d'autre part très onéreux ; l'échangeur de Perrache a coûté des sommes extraordinaires, et c'est beaucoup à l'échelle d'une ville simplement millionnaire. Cependant, cette politique un peu grandiose a une justification : celle de renforcer la fonction directionnelle de Lyon en offrant des équipements lourds satisfaisants. Lyon est sans doute la seule ville française à pouvoir gagner un tel pari.

Le promeneur ne peut enfin rester insensible aux attraits de Lyon. Avec ses magnifiques fronts de fleuve au long de la Saône et du Rhône, la majesté un peu froide de ses quartiers d'affaires ou de la place Bellecour, l'architecture futuriste de la Part-Dieu, la ville de Lyon ne manque pas de grandeur et de beauté. Aux touristes ou aux gastronomes à la recherche de la vieille cuisine lyonnaise, ou simplement aux flâneurs, la ville offre bien des visages. On a souvent retenu de Lyon des aspects caricaturaux ; les méridionaux lui ont fait une réputation de froideur et de dureté ; les septentrionaux glosent sur les petits bistrots, les mâchons et le beaujolais réputé nouveau, et il est vrai que chacun peut trouver à Lyon sur quoi disputer. A vrai dire, le vieux Lyon n'est plus ; les temps de Guignol et des fastes des

Célestins sont bien révolus ; pour retrouver les souvenirs et les émotions de la vieille ville, tant évoqués par Gabriel Chevallier ou Pierre Scize, il faut de la patience, parcourir les ruelles, monter les « traboules » de la Croix-Rousse ou du quartier Saint-Jean, aller chercher au bout des « ficelles » — les funiculaires lyonnais — le souvenir des canuts ou le calme des vieux quartiers de couvents, au pied de cette basilique de Fourvière dont les Lyonnais ont oublié et le sens et la laideur, tout comme les Parisiens l'ont fait pour Montmartre.

Bibliographie et état des questions

LES VOSGES

Les Vosges n'ont fait l'objet d'aucune étude géographique d'ensemble. On dispose certes d'une bonne base géologique, notamment pour la couverture gréseuse ; on en trouvera l'essentiel dans les fascicules publiés par le « *Service de la Carte géologique d'Alsace-Lorraine* » à Strasbourg. Une synthèse commode est fournie par le guide géologique *Vosges-Alsace,* Paris, Masson, 1976, dû à J.P. von ELLER ; on y trouvera même de nombreuses notations morphologiques qui dispenseront de consulter d'autres articles. Pour le reste, il faudra se contenter des ouvrages généraux des diverses collections (France de demain, Découvrir la France), car il n'existe aucune étude humaine ou économique de réelle importance ; par exemple, l'industrie vosgienne reste très imparfaitement connue dans son développement. Pour la mise à jour on consultera essentiellement la *Revue géographique de l'Est* et pour les Vosges alsaciennes, la revue bâloise *Regio basiliensis.*

C'est encore l'*Atlas de l'Est* qui constituera la meilleure source documentaire de base (ainsi que les cartes parues de l'*Atlas de Franche-Comté* pour les Vosges comtoises).

LE JURA

C'est Emmanuel de MARGERIE qui analysa le premier le relief jurassien ; son interprétation, qui fit date, n'a pas résisté aux investigations ultérieures des géologues et des morphologues. Les premiers ont surtout insisté sur le style de la chaîne jurassienne, avec ses plis de couverture. On consultera la synthèse déjà ancienne de A. CAIRE, Problèmes de tectonique et de morphologie jurassiennes, in Livre P. FALLOT, vol. 2, 1963, p. 104-158 (Soc. Géol. France), ou celle, plus actuelle, de P. CHAUVE (in *Géologie de la France,* t. 2 ou dans le guide géologique *Jura,* Paris, Masson, 1974).

Dès 1927, G. CHABOT, dans sa thèse sur *Les plateaux du Jura central,* Paris, avait souligné la complexité du relief jurassien. Une autre thèse de morphologie a été consacrée au Jura, celle de M. DUBOIS, *Le Jura méridional,* Paris, 1959. Tout n'est cependant pas encore clairement expliqué ; on s'aidera, le cas échéant, des notices des cartes géologiques au 1 : 50 000, publiées maintenant en assez grand nombre.

La plupart des travaux de géographie humaine commencent à dater ; notamment, l'évolution de la vie rurale montagnarde reste à retracer (travaux en instance de publication de J. BOICHARD). On consultera encore les travaux de G. CHABOT, la thèse de R. LEBEAU : *La vie rurale dans les montagnes du Jura méridional,* Lyon, Mém. Instit. Et Rhod., 1955 (mise au point du même auteur dans *La Région lyonnaise,* Paris, Flammarion, 1977). Sur l'extrême-sud du Jura, on peut encore se référer à G. et L. TRENARD, *Le Bas-Bugey,* Belley, 1951. Sur le pays de Gex existe un important travail de R. TARDY (Mém. Instit. Et Rhod., Lyon, 1970). Enfin les aspects de la vie à la frontière franco-suisse ont fait l'objet de la thèse de S. DAVEAU, *Les régions frontalières de la montagne jurassienne,* Lyon, ibidem, 1959.

Outre l'atlas de la région Rhône-Alpes et celui de Franche-Comté, on dépouillera, pour la mise à jour, la *Revue de Géographie de Lyon,* la *Revue de Géographie de l'Est,* ainsi que les *Cahiers de géographie* publiés par l'Université de Besançon.

LE MASSIF CENTRAL

Des bibliographies critiques, faisant le point sur la géographie du Massif Central, ont été publiées sous le titre : *Etat de nos connaissances géographiques sur le Massif Central français* par l'Institut de Géographie de Clermont-Ferrand (*Travaux,* vol. XV, 1958 et LIII, 1976). On s'y reportera, notamment en géographie physique, ce qui permet de ne retenir ici que l'essentiel.

Partagé entre plusieurs régions de programme, le Massif Central n'est couvert que pour quelques départements périphériques (Loire, Ardèche, Lozère, Aveyron) par les Atlas régionaux. Outre les ouvrages généraux sur la France, on consultera le petit « que sais-je ? de Mme

S. DERRUAU-BONIOL et A. FEL, *Le Massif Central*, 3ᵉ édition, 1970. On peut encore se référer à Ph. ARBOS, *l'Auvergne*, Paris, Coll. A. Colin, 1932. Signalons également de petits manuels consacrés aux régions de programme (*Auvergne*, par J. PETELET et *Limousin*, par J. MARION, aux éditions Marketing, Paris, 1973) et le petit volume de G. DOREL, *Auvergne-Limousin, région en difficulté*, Paris, Bréal, 1973.

Sur la morphologie, on rappellera la thèse de H. BAULIG, *Le Plateau Central de la France et sa bordure méditerranéenne*, Paris, Colin, 1928. Mise au point récente dans la bibliographie citée en tête (1976), tenant compte notamment des travaux de P. BOUT sur le Villafranchien et le Quaternaire de l'Auvergne et du Velay et de Y. VEYRET, sur la morphologie glaciaire et nivoglaciaire, de même que des travaux récents sur le volcanisme. La thèse de J.Cl. FLAGEOLLET sur les reliefs du Limousin et de la Vendée nord-occidentale (Sciences de la Terre, Nancy, Mém. 35, 1977) revient aux idées anciennes sur le rôle primordial de surfaces d'érosion emboîtées. Pour la climatologie on s'en tiendra à P. ESTIENNE, *Recherches sur le climat du Massif Central Français*, Mémorial Météo Nat., 1956, nᵒ 43.

Pour l'ensemble de la vie rurale, l'ouvrage de référence reste la thèse de A. FEL, *Les hautes terres du Massif Central, Tradition paysanne et économie agricole*, Aurillac, 1962. Sur les mouvements migratoires, très bon exemple d'étude avec la thèse de R. BETEILLE, *Les Aveyronnais*, Poitiers, 1974. Sur le peuplement, la géographie linguistique, nombreux travaux de P. BONNAUD (cf. Etat de nos connaissances, 1976). Sur les difficultés de passage, on consultera la thèse, évidemment vieillie, de R. CARALP, *Les chemins de fer dans le Massif Central*, Paris, Colin, 1959.

Sur le plan régional, on retiendra :

— pour les plateaux du Limousin et du Rouergue, les travaux déjà anciens de A. MEYNIER, *Ségala, Levézou, Châtaigneraie*, Aurillac, 1931 et de H. ENJALBERT (*A travers le Ségala*, Rodez, 1950, *Rouergue et Quercy*, Grenoble, Arthaud, 1971). Sur le Limousin, travaux en cours sur l'élevage, de P. BOUET ; les aspects humains sont étudiés par J.P. LARIVIÈRE, *La population du Limousin*, Lille, 2 vol., 1975 ; du même auteur existe une bonne monographie de *L'industrie à Limoges et dans la vallée limousine de la Vienne*, Paris, PUF, 1968. Sur Limoges, on consultera le travail de R. LAZZAROTTI (Notes et Et docum., nᵒ 3677-78, 1970) ; sur Montluçon, celui de P. COUDERC (*La région urbaine de Montluçon-Commentry*, Clermont, Instit. Et. Massif Central, 8, 1971).

— Pour les Causses, la thèse de P. MARRES (2 vol., Tours, Arrault, 1936) n'a jamais été rajeunie.

— La bordure orientale a suscité beaucoup de travaux. Rappelons la thèse de J. BEAUJEU-GARNIER, *Le Morvan et sa bordure*, Paris, PUF, 1950 ; sur l'élevage charolais, les travaux de J. BOICHARD. L'Université de Saint-Etienne a déjà édité de nombreuses publications sur une région qui avait été longtemps négligée ; mais nous disposons surtout de la thèse de J. SCHNETZLER, *Les industries et les hommes dans la région stéphanoise*, Saint-Etienne, 1975. Les thèses de P. BOZON, *La vie rurale en Vivarais*, Valence, 1963 et de R. LAMORISSE, *Recherches géographiques sur la population de la Cévenne*, Montpellier, 1975, concernent surtout la bordure rhodanienne ou méditerranéenne.

— Sur le Centre du Massif, la bibliographie est surabondante. On consultera toujours les thèses classiques de L. GACHON, *Les Limagnes du sud et leurs bordures montagneuses*, Tours, Arrault, 1939, et de M. DERRUAU, *La Grande Limagne auvergnate et bourbonnaise*, Clermont, 1949. Sur le volcanisme, il faudra assurer avec l'« Etat de nos connaissances..., 1976 » la mise à jour de J. JUNG, *Géologie de l'Auvergne*, Paris, Mém. Service carte géol., 1946 ; cette mise au point dispensera de se reporter aux très nombreux travaux géologiques ; parmi les plus récents, citons, la thèse de G. CAMUS, *La Chaîne des Puys*, Ann. Univ. Clermont, nᵒ 56, 1975).

Sur Clermont-Ferrand, le travail de P. ESTIENNE et S. DERRUAU (Notes et Et. Docum., nᵒ 3221, 1965) a été mis à jour dans P. ESTIENNE, Clermont-Ferrand en 1973 (Inf. Géogr., 1972, 36, p. 209-220). Sur l'industrie thiernoise, on consultera le travail d'A. BŒUF (Rev. Auvergne, 1967, p. 177-236).

Postérieurement à l'« Etat de nos connaissances..., 1976 », la mise à jour peut se faire à travers les publications des universités de Saint-Etienne, Limoges et Clermont-Ferrand (pour cette dernière, *Travaux Institut Géographie*, depuis 1953). Sur les bordures, nombreux articles dans la *Revue de Géographie de Lyon* et la *Revue géogr. Pyrénées et Sud-Ouest*.

Peu de régions sont aussi bien représentées dans la littérature populaire et le roman. L'atmosphère ancienne du métayage bourbonnais est sensible à traver les œuvres de E. GUILLAUMIN (notamment, le « Syndicat de Baugignoux »), l'un des pionniers du syndicalisme des métayers. Les romans régionalistes de H. POURRAT retracent un Livradois ou un Forez bucoliques, bien loin de la réalité d'autrefois ; on est beaucoup plus près de la vie réelle avec ceux de L. GACHON, géographe il est vrai. Bucoliques aussi sont les œuvres rouergates de F. FABIE.

L'ascension de Limoges, le passage de l'artisanat à la grande industrie sont bien situés dans l'œuvre de E. CLANCIER (*Le pain noir*).

LES ALPES

Aucune région au monde n'a suscité une littérature scientifique aussi riche, dont les acquis sont sans cesse remis en question. On dispose d'abord d'une magnifique documentation iconographique. Un éditeur grenoblois, Arthaud, a multiplié les publications souvent luxueuses ; aucune ne peut laisser le géographe indifférent. Sur un plan plus littéraire, si les Alpes françaises n'ont pas suscité d'écrivain de la trempe de C.F. RAMUZ, on n'en lira pas moins avec intérêt romans ou nouvelles de R. FRISON-ROCHE ou de SAMIVEL.

La base cartographique est inégale ; le vieux plan directeur au 1 : 20 000 présente bien des défauts, mais il y a d'admirables réussites cartographiques, comme la carte du Massif du Mont-Blanc au 1 : 10 000. Rien ne peut remplacer les coupures de la carte de la végétation au 1 : 200 000 (notamment feuilles Gap et Nice) ; on y ajoutera les très nombreuses cartes publiées par le laboratoire grenoblois de P. OZENDA (*Documents pour la carte de la végétation des Alpes*). La vieille carte géologique au 1 : 80 000 est à une échelle bien incommode et d'une qualité très inégale ; on lui préférera les nombreuses coupures parues de la carte au 1 : 50 000, tout en déplorant le manque d'unité dans la conception et l'interprétation des données. Les atlas régionaux apportent peu ; l'atlas Rhône-Alpes, consacré à un milieu très hétérogène ne peut prendre en compte la complexité du milieu alpin.

La mise à jour des connaissances est facilitée par la vieille *Revue de Géographie Alpine,* créée à Grenoble par le fondateur de l'Ecole de géographie dite de Grenoble, Raoul BLANCHARD. On consultera également les publications des géologues grenoblois (*Géologie alpine*) et, pour les Alpes du sud, la revue *Méditerranée*. Une iconographie souvent remarquable existe dans la revue *La Montagne,* publiée par le Club Alpin Français.

Ouvrages généraux

Les travaux fondamentaux restent ceux de R. BLANCHARD : *Les Alpes occidentales* (7 tomes en 12 vol. publiés chez Arthaud de 1938 à 1956 ; le dernier volume est un travail de synthèse peu régional qui n'a pas encore été refait). L'œuvre de R. BLANCHARD saisit les Alpes à un double tournant : celui de leur connaissance à un moment où changent les conceptions scientifiques, notamment géologiques, et celui de l'humanité alpine alors que se généralise la crise de l'économie montagnarde. La perspective de P. et G. VEYRET (*Les Alpes,* Flammarion, 1967) est différente, dans la mesure où leur volume est consacré à l'ensemble de la chaîne alpestre ; le texte a aussi moins vieilli.

Les bases géologiques ont été fournies par l'Ecole géologique de Grenoble, fondée par Ch. LORY et W. KILIAN, puis dirigée par M. GIGNOUX et L. MORET ; leurs successeurs sont nombreux : R. BARBIER, J. DEBELMAS, Cl. KERCKHOVE, etc. Une remarquable synthèse a été présentée par J. DEBELMAS, dans *Géologie de la France ;* du même auteur on consultera le guide géologique *Alpes* (Paris, Masson, 1970) et on pourra utiliser son film didactique sur la formation des Alpes, excellent outil pédagogique diffusé par l'ancien Institut Pédagogique National. On relèvera que la terminologie des géologues est plus restrictive que celle des géographes ainsi, le terme de « Préalpes » est réservé aux seuls éléments charriés, les autres massifs étant connus sous le nom de « chaînes subalpines ».

L'analyse morphologique a longtemps opposé « parisiens » et « grenoblois », notamment sur le rôle des anciens glaciers auxquels les grenoblois accordent une place majeure. La chronologie des épisodes glaciaires s'est singulièrement compliquée depuis les pionniers que furent PENCK et BRUCKNER (*Die Alpen im Eiszeitalter,* Leipzig, 1905) ; les travaux les plus récents sont ceux de G. MONJUVENT (voir notamment sa thèse sur le bassin du Drac, résumée dans *Géologie alpine,* 49, 1973, p. 57-118, ou, plus brièvement dans l'*Inform. Géogr.,* 1974, p. 42-46). Sur les glaciers actuels, on consultera la thèse de R. VIVIAN, *Les glaciers des Alpes occidentales,* Grenoble, 1975. Sur les complexes morainiques, outre les travaux de MONJUVENT, on consultera la thèse déjà vieillie de Y. BRAVARD, *le Bas-Dauphiné,* Grenoble, 1963. Bien des problèmes restent méconnus, notamment ceux de l'englacement des hauts versants ; on verra à ce sujet les articles éclairants de P. VEYRET sur la vallée de Chamonix (*Rev. Géogr. Alpine,* 1959 notamment).

Il n'a guère été ajouté à la thèse de E. BENEVENT, *Le climat des Alpes françaises,* Mém. Météo Nationale, Paris, 1926. En hydrologie, on joindra à la thèse de M. PARDÉ, *Le régime du Rhône,* Lyon, Institut Etudes rhod., 2 vol., 1925, celle de F. GAUDET, *Les cours d'eau alpins de régime glaciaire,* Lille, 1975, et les articles de H. VIVIAN (*Rev. Géogr. Alpine,* notamment 1964). Sur la végétation, outre les travaux du laboratoire OZENDA, le non spécialiste lira toujours avec profit la *Flore et végétation des Alpes*, de Cl. FAVARGER et P. ROBERT (Neuchâtel, Delachaux et Niestlé, 2 vol., 1956-1958).

Il n'existe aucune étude d'ensemble sur la population des Alpes et son évolution. Il en est de même pour la vie rurale ; du moins disposons-nous là d'un classique avec la thèse de Ph. ARBOS, *La vie pastorale dans les Alpes françaises*, Paris, 1922 ; l'évolution de l'inalpage a fait l'objet de nombreuses chroniques de Ch. GARDELLE (in *Rev. Géogr. Alpine*) ; citons aussi A. REFFAY, *La vie pastorale en Chablais* (Ibidem, 1967, p. 401-468). L'habitat rural a fait l'objet de la thèse de J. ROBERT, *La maison rurale permanente dans les Alpes françaises du Nord*, Tours, 2 vol., 1939.

Un historien, P. LEON, a débroussaillé les origines de l'industrie (*La naissance de la grande industrie en Dauphiné*, Paris, PUF, 2 vol., 1954). La thèse de G. VEYRET-VERNER, *L'industrie des Alpes françaises*, Grenoble, 1948, a nécessairement vieilli ; on la rajeunira avec les articles très nombreux de la *Rev. Géogr. alpine*, notamment ceux de C. CHABERT. Aucune étude d'ensemble du tourisme n'a été faite, aucun bilan tenté ; là encore il faudra recourir à la même revue, notamment aux articles de P. PREAU auquel on doit une typologie des stations de sports d'hiver (1968, p. 127-160). Deux thèses couvrent par contre l'ensemble des phénomènes urbains : celle de B. BARBIER (*Ville et centres des Alpes du Sud*, Gap, Ophrys, 1969) est surtout axée sur le rôle des villes dans l'organisation de l'espace ; celle de G. ARMAND (*Villes, centres et organisation urbaine des Alpes du Nord*, Grenoble, 1974) est plus traditionnelle, mais prodigieusement riche en informations d'ordinaire difficiles à saisir (organisation bancaire par ex.).

On regrettera l'absence d'étude historique d'ensemble. La bibliographie fourmille d'Histoire de Savoie, du Dauphiné, de Provence ; nulle part le géographe n'y trouve son compte ; même les volumes récents de la collection PRIVAT sont décevants.

Ouvrages régionaux

Certaines études sont menées dans un cadre administratif, telle la somme de P. CHAUVET et P. PONS sur *Le département des Hautes-Alpes*, Gap, 2 vol., 1975). La plupart concernent des régions géographiques mieux définies. Maurienne et Tarentaise ont suscité des travaux d'H. ONDE (thèse de géographie physique en 1938, et *Occupation humaine dans les grands massifs savoyards internes*, Grenoble, 1942). On les rajeunira avec les éclairages d'un sociologue, Pl. RAMBAUD, *Economie et sociologie de la montagne : Albiez-le-Vieux*, Paris, Colin, 1962, et surtout les monographies de M. JAIL sur *La Haute-Maurienne*, Grenoble, Allier, 1977, et de P. BOZON, sur *Le Pays des Villards en Maurienne*, Grenoble, 1970. On consultera également l'excellente *Petite géographie de la Tarentaise* de C. CHABERT (Aigueblanche, 1976).

L'Oisans a été étudié par A. ALLIX (*L'Oisans, un pays de haute montagne*, Paris, 1929, réimpression de 1976). Sur les Grandes Alpes méridionales, le magnifique ouvrage de G. et P. VEYRET, *Les Grandes Alpes ensoleillées*, Grenoble, Arthaud, 1970, dispensera de recourir aux travaux savants antérieurs (thèse de Ch.-P. PEGUY sur la Haute-Durance, Grenoble, 1974 ; celle de J. CHARDONNET, sur le relief des Alpes du Sud, Paris, 1947, celle enfin de P. VEYRET, sur les pays de la Moyenne Durance, Grenoble, 1941).

Les massifs préalpins ont moins inspiré les géographes ; rien d'exhaustif sur le Chablais et le Giffre ; sur les Bornes et les Bauges, la thèse d'A. CHOLLEY (*Les Préalpes de Savoie et leur avant-pays*, Paris, 1925) est bien dépassée ; celle de J. BLACHE (*Les massifs de la Grande-Chartreuse et du Vercors*, Grenoble, 2 vol., 1931) est moins vieillie, au moins pour la géographie physique. Sur les Préalpes du Sud on retiendra les travaux de J. MASSEPORT : *Le Diois, les Baronnies et leur avant-pays rhodanien*, étude physique et *Le comportement politique du Diois*, tous deux, Grenoble, 1960. Voir aussi R. MERIAUDEAU, *L'aménagement du secteur rural de Veynes : Dévoluy, Haut et Moyen-Bôchaine*, Gap, 1971.

Pas d'étude d'ensemble sur le Sillon Alpin. Notons seulement la thèse de J. MIÈGE, *La vie rurale du Sillon Alpin*, Paris, M.T. Genin, 1961. Une bonne présentation géologique des environs de Grenoble avait été donnée par M. GIGNOUX et L. MORET, *Géologie dauphinoise*, 2e édit., Grenoble, 1952 ; pour la région de Chambéry par P. GIDON, *Géologie chambérienne*, Chambéry, 1963.

Il y a beaucoup de monographies urbaines sous forme d'articles ; les thèses de B. BARBIER et de G. ARMAND dispensent de la plupart des lectures. Annecy a suscité une volumineuse étude de R. BLANCHARD (Amis du Vieil Annecy, 1957) ; Chambéry attend sa monographie, de même que Grenoble pour laquelle nous ne disposons que du travail ancien de R. BLANCHARD (2e édition, Grenoble, 1935), antérieur à la grande croissance grenobloise. Un roman de G. CHEVALLIER (*Les Héritiers Euffe*) retrace avec quelques malveillance la société grenobloise de l'Entre-deux-guerres : est-il très loin de la réalité ?

LE SILLON RHONE - RHIN

Tiraillé entre des régions différentes, l'axe Rhône-Rhin n'a fait l'objet que d'ouvrages de circonstance, sans grande base géographique ou économique. Outre les ouvrages généraux sur la France, on consultera les deux volumes de la collection « France de demain » : les « Régions de l'Est » et la « Région lyonnaise ». La mise à jour pourra se faire à partir des articles et chroniques de la *Revue de Géographie de l'Est* (depuis 1961) et de la *Revue de Géographie de Lyon*, essentielle pour le Sillon Rhodanien. L'université de Besançon publie irrégulièrement des *Cahiers de Géographie*. Sur le plan historique et pour les problèmes agraires anciens, on aura recours aux *Annales de Bourgogne*.

Alsace

La bibliographie est surabondante. La seconde édition de l'*Atlas de l'Est* constitue une excellente base cartographique de départ. Outre la *Revue de Géographie de l'Est*, on consultera les publications des universités de Strasbourg et de Bâle (notamment *Regio basiliensis*). On retiendra surtout les travaux de trois géographes ; d'abord ceux d'Et. JUILLARD qui a consacré toutes ses recherches à l'Alsace et a donné plusieurs synthèses, malheureusement un peu vieillies ; la plus récente figure dans son *Europe rhénane*, Paris, Colin, 1968. Cela ne dispensera pas de recourir à sa thèse : *La vie rurale dans la plaine de Basse-Alsace*, Paris, Les Belles Lettres, 1953 ; son ouvrage, *L'Alsace et la Lorraine*, Paris, Flammarion, 1977 n'a pu être utilisé dans ce travail. Puis les travaux de M. ROCHEFORT, notamment sa thèse consacrée à *L'organisation urbaine de l'Alsace*, Paris, Belles Lettres, 1960. Enfin ceux de H. NONN, avec un travail sur l'urbanisme strasbourgeois (*Strasbourg, des densités aux structures urbaines*, Paris, Belles Lettres, 1966). Les trois auteurs précités ont publié une courte monographie, malheureusement trop ancienne, sur Strasbourg (*Notes Et. Docum.*, n° 2993, 1963). Une autre équipe de géographes, avec P. MEYER, a publié plus récemment un Mulhouse (*Ibidem*, n° 3669, 1970). Il n'y a pas de mise à jour récente sur Colmar.

Les historiens de l'université de Strasbourg, G. LIVET, Ph. DOLLINGER, etc. ont beaucoup publié. Un résumé commode est offert par l'*Histoire d'Alsace*, de la collection Privat (1970). Ceux qui s'intéressent à la population alsacienne pourront consulter le travail de A. WAHL, *L'option et l'émigration des alsaciens-lorrains* (Public. Univer. Strasbourg, 1974).

Enfin, de nombreuses études de géographie physique ont été publiées, notamment à l'occasion de travaux d'aménagement, par l'Institut de Géographie Appliquée de l'Université de Strasbourg (J. TRICART).

Franche-Comté

C'est surtout le phénomène urbain et industriel qui a été étudié. La situation ancienne de la région de Montbéliard - Belfort - Mulhouse est bien décrite dans la vieille thèse d'A. GIBERT (*La Porte de Bourgogne et d'Alsace*, Paris, 1930), alors que la situation contemporaine est le thème de celle de B. DEZERT (*La croissance industrielle et urbaine de la Porte d'Alsace*, Public. Fac. lettres Paris-Sorbonne, t. 55, 1969) qui englobe également le sud de l'Alsace. Sur Besançon, on consultera le travail de G. CHARLES (*Notes Et. Docum.*, n° 3712-13, 1970).

Bourgogne

Il existe une synthèse ancienne de G. CHABOT, *La Bourgogne*, Coll. A. Colin, 3ᵉ édit., 1957. Elle demande donc une mise à jour importante. Et d'abord au point de vue historique, car si la Bourgogne de CHABOT est imprégnée des travaux de G. ROUPNEL (notamment, *La ville et la campagne au XVIIᵉ siècle : étude sur les populations du pays dijonnais*, 1922, réédité A. Colin, Paris, 1955), elle n'a pu bénéficier des derniers travaux de P. de SAINT-JACOB (*Les paysans de la Bourgogne du nord au dernier siècle de l'ancien régime*, Dijon, 1960), ni de la thèse de R. LAURENT (*Les vignerons de la Côte-d'Or au XIXᵉ siècle*, Paris, 2 vol., 1958). Sur le plan géographique on complètera par la thèse de R. GADILLE (*Le vignoble de la côte bourguignonne*, Public Fac. Lettres Dijon, 1967). Dijon a fait l'objet de plusieurs articles récents (J. GERBAULT, *Ann. Géogr.*, 1971, p. 534-553 ; J. GIROUX, *Rev. Géogr. Est* en 1970 et 1971).

Sillon Saône-Rhône

Il n'y a plus eu d'étude d'ensemble depuis le petit et fort ancien ouvrage de P. GEORGE, *Les pays de la Saône et du Rhône*, Paris, PUF, 1941. La partie rhodanienne représente l'essentiel de l'œuvre ultime, mais peu utilisable, de D. FAUCHER, *L'Homme et le Rhône*, Paris, Gallimard, 1968. Pour la région lyonnaise, on dispose de l'excellent R. LEBEAU, *La Région lyonnaise*, Paris, Flammarion, 1977.

La géographie physique a suscité les thèses de A. JOURNAUX (*Les plaines de la Saône et leurs bordures montagneuses*, Caen, 1956) et de Y. BRAVARD (*Le Bas-*

Dauphiné, Grenoble, 1963). Sur les vicissitudes du tracé du Rhône et les terrasses rhodaniennes, on consultera les articles de P. MANDIER (in *Rev. Géogr. Lyon*, 1969 et 1977 notamment). L'hydrologie du Rhône et de ses affluents a été étudiée par M. PARDÉ, *Le régime du Rhône*, Grenoble, 2 vol., 1925.

En géographie humaine, on manque vraiment d'études synthétiques, notamment sur les plateaux de la Haute-Saône, la Bresse, les Dombes. Les vignobles ont été mieux étudiés, surtout par les historiens ; on notera les deux thèses de P. GOUJON, *Le vignoble de Saône-et-Loire au XIXe siècle* (1815-1870), Centre Hist. Econ. Région lyonnaise, 1973 et de G. GARNIER, *Pays du Beaujolais et du Lyonnais*, 1800-1970, Presse Univ. Grenoble, 2 vol. 1973. Pour le Beaujolais, un récent article de R. SCEAU (*Rev. Géogr. Lyon*, 50, 1975, p. 127-150).

A l'aval de Lyon, la thèse de J. BETHEMONT, *Le thème de l'eau dans la vallée du Rhône*, Saint-Etienne, 1972, dispense pratiquement de recourir à la vieille thèse de D. FAUCHER, *Plaines et bassins du Rhône moyen*, Paris, Colin, 1927, mais non aux articles de P. DUBESSET (*Rev. Géogr. Lyon*, 47, 1972). Il y a très peu de données satisfaisantes sur le Bas-Dauphiné ; sur son passé rural, nombreuses indications dans la thèse de P. BARRAL, *Le département de l'Isère sous la 3e République*, Paris, Colin, 1962, et dans deux études contenues dans *Structures économiques et problèmes sociaux du monde rural dans la France du sud-est*, Paris, Belles Lettres, 1966. Il n'y a guère à prendre dans la médiocre *Histoire du Dauphiné* de la collection Privat.

Peu de données récentes sur les villes : Mâcon, Chalon, Villefranche, Bourg, au moins pour les récentes années, gardent quelque mystère. Il en est de même de Romans ou des petites villes du Sillon Rhodanien, à commencer par Vienne. Sur Valence, nous disposons du travail récent de C. MESTRE (*Notes Et. Docum.*, n° 4372-74, 1977).

Lyon n'a pas suscité les grandes synthèses qu'on serait en droit d'attendre ; la meilleure étude, un peu brève, est celle de R. LEBEAU (*op. cit.*). Les matériaux ne manquent pas. Côté historique, signalons seulement les plus utiles au géographe, notamment la thèse de M. GARDEN, *Lyon et les Lyonnais au XVIIIe siècle*, Paris, Belles Lettres, 1970 (l'essentiel est repris sous le même titre, dans un petit volume de la collection « Science », Paris, Flammarion, 1975) et la synthèse réalisée dans la collection Privat : *Histoire de Lyon et du Lyonnais*, 1975. La puissance économique de Lyon a fait l'objet de maintes études. La genèse du rôle bancaire a fourni la matière de la thèse de J. BOUVIER, *Le Crédit Lyonnais*, Paris, SEVPEN, 2 vol., 1961 (résumé dans *Naissance d'une banque : le Crédit Lyonnais*, Paris, Flammarion, coll. Science, 1968). Le rôle de la place financière lyonnaise est étudié dans une thèse qui a fait date, celle de J. LABASSE, *Les capitaux et la région*, Paris, Colin, 1955.

Un petit ouvrage d'apparence générale (J. VASCHALDE, *Les industries de la soierie*, Paris, PUF, coll. Que sais-je ?, 1re édit., 1961) est en fait une excellente étude de la soierie lyonnaise. Cette soierie, mais surtout quelques-unes des grandes industries modernes sont le thème de la thèse de M. LAFERRÈRE, qui ne répond d'ailleurs pas exactement à son titre : *Lyon, ville industrielle*, Paris, PUF, 1960. Sur la diffusion ancienne de l'industrie lyonnaise, bons exemples dans la thèse de P. LEON, (*supra*, p. 200).

Le recours le plus commode reste la solide étude de J. BONNET, *Lyon et son agglomération*, *Notes Et. Docum.*, n° 4207-09, 1975. Rechercher l'atmosphère du vieux Lyon, deviner les structures figées de son ancienne société, c'est peut-être dans les souvenirs de G. CHEVALLIER (notamment *Chemins de solitude*) qu'on en trouvera l'évocation la plus discrète.

Enfin, l'aménagement du Rhône et de la Saône, déjà étudié pour le premier dans la thèse de J. BETHEMONT, a fait l'objet d'excellentes monographies dans la revue *Géographie et Recherche* (n° 5, 8, 16 et surtout 22, 1977). On pourra suivre l'actualité dans la *Revue de navigation intérieure* où a été évoqué maintes fois le problème de la liaison Rhône-Rhin, malheureusement en termes plus polémiques que scientifiques, et dans une optique partisane qui ne tient guère compte de la réalité économique. Un résumé commode est donné par J. RITTER, *Le Rhône*, Paris PUF, coll. Que sais-je ?, 1973.

Index sommaire

Abondance, 111.
Abreschwiller, 18.
Agout (rivière et bassin), 42, 47, 53, 64.
Aigoual (Mont), 39, 41, 42, 63.
Aiguilles, 103.
Aiguilles Rouges (Massif des), 89, 90, 95, 96, 105-106.
Ain (dépt.), 14, 31, 122, 177.
Aix-les-Bains, 79, 110, 113, 115, 118-119.
Albanais, 110, 112.
Albertville, 90, 91, 116, 118, 124.
Albi, 66.
Albiez-le-Vieux, 74.
Alès, 46, 53.
Allevard, 79, 114, 117.
Allier (dépt.), 47, 51, 66.
  — (rivière et vallée), 39, 41, 42, 47, 49, 55, 60, 64, 67, 68.
Allos (col d'), 89, 99.
  — (dôme), 91.
Aloxe-Corton, 144.
Alpe d'Huez, 81, 107.
Alpes, 12-16, 70-82, 83-123.
Alpes du Nord, 14, 71, 74, 77, 87, 94.
Alpes du Sud, 13, 14, 15, 74, 75, 77, 83, 87, 94.
Alpes de Haute-Provence (dépt.), 14, 73.
Alsace, 17, 126, 127-129, 135, 136, 137-138, 142, 143, 145, 146, 147, 148, 150-151, 153, 154-169.
Altkirch, 162.
Ambérieu, 172.
Ambert, 39, 45, 49, 53, 66.
Ambin (Massif d'), 88.
Amélie-les-Bains, 79.
Ammerschwihr, 143.
Amplepuis, 45, 62.
Ancizes (Les), 55.
Andance, Andancette, 189.
Andlau (Ried de l'), 127, 129, 138.
Andrézieux, 62.
Annecy (cluse d'), 90, 92, 112, 113, 115, 116, 118.
  — (lac d'), 79, 114, 118.
  — (ville), 110, 115, 118, 123, 177.
Annemasse, 117.
Anneyron, 140, 189.
Annot, 91.
Annonay, 45, 131, 141, 186.
Aoste (Val d'), 72, 99, 101.
Araches-Les Carroz, 111.
Aramon, 151.
Aravis (chaîne des), 92, 112.

Arbois, 142, 173.
Arbresle (L'), 185.
Arc (rivière), 77, 87, 88.
Arcs (Les), 106.
Ardèche (dépt.), 14, 59, 122, 142, 180.
Ardéchois (plateaux), 47.
Argenters (Massif de l'), 86, 90, 91, 94.
Argentière (L'), 87, 88, 101, 103, 107.
Ariège (dépt.), 14.
  — (Pyrénées de l'), 73, 76, 78, 80.
Arroux, 67.
Arve (cluse de l'), 92, 113, 114, 115, 116-118, 123.
  — (rivière), 86, 90, 96, 99.
Arves (Aiguilles et Pays des), 86, 87, 88.
Arvieux, 108.
Assy (plateau d'), 79, 111.
Aubrac, 39, 41, 42, 43, 46, 47, 50, 60, 61.
Aubusson, 45, 53.
Audincourt, 157.
Aumance (bassin de l'), 53.
Aurillac, 50, 55, 58, 61.
Auron, 81.
Aussois, 77.
Autun, Autunois, 50, 55, 61-62.
Auvergne, 38, 49, 59, 60.
Auxois, 62.
Auxonne, 129, 139, 172.
Avallon, 62.
Avant-pays savoyard, 109-113.
Avenières (Les), 186.
Avérole, 96, 97, 98.
Aveyron (dépt.), 14, 44, 49, 51, 55, 59.
Avoriaz, 80, 82, 111.
Avrieux, 95, 97.
Ax-les-Thermes, 79.
Azergues (vallée de l'), 61, 62, 131, 178.

Baccarat, 21, 22.
Bains-les-Bains, 23.
Bâle, 127, 147, 148, 150, 161, 163, 164-165, 169.
balance démographique, 46-47, 102.
Ballon d'Alsace, 17, 18.
Ban de la Roche, 20.
banque, 154, 179.
Baraqueville, 66.
Barcelonnette (dôme de), 86, 87, 88, 91.
  — (ville de), 96, 99, 108, 122.
Baronnies, 14, 92.
Barr, 127, 162.
Barrot (dôme de), 83, 87, 91.
Bas-Dauphiné, 127, 131, 133-135, 136, 139-140, 177, 178, 180, 184, 185, 186-188, 190.

Bas-Rhin (dept.), 147.
Basque (Pays), 73.
Bathie-Roselend (La), 77.
Bauges, 76, 92, 93, 109, 110, 112.
Baume-les-Messieurs, 28.
Bayard (Col), 91, 93, 116.
Bazois, 62.
Béarn, 73.
Beaucourt, 157.
Beaufortin, 76, 77, 89, 95, 96, 98, 103, 105, 106.
Beaujeu, 173.
Beaujolais, 41, 43, 45, 53, 62, 67, 131, 142, 144-145, 177, 180, 185.
Beaune, 143, 144, 150, 173.
Beauvezer (dôme de), 91.
Belfort (seuil et vile), 23, 129, 145, 156, 159, 161, 162, 163, 164, 170.
Bellac, 65.
Belledonne (massif de), 89, 96, 105, 117.
Bellegarde, 37.
Belley, 37.
Benfeld, 137, 162.
Bérarde (La), 95, 105.
Besançon, 34, 37, 135, 147, 170, 174-175.
Bessans, 74, 97, 98.
Besse, 50, 61.
Bessèges, 46.
Bessines, 55.
Bienne (vallée de la), 34.
Bièvre-Valloire, 133, 140, 186.
Bischwiller, 162.
Bissorte (retenue de la), 77.
Blanzy (bassin de), 53, 62.
bleu d'Auvergne, 50.
Bochaine, 91, 94, 109, 113.
Boën, 55, 66.
Bois-d'Amont, 34.
Bois-Noirs (massif des), 55, 64.
Bonhomme (col du), 23.
Bonnevaux (landes de), 133.
Bonneville, 117.
Borne (rivière), 92, 112.
Bornes (Avant-pays des), 109-110, 112.
  — (Massif des), 92, 109, 110, 111, 112.
Bort, 65.
Bourbince, 67.
Bourbon-Lancy, 52, 58, 67.
Bourbon-l'Archambault, 59, 63.
Bourbonnais, 44, 45, 46, 50, 60, 67.
Bourbonne-les-Bains, 23.
Bourboule (La), 45, 59, 61.
Bourbre (rivière), 186.
Bourg-Argental, 62, 185.

203

Bourg-de-Péage, 188.
Bourg-d'Oisans, 89, 107.
Bourg-en-Bresse, 139, 148, 170, 172, 178.
Bourget (Lac du), 114.
Bourgoin-Jallieu, 180, 182, 186-188, 195.
Bourgogne (canal de), 151.
— (région de), 131, 135, 145, 146, 147, 170-176.
— (vignoble de), 143-144.
Bourgogne (Porte de), 17, 126, 129, 135, 136, 138, 141, 146, 147, 148, 150, 154-169.
Bourg-Saint-Maurice, 106-107.
Brassac-les-Mines, 45, 58, 69.
Bréda (vallée du), 105.
Bresse (Plaine de), 28, 126, 127, 129-131, 135, 136, 137, 139, 145, 146, 153, 170, 172, 173.
Bresse (La,)18, 22, 23, 24.
Brevenne (sillon de la), 61, 178, 185.
Briançon, 107, 108.
Briançonnais, 79, 81, 83, 87, 88, 89, 95, 97, 99, 101, 103, 105, 107.
Brides-les-Bains, 79.
Brionnais, 50.
Brioude, 58, 61, 66, 67.
Brive (bassin de), 38, 65.
Bron, 178, 193, 194.
Bruche (vallée de la), 20, 23, 127, 154.
Brumath (terrasse et bourg de), 127, 129, 162.
Buech, 91, 93.
Bugey, 29, 31, 33, 34, 142, 151.
Bussang (col de), 22.

Caluire, 193.
Camarès, 42, 47.
Cantal (dépt.), 14, 47, 55, 59.
— (Monts du), 39, 41, 42, 50, 60.
Capcir, 80, 81, 82.
Capvern, 79.
Carmaux, 45, 53, 66.
Castillon (barrage de), 77.
Causses, 15, 43, 44, 45, 46, 47, 48, 50, 59, 63.
Cauterets, 79.
Cayolle (col de la), 89.
Ceillac, 108.
Cenis (Col du Mont-), 76, 99.
Centre (canal du), 151.
Cerces (massif des), 80, 107.
Cerdagne, 79, 81.
Cère (rivière), 64.
Cérilly, 69.
Cernay, 160, 162.
Cerveyrette, 88, 107.
Cévenne, pays cévenol, 13, 14, 47, 59.
Cézallier, 39, 44, 50, 60.
Chabeuil, 141.
Chablais, 15, 74, 76, 86, 91, 92, 93, 109, 110, 111-112.
Chagny, 62, 173.
Chaise-Dieu (Plateaux de La), 43, 44, 47, 48, 64.
Chalampé, 160.
Challes-les-Eaux, 79, 119.

Chalmazel, 59.
Chalon-sur-Saône, 67, 129, 139, 151, 170, 173, 174.
Chalonnais, 131, 142, 144.
Chambarand, 133, 135, 141, 186.
Chambéry (cluse de), 92, 113, 115, 116, 118.
— (ville de), 107, 119, 123, 178.
Chambeyron, 88.
Chambon (barrage du), 77.
Chambon-sur-Lignon, 61.
Chambotte, 112, 113.
Chammet (barrage de), 53.
Chamonix, 79, 89, 93, 95, 96, 99, 105-106.
Champagnole, 27, 31, 37.
Champsaur, 73, 91, 94, 115.
Chamrousse, 80, 81.
Charavines, 186.
Charlieu, 67.
Charolais, 50, 59, 62, 67.
Charolaise (race), 50-51.
Charolles, 67.
Chartreuse (Massif de la Grande), 25, 79, 92, 93, 109, 110, 111, 112-113.
Chasse, 188.
Châtaigneraie cantalienne, 47, 48, 64.
Château-Chinon, 59.
Châtel, 111.
Châtel-Guyon, 46, 59.
Châtillon-sur-Chalaronne, 172.
Chaudesaigues, 59.
Chedde, 101.
Cher (fossé du, rivière), 39, 64, 66.
Chéran, 112.
Cheylard (Le), 185.
Ciamarella, 88.
Clairvaux, 34.
Clarée, 88, 107.
Clamecy, 59.
Clayette (La), 67.
Clermont-Ferrand, 42, 47, 58, 59, 67, 68-69.
climat, 19, 28-29, 41-42, 94, 95-96.
Clusaz (La), 81, 111.
Cluses, 116, 117, 118.
cluses préalpines, 87, 92, 113-123.
Coirons, 39, 60.
collines sous-vosgiennes, 127.
Colmar, 23, 127, 135, 143, 161, 163.
Combe de Savoie, 91, 114, 116.
Combraille, 44, 46, 47, 48, 50, 64.
Commentry, 46, 53, 66.
Comtal (Causse), 63.
comté (fromage de), 31, 33.
Condrieu, 189.
Conflent, 76, 79.
Contrexéville, 23.
Corbier (Le), 107.
Cornimont, 22.
Corps, 115.
Corrèze (dépt), 50, 51, 55, 65.
corréziens (plateaux), 48.
Costière de Dombes, 131, 190.
Côtes-du-Rhône, 142, 143.
Courchevel, 80, 81, 106.
Courpière, 67.
Cours, 45, 62.
Craponne (Plateaux de), 48, 64.

Crest, 136, 140, 141, 188.
Creuse (dépt.), 14, 42, 44, 47, 50, 55, 66.
Creusot (Le), 46, 53, 62.
Creys-Malville, 151.
Croix-de-Fer (col de la), 89.
Croix-Haute (col de la), 116.
Cusset, 69.

Dabo, 18, 20.
Damprichard, 34.
Dannemarie, 127, 162.
Dauphiné, 73, 81, 119, 145, 177.
Decazeville, 46, 53, 65-66.
décentralisation industrielle, 55.
Delle, 157, 163.
Deux-Alpes, 81, 107.
Devès, 39, 41, 43, 44, 48, 60.
Dévoluy, 86, 91, 92, 93, 94, 109, 110, 118.
Dheune, 131, 174.
Die (combe de), 94.
Digne (Préalpes de), 14, 91, 92.
Digoin, 52, 58, 67.
Dijon, 131, 135, 147, 148, 170, 173, 174, 175-176.
Diois, 91, 92, 94.
Divonne, 37.
Dole, 31, 148, 170, 172.
Doller, 157, 159, 165.
Dombes, 126, 131, 136, 139, 177, 192.
Donon (massif du), 17, 18.
Dordogne (rivière), 42, 53.
Dore (rivière et vallée de la), 39, 53, 64, 66, 67.
Dorons (rivières), 88, 96, 101.
Doubs (dépt.), 14, 29.
— (rivière), 136, 146, 151.
Dourbie, 63.
Drac, 77, 90, 91, 93, 116, 117, 119.
Dranses, 93, 111, 112.
Drôme (dépt.), 73, 122, 180.
— (rivière), 135.
Durance (pays de la), 91, 94, 101, 107, 116.
— (rivière), 77, 87, 88, 93, 99.
Durolle, 64.

Eau d'Olle, 89.
Echelles (Les), 133, 178.
Echirolles, 121, 122.
Ecully, 193, 194.
Egletons, 65.
Eguisheim, 143.
élevage, 31, 45, 49-51, 98-99.
Emblavès, 39, 49, 66.
Embrun, 91, 107.
Embrunais, 86, 87, 88, 90, 91, 94, 105, 107.
émigration, 46-47, 103.
Entraunes (dôme d'), 91.
Epinac-les-Mines, 62.
Epinal, 18, 22, 23, 24.
Erstein, 126, 136, 137, 162.
Escandorgue (montagne de l'), 39.
Espalion, 65.
Espinouse, 42, 64.
Est (canal de l'), 151.
Etival, 22.

Evian, 79, 112, 115.
Eymoutiers, 65.
Eyrieux (vallée de l'), 140, 141.

Faucigny, 112, 117.
Faucogney, 17, 18, 22.
Faverges, 116.
Fayet (Le), 99, 118.
Fecht, 17, 157.
Felletin, 65.
Ferney-Voltaire, 37.
Ferrette, 129.
Fessenheim, 150, 151.
Feurs, 55, 66.
Feyzin, 151, 182.
Fier, 92, 112, 113, 118.
Firminy, 46, 62.
Flaine, 80, 111.
Fontaine, 121, 122.
Font-Romeu, 79.
Font-Sancte, 88.
forêt, exploitation forestière, 21, 43.
Forez (monts du), 39, 42, 47, 48, 49, 55, 59, 63-64.
— (plaine du), 45, 52, 55, 58, 66.
Fougerolles, 172.
Franche-Comté, 145, 147, 164, 170-176.
Fraize, 22.
Freissinières (vallée de), 90, 107.
Fréjus (col du), 99, 107.
Froges, 117.
frontière, 76, 145-146, 156.
fruitières, 31, 33.
Furens, 55, 62.

Gannat, 69.
Gap (dôme de), 86, 87, 91, 93.
— (ville du), 76, 116.
Gapençais, 94.
Garabit (viaduc de), 58.
Gavarnie, 79.
Genève, 31, 37, 99, 111, 112, 116, 117, 123, 124, 177, 178, 179.
Genevois, 112.
Genlis, 172.
Gérardmer, 18, 21, 24.
Gerbier-de-Jonc (Mt), 61.
Gets (Les), 81, 111.
Gévaudan, 43, 44, 45, 59, 60.
Gevrey, 173.
Gex (pays de), 25, 31, 33, 37.
Gier, 55, 62, 178.
Giffre (massif du), 80, 86, 90, 91, 92, 109, 110, 111, 112.
Givors, 46, 188.
Glandon (col du), 89.
Glockelsberg, 127, 129.
Goulet (montagne du), 39, 44.
Grand-Arc (chaîne du), 89, 96, 105.
Grand-Ballon, 17.
Grand-Bornand (Le), 111.
Grande-Casse, 88.
Grande-Chartreuse (monastère de la), 79, 109.
Grandes Alpes, 95-108.
Grandes Rousses, 89, 105.

Gran Paradiso, 80, 86, 88.
Grasse (Préalpes de), 92.
Grave (La), 99, 105.
Gray, 126, 129, 137, 151, 170, 172.
Grenoble, 81, 91, 93, 113, 115, 119-123, 177, 178, 184.
Gréoux-les-Bains, 79.
Grésivaudan, 78, 90, 91, 111, 114, 115, 116, 177.
Grosne, 126, 131, 174.
Guebwiller, 157, 162.
Guéret, 65.
Gueugnon, 55, 58, 67, 117.
Guiers, 113.
Guil, 87, 96.
Guillestre, 87, 98, 107.
Guisane, 88, 107.
Gyronde, 88, 90, 107.

habitat rural, 19-20, 31, 44-45, 137.
Haguenau, 135, 137, 138, 156, 161, 162.
Hardt, 138, 165.
Haut-Doubs (région du), 34.
Haute-Loire (dépt.), 14, 59.
Hautes-Alpes (dépt.), 14, 73, 99, 122.
Haute-Saône (dépt.), 126, 159.
— (plateaux de la), 129, 135, 136, 137, 138, 146, 148, 157, 170.
Haute-Savoie (dépt.), 73.
Hautes-Chaumes, 17, 18, 20, 23.
Haute-Vienne (dépt.), 44, 47, 50, 51.
Hauteville, 34.
Haut-Jura, 29, 31.
Héricourt, 157.
Hohneck, 17.
Hôpitaux (cluse des), 115.
houblon, 137.
Hunawihr, 143.
Huningue, 150, 156, 160, 165.
hydro-électricité, 53-55, 76-78, 150, 151.

Ile-Crémieu, 25, 126, 133, 136, 140, 186.
Ill (rivière), 127, 129, 151.
— (Ried de l'), 127, 165, 167.
Illkirch, 167.
industrie, 21-22, 34, 36, 45-46, 53-58, 76-78, 101-102, 116-117, 121-122, 156-162, 179-184.
Ingwiller, 156.
Irigny, 182, 183.
Is-sur-Tille, 173.
Iseran (col de l'), 89.
Isère (dépt.), 73, 77, 122.
— (rivière), 87, 88, 91, 115, 119, 133, 135, 151.
Isère (Basse), 140-141, 188.
Issoire, 55, 58, 67, 69.
Izoard (col de l'), 89.

Jarrie, 117.
Jaur, 64.
Jonte, 63.
Jougne, 34.
Jura, 12-16, 24-37, 129, 135, 140, 159, 172-173.
— (dépt.), 142, 177, 185.

Jussey, 151.

Karellis (Les), 80.
Kehl, 148.
Kembs, 150.
Kochersberg, 127, 129, 136, 137, 138.
Krontal, 127.

Labaroche (plateau de), 17, 18, 20.
Lacaune (Monts de), 43, 47, 48, 50, 59, 60, 64.
— (race ovine de), 45.
Laffray, 116.
Lamastre, 185.
Langeac, 58, 61, 67, 69.
Langogne, 61, 64.
Lans, 113.
Lanslebourg, 88.
Larche (col de), 89, 99, 107, 108.
Largentière, 55.
Larzac (Causse du), 63.
Lautaret (col du), 88, 99.
Lauterbourg, 162.
Lauzière (chaîne de la), 88, 89, 96, 105.
Léchère (La), 79.
Léman (Lac), 79, 93.
lémanique (avant-pays), 111-112, 123.
Léoncel, 109.
Levézou, 45, 47, 50, 66.
Levier, 27, 33.
Lezoux, 67.
Liépvrette (vallée de la), 157.
Liers, 133.
Liffol-le-Grand, 21.
Limagnes, 39, 41, 43, 44, 45, 49, 52, 67.
Limoges, 46, 47, 53, 59, 65, 69.
Limousin, 38, 41, 43, 44, 45, 47, 52, 59, 60, 64-65.
limousine (race), 50.
Lioran (Le), 59.
Livet (val de), 101, 107.
Livradois, 39, 43, 44, 47, 48, 64, 67.
Livron, 189.
Loire (dépt.), 47, 48, 51, 55, 59, 67.
— (plaines de la), 44, 47, 66.
— (rivière), 39, 41, 42, 66, 67.
Loire (centrale de), 151.
Lomont, 25.
Lons-le-Saunier, 27, 173.
Loriol, 189.
Lorraine, 17, 148, 150.
Lot (pays du), 65.
— (rivière), 42, 60, 63, 64, 65.
Louhans, 129, 139, 172.
Lozère (dépt.), 47, 48, 49, 55, 59.
— (Monts-), 39, 44, 63.
Luchon, 79, 81.
Lure (Montagne de), 94.
Lure, 129, 170, 172.
Luxeuil, 23, 129, 172.
Lyon, 47, 59, 69, 115, 116, 124, 131, 133, 136, 139, 146, 148, 151, 153, 173, 177, 178-196.
Lyonnais (Monts du), 45, 48, 52, 62, 67, 185.

205

lyonnaise (région), 135, 177-196.

Mâcon, 135, 170, 173-174.
Mâconnais, 62, 129, 131, 141, 142, 144.
Madeleine (col de la), 88, 89.
Madeleine (Monts de la), 64.
Maîche, 27, 31, 34.
maison rurale, 31, 44-45, 97-98, 110-111, 137.
Malzieu (Le), 39, 66.
Mamirolle, 33.
Marche, 41, 43, 45, 46, 47, 50, 64.
Marcoule, 151.
Margeride, 39, 44, 46, 47, 48, 60, 63-64.
Marvejols, 63.
Masevaux, 157, 163.
Massat, 73.
Massif Central, 12-16, 38-69, 129, 131, 133, 135, 136, 173, 178, 180, 185-186.
Massifs Centraux alpins, 83, 86, 87, 89-90, 93, 95, 96, 98.
Matésine, 91, 114, 115, 116.
Mauriac, 61.
Maurienne, 73, 74, 76, 78, 80, 81, 82, 87, 88, 89, 95, 97, 98, 99, 101, 103, 107.
Megève, 81, 114.
Méjean (Causse), 60, 63.
Mélisey, 172.
Mende, 58, 63.
Ménuires (Les), 80, 106.
Mercurey, 144.
Méribel, 106.
Meurthe, 22, 23.
Meygal (massif du), 39, 47, 59, 61.
Mézenc (massif du), 39, 50, 61.
migrations pastorales, 74-76.
Millau, 45, 53, 63.
Modane, 95, 107.
Moder, 156.
Molines, 98, 108.
Molsheim, 162.
Montagne limousine, 38, 41, 42, 43, 48, 66.
Montagne Noire, 39, 42, 43, 64.
montagne volcanique, 49-50, 60-61.
Montbéliard (pays de), 25, 136, 146, 147, 156, 157-159.
— (ville), 127, 129, 135, 161, 163, 164, 170.
Mont-Blanc (massif du), 71, 72, 89, 93, 95, 96, 98, 99, 101, 105-106.
— (tunnel du), 76, 99, 106, 115.
Montbrison, 49, 62, 66.
Monêtier, 107.
Montceau-les-Mines, 45, 58, 61, 62, 67.
Mont-Cenis (col, barrage), 76, 77, 79.
Montchanin, 62.
Monts-Dôme, 41, 44.
Monts d'Or, 131.
Mont-Dore (Le), 59, 61.
Monts-Dore (massif des), 39, 41, 42, 50, 59, 60.
Mont-Genèvre (Col du), 89, 95, 99.
Montluçon, 39, 46, 53, 66.
Montmélian, 118, 135.
Montpezat, 53.
Morbier, 33, 34.

Morestel, 186.
Morez, 33, 34, 37.
Mossig, 127.
Morteau, 31, 34.
Morvan, 42, 44, 46, 47, 48, 59, 61-62.
Morzine, 15, 79, 80, 81, 111.
Moselle, 22, 23, 24.
Moselotte, 22, 24.
Moulins, 58, 67, 68, 69.
Mouthe, 29.
Moutiers, 87, 98, 101, 106.
Mulhouse, 135, 146, 147, 148, 150, 154, 156, 157, 159, 160-162, 163, 164-165.
Münster, 157.
Murat, 61.
Mure (La), 89, 116, 122.

Nantua (cluse et ville), 28, 31, 34, 37.
Nasbinals, 61.
Naucelle, 66.
Néris, 59.
Neuf-Brisach, 161.
Neulize (seuil de), 66.
Neuville-sur-Saône, 182, 192.
Névache, 80, 95, 107.
Niederbronn, 156, 162.
Nomexy, 22.
Notre-Dame de Briançon, 101.
noyeraie de l'Isère, 140-141.
Nozeroy, 29.
Nuits, 143, 144, 173.

Obernai, 156, 162.
Ognon, 25, 129.
Oisans, 78, 89, 95, 97, 98, 101, 103, 105, 107.
Olt (Pays d'), 65.
Ondaine, 55, 62.
Oraison, 77.
Orcières-Merlette, 95, 115.
Ornans, 27, 37.
Orres (Les), 107.
Ottmarsheim, 150, 165.
Ouche, 129, 175.
Oullins, 193.
Outreforêt, 127, 137, 138.
Oyonnax, 31, 36-37.

Palais (Le), 55.
Paray-le-Monial, 46, 58, 62, 67, 178.
Pareloup (barrage de), 53.
Paulhaguet, 66.
Péage-de-Roussillon, 181, 182, 189.
Pélussin, 185.
Pelvoux, 71, 72, 83, 86, 88, 89, 90, 91, 93, 94, 95, 96, 97, 98, 103, 105, 107.
Pesey, 106.
Pesmes, 172.
Petit-Saint-Bernard (col du), 94, 99.
Pfaffenhoffen, 156.
Pfastatt, 160.
Phalsbourg, 24.
Piedmont rhodanien, 131, 141.
Pierre Bénite, 182.
Pierrelatte, 151.
Pilat (massif du), 45, 59, 62.

Plagne (La), 81, 106.
Plainfaing, 22.
Plancher-les-Mines, 18.
Planèze de Saint-Flour, 49, 60.
Plateaux de Haute-Saône, 129, 135, 136, 137, 138.
Plombières, 23.
Poligny, 31, 33, 173.
Pommard, 144.
Pontarlier, 33, 34, 37.
Pont-de-Claix, 117, 119, 122.
Pont-de-Roide, 157.
population, 22-23, 29-31, 43-44, 46, 73, 96-97, 102.
Port-sur-Saône, 172.
Pouzin (Le), 133, 189.
Pragnères, 77.
Pralognan, 81, 106.
Praloup, 108.
Prats-de-Mollo, 73.
Praz-sur-Arly, 114.
Préalpes, 86, 87, 91-93, 135, 140.
Préalpes de Digne, 14, 91, 92.
Préalpes du Nord, 83, 109-113.
Puy (Le) (bassin), 39, 66.
— (ville), 42, 46, 53, 60, 61.
Puys (chaînes des), 41, 60.
Puy-de-Dôme (dépt.), 47, 51, 66.
— (sommet), 60.
Puy-Saint-Vincent, 107.
Pyrénées, 12-16, 70-82.

Queyras, 73, 74, 80, 81, 82, 87, 88, 89, 95, 96, 97, 98, 99, 103, 107, 108.

Rambervillers, 22.
Randens, 77.
Raon, 22.
Regio basiliensis, 163-165.
Remiremont, 24.
Renage, 186.
rénovation rurale en montagne, 16, 52.
Restefond (col de), 89.
Revermont, 25, 131.
Reyssouze, 131.
Rhénanie, pays rhénans, 126, 146.
Rhin, 127, 145, 146, 147, 148, 150-153, 154, 156, 160, 167, 168.
Rhinau, 150.
rhodaniens (pays), 131-135.
Rhône (fleuve), 78, 127, 131, 133-135, 145, 146, 147, 148, 150-151, 177, 178, 188, 189, 190, 192.
— (dépt.), 59.
— (glacier du), 93, 131.
— (vallée du), 25, 44, 139-141, 178.
Rhône-Rhin (axe), 148-153.
Ribeauvillé, 162.
Rieds, 127, 136, 137, 138.
Rillieux, 193, 194.
Riom, 58, 67, 68, 69.
Riom-ès-Montagnes, 50, 61.
Rioupéroux, 101.
Riquewihr, 143.
Rive-de-Gier, 46, 62.

Rives (seuil de), 140, 180, 186.
Roanne (plaine de), 39, 49, 52, 58, 66-67, 69.
— (ville), 46, 58, 67, 178.
Roche-de-Rame, 101.
Rocheray (massif du), 89.
Roches de Condrieu, 182, 189.
Roche-sur-Foron (La), 117.
Rodez, 55, 58, 66, 69.
Romanche, 78, 87, 88, 89, 90, 116.
Romans, 115, 133, 140, 141, 185, 188.
Ronchamp, 129, 157.
roquefort (fromage de), 50.
Roselend, 77.
Rouergue, 44, 48, 52, 59, 64, 66.
Rousses (Les), 34.
Rousset (col du), 94.
Royans, 135, 140, 141.
Royat, 59.
Rumilly, 110, 112.
Rupt, 22.
Russey (Le), 31, 33, 34.

Saales, 23.
Sain Bel, 181.
Saint-Affrique, 63.
Saint-Amarin, 157.
Saint-Amé, 22.
Saint-Amour, 173.
Saint-Anthème, 59.
Saint-Chamond, 45, 55, 62.
Saint-Chély-d'Apcher, 55, 64.
Saint-Claude, 31, 34, 37.
Saint-Christophe-en-Brionnais, 51.
Saint-Christophe-en-Oisans, 96.
Sainte-Colombe, 188.
Saint-Dié, 17, 18, 21, 22, 23, 24.
Saint-Egrève, 122.
Saint-Etienne (région industrielle), 55-58.
— (ville), 46, 47, 53, 55, 59, 62-63, 66, 67, 69, 177, 178.
Saint-Flour, 50, 60, 61.
Saint-Fons, 181, 182.
Saint-Genis-Laval, 182, 193.
Saint-Gervais-les-Bains, 90, 118.
Saint-Hilaire-du-Touvet, 111.
Saint-Honoré-les-Bains, 46, 59.
Saint-Jean-de-Bournay, 183, 186.
Saint-Jean-de-Losne, 129, 151.
Saint-Jean-de-Maurienne, 80, 87, 98, 101, 107.
Saint-Julien-en-Genevois, 112.
Saint-Junien, 46, 53, 65.
Saint-Lary, 80, 81.
Saint-Laurent-du-Pont, 133.
Saint-Léonard-de-Noblat, 53.
Saint-Louis, 160, 165.
Saint-Loup-sur-Semouse, 159, 172.
Saint-Marcellin, 140, 141, 186, 188.
Sainte-Marie-aux-Mines, 18, 21, 23.
Saint Martin d'Hères, 121.
Saint-Martin-Vésubie, 82.
Saint-Maurice, 22.
Saint-Michel-de-Maurienne, 101, 103.
Saint-Nectaire, 69.
saint-nectaire (fromage de), 50.
Saint-Péray, 189.

Saint-Pourçain-sur-Sioule, 49, 60, 67, 68, 69.
Saint-Priest, 183, 193.
Saint-Rambert, 36, 62.
Saint-Rambert-d'Albon, 140, 189.
Sainte-Sigolène, 53.
Sainte-Suzanne, 157.
Saint-Symphorien, 151.
Saint-Vallier, 183, 189.
Saint-Véran, 75, 97, 98, 108.
Saint-Yorre, 69.
Salette (N.D. de la), 115.
salers (race de), 45.
Salève, 112.
Salins, 173.
Sallanches, 79, 112, 114, 116, 117, 118.
Sancoins, 51.
Saône (plaines de), 25, 129-131, 178.
— (rivière), 127, 129, 131, 139, 145, 150, 151, 173, 178, 190, 192.
Saône-et-Loire (dépt.), 47, 51, 170.
Saou (forêt de), 91.
Sarre (rivière), 17, 23.
Satolas, 179.
Saugues, 60.
Saulxures, 22.
Saussaz (La), 101.
Sautet (barrage du), 77.
Sauveterre (Causse de), 63.
Saverne, 17, 23, 24, 127, 148, 162.
Savoie (dépt.), 14, 73.
— (province), 73, 81, 103, 114, 122.
Schiltigheim, 167.
Schirmeck, 20, 24, 154.
Schlucht (col de la), 17, 23, 24.
Ségala, 41, 43, 44, 47, 48, 49, 52, 66.
Sélestat, 23, 127, 162, 169.
Seloncourt, 157.
Selongey, 173.
Seltz, 162.
Senones, 18, 22.
Sept-Laux (massif des), 89, 105.
Septmoncel, 33, 36.
Seranne, 63.
Serre (montagne de la), 126.
Serre-Ponçon, 77, 79, 91, 107.
Servance, 18.
Servoz, 89.
Séverac-le-Château, 63.
Sillon Alpin, 70, 86, 87, 90-91, 93, 94, 113-123.
Sioule, 53, 64.
Sisteron, 93.
Sochaux, 157, 160.
soierie (industrie de la), 179-181.
Sologne bourbonnaise, 49, 68.
SOMIVAL, 52.
Souterraine (La), 65.
sports d'hiver, 24, 34, 59, 78.
Staffelfelden, 160.
Strasbourg, 23, 126, 127, 135, 145, 147, 148, 150, 153, 154, 161, 162, 167-169.
Sundgau, 127-129, 136, 137, 138, 156, 160.
Superbesse, 59.
Superdévoluy, 113.
Supersauze, 108.

Sury-le-Comtal, 66.
Syndicat (Le), 22.

Taillefer, 89, 96, 98, 105.
Tain l'Hermitage, 140, 143, 189.
Tamié, 109, 112.
Tanargue, 42.
Tanus (viaduc de), 58.
Tarare, 45, 62, 178, 180, 185.
Tarentaise, 73, 76, 77, 81, 82, 86, 87, 88, 89, 95, 98, 99, 101, 103, 105, 106-107.
Tarn (rivière), 42, 46, 53, 63, 64.
Tavaux, 172.
Tenay, 36.
Thann, 162.
Thaon-les-Vosges, 21, 22.
thermalisme, 23, 46, 59, 78.
Thiers (région de), 53.
Thillot (Le), 22.
Thizy, 45, 62.
Thônes, 111, 112.
Thoré, 64.
Tignes, 77, 81.
Tille, 129.
Tinée, 77, 79, 89, 94.
Toulouse, 47, 59.
Tour-du-Pin (La), 186.
tourisme, 23-24, 34, 58-59, 78-82.
Tournon, 141, 143, 186, 189.
Tournus, 126, 129, 170, 173.
Toussuire (La), 107.
Trièves, 91, 94, 115, 116.
Trois-Evêchés (massif des), 88.
Truyère (rivière), 39, 53, 60, 64, 66.
Tulle, 65.
Tullins, 140, 188.
Turdine (rivière), 62, 185.

Ubaye, 73, 74, 75, 77, 79, 86, 87, 88, 89, 91, 95, 96, 97, 99, 103, 108.
Ugine, 78, 116, 117, 118.
Uriage, 79, 114.
Ussel, 44, 55, 64, 65.
Usses (pays des), 112.
Uzerche, 65.

Vagney, 22.
Val-d'Ajol, 18, 22.
Val d'Ajol, 18, 22.
Val d'Allier, 51, 55, 58, 67-68.
Val d'Arly, 90, 114, 116, 117.
Val de Villé, 17, 156.
Val-d'Isère, 96, 103.
Valence (plaine de), 126, 127, 131, 133, 135, 136, 140, 141, 153, 188.
— (ville), 135, 136, 140, 148, 151, 185, 189-190.
Valensole (plateau de), 92.
Valentigney, 157.
Valgaudemar, 90, 105.
Valjouffrey, 90.
Vallerysthal, 21.
Vallespir, 73, 76.
Valloire, 88, 107.
Valloire (plaine de), 133, 136, 140, 141, 186.

Vallorbe, 31.
Vallouise, 90, 105.
Valromey, 28.
Valserine, 28.
Val-Thorens, 80, 106.
Vanoise, 71, 80, 88, 106.
Var (rivière), 87, 89, 91.
Varennes-sur-Allier, 58, 67, 69.
Vars (col et station), 80, 89, 107.
Vassivière (lac de), 53.
Vaucluse (Monts de), 83, 91, 92.
Vaud-Gelade (étang de), 53.
Vaulx-en-Velin, 181, 193, 194.
Velay, 44, 45, 60.
Vénéon, 90, 95, 96.
Vénissieux, 182, 183, 193, 194.
Ventoux (Mont), 91, 94.
Vercors, 76, 80, 81, 91, 92, 93, 94, 109, 110, 111, 113, 135.
Verdon, 79, 87, 89, 91, 99.
Verpillière (La), 186, 195.
Vesoul, 129, 159, 170, 172.
Viadène, 60.
Viaur, 42, 66.

Vic-sur-Cère, 61.
Videssos, 78, 79.
Vichy, 46, 55, 58, 59, 69.
Vienne, 53, 133, 177, 178, 183, 184, 185, 186, 188.
vigne, vignoble, 131, 141-145.
Vignoble (Le), 25, 131, 142.
Villard-de-Lans, 79, 81, 111.
Villard-du-Planay, 101.
Villards (vallée des), 76, 88.
Villefranche-d'Allier, 51.
Villefranche-de-Rouergue, 66.
Villefranche-sur-Saône, 145, 177, 178, 183, 185.
Villers-le-lac, 34.
Villeurbanne, 177, 192, 193, 194.
Villié-Morgon, 145.
Vinay, 188.
Viso (Mont), 86, 88.
Vittel, 18, 23.
Vivarais, 41, 42, 59, 145, 185.
Viviez, 66.
Vôge, 17, 18, 20, 21, 22.
Vogelgrün, 150.

Voiron, 115, 140, 180, 186.
Volvic, 53.
Vosges (dépt.), 14.
— (massif des), 12-16, 17-24, 25, 28, 127, 129, 135, 136.
Vougeot (Clos), 144.
Vouglans (barrage de), 28.
Voulte (La), 189.
Vuache (Le), 112.

Wissembourg, 154, 162.
Wittelsheim, 160.
Wittenheim, 160.

X tarin, 88.
Xaintrie, 64.
Xertigny, 22.

Yssingelais, 45, 47, 52, 53, 55, 59.

Zinsel, 156.
Zone intra-alpine, 87-89, 95.
Zorn, 17, 23.

MASSON, Editeur
120, boulevard Saint-Germain
75280 Paris Cedex 06
2ᵉ trimestre 1978

Imprimé en France

IMPRIMERIE LOUIS-JEAN
av. d'Embrun, 05002 GAP
Dépôt légal 208-1978